AF571393

Edition Akzente
Herausgegeben von
Michael Krüger

Albrecht Wellmer

Versuch über Musik und Sprache

Carl Hanser Verlag

ISBN 978-3-446-24112-1

Umschlag nach einem Reihenentwurf von Klaus Detjen,
gestaltet von Peter-Andreas Hassiepen unter Verwendung
einer Partitur zur »Cartridge Music« von John Cage.
Abdruck mit freundlicher Genehmigung
von C.F. Peters Musikverlag
Satz: Filmsatz Schröter, München
Printed in Germany

Inhalt

Vorwort

Dieses Buch sollte eigentlich schon vor zehn Jahren erscheinen, und zwar als Ausarbeitung eines kleinen Textes über Musik und Sprache, den ich in der ersten Hälfte der neunziger Jahre verfaßt hatte. Zu dieser Ausarbeitung ist es nicht gekommen, weil mir immer mehr das Unzureichende meines Entwurfs klargeworden ist. Statt dessen habe ich im Lauf der Zeit eine Reihe von Aufsätzen publiziert, die aus Vorträgen hervorgegangen sind und die ich als notwendige Vorarbeiten zu dem geplanten größeren Text verstanden habe. Teile von einigen dieser Aufsätze sind in den vorliegenden Band eingegangen.[1] Im übrigen hat mich eine lange Krankheit gezwungen, die Arbeit am vorliegenden Text für einige Jahre zu unterbrechen. Ich muß an dieser Stelle Michael Krüger vom Hanser Verlag für die Geduld danken, mit der er die Unterbrechungen meiner Arbeit an diesem Text hingenommen hat. Diese Unterbrechungen haben ihre Spuren im Text hinterlassen. Ich habe sie nicht verwischt; ich hätte sonst einen ganz neuen Text schreiben müssen.

Einen weiteren Kommentar muß ich diesem Band vorausschicken. Ich habe ausführlich über Fragen der (sprachlichen) Interpretation von Musik gesprochen. Es ging mir hierbei u. a. um den *Typus* »hermeneutischer« Interpretationen, den ich vor allem in den Teilen IV–VI thematisiert habe und den ich als *einen* Aspekt dessen sehe, was Adorno die »Explikation der Kunstwerke« genannt hat. Diese Explikation der Kunstwerke verstehe ich als ein (partielles) Explizitmachen dessen, was in den spezi-

1 Es handelt sich insbesondere um die folgenden Publikationen: »Das musikalische Kunstwerk«, in: Andrea Kern und Ruth Sonderegger (Hgg.), *Falsche Gegensätze. Zeitgenössische Positionen zur philosophischen Ästhetik*, Frankfurt am Main 2003; »On Music and Language«, in: *Identity and Difference. Essays on Music, Language and Time.* Leuwen University Press 2004. »Über Negativität, Autonomie und Welthaltigkeit der Musik«, in: Hans-Klaus Jungheinrich (Hg.), *Der Atem des Wanderers. Der Komponist Helmut Lachenmann,* Schott Music 2006.

fischen Verstehensvollzügen der unmittelbaren ästhetischen Erfahrung als Spiel von Zusammenhangbildungen angelegt ist. Dieses Explizitmachen von Verstehensvollzügen setzt in seiner schriftlichen Form die Arbeit an einem Text voraus; ich habe (in den Teilen III und IV) gewisse Desiderate für die Angemessenheit solcher Texte formuliert. Dabei kam es mir nicht darauf an, in der Arbeit an *meinem* Text originelle Interpretationen von Musik selbst zu formulieren. Vielmehr habe ich Interpretationsbeispiele, soweit sie mich überzeugten, weitgehend der Literatur entnommen; an *ihnen* habe ich versucht, etwas zu zeigen, so daß meine Überlegungen zur musikalischen Interpretation zu einem großen Teil eine Arbeit *mit* und *an* Zitaten geworden ist. Auch die Schriften Adornos habe ich in diesem Sinn immer wieder als Materialquelle benutzt. Ganz abgesehen davon verdanke ich Adorno entscheidende systematische Anregungen; jedoch sind mir im Lauf der Zeit auch die Grenzen von Adornos Musikphilosophie – wohl der bedeutendsten des 20. Jahrhunderts – bewußt geworden. Insofern läßt sich der vorliegende Text auch als Versuch verstehen, Einsichten Adornos weiterzudenken.

Einen besonderen Dank schulde ich Richard Klein und Ruth Sonderegger für die gründliche und detaillierte Kritik an einer früheren Fassung dieser Arbeit. Ohne diese Kritik hätte ich eine ganze Reihe fragwürdiger Partien nicht überarbeiten können. Dabei versteht sich, daß ich für den jetzt vorliegenden Text und das, was an ihm noch fragwürdig sein mag, allein die Verantwortung trage.

I. Einleitung

Gibt es eine Sprache der Musik? Ist die Musik »sprachähnlich«? Eine merkwürdige Frage, denn es ist zunächst gar nicht klar, wonach hier gefragt wird. Und wenn wir denn der Frage einen klaren Sinn geben könnten, könnte es eine *allgemeine* Antwort geben? Man hat zum Beipiel im Zusammenhang mit den Entwicklungen der Musik im 20. Jahrhundert, insbesondere mit der Verabschiedung der »Tonalität« und der Entwicklung der seriellen Musik bzw. eines »parametrischen« Denkens in der neuen Musik sowie ganz neuer Formen der »konkreten« oder elektroakustischen Klangerzeugung von einem Ende der Sprachähnlichkeit in der Musik gesprochen, und dieser Befund wurde entweder als Befreiung oder als Verlust gedeutet. Und wenn das Ende einer sprachähnlichen Musik tatsächlich gekommen wäre, wie wäre es zu deuten: als Ausdruck eines geschichtlichen Wandels der Musik, vielleicht eines nicht nur die Musik oder sogar alle Künste betreffenden, sondern eines gesellschaftlich-geschichtlichen Epochenwandels? Das sind Fragen, auf die keine Antwort erwartet werden kann, solange nicht der Sinn der Ausgangsfrage – »Gibt es eine Sprache der Musik?« – klargeworden ist, oder besser: solange nicht das Vieldeutige dieser Frage klargeworden ist.

Ist es die Frage, ob Musik etwas »sagt« oder »zum Ausdruck bringt«, was sich anders nicht sagen oder zum Ausdruck bringen läßt, oder ist es die Frage, ob Musik einen »Inhalt« hat, das heißt einen Bezug auf Außermusikalisches, wodurch sie mehr ist als ein bedeutungsloses Spiel von Tönen und Klängen, oder ist es die Frage, ob Musik ein Zeichensystem wie das der Wortsprache ist, wie manche Semiotiker meinen, oder ob es in ihr eine »Syntax« oder »Grammatik« gibt wie in der Wortsprache? Was in all diesen Fragen mitgefragt ist, ist die Frage, was die Musik nicht nur für die komponierenden und ausführenden Musiker, sondern auch für die Musik*hörer* bedeutsam und wichtig macht (oder machen kann). Die Frage stellt sich natürlich für alle Künste, aber im Fall der Musik stellt sie sich dringlicher als etwa in der Literatur, den bildenden Künsten oder im Film: Denn deren »Weltbezug« und daher auch ihre mögliche existentielle Bedeutsamkeit lag von jeher auf der Hand. Selbst wenn vielleicht in der gegenstandslosen Malerei oder manchen Formen einer avancierten Lyrik dieser Weltbezug als fraglich erscheinen konnte, so ist es doch, wie ich glaube, kein Zufall, daß ein direkt faßlicher, ein ins Auge springender Weltbezug in den meisten Produktionen der Literatur und der bildenden Kunst bis heute kaum in Frage gestellt werden kann.[2]

Demgegenüber ist die Musik von ihrem akustischen Material her wesentlich ungegenständlich; zwar könnte man vielleicht mit Nietzsche sagen, daß durch die lange Verbindung von Musik und Poesie in der Entwicklung der tonalen Musik »die musikalische Form ganz mit Begriffs- und Gefühlsfäden durchsponnen« wurde[3] – was ihre Expressivität und semantische Bedeutsamkeit ausmachte –, aber gibt es nicht spätestens seit der seriellen und postseriellen Musik, seit Varèse, Xenakis und Cage auch eine Emanzipation der Musik von solchen »Begriffs- und Gefühlsfäden« hin zur Materialität des reinen Klangs und seiner strukturellen Organisation, eine definitive Abkehr von der »Sprachlichkeit« und vom Bezug auf Außermusikalisches? Und könnte man nicht behaupten, daß erst durch diese Abkehr die Musik wirklich zur »absoluten«, aus der Abhängigkeit von außermusikalischen Zwecken und Intentionen ganz befreiten und nur ihrer eigenen, musikalischen Logik gehorchenden Kunstform werden kann? Ich will gleich sagen, daß ich das *nicht* glaube, aber die Frage steht zunächst im Raum.

Die Frage ist im übrigen nicht ganz neu: Eduard Hanslick, ein bedeutender Musiktheoretiker des 19. Jahrhunderts, hat in einer Polemik gegen das, was er als eine »verrottete Gefühlsästhetik« apostrophierte und in Verteidigung einer absoluten, reinen und autonomen Instrumentalmusik die These vertreten, »tönend

2 Was die bildende Kunst betrifft, hat die Dokumenta XI in Kassel besonders prägnante Beispiele gegeben.

3 Friedrich Nietzsche, *Menschliches, Allzumenschliches*, in: *Werke* Bd. 1 (Hg. K. Schlechta), München 1960, S. 573.

bewegte Formen (seien) einzig und allein Inhalt und Gegenstand der Musik«.[4] Die These bedeutete nicht nur eine Stellungnahme im Streit der Musikästhetiker des 19. Jahrhunderts, nicht zuletzt polemisch gewendet gegen Hegel und Schopenhauer, sondern sie gewann darüber hinaus eine unmittelbar musikprogrammatische Bedeutung im Streit zwischen Brahmsianern und Wagnerianern. Unter veränderten Vorzeichen – nämlich jetzt mit Bezug auf die Situation der posttonalen Musik – findet sich eine Neuauflage dieses Streits in einer Polemik Dieter Schnebels, »Der Ton macht die Musik: Wider die Versprachlichung« von 1990, in der Schnebel Adornos These von der »Sprachähnlichkeit« der Musik kritisiert. Bevor ich nun meine Ausgangsfrage in Angriff nehme, möchte ich kurz auf Schnebels Kritik eingehen, denn sie macht einen Punkt deutlich, auf den zurückzukommen sein wird. Adorno hatte gegen frühe Tendenzen der seriellen Musik die These vertreten, ohne ein Moment der Sprachähnlichkeit, das heißt auch: ohne einen Bezug auf das, was nicht Musik ist, müsse die Musik zu einem sinnlosen Kaleidoskop von Klängen verkommen, wobei er sich von seiner Erfahrung der bedeutenden europäischen Musik von Monteverdi bis zur atonalen Phase der Zweiten Wiener Schule leiten ließ. Gegen Adornos These von der »Sprachähnlichkeit« der Musik und seine Sorge um den Verlust dieser Sprachähnlichkeit in der seriellen Musik hat Dieter Schnebel auf die produktiven Züge der Tendenz zur »Entsprachlichung« der Musik in der seriellen und postseriellen Musik des 20. Jahrhunderts hingewiesen.[5] Adornos These von der konstitutiven Sprachähnlichkeit der Musik, so Schnebel, entspreche zwar der Tendenz zu einer zunehmenden Versprachlichung der Musik im 19. Jahrhundert, insbesondere seit Beethoven und kulminierend in der musikalischen »Prosa« der freien Atonalität der Zweiten Wiener Schule; mit der Entwicklung der Reihentechnik aber und dann zunehmend in der seriellen und postseriellen Musik

4 Eduard Hanslick, *Vom Musikalisch-Schönen*, Darmstadt 1991, S. 32.

5 Dieter Schnebel, »Der Ton macht die Musik oder: Wider die Versprachlichung«, in: (ders.), *Anschläge – Ausschläge. Texte zur Neuen Musik.* München 1993.

habe eine produktive Gegenbewegung »weg von der Sprache« eingesetzt.

Schnebel will sagen, daß die freie atonale Prosa von Stücken wie dem Monodram »Erwartung« in Wirklichkeit Ausdruck eines Dilemmas ist: Nachdem die formbildenden Potenzen der tonalen Musik nicht mehr zur Verfügung standen, fehlten der Musik zeitweilig die Mittel für eine eigenständige, genuin musikalische Strukturbildung; deshalb die Nötigung, sich an literarische Vorlagen anzulehnen. Schnebel sieht somit in der »Sprachähnlichkeit« der atonalen Musik vor der Entdeckung der Reihentechnik vor allem einen Mangel an genuin *musikalischer* Strukturbildung, und damit will er auf einen wichtigen Unterschied zwischen einem genuin *musikalischen* Zusammenhang und einem sprachlich artikulierten Sinnzusammenhang hinweisen. Schnebel will darauf hinweisen, daß sich weder das Material der Musik noch die zentralen Mittel der musikalischen Form- und Zusammenhangbildung von der Analogie mit sprachlich artikulierten Sinnzusammenhängen her verstehen lassen: Musikalische Form ist für ihn die Konfiguration eines akustischen, eines klingenden Materials, für welche Kategorien wie Wiederholung und Variation, Periodizität und Abweichungen von der Periodizität, also ein formbildendes Spiel von Identität und Differenz und nicht sprachähnliche Züge konstitutiv sind. Während für Adorno die Möglichkeit von musikalischem Sinn und musikalischem Zusammenhang in den sprachähnlichen Zügen der Musik begründet ist, sieht Schnebel in der »Versprachlichung« der Musik die Gefahr einer *Schwächung* des musikalischen Zusammenhangs. Die Parole des »Weg von der Sprache« wäre daher Ausdruck einer Wiederbesinnung auf die in Hinsicht auf das akustische Material der Musik genuinen Mittel der Konstruktion von musikalischem Zusammenhang.

Ich möchte Adornos These von der Sprachähnlichkeit der Musik und die von Schnebel formulierte Antithese zum Anlaß nehmen, über die komplexen Bezüge zwischen Musik und Sprache neu nachzudenken. Auch im weiteren Kontext von Schnebels theoretischen Äußerungen erscheinen diese Bezüge übrigens als weitaus komplexer, als es seine scheinbar klare Gegenüberstellung von These und Antithese nahezulegen scheint.

Worin der wirkliche Gegensatz zwischen Schnebel und Adorno (er betrifft die Deutung und die Potentiale der posttonalen Musik) und worin das Recht von Schnebels Kritik besteht, wird erst noch zu zeigen sein. Ich will zunächst versuchen, dem Topos von der »Sprache« bzw. »Sprachähnlichkeit« der Musik in seinen Motiven und Verzweigungen ein Stück weit nachzugehen. Ich glaube, nur so wird es möglich sein, sowohl Adornos These von einer notwendigen Sprachähnlichkeit der Musik als auch Schnebels Insistieren auf ihrer Sprachferne sowie auf den notwendig »formalen« Mitteln der musikalischen Zusammenhangbildung richtig zu verstehen; und nur so wird es möglich sein, die Frage zu entscheiden, ob oder gegebenenfalls in welchem Sinne die Musik des 20. Jahrhunderts sich tendenziell von der Sprache »entfernt« hat bzw. wie oder ob das Verhältnis von Musik und Sprache sich im 20. Jahrhundert verändert hat. Ich werde daher zu der von Schnebel aufgeworfenen Frage nicht direkt Stellung nehmen; vielmehr möchte ich zunächst die Vieldeutigkeit des Sprachtopos in seiner Anwendung auf die Musik deutlich machen – Ferneyhough spricht von einem »minefield of music/language analogies«[6] –, um sodann die Frage nach der Sprachnähe und/oder Sprachferne der Musik neu zu formulieren.

6 B. Ferneyhough, »Speaking with Tongues«, in: J. Boros und R. Toop (Hg.), *Brian Ferneyhough. Collected Writings,* Amsterdam 1995, S. 367.

II. Musik und Sprache – Wege durchs Labyrinth

A. *Sprachnähe und Sprachferne der Musik*

1. *Eine* Dimension der Sprachähnlichkeit von Musik kommt im romantischen Topos von der Musik als Sprache der Empfindungen (oder Gefühle) zum Ausdruck, der in der musiktheoretischen Diskussion von Rousseau bis Wagner, in der Musikphilosophie des *Sturm und Drang* und bei manchen Vertretern der deutschen Frühromantik immer wieder eine wichtige Rolle spielte. Dieser Topos wird am ehesten verständlich, wenn man – mit Rousseau und Wagner – die Musik im Sinne einer »Abspaltung« von einer ursprünglichen Sprache versteht, in der die klanglichen, expressiven und gestischen Momente der Sprache von ihren begrifflichen Momenten noch ungeschieden waren. (Die menschliche Stimme mit ihren lauthaften und expressiven Möglichkeiten, gebunden an einen Körper, der das Sprechen / Singen gestisch begleitet.) Hier erscheint also die Musik als eine Kunst, deren Wurzeln in den lautlich-expressiven, dynamischen und gestischen Momenten der sprachlichen Kommunikation gegeben sind. Musik und kommunikative (Wort-)Sprache werden, so könnte man auch sagen, auf eine gemeinsame Sprachwurzel zurückgeführt; und so, wie in der »musikalischen« Dimension des Sprechens Gefühle ohne Worte zum Ausdruck gebracht und mitgeteilt werden, übernimmt und verfeinert die Musik – das sagt der Topos – diese begriffslose Dimension der sprachlichen Kommunikation durch Abspaltung der lautlich-expressiven Funktion von einer in der geschichtlichen Entwicklung zunehmend auf ihre begriffliche Dimension reduzierten Wortsprache. Etwas Ähnliches meint auch Hegel noch, wenn er sagt, daß in der Musik »die Sphäre der subjektiven Innerlichkeit« sich in Tönen entäußert: »Hier breitet sie (d.h. die Musik, A.W.) sich dann zum Ausdruck aller besonderen Empfindungen auseinander, und alle Nuancen der Fröhlichkeit, Heiterkeit, des

Scherzes, der Laune, des Jauchzens und Jubelns der Seele, ebenso die Gradationen der Angst, Bekümmernis, Traurigkeit, Klage, des Kummers, des Schmerzes, der Sehnsucht usf. werden zu der eigentümlichen Sphäre des musikalischen Ausdrucks.«[7] Musik als Sprache der Empfindungen ist *Sprache* deshalb, weil sie an eine schon in den lautlichen, rhythmischen und gestischen Charakteren des gewöhnlichen Sprechens enthaltene Möglichkeit einer begriffslosen Äußerung und Kommunikation von Gefühlen und Affekten anknüpft und als Kunstform zugleich die »natürliche« Sprache der Empfindungen in ihren Möglichkeiten unendlich erweitert. Entscheidend ist dabei, daß die Musik als *begriffslose* Sprache der Empfindungen etwas leistet, was die Wortsprache nicht leisten kann: »Sie ist zwar eine Sprache, aber die Sprache der Empfindungen und nicht der Begriffe ... und sie fängt erst da an, eigentliche Sprache der unendlichen Grade von Empfindungen zu werden, wo andere Sprachen nicht mehr hinreichen und wo ihr Vermögen sich auszudrücken ein Ende hat.«[8]

---

7 Georg Wilhelm Friedrich Hegel, *Vorlesungen über die Ästhetik III* (*Werke* Bd. 15), Frankfurt a.M. 1970, S. 150.

8 J.N. Forkel, zitiert nach H. Eggebrecht, »Das Ausdrucksprinzip im musikalischen Sturm und Drang«, *Deutsche Vierteljahresschrift* 29, 1955, S. 336. Der Topos des nicht begrifflich, sondern nur musikalisch »Sagbaren« ist natürlich nicht an die speziellen Voraussetzungen der Empfindungs- und Ausdrucksästhetik gebunden; er durchzieht vielmehr die musikästhetische Literatur in unzähligen Variationen. Er taucht z.B. auch bei Schnebel wieder auf: »Was nämlich das Musikdrama durch seine genuine Sprache sehr wohl zu leisten vermag, ist die direkte Präsentation dessen, was sich durchs Wort allein nicht mitteilen läßt.« D. Schnebel, »Anmerkungen zu Sprache – Musik – Drama«, in: ders., *Denkbare Musik,* Köln 1972, S. 100. Wird der Sprachtopos vorausgesetzt – und auf alle Künste bzw. Medien erweitert –, so handelt es sich natürlich um eine Trivialität: Was in einem Medium »gesagt« werden kann, läßt sich nicht in ein anderes Medium »übersetzen«; so etwa John Dewey: »Because objects of art are expressive, they are a language. Rather they are many languages. For each art has its own medium and that medium is especially fitted for one kind of communication. Each medium says something that cannot be uttered as well or as completely in any other tongue.« J. Dewey, *Art as Experience,* New York 1980, S. 106.

Es sei hier vorweg auf die Vieldeutigkeit des »Ausdrucks«-Begriffs hingewiesen. In der Ästhetik des *Sturm und Drang* wurde er, wie H.H. Eggebrecht zeigt, im Sinn des »Sich selbst in Musik ausdrücken« verstanden, so daß also die ausgedrückten (und kommunizierten) Empfindungen, Stimmungen oder Affekte solche des Komponisten (oder auch des Interpreten) wären. Das ist freilich kaum plausibler als die barocke Gegenposition zur Empfindungs- und Ausdrucksästhetik, d.h. eine musikalische Rhetorik und Figurenlehre, wonach die Musik eine »Klangrede« (Mattheson) sei, die darauf ziele, »die Affekte zu erregen und zu befriedigen, die Seele zu bewegen, das Herz zu rühren«, kurzum: »durch dem Text ähnliche expressiones die Gemüter der Zuhörer zu bewegen.«[9]

Der Vorzug der barocken Rhetorik und Figurenlehre ist immerhin, daß sie den Begriff des Ausdrucks auf die Musik selbst – und nicht auf ein in ihr sich »ausdrückendes« Empfindungssubjekt bezieht.[10] Bezieht man den »Ausdruck« von Empfindungen aber auf Ausdruckscharaktere der Musik selbst, so läßt sich die Ausdrucks- und Empfindungsästhetik natürlich – soweit sie reicht – ohne weiteres auch auf die Musik von Josquin bis Bach beziehen. Ernst Bloch hat, in Anknüpfung an Albert Schweitzers Bach-Deutung, auf »die Figuren der Mattigkeit, des Schmerzes, des qualvollen wie stolzen, der Freude, der lebhaften wie verklärten, des Schrecks, des Jubels« bei Bach hingewiesen. »Eine Ausdrucks-Skala ohnegleichen reicht bei Bach von Todesangst, Todessehnsucht zu Trost, Zuversicht, Friede, Sieg.«[11]

Sicherlich bedeutet der Übergang von der barocken Figurenlehre zur Empfindungsästhetik des *Sturm und Drang* und dann zur Frühromantik einen einschneidenden Wechsel der Gefühls-»Welt«, die in der Musik zum Ausdruck kam, einen Wechsel, der mit einem Prozeß der »Subjektivierung« im Aufstieg der bürgerlichen Gesellschaft einherging (daher die Emphase auf dem in der Musik *sich* ausdrückenden Subjekt). Das Beispiel Bach zeigt

9 Zitiert nach H. Eggebrecht, a.a.O. S. 332 f.

10 Vgl. Eggebrecht, a.a.O. S. 330.

11 E. Bloch, *Zur Philosophie der Musik*, Frankfurt 1974, S. 289.

jedoch, worin die Empfindungsästhetik zu kurz greift – auch wenn man davon absieht, daß sie eigentlich noch gar keine *Ästhetik* der Musik, weil keine Theorie des musikalischen *Zusammenhangs* ist: Indem sie die Welthaltigkeit der Musik auf die »Sphäre der subjektiven Innerlichkeit« verkürzt, die sich in Tönen entäußert, konnte sie anderen Dimensionen musikalischer Welthaltigkeit nicht gerecht werden, welche die barocke »Klangrede« immer schon mit umfaßte. Man könnte von einem »Darstellungsaspekt« der Musik sprechen, wie er nicht nur in musikalischen Rhetoriken der vorklassischen Zeit, sondern später auch – in ganz anderer Weise – in programmusikalischen Versuchen des 19. Jahrhunderts in den Vordergrund trat. Von Monteverdi und Bach bis Messiaen, Kurtág und Lachenmann ließen sich hier zahllose Beispiele anführen für eine Musik, die gleichsam auf etwas außerhalb ihrer selbst verweist, es evoziert, »darstellt«, neu beleuchtet oder eben in Musik *verwandelt.* Hierbei geht es nicht nur um die Darstellung von Leidenschaften und Empfindungen, von Zorn, Schmerz und Trauer wie schon in der Oper seit Monteverdi, sondern auch um die musikalische Darstellung oder Evokation von dramatischen Zuspitzungen, des Schreitens, Taumelns, Stockens, Zitterns, vom Wüten oder Frieden der Natur, von Kampf und Abschied.

Bis zu einem gewissen Grad läßt sich das Einschießen solcher außermusikalischer Gehalte in die Musik sicherlich durch den synästhetischen Charakter der gewöhnlichen Erfahrung erklären: Ich bin in jeder Wahrnehmung mit meinem Körper als einem multisensual zugleich rezeptiven und aktiven Körper involviert, und das bedeutet, daß dem akustischen Material der Musik ein Bezug auf die übrigen Sinne und daher ein latenter Weltbezug immer schon anhaftet. So erklären sich etwa die »tonmalerischen« Möglichkeiten der Musik: Gewitter, Sturm, Feuerzauber, Waldweben, das Spiel der Wellen. In der Regel werden aber expressive und tonmalerische Momente immer schon miteinander verknüpft sein, so wie unsere Erfahrung der Natur immer schon eine »gestimmte«, uns affektiv oder existentiell betreffende Erfahrung ist.

John Dewey hat dem Topos von Musik als Sprache der Empfindungen eine gleichsam naturalistische Wendung gegeben, durch die von vornherein die gerade genannten Darstellungsaspekte der Musik mit einbezogen werden. Dewey führt die affektiven Charaktere der Musik auf die Rolle des Gehörs als des spezifisch »emotionalen« Sinnesorgans zurück. »What is *seen* stirs emotion indirectly, through interpretation and allied idea. Sound agitates directly, as a commotion of the organism itself.«[12] Die spezifische Rolle des Gehörs in der gewöhnlichen Erfahrung, so Dewey, ist die Wahrnehmung des dynamisch-energetischen Aspekts von Veränderungen, dessen, was geschieht mit seinem bestimmten oder unbestimmten Verweis auf das, was noch kommen mag.

Schon Hanslick hatte betont, daß die Musik Gefühle nicht ihrem (begrifflichen) Inhalt, sondern nur ihrer Form nach, das heißt in ihren dynamisch-energetischen Charakteren, darstellen könne.[13] Wenn man aber die Musik von ihren dynamisch-energetischen Charakteren her betrachtet, so scheint klar, daß diese sich nicht einfach auf den Ausdruck von Gefühlen und Leidenschaften verrechnen lassen, auch wenn man die Ausdrucks- und die affektiven Potentiale der Musik nicht in Frage stellt. John Dewey hat diese Potentiale der Musik, wie schon angedeutet, aus der spezifischen Rolle des *Gehörs* in seinem synästhetischen Zusammenwirken mit den übrigen Sinnen zu erklären versucht. Dewey öffnet entsprechend von vornherein das Feld der Musik auf den ganzen Bereich des Hörbaren hin, wobei er wie Heidegger das Ohr als ein immer schon interpretierendes Organ versteht. In der Tatsache, daß die Töne und Geräusche von außen kommen und doch direkt in den Körper eindringen, sieht Dewey den affektiven Charakter des Gehörs begründet. Durch das Gehör sind wir gleichsam unmittelbar und affektiv in das Kräftespiel der Welt verwickelt. So gesehen versteht es sich fast von selbst, daß das musikalische »Urmaterial« sich gegenüber der Empfindungsästhetik unendlich erweitert.

---

12 J. Dewey, *Art as Experience*, New York 1980, S. 237.
13 E. Hanslick, *Vom Musikalisch-Schönen*, Leipzig 1854, S. 24.

»The ear, taking for granted the background furnished by co-operative action of vision and touch, brings home to us changes as changes. For sounds are always effects; effects of the clash, the impact and resistance, of the forces of nature. They express these forces in terms of what they do to one another when they meet; the way they change one another, and change the things that are the theater of their endless conflicts. The lapping of water, the murmur of brooks, the rushing and whistling of wind, the creaking of doors, the rustling of leaves, the swishing and cracking of branches, the thud of fallen objects, the sobs of depression and the shouts of victory – what are these, together with all noises and sounds, but immediate manifestation of changes brought about by the struggle of forces? ... Music, having sound as its medium, thus necessarily expresses in a concentrated way the shocks and instabilities, the conflicts and resolutions, that are the dramatic changes enacted upon the more enduring background of nature and human life.«[14]

Die Stelle – Dewey klingt hier wie ein naturalisierter Schopenhauer – macht deutlich, daß der Weltbezug der Musik (in der Dewey ihren Sprachcharakter sieht), auch wenn er ihn auf den emotionalen Charakter des Gehörssinns *bezieht*, sich weder auf den Ausdruck von Empfindungen reduzieren läßt noch sich – um eine Formulierung Adornos aufzugreifen – im »Gestus der Stimme, die redet« erschöpft. *Hörbar* ist nicht nur die Stimme des Subjekts, sondern die Welt als Geschichts- und Naturraum, nur daß sich freilich das Hörbar*machen* der Welt immer an hörende Subjekte *richtet*. Deweys Überlegungen legen es nahe, die Sprachähnlichkeit der Musik vom Sprachvermögen der hörenden Subjekte her zu deuten (und nicht von dem eines sich ausdrückenden Subjekts her), eines hörenden Subjekts, das immer schon interpretierend, gliedernd, artikulierend, »semantisch«, synästhetisch hört.

Wenn man mit Dewey den emotionalen Charakter des Gehörsinns zusammennimmt mit dem latent synästhetischen Charakter aller Wahrnehmungen, liegt es auf der Hand, daß »Bilder« der Natur oder »tonmalerische« Darstellungen von Außermusi-

---

14 J. Dewey, *Art as Experience*, a.a.O. S. 236.

kalischem zu Mitteln einer Evokation von affektiven und existentiellen Befindlichkeiten werden können, wie man sich etwa am Beispiel von Schuberts *Winterreise* klarmachen könnte: In den Bildern der winterlichen Einöde, des Eises, des Wintersturms, der gefrorenen Tränen und des Todes verdichtet sich immer mehr ein Ausdruck tödlicher Trauer, Ausdruck der Verlorenheit des heimatlosen, aus seiner Welt exilierten Wanderers. Das Beispiel deutet freilich schon darauf hin, daß es beim Weltbezug der Musik nicht allein um einzelne außermusikalische »Referenzen« im Sinne von expressiven oder tonmalerischen Passagen gehen kann; diese – wie auch das Pferdegetrappel des Postliedes oder das musikalische Bild des Leiermanns sind vielmehr Momente in der Artikulation eines existentiellen Welt- und Selbstverhältnisses, das weitab zu liegen scheint von einem Welt- und Selbstverhältnis, wie es sich etwa in der Musik Bachs oder auch Mozarts artikuliert. Der Sprachtopos, musikalisch-rhetorisch, empfindungsästhetisch oder auch im Sinne Deweys ausgedeutet, bezieht sich denn auch latent oder manifest (wie etwa bei Dewey) immer schon auf musikalische »Objekte« als ganze, auf musikalische *Zusammenhänge*. So verstanden zielt der Sprachtopos auf einen Verweisungscharakter des musikalischen Kunstwerks als eines solchen, das heißt auf einen in ihm sich kristallisierenden Bezug auf das, was es nicht selbst ist. Begriffe wie Ausdruck, Darstellung, (Re-)Präsentation oder Evokation beziehen sich dann nicht mehr nur auf einzelne expressive Gehalte oder tonmalerische Effekte, sondern auf die Klang*konstellation*, als die ein Werk sich darstellt.[15] Ein solches Verständnis liegt sicherlich Adornos bedeutenden Musikanalysen, gerade auch von Werken der »rei-

---

15 Dies zeigt sich auch darin, daß Hermann Kretzschmar, einer der prononciertesten Vertreter einer musikalischen »Hermeneutik«, sich veranlaßt sah zu betonen, die »Affektenlehre«, in der er – in entschiedener Opposition zu Hanslick – den Schlüssel für eine musikalische Hermeneutik sah, müsse »für einen ganzen Satz« durchgeführt werden. Das bezog er noch, ganz »intentionalistischer« Hermeneutiker, auf die Ausdrucksintentionen des Komponisten, wenn er forderte, »auf Grund des Charakters des Themas den weiteren Absichten des Komponisten nachzugehen, sich über die Hauptpunkte und Hauptlinien seines Gedankenganges klarzuwerden.« (H. Kretzschmar, »Neue Anregungen zur Förde-

nen« Instrumentalmusik – von Beethoven bis zu Mahler, Schönberg, Berg und Webern – zugrunde; es ist im übrigen ein Verständnis, das sich, bezogen auf Kunstwerke generell, nicht nur bei Adorno, sondern etwa auch bei Heidegger und Dewey findet. Heidegger spricht von der »Eröffnung einer Welt« durchs Kunstwerk[16], Dewey vom Kunstwerk als einem »expressiven« Objekt, wobei »Darstellung« und »Expression« für Dewey nur zwei verschiedene Worte für das sind, was er einerseits als den Sprach-

---

rung musikalischer Hermeneutik: Satzästhetik«, in: *Jahrbuch der Musikbibliothek Peters* 1905, S. 80.) Hierbei scheint sich Kretzschmar noch ganz in Übereinstimmung mit der Empfindungsästhetik des *Sturm und Drang* und wichtiger Vertreter der Frühromantik zu befinden: »In ihrem Sprachvermögen liegt der Hauptwert der Musik, und die größten musikalischen Reformen und Revolutionen, die die neuere Geschichte kennt, die monodische am Ausgang der Renaissance, die neudeutsche im 19. Jahrhundert, waren darauf gerichtet, diesen Schatz zu neuen Ehren und zu höherer Wirkung zu bringen. Dies Sprachvermögen der Töne ist ein andres als das der Worte. Es ist unselbständiger und undeutlicher. Aber im übrigen kann es die Tonsprache mit der Wortsprache sehr wohl aufnehmen. Sie fährt da fort, wo diese nicht mehr ausreicht; jene kleinsten und größten Regungen des Seelenlebens, die der Poet in langen Umschreibungen und nur einigermaßen bemeistern kann, fixiert der Komponist im Nu und in ihrer ganzen Fülle und Besonderheit.« (H. Kretzschmar, »Anregungen zur Förderung musikalischer Hermeneutik«, in: *Jahrbuch der Musikbibliothek Peters* 1902, S. 50.) Kretzschmar erkennt aber nicht nur an, daß »Wort«- und »Tonsprache« sich in ihren Artikulations- und Darstellungspotentialen komplementär zueinander verhalten, er erkennt auch, daß die Affekte, »die sich in Motiven, Themen, in Tonfiguren überhaupt verkörpern, entweder einfach oder aber in Verbindungen und Mischungen (...) außerhalb der Musik unmöglich sind« – womit er bereits die Prämissen der Empfindungsästhetik (wonach der Komponist in der Musik *sich* ausdrückt) tendenziell in Frage stellt; gleichwohl sieht er die Aufgabe der musikalischen Hermeneutik darin, »die Affekte aus den Tönen zu lösen und das Gerippe ihrer Entwicklung in Worten zu geben.« (A.a.O. S. 51.) Kretzschmars musikalische Hermeneutik ist eine »narrative«, eine gleichsam einen Affektverlauf nacherzählende Hermeneutik; hierin liegt, ganz abgesehen von seiner Verabsolutierung einer »Darstellungs«-Dimension der Musik, die Grenze seines hermeneutischen Ansatzes.

16 M. Heidegger, *Der Ursprung des Kunstwerkes*, Frankfurt a.M. 1950, S. 28.

charakter der Kunstwerke und andererseits ihr welt- und erfahrungserschließendes Potential bezeichnet.[17] Und auch ein zeitgenössischer Komponist wie Matthias Spahlinger kann noch sagen, alles an der Musik sei Ausdruck und Darstellung.[18] Es ist natürlich zunächst keineswegs klar, was das durch »absolute« Musik »Ausgedrückte« oder »Dargestellte« sein soll, wenn damit nicht mehr nur einzelne expressive oder tonmalerische Momente gemeint sein sollen; aber an dieser Stelle kommt es mir nur auf den im musikalischen Sprachtopos immer schon angelegten Bezug auf ein Werk-Ganzes an; genauer gesagt: auf eine im Kunstwerk »prozessierende« Polarität von »Ding« (klanglicher Konfiguration) und »Zeichen« bzw. von Darstellendem und Dargestelltem, um in der Terminologie Friedrich Schlegels zu sprechen.[19]

2. Mit dem letzten Halbsatz habe ich weit vorgegriffen. Zunächst möchte ich nur die Rede von einem Weltbezug bzw. einem Darstellungs- oder »Präsentations«-Moment der Musik, auch der reinen Instrumentalmusik, durch eine weitere Überlegung plausibilisieren. Dabei geht es nicht um den synästhetischen Charakter der Wahrnehmung wie bei Dewey, sondern um die Intermedialität der unterschiedlichen Darstellungs- und Artikulationsmedien und dabei zugleich um eine Klärung des Sprachtopos selbst. Einen Weltbezug und ein Weltverhältnis wie auch ein Verhältnis zu uns selbst haben wir ja zunächst immer nur in der und durch die Sprache. Weltbezug und Weltverhält-

---

17 J. Dewey, a.a.O. S. 83, 106, 289.

18 H.-K. Metzger und Rainer Riehn (Hg.), *Geschichte der Musik als Gegenwart. Hans Heinrich Eggebrecht und Matthias Spahlinger im Gespräch. Musik-Konzepte Sonderband*, Dezember 2000, S. 73.

19 Der Begriff der »Darstellung« muß natürlich noch so erläutert werden, daß er sich auch auf die – im geläufigen Sinne – »nichtrepräsentationalen« Künste bzw. Kunstwerke beziehen läßt. Kategorien wie »Sinn«, »Gehalt«, bei Adorno auch »Geist« und »Aura« der Kunstwerke, bei R. Barthes ihre »Signifikanz«, umspielen in der einen oder anderen Weise diese zeichenanaloge Öffnung der Kunstwerke zur Welt hin, verweisen auf Erfahrungen, die sich in ihnen reflektieren, auf Gehalte, die in ihnen verhandelt werden, und in diesem Sinn auf ihren »Weltbezug«.

nis setzen Sprache voraus. Aber *was* und *wie* ist Sprache? Wir verstehen darunter zunächst ja immer die verbale bzw. diskursive Sprache. Ich glaube aber, daß jedes Verständnis von Sprache unzureichend wäre, das neben der Wortsprache nicht auch die Wurzeln der musikalischen, bildnerischen oder tänzerischen Ausdrucks- und Darstellungsformen in sich beschlösse. Die verschiedenen Medien hängen *in* der Sprache miteinander zusammen; auch wenn jedes seine eigenen, irreduziblen Gestaltungs- und Ausdrucksmöglichkeiten hat, gehört doch zu jedem einzelnen die latente Präsenz aller anderen, nicht zuletzt auch der Wortsprache, die ihrerseits durch eine latente Intermedialität zu kennzeichnen wäre. Die latente Intermedialität der Musik ist – als die andere Seite ihres Weltbezugs – der Grund dafür, daß auch die »absolute« Musik immer schon in einem potentiellen Verhältnis wechselseitiger Korrespondenzen, Brechungen, Erhellungen und Ergänzungen zu den anderen Medien der Kunst steht, insbesondere aber zur Wortsprache. Letztere hat insofern einen ausgezeichneten Status, als sie dasjenige Medium ist, in dem wir Kunstwerke interpretieren, kritisieren, in dem wir uns über die Gelungenheit von Kunstwerken streiten können und in dem wir versuchen, uns klarzumachen, was und wie Kunst ist.

Die Intermedialität aller Kunstmedien, das heißt ihre gemeinsame Teilhabe an der Sprache erklärt im übrigen im Grunde erst die Möglichkeiten eines Zusammentretens der Kunstmedien zu »intermedialen« ästhetischen Konfigurationen, bei denen das Verhältnis der einzelnen Medien zueinander zu denken ist als eines wechselseitiger Interpretation, Ergänzung, Inspiration oder auch Subversion. Es ist, als ob jede an ein bestimmtes Medium gebundene ästhetische Konfiguration einen Hohlraum in sich enthielte, gleichsam eine innerhalb dieses Mediums nicht mehr artikulierbare Sinnschicht, die sich nur durch das Hinzutreten eines anderen Mediums ans Licht bringen und artikulieren ließe. In der Möglichkeit des Zusammentretens der Kunstmedien ist aber zugleich die Möglichkeit ihrer wechselseitigen Einwirkung aufeinander beschlossen. Adorno hat am Beispiel Wagners auf die musikalischen Innovationen hingewiesen, die sich aus der Einbindung der Musik in die außermusikalischen Parameter des Dramas ergeben können; schon Wagner selbst hatte in diesem Sinn die Programmusik Liszts verteidigt. Umgekehrt hat Georgiades an der Wiener Symphonik die Entwicklung jener musiksprachlichen Elemente hervorgehoben, die die komplexen musikdramatischen Zusammenhänge von Mozarts Opern erst möglich machten. Es geht hier um die Momente der Diskontinuität, des Kontrasts, des Unvorhergesehenen, des plötzlichen Wechsels in der vor allem von Haydn entwickelten Satzstruktur als den musikalischen Mitteln zur Darstellung dramatischer Handlungssituationen mit ihren plötzlichen und unvorhersehbaren Wandlungen. »Ohne sie (d.h. diese Satzstruktur) ist Mozarts musikalisches Theater undenkbar.«[20] Schließlich, um noch ein Beispiel zu nennen, hat wiederum Adorno darauf hingewiesen, daß einige der bedeutendsten harmonischen Entdeckungen Schönbergs auf Eigentümlichkeiten der Jugenstildichtung, etwa Dehmels »Erwartung«, zurückgehen. Und nicht nur das: Gerade im Blick auf Schönbergs »Erwartung« hat Adorno auf die musikalisch formbildende Potenz der literarischen Vorlage hingewiesen: »Die Triebkonflikte, an deren sexueller Genesis Schönbergs Musik keinen Zweifel läßt, haben in der protokollarischen Musik eine Gewalt angenommen, die es ihr verwehrt, sie tröstlich zu besänftigen ... Das Monodram ›Erwartung‹ hat zur Heldin eine Frau, die nachts ihren Geliebten sucht, allen Schrecken des Dunklen preisgegeben, um ihn schließlich ermordet zu finden. Sie wird der Musik gleichsam als analytische Patientin überantwortet. Das Geständnis von Haß und Begierde, Eifersucht und Verzeihung und darüber hinaus die ganze Symbolik des Unbewußten wird ihr abgerungen; und die Musik erinnert sich ihres tröstenden Einspruchsrechts erst mit dem Wahnsinn der Heldin. Die seismographische Aufzeichnung traumatischer Schocks wird aber zugleich das technische Formgesetz der Musik. Es verbietet Kontinuität und Entwicklung. Die musikalische Sprache polarisiert sich nach ihren Extremen: nach Schockgesten, Körperzuckungen gleichsam, und dem gläsernen Innehalten dessen, den Angst erstarren macht. Es ist diese Polarisierung, von welcher die gesamte Formwelt des

20 Thr. Georgiades, *Musik und Sprache*, Berlin–Heidelberg–New York 1984, S. 95.

reifen Schönberg, und ebenso Weberns, abhängt. Sie zerstört die von ihrer Schule zuvor ungeahnt gesteigerte musikalische ›Vermittlung‹, den Unterschied zwischen Thema und Durchführung, die Stetigkeit des harmonischen Flusses, die ungebrochene melodische Linie ... Man mag daran Einsicht gewinnen in die Verschränkung von Form und Inhalt in aller Musik ... Alle Formen der Musik, nicht erst im Expressionismus, sind niedergeschlagene Inhalte.«[21]

Adorno beschreibt die musikalische Form der »Erwartung« als bestimmt durch den schockhaft-panischen Verlauf der durch die literarische Vorlage gegebenen »Handlung«, durch welche der Musik ganz neue Gehalte zugeführt werden, die natürlich etwas mit der Destruktion des traditionellen Subjektbegriffs im Zeitalter der Psychoanalyse zu tun haben. In der Struktur der Musik spiegelt sich ein dezentriertes Subjekt, wie es dann auch von der postmodernen Kritik am traditionellen Begriff des einheitlichen, selbsttransparenten und selbstbestimmten bürgerlichen Subjekts zur Geltung gebracht wurde – und damit zugleich eine Krise im Selbstverständnis der Moderne.[22]

Wie schon gesagt, kann das Verhältnis der verschiedenen Kunstmedien zueinander ebensowohl eines wechselseitiger Korrespondenz oder Vertiefung als auch eines der Brechung, Neubeleuchtung oder Subversion sein. Als ein Beispiel für ein subversives Verhältnis von Musik und Sprache sehe ich Mozarts Requiem. Vor einiger Zeit habe ich eine Aufführung des Requiems in einer Berliner Kirche gehört, eingerahmt und mehrfach unterbrochen durch die »Funeral Music of Queen Mary« von Henry Purcell und kommentiert durch Zwischentexte, die Walter Jens gesprochen hat. Dabei ist mir deutlich geworden, wie weit Mozarts Musik sich subversiv verhält gegenüber den

---

21 Theodor W. Adorno, *Philosophie der Neuen Musik. Gesammelte Schriften* Band 12. Frankfurt am Main 1975, S. 47.

22 In einem noch allgemeineren Sinn macht Gösta Neuwirth dies für die Musik Franz Schrekers geltend: »Seine Bedeutung für die Musik des zwanzigsten Jahrhunderts: Daß er die Entzifferung des traumhaft Unbewußten auf die Ebene der musikalischen Formbildung und Grammatik brachte.« (Gösta Neuwirth, »Kehraus des schönen Wahns«, Sonderdruck aus einer Publikation zum Gedenkjahr 1913, Wien 1993, S. 74.)

klerikal-theokratischen, autoritären und apokalyptisch-drohenden Dimensionen des liturgischen Requiem-Textes. Mehrfach wendet Mozart den Dies-irae-Schrecken um in ein den bloßen Schrecken überwindendes Zusammensingen, in dem ein Stück *humaner* Versöhnung, Solidarität, ein *atheistischer* Glaube aufscheint – etwa in dem Sinn, in dem auch Bloch vom »Atheismus im Christentum« sprach. Jens nannte das die Dimension einer Zauberflöten-Versöhnung im Mozartschen Requiem. Keineswegs geht es bei Mozart darum, die Realität des Todes zu beschönigen – eher um einen Versuch, dem »Tod, wo ist dein Stachel/Hölle, wo ist dein Sieg«-Motiv eine menschenmöglich glaubhafte Wendung zu geben. In diesem Zusammenhang erwähnte Jens auch die Anekdote, Mozart habe wenige Stunden vor seinem Tode einige Freunde und Verwandte an seinem Bett versammelt, um mit ihnen (Mozart sang den Alt) Teile des Requiems zu singen (war es das »Lacrimosa«?), und sei dann plötzlich in Tränen ausgebrochen. Die erwähnte Aufführung des Requiems brach tatsächlich mit dem Lacrimosa ab (ließ also die von Süßmayr neu komponierten Stücke weg), der Chor sang nur die acht Takte des Lacrimosa, die Mozart selbst noch fertiggestellt hat, brach also nach der ersten großen Steigerung ab. Und dann nur noch einmal der Purcellsche Trauermarsch.

Die Einwirkung der verschiedenen Kunstmedien aufeinander mag sich, um bei der Musik zu bleiben, in beiden Richtungen vollziehen: Außermusikalische Impulse mögen zu musiksprachlichen Innovationen nötigen, und musikalische Innovationen mögen neue »Semantisierungsfelder« – etwa im Musikdrama oder im Lied – allererst erschließen. Anders gesagt: Die Musik kann am vorgegebenen, außermusikalischen Sinn eine Dimension erschließen, durch welche dieser selbst in ganz neuer Beleuchtung und mit neuer Komplexität aufgeladen erscheint; umgekehrt können außermusikalische Sinn- und Erfahrungsgehalte eine innermusikalische Entwicklung des musikalischen Materials anstoßen. Es gibt in dieser Konstellation kein Erstes: Außermusikalischer Sinn und musikalisches Material sind gleichermaßen Determinanten wie Resultate eines komplexen Prozesses, in dem sich die Medien der verschiedenen Künste teils nach ihrer eigenen Logik und teils nach einer Logik wechselseitiger Inspiration, wechselseitiger Korrespondenzen und auch wechselseitiger Subversion entwickeln. So wurde auf dem Wege der innermusikalischen Entwicklung ebenso wie durch die Verbindung der Musik mit den anderen Medien der Kunst – dem Tanz, der Lyrik, dem Drama und sogar den bildhaften Medien – der Weltbezug der Musik in der Geschichte der europäischen Musik in den verschiedensten Richtungen ausgearbeitet und hierin zugleich die Welt in immer wieder neuer Weise als ein Geschichts- und Naturraum hörbar gemacht.[23]

3. Die Aspekte, unter denen ich bisher Musik als »Sprache« oder als »sprachähnlich« thematisiert habe, betreffen in unterschiedlicher Weise mögliche »Weltbezüge« der Musik, das heißt neben Aspekten des »Ausdrucks« auch solche der »Evokation« oder der »Darstellung« und daher des Verweises der Musik auf das, was sie nicht selbst ist. Vernachlässigt habe ich dabei eine ebenfalls gebräuchliche Verwendung des Sprachtopos auf die Musik, bei dem es um die »syntaktischen« und »grammatischen« – und daher auch in einem genuin musikalischen Sinn schon *zusammenhangbildende* – Aspekte der Musik geht. Das klassische Beispiel ist

---

23 Unter den Komponisten der zweiten Hälfte des 20. Jahrhunderts hat insbesondere Hans-Werner Henze immer wieder auf dem intermedialen Charakter der Musik bestanden. Gegenüber dem (angeblichen) »Purismus« der seriellen Avantgarde versteht Henze seine Musik als *musica impura*, eine Musik, die ihre eigene Intermedialität betont und sich zu den anderen Medien und auf diese Weise zur Welt hin öffnet, die Welt in sich einläßt und hierin zugleich ihre Sprachähnlichkeit bewahrt. »Henzes gestaltgebende *acts of meaning* ignorieren nicht nur die Wort-Klang-Grenzziehung, sie unterlaufen auch die vermeintlichen Grenzen zum bildhaften, ikonischen und szenischen Verstehen. In diesem Sinn können wir davon reden, daß sie sich in einem übergreifenden symbolischen Raum bewegen, einem Bedeutungsraum, von dem die herkömmlichen semiotischen Differenzierungen nach Worten, Tönen, Bildern, Gesten wenig erfassen.« (Jens Brockmeier, »Eine Sprache in harter Währung. Die Idee der musikalischen Sprachlichkeit bei Hans-Werner Henze«, in: *Musik-Konzepte* 132, Neue Folge, IV 2006, S. 23.) Die These vom »Purismus« der seriellen Musik erscheint allerdings angesichts der Exploration *neuer* intermedialer Potentiale der Musik durch Komponisten wie Stockhausen, Boulez und Nono als durchaus fragwürdig.

die Rede von einer »tonalen« Sprache der Musik. Von »Sprache« ist hier in *Analogie* zur Wortsprache die Rede, und zwar vermittels einer keineswegs arbiträren Übertragung von syntaktischen, grammatischen und rhetorischen Termini auf die Musik. Man denke an Ausdrücke wie »Satz«, »Vordersatz und Nachsatz«, »Periode«, »Schluß« (in der doppelten Bedeutung als Schluß*folgerung* und Schluß*wendung*), (musikalische) »Logik«, »Thema«, »Exposition«, »Entwicklung«, »Durchführung« usw. und dann auch an »Stimmen«, die sich »heben und senken«. »In all dem«, so Adorno, »ist der Gestus von Musik der Stimme entlehnt, die redet.«[24] Hier geht es nicht mehr um die »dunklere und feinere Sprache« der Musik[25] als das *Andere* der Wortsprache, sondern um eine Ähnlichkeit der Musik *mit* der Wortsprache, mit dem wortsprachlichen Reden. In dezidierter Kritik der Empfindungsästhetik hat Friedrich Schlegel die Musik sogar in die Nähe der Philosophie gerückt: »Muß die reine Instrumentalmusik sich nicht selbst einen Text erschaffen? Und wird das Thema in ihr nicht so entwickelt, bestätigt, variiert und kontrastiert wie in einer philosophischen Ideenreihe?«[26] Auch Hanslick spricht in seiner Polemik gegen die Gefühlsästhetik von musikalischen *Gedanken*: »In der Musik ist Sinn und Folge, aber *musikalische* ... Es liegt eine tiefsinnige Erkenntnis darin, daß man in Tonstücken von »Gedanken« spricht, und wie in der Rede unterscheidet das geübte Urteil leicht echte Gedanken von bloßen Redensarten.«[27] Solche Äußerungen und die in ihnen vorausgesetzten syntaktischen und »grammatischen« Kategorien setzen freilich die »Sprache« der Tonalität mit ihren zusammenhangbildenden Eigenschaften harmonischer, motivisch-thematischer und rhythmischer Art bis hin zu den traditionellen Formtypen voraus. Zur Tonalität als »Sprache« gehören, wie

24 Th. W. Adorno, »Musik, Sprache und ihr Verhältnis im gegenwärtigen Komponieren«, in: *Gesammelte Schriften* Bd. 16, Frankfurt a. M. 1978, S. 649.

25 So Ludwig Tieck, »Die Töne«, in: W.H. Wackenroder, *Werke und Briefe*, München 1984, S. 348.

26 Friedrich Schlegel, »Charakteristiken und Kritiken I. In: *Kritische Friedrich-Schlegel-Ausgabe*, Band II, München 1967, S. 254.

27 E. Hanslick, *Vom Musikalisch-Schönen*, a. a. O. S. 35.

Adorno betont hat, begriffsähnliche Momente wie »die stets wieder mit identischer Funktion einzusetzenden Akkorde, auch eingeschliffene Verbindungen wie die der Kadenzstufen, vielfach selbst melodische Floskeln, welche die Harmonie umschreiben«, und daher auch eine musikalische »Logik«, wonach Tonfortschreitungen, kontrapunktische Felder, Zusammenklänge und ihre Veränderungen als (musikalisch) sinnvoll, das Verhältnis von Dissonanzen und Konsonanzen als ein Verhältnis von Spannung und Auflösung und musikalische Ereignisse als auf ein tonales Zentrum bezogen gehört werden können. Indes ist hier von »Logik« und »Sinn« nicht in einem wortsprachlichen, sondern eher in einem »energetischen« und formbildenden Sinn die Rede. In der kadenzharmonischen Musik betrifft etwa das Verhältnis von Spannung und Auflösung nicht nur das Verhältnis von Konsonanz und Dissonanz, es ist vielmehr der Grundfigur der Kadenz selbst einbeschrieben, insbesondere dem Verhältnis von Dominante und Tonika, die in ihr von den kleinsten musikalischen Einheiten, nicht nur in den Schlüssen und den ubiquitären Teilschlüssen, bis zu den größeren formalen Verläufen wirksam ist. Von Bachs Orchester- und Klaviersuiten bis zur klassischen Sinfonie ist das Dominant-Tonika Verhältnis auch für die Konstruktion größerer musikalischer Verläufe konstitutiv; so etwa bei Bach, wenn der zweite Wiederholungsteil der Suiten auf der Dominante (bzw. der Tonikaparallele in Moll-Sätzen) beginnt und wenn in der »orthodoxen« Form des Sonatenhauptsatzes das zweite Thema auf der Dominante einsetzt und vor dem Beginn der Durchführung ebenfalls die Dominante erreicht wird, während die Reprise, einschließlich des zweiten Themas, die Tonika besetzt, gewissermaßen als den großformalen Abstieg von der Dominante zur Tonika. Heinrich Schenkers Idee der musikalischen Analyse, insbesondere seine Idee des »Ursatzes« als dem »Hintergrund« tonaler musikalischer Verläufe, kann sich auf diese formbildende Funktion der Kadenz berufen. Auf dem Hintergrund dieser Kadenz-»Logik« der tonalen Musik lassen sich dann auch die Abweichungen von ihr und die modulatorischen Abenteuer in den Werken Beethovens und Schuberts als gewaltige Ausweitungen der durch die Kadenzlogik bestimmten harmonischen Binnenspannung musikalischer Verläufe verstehen. Dasselbe gilt in gewissem Grade auch noch für die Chromatik der spätromantischen Musik, in der sich freilich zugleich schon die dann von Schönberg postulierte »Emanzipation der Dissonanz«, das heißt die Überschreitung der kadenzharmonischen »Logik«, ankündigt. Daß die Begriffe der »Logik« einerseits und die von »Spannung« und »Auflösung« (als energetische Begriffe) hier als beinah füreinander substituierbar erscheinen, zeigt zugleich, daß musikalischer »Sinn« hier etwas anderes ist als sprachlicher Sinn, nämlich die Eigenschaft eines musikalischen Kraftfeldes von Spannung und Auflösung, in dessen Binnenspannungen sich dann auch expressive, affektive und gestische Valeurs einnisten können.

Das Ohr als ein »interpretierendes« Sinnesorgan im Sinne von Dewey und Heidegger hört musikalische Ereignisse auf dem Hintergrund der tonalen Sprache als in bestimmter Weise bedeutungsvoll, wobei die »Bedeutungen«, um die es hier geht, nicht begrifflicher Art sind, sondern innermusikalisch durch ihren Ort in einem musikalischen Kontext bestimmt sind. Die expressiven und semantischen Potentiale der tonalen Musik setzen deren syntaktisch-grammatischen und harmonischen Sprachhintergrund voraus; dieser ist es, der jetzt eigentlich die Rede von einer »Sprachähnlichkeit« der Musik motiviert.[28]

---

28 Bei Adorno finden sich schöne Beispiele sowohl für das syntaktische als das expressive »Hören-als«, wie es durch die Sprache der Tonalität bedingt ist. »Wenn in tonaler Musik auf den neapolitanischen Sextakkord in C-Dur, mit dem des im Sopran, der Dominant-Septakkord mit h im Sopran folgt, dann wird kraft der Gewalt des harmonischen Schemas der Schritt von des nach h, der ›verminderte‹ Terz heißt, aber abstrakt gemessen ein Sekundintervall darstellt, in der Tat als Terz aufgefaßt, nämlich auf das dazwischenliegende und ausgelassene c mitbezogen. Eine solche unmittelbare Wahrnehmung eines ›objektiven‹ Sekundintervalls als Terz ist jenseits der Tonalität ausgeschlossen: sie setzt das Koordinatensystem voraus und bestimmt sich durch die Differenz von diesem. Was aber bis in fast stofflich akustische Phänomene hinein gilt, gilt erst recht für die höhere, musikalische Organisation. In dem der Agathen-Arie entnommenen Seitensatzthema der Freischützouvertüre ist das auf den Höhepunkt g im dritten Takt führende Intervall eine Terz. In der Coda des ganzen Stücks wird dieses Intervall vergrößert, erst in eine Quint und schließlich in eine Sext, und gegenüber dem Ausgangs-

Die »Sprache« der Tonalität, so verstanden, läßt sich – auch wenn sie geschichtlich in beständiger Entwicklung, am Ende bis an die Grenze der Selbstüberschreitung, begriffen war – als ein den Komponisten und Hörern der tonalen Periode mehr oder weniger gemeinsamer Sprach-Hintergrund verstehen, auf den auch die individuellen harmonischen und formalen Innovationen immer noch zurückbezogen blieben – so ähnlich wie ja auch die Literatur einen gemeinsamen Sprachhintergrund voraussetzt, den sie durch ihre Eingriffe zugleich verändert.

Freilich ist dieser Prozeß der Sprachveränderung im Fall der Musik von dem durch die Literatur bewirkten natürlich darin verschieden, daß die tonale Sprache, anders als die der Literatur, *nur* im Medium der musikalischen Gebilde existiert; es gibt keine musikalische »Alltagssprache« *außerhalb* der Musik (und sei es der Volksmusik oder der kulturindustriell depravierten Kunstmusik). Dies deutet nicht nur auf eine Grenze der Sprachanalogie hin, sondern auch darauf, daß die geschichtlichen Veränderungen der tonalen »Sprache« einer anderen Dynamik gehorchten als diejenigen der Wortsprache. Denn jene vollzogen sich ausschließlich im Medium der bedeutenden Werke selbst. Gerade die bedeutenden Komponisten der tonalen Periode aktualisierten niemals nur ein etabliertes musikalisches Idiom; ihre Werke bedeuteten vielmehr immer auch dessen Überschreitung, die Abwandlung und das Zerbrechen vorgegebener For-

---

ton des Themas, auf den dessen Verständnis zurückhört, ist diese Sext eine None. Indem sie über den Oktavraum hinausgreift, gewinnt sie den Ausdruck überschwenglichen Jubels. Das ist möglich nur durch die in der Tonalität gegebene Auffassung des Oktavintervalls gleichsam als einer Maßeinheit: wird es überschritten, so wird damit sogleich die Bedeutung ins Extreme, das Gleichgewicht des Systems Aufhebende gesteigert. In der Zwölftonmusik jedoch hat die Oktave jene organisierende Kraft verloren, die ihr wegen ihrer Identität mit dem Dreiklangsgrundton zukam. Zwischen Intervallen, die größer oder kleiner als die Oktave sind, herrscht lediglich quantitative, keine qualitative Differenz. Deshalb sind melodische Wirkungen wie die im Weberschen Beispiel – und wie in ungezählten Fällen zumal bei Beethoven und Brahms – nicht mehr möglich ...« Th. W. Adorno, *Philosophie der Neuen Musik. Gesammelte Schriften 12*, Frankfurt a. M. 1975, S. 77 f.

men und Mittel der Zusammenhangbildung aus geschichtlicher und ästhetischer Nötigung und in all dem ein in der Komposition selbst realisiertes reflexives Verhältnis zum gegebenen Stand des musikalischen »Materials«, wie es nicht nur am späten Beethoven sich zeigen ließe. Insofern gilt schon für die bedeutendste Musik der kadenzharmonischen Periode, daß ihre »Sprachähnlichkeit« nicht aus der bloßen Aktualisierung eines geschichtlich verfügbaren musikalischen Sprachvorrats resultierte, sondern eher aus einer jeweils individuellen Dekonstruktion und Neukontextualisierung von aus der Tradition entnommenen Sprachelementen. Freilich blieb hierbei – und das rechtfertigt die Rede von einer tonalen oder kadenzharmonischen Periode der Musik – gleichsam ein allgemeinverständlicher Sprachhintergrund erhalten, der sich erst im zwanzigsten Jahrhundert im Zuge der verschiedenen Übergänge zu einer posttonalen Musik – nicht nur in der Schönberg-Schule – zersetzen sollte.

Noch einmal wird an dieser Stelle deutlich, daß dem Weltbezug der Musik. ihrem »Sprachcharakter«, ein geschichtlicher Index und eine spezifische Dynamik einbeschrieben ist; er bildet sich neu in jeder geschichtlichen Konstellation und mit jeder neuen Entwicklung des musikalischen Materials. Innermusikalisch läßt sich der Prozeß, in dem dieser Weltbezug sich bildet, in der modernen Musik bis zu einem gewissen Grad als Prozeß einer fortlaufend neu sich herstellenden gleichzeitigen »Semantisierung« und »Entsemantisierung« des musikalischen Materials beschreiben. Mit »Semantisierung« meine ich die Erschließung neuer Sprach- und Ausdrucksmöglichkeiten des musikalischen Materials. Die Entwicklung der tonalen Musik insgesamt wäre ein Beispiel einer solchen Semantisierung eines musikalischen »Naturstoffs«. In diesem Sinne ist die Bemerkung Nietzsches zu verstehen, durch die lange Verbindung von Musik und Poesie sei »endlich die musikalische Form ganz mit Begriffs- und Gefühlsfäden durchsponnen.«[29] Mit Bezug auf die moderne Kunst hat andererseits Adorno verschiedentlich darauf hingewiesen, daß

---

29 Friedrich Nietzsche, *Menschliches, Allzumenschliches. Werke in drei Bänden.* Band I, Darmstadt 1958, S. 573.

mit dem Anwachsen der konstruktiven und reflexiven Momente in der Kunst zugleich deren Fähigkeit gewachsen sei, bisher sinnfremde Stoffschichten in sich hineinzuziehen und aus ihnen den Funken neuen ästhetischen Sinns zu schlagen. Da nun der Naturstoff der Musik in großem Maße technisch produzierter Naturstoff ist, gilt für die Musik vielleicht mehr als für alle anderen Künste, daß die Entwicklung des musikalischen Materials, die mit technischen Fortschritten aufs Intimste verknüpft ist, selbst schon – latent oder manifest – mit der Freisetzung neuer Stoffschichten einhergeht. Beispiele wären die Möglichkeiten elektroakustischer Klangerzeugung heute oder auch die in der traditionellen Musik aus dem Universum musikalischen Sinns zunächst ausgegrenzten Geräuschphänomene, die gleichsam zum unterdrückten Repertoire der traditionellen Instrumente gehören. Um neue Stoffschichten handelt es sich – in einem anderen Sinne – aber auch bei den vor allem von Cage musikfähig gemachten Alltagsgeräuschen aller Art. Um die »Semantisierung« solcher zunächst musikfremder musikalischer »Naturstoffe« würde es sich handeln, wo es gelingt, diese mit Hilfe neuer konstruktiver Verfahren in musiksprachliche Zusammenhänge neuer Art zu integrieren. Um eine *Entsemantisierung* semantisch aufgeladenen Materials handelt es sich demgegenüber dort, wo entweder – wie tendenziell zu Beginn der seriellen Musik – ein überliefertes Material gleichsam in musikalischen Naturstoff zurückverwandelt wird oder wo Texte – oder die menschliche Stimme – in Klang- oder Geräuschphänomene aufgelöst werden.

Ich glaube, daß »Semantisierungs-« und »Entsemantisierungs«-Prozesse als zwei aufeinander bezogene Pole in der Entwicklung der modernen Musik verstanden werden sollten. Besonders prägnante Beispiele wären jene Fälle, in denen die Zertrümmerung semantisch aufgeladenen Materials in dekontextualisierte Sinn- oder Klangpartikel und ihre ästhetische Rekontextualisierung durch neue Verfahren der Strukturbildung oder Montage als zwei zusammengehörige Aspekte in der Entwicklung des musikalischen Materials erscheinen. So gibt es schon zwischen der Emanzipation – d.h. Dekontextualisierung – der Dissonanz und der Entwicklung von Reihenverfahren einen internen Zusammenhang. In die gleiche Richtung weist die von Gösta Neuwirth geäußerte Vermutung, daß die »Dekontextualisierung« von Sequenzmodellen beim frühen Mahler oder des Tristanakkords in Debussys *Pelleas et Melisande* mit einer Verwandlung der dekontextualisierten Topoi in strukturbildende Elemente eines neuen Typs unmittelbar einhergeht.[30] Unter den gegenwärtigen Komponisten hat insbesondere Helmut Lachenmann Erhellendes über diesen Zusammenhang von »Entsemantisierung« und »Resemantisierung«, von »Dekontextualisierung« und »Neukontextualisierung« des musikalischen Materials gesagt, wobei Lachenmann zugleich deutlich macht, daß es einen wirklichen »Naturstoff« der Musik gar nicht gibt, weil alles, was wir so nennen könnten, immer schon vorweg mit, sei es musikalischen Bezügen, sei es außermusikalischen Konnotationen, aufgeladen ist. Ich gebe ein besonders prägnantes Zitat: »Jedes kompositorisch genutzte Objekt, jeder Klang, jedes Geräusch, jede Klangbewegung oder Klangverbindung, oder Klangverwandlung, Stockhausen würde sagen: jedes ›Ereignis‹, ist mitsamt seiner Komplexität ein Punkt gleichzeitig auf unendlich vielen Geraden, die durch diesen Punkt entweder schon laufen oder noch gezogen werden könnten. Komponieren heißt: von welchem Punkt auch immer die Geraden erkennen, auf denen er liegt, von denen er seine Vorab-Bedeutung und Wahrnehmungsqualität hat, und heißt: in Abweichung hiervon andere Geraden durch diesen Punkt ziehen und so neue Punkte entdecken, dem ersten zuordnen und durch solche Zuordnung alte wie neue Punkte im so neu geschaffenen Zusammenhang ambivalent, polyvalent präzisieren und expressiv

30 Zum Tristanakkord s. Gösta Neuwirth, »Kehraus des schönen Wahns«, a.a.O.: »Wenn ein Akkord wie f-ces-es-as bei Wagner im lokalen Zusammenhang zu hören ist, so erhält er als Klang (»Tristanakkord«) die verschiedensten Dreiklangs- und Tonartbedeutungen. In Debussys »Pelleas« und in den Werken neuer Musik, die folgen, wird dieser Akkord als eine Konstellation von Intervallen aufgefaßt, die nicht mehr bedeutet als den Zusammenklang von zwei kleinen und einer großen Terz; notwendig werden in einer so begründeten Komposition (ohne tonale Auflösungsverpflichtungen) ganz andere Konsequenzen der musikalischen Logik gefordert.« (A.a.O. S. 74.)

beleuchten. Dem gilt es denn auch in der Werkanalyse nachzugehen.«[31]

4. *Prekär* wird die Sprachanalogie im zuletzt diskutierten – syntaktisch-grammatischen – Sinne in dem Augenblick, wo man die zusammenhangbildenden Potenzen der tonalen Sprache mit denen der Wortsprache analogisiert; denn jene zusammenhangbildenden Potenzen, die von der Konstruktion von »Sätzen« und »Perioden« bis zur Konstruktion von Großformen wie Fuge, Sonate und Rondo reicht, lassen sich auf diejenigen der wortsprachlichen Syntax, Grammatik und Rhetorik deshalb nicht abbilden, weil es bei den letzteren noch gar nicht um *literarische* Formen, sondern um textuelle Zusammenhänge aller Art geht. Dagegen sind die zusammenhangbildenden Potenzen der tonalen Sprache wesentlich im musikalischen Sinne *form*bildende Potenzen. Diese kann man aber gar nicht richtig verstehen, wenn man nicht die durch Schnebel eingeklagten formbildenden Potenzen eines Spiels von Wiederholung und Variation, von Identität und Differenz mit einem klanglichen Material, und daher formbildende Potenzen einer nicht auf einen *Sinn*zusammenhang von der Art wortsprachlicher Sinnzusammenhänge angelegten Art mit in Rechnung stellt. Das wird evident, wenn man etwa die »klassischen« Formtypen von Fuge, Sonate und Rondo betrachtet: Jeder dieser Formtypen bezeichnet ja zugleich einen bestimmten Typus des Spiels von Wiederholung und Variation, von Ähnlichkeit und Kontrast, von Reihung und Spiegelung – kurz: von Identität und Differenz. Dieses Spiel von Identität und Differenz ist aber, jedenfalls wenn es sich um ein semantisch weitgehend »entqualifiziertes« akustisches Material handelt, eher sinn*abweisend* als sinn*erzeugend*, wie man an ornamentalen Gebilden wie etwa Teppichen oder auch den von solchen Gebilden inspirierten Stücken Morton Feldmans sehen kann; in der Wortsprache entsprechen am ehesten Reime, Alliterationen, Wortspiele und natürlich auch andere, komplexere formale Mittel einer literarischen Zusammenhangbildung diesem Spiel von

---

31 Helmut Lachenmann, *Über das Komponieren*. In: Ders., *Musik als existenzielle Erfahrung*. Wiesbaden 1996, S. 76.

Identität und Differenz. Natürlich stellt sich bei Kompositionen wie jenen von Feldman sofort die Frage, ob oder inwiefern man auch in ihrem Fall von einer »Darstellungs«-Dimension musikalischer Werke sprechen kann.[32] Auf diese Frage komme ich zurück.

Prekär an der Metapher von einer tonalen *Sprache* der Musik ist nicht, daß der Vergleich zwischen Musik- und Wortsprache – wie nicht anders zu erwarten ist – an gewisse Grenzen stößt; prekär ist vielmehr, daß sie suggeriert, man könne musikalischen Zusammenhang *zureichend* von Begriffen wie »Sagen«, »Darstellung« oder »Kommunikation« her verstehen. Weshalb dies nicht möglich ist, werde ich später zu zeigen versuchen. Wenn man

---

32 An dieser Stelle möge ein erster Hinweis genügen. In der Ästhetik Morton Feldmans spielt der Einfluß der modernen, insbesondere der abstrakten Malerei, eine beträchtliche Rolle, er war befreundet mit einer Reihe von Künstlern im Umkreis des abstrakten Expressionismus. »Barnett Newman war einer der Sprecher dieser Gruppe, die radikal mit dem europäischen Verständnis von Bildinhalt brach, und das Abstrakte wurde fast religiös alttestamentarisch verstanden: ›Du sollst dir kein Bildnis machen.‹ Sich existenziell dem Bildraum auszusetzen, wurde zum Gegenstand der Malerei überhaupt; das Gefühl der Erhabenheit, des Überwältigtseins von einer Farbe; wie das Sprechen-Lassen der Farbe, so das Klingen-Lassen der Töne.« (W. Zimmermann, »Morton Feldman – der Ikonoklast«, in: J. Häusler, *Brennpunkt Nono. Programmbuch Zeitfluß 93*, Zürich 1993, S. 94.) In diesem Zusammenhang ist ein Bericht Walter Zimmermanns erhellend, der sich zwar zunächst nur auf die Arbeitsweise Feldmans in seinen von Teppichen inspirierten Stücken und auf Feldmans Strukturideen bezieht, der aber m.E. zugleich einen ersten Hinweis auf das in der akustischen Konfiguration nicht Aufgehende, in Adornos Terminologie: den »Geist« seiner Stücke, enthält: »Feldman erläuterte mir einmal die wohlausgewogene Symmetrie der persischen Teppiche einerseits und das Asymmetrie-Prinzip der türkischen Nomaden-Teppiche andererseits und erklärte, daß die Perser-Teppiche so geknüpft werden, daß man in jedem Augenblick den gesamten Teppich überblicken kann, wogegen die türkischen Nomaden-Teppiche so gewirkt werden, daß der fertige Teil nach unten weggeht, also nicht mehr sichtbar bleibt; somit verlegt sich das durch Anschauung Kontrollierbare in das Gedächtnis. Durch diese Gedächtnisarbeit ergeben sich die Asymmetrien, weil kein Gedächtnis so symmetrisch funktioniert wie das direkte Anschauen und Korrigieren. Eben das Nichtkorrigieren eines einmal fertiggestellten Musters ist das, was Morton Feldman fasziniert …

also die Metapher einer tonalen »Sprache« gebraucht, so sollte man dies nur in einem gleichsam Wittgensteinianischen Bewußtsein von Ähnlichkeiten *und* Unähnlichkeiten zwischen Musik- und Wortsprache tun, um nicht von der Suggestion irregeführt zu werden, die Musik »sage« in einer anderen Sprache, was sich in der Wortsprache nicht sagen läßt – eine Suggestion, die ja der Idee zugrundeliegt, die Musik als Sprache der Empfindungen sei eine »reichere« oder »tiefere« Sprache als die Wortsprache. Irreführend wird die Idee, die Musik »sage« in einer anderen Sprache, was sich in der Wortsprache nicht sagen lässt, wenn sie sich mit der Vorstellung verbindet, musikalischer Zusammenhang sei etwas den in der – nichtliterarischen – Wortsprache erzeugten Sinnzusammenhängen Analoges, eine Vorstellung, die schon Adorno, der ja ansonsten auf der Sprachähnlichkeit der Musik bestand, mit gutem Grund zurückgewiesen hat. Ich möchte an dieser Stelle aus einem Essay Adornos über Musik und Sprache zitieren, aus dem deutlich wird, daß Schnebels Einwände gegen die »Versprachlichung« der Musik Adorno gar nicht so direkt treffen, wie es zunächst den Anschein hatte. Bei Adorno heißt es:

Er dachte von Moment zu Moment und begann nun sein musikalisches Gedächtnis zu aktivieren, indem Momente wieder auftauchen, die an das Vergangene erinnern und so eine neue Perspektive aufzeigen, die darauf zielen, den Moment festzuhalten ... und damit kommen wir zu dem essentiellen Begriff Morton Feldmans: der ›Metapher‹. Das geheimnisvolle Wort Metapher erscheint aber jetzt ganz klar. Es meint das Vage, das Sich-Erinnern, die Gedächtnisarbeit, etwas Vergangenes wieder hereinzuholen, gleichviel ob im Moment Vergangenes oder kollektiv Vergangenes. Nicht ohne ironischen Unterton erwähnte er, daß man sein Stück *Piano* von 1977 als die Metapher einer Fuge betrachten könne, als eine Fuge, dergestalt auf den Begriff gebracht, daß sie ständig etwas in die Gegenwart hereinholt, was gerade vergangen ist. So tauchen im Piano in verschiedenen Schichten überlagert Strukturen wieder auf; Vergangenheit und Gegenwart vermischen, durchdringen sich.« (A. a. O. S. 95.) Diese Deutungen Feldmanscher Stücke mögen als ein erster Hinweis darauf dienen, daß auch in scheinbar sinnabweisenden Klang-Konfigurationen posttonaler Komponisten, sofern sie als bedeutsam erfahren werden, eine Darstellungsdimension, d. h. ein Verweis auf das, was sie als akustische Konfigurationen nicht selbst sind, fortdauert.

»Musik ist sprachähnlich ... Aber Musik ist nicht Sprache. Ihre Sprachähnlichkeit weist den Weg ins Innere, doch auch ins Vage. Wer Musik wörtlich als Sprache nimmt, den führt sie irre ... Gegenüber der meinenden Sprache ist Musik Sprache nur als eine von ganz anderem Typus ... Aber sie scheidet sich nicht bündig von der meinenden wie ein Reich vom anderen. Es waltet eine Dialektik: allenthalben ist sie von Intentionen durchsetzt, und gewiß nicht erst seit dem *stile rappresentativo*, der die Rationalisierung der Musik daran wandte, über ihre Sprachähnlichkeit zu verfügen. Musik ohne alles Meinen, der bloße phänomenale Zusammenhang der Klänge, gliche akustisch dem Kaleidoskop. Als absolutes Meinen dagegen hörte sie auf Musik zu sein und ginge falsch in Sprache über. Intentionen sind ihr wesentlich, aber nur als intermittierende ... Stets wieder zeigt sie an, daß sie meint, und daß sie bestimmt meint. Nur ist die Intention immer zugleich verhüllt ... Um Musik zu unterscheiden von der bloßen Sukzession sinnlicher Reize, hat man sie einen Sinn- oder Strukturzusammenhang genannt, und soweit in ihr nichts isoliert steht, alles nur im leibhaften Kontakt mit dem Nächsten und im geistigen mit dem Fernen, in Erinnerung und Erwartung wird, was es ist, mag man jene Worte passieren lassen. Aber der Zusammenhang ist keiner des Sinnes von der Art, wie der von der meinenden Sprache gestiftete. Das Ganze realisiert sich gegen die Intentionen, integriert sie durch Negation einer jeden einzelnen, unfixierbaren ... So ist sie fast das Gegenteil eines Sinnzusammenhanges, auch wo sie gegenüber dem sinnlichen Da einen solchen abgibt.«[33]

Auch Adorno bestreitet, daß musikalischer Zusammenhang trotz sprachähnlicher Momente der Musik analog einem sprachlichen Sinnzusammenhang ist. An diesem Punkt scheint sich der Dissens zwischen Adorno und Schnebel aufzulösen: Es ließe sich ja argumentieren, daß es bei Schnebels Einwänden gar nicht um sprachähnliche Momente der Musik geht als vielmehr um Tendenzen zu einer *Literarisierung* der Musik aus Mangel an genuin musikalisch-formbildenden Potenzen in der Musik der atonalen Phase der Zweiten Wiener Schule. Jedoch liegt der Dissens in Wirklichkeit tiefer. Er betrifft u. a. unterschiedliche Deutungen des Übergangs von der Phase der freien Atonalität beim mittleren Schönberg zur Zwölftonmusik und später zum Serialismus

33 Theodor W. Adorno, »Musik, Sprache und ihr Verhältnis im gegenwärtigen Komponieren«, in: *Gesammelte Schriften* Bd. 16, Frankfurt am Main 1978, S. 650–653.

und daher auch eine unterschiedliche Einschätzung der Potentiale, wie sie durch die von Adorno so genannte »Entqualifizierung« des musikalischen Materials im Serialismus entbunden wurden. Für Adorno hatte dieser Übergang immer etwas Zwiespältiges: Einerseits sah er darin eine durch den Stand des musikalischen Materials diktierte Notwendigkeit, andererseits hat er schon früh auf die »Aporien« nicht nur des zwölftönigen Komponierens, sondern auch jene der seriellen Musik hingewiesen. Die Phase der freien Atonalität blieb für ihn immer wichtig als eine Phase der Emanzipation der Musik von den Sprach- und Formkonventionen der tonalen Musik[34], während er in den zwölftönigen und seriellen Verfahren die Tendenzen zu einer falschen »Rationalisierung« bzw. einer »Verdinglichung« der Musik und daher den *Verlust* ihrer Sprachähnlichkeit kritisierte, während Schnebel in diesem Verlust der Sprachähnlichkeit vor allem den Gewinn neuer, genuin musikalischer formbildender Potentiale der Musik betont. Es ist *dieser* Dissens, dessen genauere Bedeutung zu klären ist. Will man Schnebel nicht unterstellen, daß er gegenüber den Gefahren einer falschen Rationalisierung der Musik, auf die Adorno hinwies, blind war, sollten wir davon ausgehen, daß er ebenso wie Adorno das Ideal einer bloß »mathematischen« Stimmigkeit von Musik ablehnt. Darin dürften sich beide mit den Komponisten der Zweiten Wiener Schule ebenso wie mit den bedeutenden seriellen Komponisten einig sein. Immer wieder, noch in seinem späten Vortrag »Vers

---

34 »Was danach möglich wäre, scheint unbeschränkt. Alle verengenden Selektionsprinzipien der Tonalität sind gefallen.« (*Philosophie der Neuen Musik*, a.a.O. S. 55.) Demgegenüber sieht Adorno in den zwölftönigen und später den seriellen Verfahren die Gefahr einer »Verdinglichung« der Musik durch eine »rationale Durchorganisation« der Musik, die einer Abdankung des kompositorischen Subjekts gleichkäme. »Ein System der Naturbeherschung in Musik resultiert. Es entpricht einer Sehnsucht aus der bürgerlichen Urzeit: was immer klingt, ordnend zu ›erfassen‹, und das magische Wesen der Musik in menschliche Vernunft aufzulösen.« (A.a.O. S. 65f.) Zu den von Adorno diagnostizierten »Aporien« der Zwölftonmusik und den Tendenzen der musikalischen Verdinglichung s. insbesondere a.a.O. S. 62–101. Zu Adornos Kritik an der seriellen Musik s. insbesondere »Das Altern der Neuen Musik«, in: *Gesammelte Schriften* Bd. 14, Frankfurt am Main 1973.

une musique informelle«, hat Adorno auf der Rolle des *kompositorischen* Subjekts für die »Durchbildung« der Werke als der entscheidenden Instanz gegen die Gefahr einer Verdinglichung der Musik bestanden: »Denn das Subjekt ist das einzige Moment von Nichtmechanischem, von Leben, das in die Kunstwerke hineinragt; nirgends sonst finden sie, was sie zum Lebendigen geleitet.«[35] Jedoch hat Adorno in der »Entqualifizierung« des akustischen Materials in der seriellen Musik, also seiner »Entsprachlichung«, durchaus einen notwendigen Schritt in der Abkehr von der tonalen Musik gesehen: »Die Reduktion auf den Ton hatte ihre negative Wahrheit. Sie hat die Intentionen des Subjekts, die als bloß eingelegte zugleich zu erstarren drohten, ausradiert. Sämtliche etablierten und verbrauchten Muster der Gestalten und Konfigurationen hat sie als störend, stilunrein, stilbrüchig außer Aktion gesetzt.«[36] Insofern hat auch Adorno keineswegs die produktiven Potentiale geleugnet, die durch die serielle Revolution in der Musik entbunden wurden. Sein später Vortrag »Vers une musique informelle« ist nicht zuletzt ein Versuch, in der seriellen Musik die Potentiale einer befreiten, »informellen« Musik aufzuzeigen, gleichsam als »Aufhebung« dessen, was in der Phase der freien Atonalität als Emanzipation des Komponierens von den Konventionen der tonalen Tradition sich ankündigte, in ein postserielles Komponieren. Für Adorno bedeutete dies zugleich den Wiedergewinn einer musikalischen Sprachähnlichkeit in der postseriellen Musik: »Je vollkommener das Werk durchgebildet ist, desto sprechender ist es zugleich, wofern Durchbildung die inhaltliche Organisation des Werdenden meint und keine mathematische Notwendigkeit.«[37] Kontrovers zwischen Adorno und Schnebel dürfte allenfalls die Frage sein, *was* eine kompositorische Durchbildung von Werken bedeutet. »Daß Musik«, wie Adorno sagt, »nicht einfach aus Tönen besteht, sondern aus Verhältnissen zwischen ihnen; daß das eine nicht ist ohne das ande-

---

35 Theodor W. Adorno, »Vers une musique informelle«, in: *Gesammelte Schriften* Bd. 16, Frankfurt amMain 1978, S. 527.

36 A.a.O. S. 519.

37 A.a.O. S. 527.

re«[38], scheint prima facie eine Trivialität; nicht aber, wie man diese Trivialität verstehen will. Adorno versteht sie im Sinn einer dynamischen Zeitlichkeit der Musik. In dem schon mehrfach zitierten Vortrag heißt es dazu: «Das zeitlich Aufeinanderfolgende, das die Sukzessivität verleugnet, sabotiert die Verpflichtung des Werdens, motiviert nicht länger, warum dies auf jenes folge und nicht beliebig anderes. Nichts Musikalisches aber hat das Recht auf ein anderes zu folgen, was nicht durch die Gestalt des Vorhergehenden als auf dieses Folgendes bestimmt wäre, oder umgekehrt, was nicht das Vorhergehende als seine Bedingung nachträglich enthüllte.«[39] In dieser Formulierung kommt beim späten Adorno noch einmal seine Orientierung an der Musik von Beethoven bis Schönberg, nicht zuletzt wohl auch seine Orientierung an einem prozessual-finalistischen musikalischen Zeittypus zum Ausdruck, wie er ihn in dem motivisch-thematischen Verfahren Beethovens vorgebildet fand.[40] Schnebel sieht demgegenüber in der »Versprachlichung« der Musik »in

---

38 Ebd.

39 A.a.O. S. 518.

40 Adorno selbst unterschied allerdings bereits zwischen einem »intensiven« (prozessual-gerichteten oder »finalistischen«) und einem »extensiven« (zuständlichen) Zeittypus in der mittleren Produktionsphase Beethovens. Richard Kein hat in einem wichtigen Aufsatz über »Prozessualität und Zuständlichkeit. Konstruktionen musikalischer Zeiterfahrung« (in: Otto Kolleritsch (Hg.), *Abschied in die Gegenwart. Teleologie und Zuständlichkeit in der Musik. Studien zur Wertungsforschung* Bd. 35, Wien-Graz 1998) die Bedeutung dieser Unterscheidung zwischen »intensiven« und »extensiven« Zeitformen in den Kompositionen des mittleren Beethoven überzeugend ausgearbeitet. »Entscheidend ist Adornos Hinweis, daß ein Formtypus, der sich primär nicht mehr apriorisch oder finalistisch, sondern retrospektiv und episch bildet, notwendigerweise lückenhaft, dissoziativ, d.h. auflösungsnah strukturiert sein muß. Solche Auflösungsnähe dient der Darstellung von Kontingenz in dem Sinne, ›daß dem Moment der abstrakten Zeit in der Konstitution der Form größeres Gewicht zufällt als der Konstruktion‹, d.h. daß die *positive* Erfahrung von Dauer und Vergängnis den Vorrang gewinnt vor einer dialektisch-konstruktiven Bewältigung linearer Fortschreitung, die ja gewissermaßen per definitionem versucht sein muß, sich – arbeitend, handelnd, reflektierend – als Herr über die Zeit in Szene zu setzen ... Vor diesem Hintergrund erscheint es Adorno als plausibel, den extensiven

der Beethovenschen Linie« gerade das Problem; in der »Literarisierung« der Musik in der Phase der freien Atonalität sieht er im Grunde nur eine extreme Steigerung dieser Tendenz zur Versprachlichung der Musik in der Beethoven-Nachfolge.[41] Deshalb bedeutet die »Entsprachlichung« des musikalischen Materials nicht nur in der seriellen Musik, sondern auch bei Cage, Feldman, La Monte Young und im Minimalismus – eine »Entsprachlichung«, die zum Teil einherging mit einer enormen Erweiterung des musikalischen Materials um komplexe und elektronische Klänge sowie um bisher musikfremde Geräusche – für Schnebel etwas anderes als für Adorno; nicht einen geschichtlich notwendigen Durchgangspunkt auf dem Weg zu einer wieder »sprachähnlichen« Musik, sondern eine bewußte Abkehr von der Tradition einer Versprachlichung der Musik »in der Beethovenschen Linie« und damit zugleich, auf einer neuen Entwicklungsstufe, die Rückkehr zu genuin *musikalischen*, das heißt sprachfernen Zusammenbildungen, die er u.a. durch Begriffe wie Periodik, Wiederholung und Variation charakterisiert. Allerdings dürfte Adorno kaum einen Einwand gegen solche Konstituentien musikalischen Zusammenhangs erheben, sie lassen sich ja unschwer auch in Beethovens Musik nachweisen; wo also liegt genau der Dissens? Daß man ihn leicht an der falschen

---

Typus als Kritik oder kritische Einschränkung des intensiven zu begreifen. Sein Verzicht auf jede Form von intentionaler Zukunftsbeherrschung impliziert dann weniger Resignation vor dem idealistischen Parforceakt, das Widerspiel von Zeit und Präsenz zum Stillstand zu bringen, als eine Darstellung souveräner Passivität, in welcher Zeit als Macht des Entstehens und Vergehens in ihrer ganzen Vielfalt freigegegen wird ...« (a.a.O. S. 187 f.). Auch Klein betont allerdings, daß Adorno letztlich an einem Vorrang des intensiven (prozessual-finalistischen) Zeittypus festhält. Richard Klein verdanke ich eine profunde Kritik an einer früheren Fassung dieser Arbeit, in der ich Adornos »normative Option« für den intensiven Zeittypus fälschlich auf seine Orientierung an der Musik von Beethoven bis Schönberg zurückgeführt hatte, während Klein zu Recht betont, daß Adorno selbst schon »die Suspendierung des klassischen Zeitbewußtseins, also: den Umschlag von Entwicklung, Prozessualität in vergleichsweise statische Konfigurationen, als herausragendes Merkmal der *gesamten* Musik nach Bethoven beschreibt.« (A.a.O. S. 193.)

41 *Anschläge – Ausschläge*, a.a.O. S. 30.

Stelle suchen könnte, wird besonders deutlich an einer Stelle, an der Schnebel Mozarts, Bachs und Schuberts Musik als mehr oder weniger »exterritorial« zu der Versprachlichungstendenz in der Linie Beethoven-Schönberg charakterisiert.[42] Ich werde später ausführlich eine Schubert-Deutung Schnebels diskutieren, in der die Musik Schuberts durchaus als »sprachähnlich« erscheint, wenn man diesen Begriff im Sinne Adornos versteht. Der Dissens zwischen beiden kann daher kaum die Bedeutung von Periodik, Wiederholung und Variation für die Konstitution musikalischen Zusammenhangs betreffen. Eher schon betrifft er, was Adorno als Tendenz zu einer »Dissoziation der musikalischen Zeit« in der zwölftönigen und seriellen Musik zu erkennen glaubte. Eine solche »Dissoziation der musikalischen Zeit« fand er bereits im »Protokollcharakter« von Schönbergs *Erwartung* angelegt[43]; wenn er im Übergang von der Phase der freien Atonalität zur Zwölftontechnik einen dialektischen Umschlag von größter Sprachnähe der Musik zu größter Sprachferne sah, so meinte er auch, daß die in jener Phase angelegte Tendenz zur Dissoziation der musikalischen Zeit in eine Tendenz zur »Verdinglichung« der Musik umschlug. Um eine »Dissoziation der musikalischen Zeit« handelt es sich für Adorno dort, wo nicht mehr »ein musikalischer Augenblick von sich aus zum nächsten und weiter möchte«[44], wo vielmehr die Folge der musikalischen Ereignisse nur noch als »zufällig« erfahren werden kann in dem Sinn, daß sie ebensowohl anders sein könnte. »Das mit der zunehmenden konstruktiven Integration sich steigernde Moment der Zufälligkeit (wohnt) schon der Zwölftontechnik inne. Zufällig klingen primär die Einzelfolgen. Ihnen wird die Nötigung geraubt, die sie einmal aneinanderband. Sie wird an die Determinanten von oben her, die Totale zediert und von diesen an die Einzelfolgen zurückerstattet, die als spürbare Derivate der Totale sich ohne Fugen zwar, doch ohne jenes Triebleben (der Klänge, A.W.) ineinanderpassen ... Das dürfte die statische Komplexion erklären: das Bild einer in sich zeitfremden Mu-

42 A.a.O. S. 27f.

43 Vgl. *Philosophie der Neuen Musik*, a.a.O. S. 53.

44 »Vers une musique informelle«, a.a.O. S. 529.

sik.«[45] Zeitfremd ist eine Musik für Adorno, wenn die zeitliche Folge der Einzelereignisse von »oben« her, entsprechend etwa einer seriellen Präformierung des Materials, und nicht auch von »unten« her als ein jeweils durch das Vorangehende motiviertes Forschreiten bestimmt ist. Nicht zufällig verweist Adorno hier auch auf die Tendenzen zur Aleatorik, in denen für ihn die Tendenzen zu Dissoziation der musikalischen Zeit manifest werden – als ein »Versuch, fiktive Dynamik abzuwerfen, nämlich real Erklingendes einigermaßen so statisch sich zu machen, wie sie als Notierte immer schon war; die Aleatorik, in der das Sukzessive tatsächlich vertauscht werden will, geht so weit.«[46] An dieser Stelle wird der Dissens mit Schnebel manifest, denn Schnebel verteidigt die serielle Musik gerade in jenen Zügen, in denen ihre Verfahren mit denen von Cage gleichsam konvergieren: »Das Cagesche Verfahren«, so Schnebel, »eine bestimmte Materialauswahl zu treffen und diese dann mittels Zufallsoperationen ihre eigene Form finden zu lassen, lief der seriellen Kompositionsmethode letztendlich parallel, führte auch klanglich zu entsprechenden Ergebnissen.[47] Wenn Adorno demgegenüber auf der dynamischen Zeitlichkeit der Musik insistiert, so muß man diese dynamische Zeitlichkeit zwar nicht unbedingt mit der prozessual-finalistischen Zeitlichkeit gleichsetzen, deren Paradigma für Adorno die »intensive« Zeitform des motivisch-thematischen Verfahrens bei Beethoven war (vgl. Anm. 40), wohl aber mit einer Zeitlichkeit der Musik, die Adorno gleichermaßen in »intensiven« (prozessual-finalistischen) und »extensiven« (zuständlichen) Zeitformen der großen europäischen Musik bis an die Schwelle der seriellen Musik realisiert sah, Zeitformen nämlich, bei denen »ein musikalischer Augenblick von sich aus zum nächsten und weiter möchte.«[48] Zwar geht es Adorno, wenn er die

---

45 Ebd.

46 A.a.O. S. 517.

47 *Anschläge – Ausschläge*, a.a.O. S. 31.

48 Man könnte allerdings fragen, ob diese Charakterisierung für die Musik von Beethoven bis zum mittleren Schönberg wirklich zutrifft. Sicherlich gehört ein entsprechendes *Moment* zur »Logik« der kadenzharmonischen Musik (die ja, einschließlich eines motivisch-thematischen Verfahrens) auch Adorno keineswegs restaurieren will; aber soweit

dynamische Zeitlichkeit der Musik einklagt, nicht um die Restaurierung eines Vergangenen, sondern um eine *kompositorische* Anverwandlung des durch die serielle Revolution entbundenen »Materialstandes«; strittig ist zwischen ihm und Schnebel aber, was genau das bedeutet. Auf die Probleme, die sich hier auftun, komme ich später zurück; sie betreffen zwar die Frage nach einer möglichen Sprachähnlichkeit der Musik, jedoch – wie ich glaube – in einem anderen Sinn, als Schnebel sie formuliert. Zweifellos trifft aber Schnebels Kritik Adorno an einem emp-

---

es ums Detail geht, ist keineswegs klar, was mit jener Charakterisierung gemeint sein soll: Gerade die *Enttäuschung* von Hörer-Erwartungen gehört ja vermutlich zu jeder bedeutsamen *neuen* Musik; erst retrospektiv oder im *Zusammenhang* stellt sich vielleicht der Eindruck her, daß jeder Ton genau an der Stelle steht, an der er stehen muß. Das heißt aber, daß niemals vom einzelnen Klang her der Fortgang zum nächsten zwingend ist, solange nicht vom klanglichen Zusammenhang her der Eindruck dieses »Zwingenden« sich herstellen kann. Insofern war immer schon zum Teil erst »von oben her« bestimmt, in welchem Sinn »ein musikalischer Augenblick von sich aus zum nächsten und weiter möchte«, während vom Einzelklang her gesehen ein Moment der »Zufälligkeit« des Fortschreitens wohl für alle Musik gilt, die nicht bloß eingeschliffene Hörgewohnheiten oder Konventionen bedient. Allerdings hat dies Moment der Zufälligkeit, wenn man vom einzelnen »musikalischen Augenblick« her denkt, mit dem Verlust der tonalen Bindekräfte zweifellos enorm zugenommen, und daher auch die Bedeutung einer Organisation des musikalischen Materials »von oben« her (durch Präformierung des Materials). Gleichwohl läßt sich aus Adornos Postulat einer dynamischen Zeitlichkeit der Musik weder ein Argument gegen eine »Verräumlichung« der Musik – etwa bei Debussy oder Strawinsky – noch gegen die serielle Musik oder etwa die Musik Morton Feldmans ableiten; einen klaren Sinn hat das Postulat – soweit es nicht Ausdruck von Adornos latentem Traditionalismus ist – nur im Sinn einer Polemik gegen eine vollkommen rationalisierte (»mathematisierte«) Musik, das heißt gegenüber dem, was Adorno als »Verdinglichung« der Musik kritisierte und natürlich als Polemik gegen die zufallsgenerierte Musik von John Cage – das heißt aber, als Postulat einer *kompositorischen* (im Gegensatz zu einer bloß »mathematischen«) Durchbildung von Musik. Soweit allerdings Schnebel in dem zitierten Text Grenzphänomene wie die Musik von Cage gegen Adorno ins Feld führt, bleibt auch bei der hier vorgeschlagenen – antitraditionalistischen – Lesart von Adornos Postulat dynamischer Zeitlichkeit natürlich der Dissens mit Schnebel bestehen.

findlichen Punkt, nämlich dem seines mehr oder weniger latenten Traditionalismus. Ein traditionalistisches Moment ist an vielen Stellen von Adornos Musikphilosophie unübersehbar, zumal in seiner frühen *Philosophie der Neuen Musik*: so z. B. wenn Adorno die Tendenzen zu einer »Dissoziation« der musikalischen Zeit beim späten Schönberg einerseits mit einer drohenden »Verdinglichung« der Musik in ihrer Zwöltonphase und andererseits mit einer Kritik an Strawinsky und am Jazz kurzschließt. »Der späte Schönberg teilt mit dem Jazz, und übrigens auch mit Strawinsky, die Dissoziation der musikalischen Zeit. Musik entwirft das Bild einer Verfassung der Welt, die, zum Guten oder Argen, Geschichte nicht mehr kennt.«[49] Hier ist die Kritik an problematischen Tendenzen der Zwölfton- (später: der seriellen) Musik kurzgeschlossen mit einer Kritik an Formen einer musikalischen »Stasis« oder »Verräumlichung« bzw. einer musikalischen »Pseudomorphose an die Malerei«, die kaum etwas zu tun haben mit *der Art von* musikalischer Stasis, die Adorno dort diagnostiziert, wo die »Präformierung« des musikalischen Materials *an die Stelle* der kompositorischen »Durchbildung« der Werke tritt. An solchen Stellen etwa dürfte der Einsatzpunkt von Schnebels Kritik liegen. Ihm geht es, wenn ich es richtig sehe, keineswegs um eine Reduktion der Musik auf eine »bloße Sukzession sinnlicher Reize« bzw. auf ein bloßes »Kaleidoskop« von Klängen, sondern neben der Affirmation von konstruktiven Potentialen der posttonalen Musik auch um die Verteidigung von Musikformen jenseits der europäischen Tradition von Beethoven bis Schönberg. Das würde aber heißen, daß der Dissens zwischen Adorno und Schnebel vor allem einen mehr oder weniger latenten Traditionalismus Adornos betrifft, der mit seiner Fixierung auf die Traditionslinie der europäischen Musik von Beethoven bis Schönberg zusammenhängt; eine traditionalistische Perspektive, die ihm einen angemessen vorurteilslosen Blick nicht nur auf *alternative* Übergänge zur Neuen Musik, etwa bei Debussy, Strawinsky oder Varèse, sondern auch auf die US-amerikanische Szene im Umkreis von Cage oder auch auf den Jazz und nicht zuletzt auch auf die Popmusik verwehrt hat. Hierbei geht es gar nicht so sehr um

49 A. a. O. S. 62.

Adornos kritische geschichtsphilosophische Perspektive auf die kapitalistischen Industriegesellschaften, der zum Beispiel Schnebel nicht allzufern steht, es geht auch nicht um Adornos Insistieren auf dem »Zeitkern« und den gesellschaftlichen Gehalten von Musik (ich komme darauf zurück), es geht vielmehr um seine spezifische Konstruktion einer »Dialektik« des musikalischen Fortschritts auf der Achse Brahms-Wagner-Schönberg und um die daraus gelegentlich resultierenden konkreten Grenzen seiner Musik-Kritik. Was all das mit der Frage nach einer möglichen »Sprachähnlichkeit« auch der posttonalen Musik zu tun hat, möchte ich an dieser Stelle, auch gegenüber Schnebels Kritik, noch offenlassen.

5. Auch im Bezug auf die tonale Musik hat sich, ganz unabhängig von der Kontroverse zwischen Schnebel und Adorno, die Vorstellung als irreführend erwiesen, musikalischer Zusammenhang sei etwas (wort)sprachlichen Sinnzusammenhängen Analoges (eine Vorstellung, die Adorno ebenso zurückweist wie Schnebel). Das läßt sich verdeutlichen, wenn man sich noch einmal klarmacht, wie prekär die Sprachanalogie von allem Anfang an ist: Werden durch sie musikalische Gebilde mit solchen des gewöhnlichen, verständigungsorientierten Wortsprachen-Gebrauchs verglichen oder mit denen der Literatur? Jede Antwort, die man auf diese Frage geben könnte, muß früher oder später auf das *Schiefe* des Vergleichs führen: Schief ist der Vergleich mit der gewöhnlichen, kommunikativen Wortsprache, weil es im Fall der Musik eine gewöhnliche Sprache jenseits der Musik als Kunstform gar nicht gibt (was es allenfalls gibt, ist schlechte Musik). Daher müßte die Sprache der *Literatur* der Bezugspunkt des Vergleichs sein; aber auch hier wird der Vergleich schief, weil ja die Sprache der Literatur keine andere als eben die Wortsprache ist. Auch die Literatur »tut« jedoch etwas, was die gewöhnliche, kommunikative Sprache in ihrem verständigungsorientierten Gebrauch nicht tun kann. Wenn man daher die Idee einer »Sprachähnlichkeit« der Musik auch über ihre Anknüpfungspunkte in den expressiven und syntaktischen Charakteren der tonalen Musik hinaus retten möchte, wird man sie auf einer abstrakteren Ebene begründen müssen, als dies in den

bisher diskutierten Fällen geschehen ist. Sie müßte, wie es auch Dewey versucht hat, in der »Darstellungs«- oder »Verweisungs«-Dimension nicht nur der Musik, sondern von Kunstwerken überhaupt begründet werden. Damit müßte freilich zugleich klarwerden, was an den Kunstwerken sich der Sprachanalogie gerade auch entzieht.

Es ist jedoch wichtig zu sehen, daß sich der Sprachtopos, in dem zuletzt erläuterten syntaktisch-formbildenden Sinne durchaus über das Ende der tonalen Musik hinaus erhalten hat. Das ließe sich an manchen Selbstdeutungen der seriellen Nachkriegsavantgarde, insbesondere bei Boulez, zeigen, in denen die Überwindung der tonalen »Sprache« als das Problem der Konstruktion einer neuen Musiksprache – einer neuen Syntax, Grammatik und Semantik der Musik – erscheint. Mary Breatnach hat die Rolle des Sprachtopos in der Selbstdeutung von Boulez auf folgende Formel gebracht. »Language and expression are inseparable in music. When the expressive possibilities of a language have been outlived, then the need for constructing a new language makes itself felt.«[50] In diesem Gebrauch des Sprachtopos erscheinen die frühen seriellen Versuche – etwa die der *Structures 1* von Boulez – als Versuche der Konstruktion einer neuen Musik-*Sprache* und nicht – wie Adorno zumindest zeitweilig geneigt war zu glauben – als Bedrohung der Sprachähnlichkeit der Musik. Freilich erwies sich die Hoffnung auf eine neue, in ihrer Allgemeinverbindlichkeit der tonalen Sprache analogen seriellen »Sprache« der Musik bald genug als illusionär. Adorno hatte recht, wenn er im Zerfall der – den Komponisten gemeinsamen – tonalen Sprache die Nötigung zu einer zunehmenden *Individualisierung* von »Sprache« und Formkonstruktion in der Musik diagnostizierte.

Diese Einsicht aber bedeutet eine nochmalige Differenzierung des Sprachtopos mit Bezug auf die Musik. Denn jetzt geht es nicht mehr um etwas der Gemeinsamkeit der Wortsprache Analoges – wie noch im Topos von der »tonalen Sprache der Musik« –, sondern um die Nötigung für den Komponisten, die je eigene Sprache zu finden, wie wiederum Boulez es mit Bezug auf

50 Mary Breatnach, *Boulez and Mallarmé*, Aldershot 1996, S. 75.

Webern und dessen individuelle Anverwandlung der Zwölftontechnik gesagt hat: »›Eine Sprache finden‹, sagt Rimbaud ... Dies hat Webern ohne allen Zweifel erfüllt.«[51] Man könnte hier von einer »Ausdehnung« des Sprachtopos in genau dem Sinne sprechen, in dem Wittgenstein von einer Ausdehnung der Begriffe »Spiel« oder »Zahl« gesprochen hat: »Wir dehnen unseren Begriff der Zahl aus, wie wir beim Spinnen eines Fadens Faser an Faser drehen. Und die Stärke des Fadens liegt nicht darin, daß irgend eine Faser durch seine ganze Länge läuft, sondern darin, daß viele Fasern einander übergreifen.«[52] Das soll heißen: Weberns idiosynkratische Anverwandlung des Reihenprinzips bedeutete die Erfindung einer formbildenden musikalischen Syntax, durch welche er, und zwar konsequenter als Schönberg und Berg, in einer zugleich hochindividuellen und für die Späteren produktiven Weise Möglichkeiten einer posttonalen musikalischen Zusammenhangbildung realisiert hatte. Wenn Boulez von der Sprache Weberns spricht, so hat sich der Sprachtopos hier nicht nur von der Analogie mit der Wortsprache, sondern auch von der Analogie mit der tonalen »Sprache« – die ja als eine den Komponisten gemeinsame Sprache gemeint war – recht weit entfernt. Gleichwohl können wir – sofern wir überhaupt die Musik des späten Webern »bedeutsam« finden – Boulez' »Fortspinnung« des Sprachtopos mit Bezug auf die »Sprache« Weberns ohne Mühe verstehen, weil uns Redeweisen wie die, daß ein Künstler oder auch ein Philosoph »seine eigene Sprache« gefunden hat, aus anderen Kontexten durchaus geläufig sind. Wir müssen lediglich im Auge behalten, daß es sich hier um eine »Fortspinnung« des Sprachtopos handelt, die durchaus mißverstanden würde, wenn man die Zwischenschritte vergäße, die vom Begriff der Wortsprache zu demjenigen einer »Sprache« Weberns führen. Die Legitimität des Sprachtopos mit Bezug auf einzelne Komponisten – Webern, Messiaen, Nono, Kurtág oder

51 Pierre Boulez, »Anton Webern«, in: Josef Häusler (Hg.), *Pierre Boulez in Salzburg* (Programmbuch der Salzburger Festspiele 1992), Zürich/Basel 1992, S. 77.

52 Ludwig Wittgenstein, *Philosophische Untersuchungen. Schriften* Bd. 1, Frankfurt a. M. 1960, S. 325.

Lachenmann – hängt am Ende immer davon ab, ob diese Komponisten etwas zugleich Neues und Bedeutsames geschaffen haben; und wenn dies der Fall ist, so mag man von der »Sprache« Weberns in etwa dem Sinn reden, in dem man auch von der Sprache Shakespeares, Goethes oder Becketts redet – nur daß auch diese Analogie natürlich genau deshalb immer nur halbwegs zutreffend sein kann, weil ja die »Sprache« Weberns – anders als diejenige Shakespeares, Goethes oder Becketts – keine gemeinsame Sprache (Syntax, Grammatik und Semantik) mehr voraussetzt. Im Fall der Musik ist daher die »Individualisierung« der »Sprache« im 20. Jahhundert auch wieder nicht dasselbe wie die Individualisierung der Sprache bei Autoren wie Kafka, Joyce oder Beckett.

Wichtiger aber als die hier genannten Grenzen der Analogie zwischen Musik- und Wortsprache ist etwas anderes: Wie sich inzwischen gezeigt hat, kann der Sprachtopos – Musik *als* Sprache – in einer doppelten Weise in die Irre führen: Während unter den anfangs genannten Aspekten von Sprachähnlichkeit, die die expressiven und »darstellenden« *Momente* von Musik betrafen, das Problem war, daß der Sprachtopos nicht erklären kann, wie ein spezifisch musikalischer *Zusammenhang* möglich ist, stellt sich beim zuletzt diskutierten dritten Aspekt der »Sprachähnlichkeit« von Musik das Problem, daß die konstitutive *Differenz* zwischen spezifisch *musikalischen* Zusammenhangbildungen und solchen der gewöhnlichen (nichtliterarischen) Wortsprache aus dem Blick gerät. Das spricht aber wiederum dafür, daß der Hinweis auf sprachanaloge Züge der Musik nicht hinreichend ist, wenn wir das Verhältnis von Musik und Sprache verstehen wollen. Hier zeigt sich, daß ein von Ferneyhough gebrauchtes Bild von der Musik als einem »Satelliten« der (Wort-)Sprache mit einer extrem exzentrischen Umlaufbahn[53] das Verhältnis von Musik und Sprache letzten Endes besser trifft als alle Versuche, Musik *als* (besondere) Sprache zu verstehen. Und etwas Ähnliches wie Ferneyhough habe ich mit dem Hinweis auf die latente

53 »A Verbal Crane Dance: Brian Ferneyhough interviewed by Ross Feller«, in: J. Boros und R. Toop, *Brian Ferneyhough. Collected Writings*, a.a.O. S. 454.

Intermedialität der Musik (und aller anderen Kunstmedien) sowie auf ihren latenten *Bezug* auf die Wortsprache gemeint.

Exkurs[53a]*: »... und in all dem ist der Gestus von Musik der Stimme entlehnt, die redet.«*

In seinem Essay über »Musik, Sprache und ihr Verhältnis im gegenwärtigen Komponieren«, aus dem ich oben zitiert habe, sagt Adorno, der »Gestus von Musik« sei »der Stimme entlehnt, die redet.«[54] Spricht also die Musik »gleichsam«? (Sie spricht ja – als musikalischer Zusammenhang – nicht wirklich, wie Adorno gleich hinzufügt.) »Wenn Beethoven den Vortrag einer Bagatelle aus op. 33 ›mit einem gewissen sprechenden Ausdruck‹ verlangt, so hebt er dabei nur, reflektierend, ein allgegenwärtiges Moment der Musik hervor.« (S. 649) Eine Stimme, die »gleichsam« redet. Aber wessen Stimme? Wer spricht hier »gleichsam«? Der Komponist? Doch wohl nur in dem Sinn, in dem man auch von einem Maler sagen könnte, er »spreche« durch seine Bilder. Aber was uns in den Bildern »anspricht«, ist ja nicht der Maler; es sind die Bilder selbst. Zwar hat man sich in der barocken Musiktheorie den Komponisten nach Analogie eines Rhetors vorgestellt, der mit musikalischen Mitteln Affekte darstellen und erzeugen kann, und später, in der Musiktheorie des Sturm und Drang, als ein Genie des Ausdrucks, das im Medium der Musik sich ausspricht; aber diese Analogien sind ersichtlich irreführend: Wenn hier jemand / etwas spricht oder (»mit einem gewissen sprechenden Ausdruck«) etwas zum Sprechen gebracht wird, so ist es die Musik selbst und nicht der Komponist. So ist denn auch, wenn Adorno sagt, der »Gestus von Musik« sei »der Stimme entlehnt, die redet«, dies nur die Schlußpointe eines Satzes, in dem er an ein in der Musiktheorie und Musikanalyse tief verankertes Beschreibungsvokabular erinnert, das rhetorisch-grammatischen Ursprungs ist und das »konkrete Gefüge« der Musik von den Motivgesten bis zu den Formzusammenhängen betrifft. »Die traditionelle musikalische Formenlehre weiß von Satz, Halbsatz, Periode, Interpunktion; Frage, Ausruf, Nebensätze fin-

53a Für Leser(innen), die vor allem am fortlaufenden Gedankengang dieser Arbeit interessiert sind, empfiehlt es sich vielleicht, diesen Exkurs, der eine Reihe vergangener Konstellationen im Diskurs über Musik und Sprache durchspielt, zunächst zu überspringen.

54 Theodor W. Adorno, »Musik, Sprache und ihr Verhältnis im gegenwärtigen Komponieren«, a. a. O. S. 649.

den sich überall, Stimmen heben und senken sich, und *in all dem* (Hervorhebung A.W.) ist der Gestus von Musik der Stimme entlehnt, die redet.« Hier tut sich ein weites Feld auf: nämlich das der jahrhundertealten Verbindung der Musik mit dem Wort, mit religiösen, lyrischen und dramatischen Texten, mit der *singenden* und singend-*deklamierenden* Stimme. Diese Verbindung zwischen der Musik und der Stimme, die (singend) redet, ist so tief in das Beschreibungsvokabular der Musik – und in diese selbst – eingegangen, daß es prima facie durchaus plausibel erscheint, wenn Adorno den Gestus der »Stimme, die redet« überall in der großen europäischen Musik wiederzufinden glaubt. Georgiades hat diesen Gestus der »Stimme, die redet« bis in die älteste einstimmige Kirchenmusik zurückverfolgt (erinnern wir uns, daß nach Hegel die Musik eine romantische, d.h. eine christliche Kunstform ist). Bei Georgiades wird klarer als bei Adorno, daß mit Sprachgestus und Sprachrhythmus zwei protomusikalische Aspekte des Sprechens selbst in der ältesten Kirchenmusik zu musikalischer Artikulation gelangen. Der Gestus der Stimme, die redet, so könnte man sagen, ist selbst schon musikalisches Urmaterial. Georgiades weist allerdings darauf hin, daß schon in der Musik seit 1100 zwei Typen von Musik zusammentreten, deren Spannungs- und Komplementärverhältnis erst die Grundlage für die Entwicklung der europäischen Musik geliefert hätte: eine auf den religiösen Text fixierte »sprechende« Musik und eine vom Text emanzipierte – in Zwischenspielen realisierte – »melismatische« Musik, die er dem Ornament vergleicht. Im Spannungsfeld zwischen musikalischer Arabeske und musikalisiertem Sprachgestus sieht Georgiades den Keim für die Entwicklung der europäischen Musik, deren »Aufgabe« er beschreibt als die doppelte einer Musikalisierung der Sprache und einer Versprachlichung der Musik.[55]

Eine »Aufgabe« der abendländischen Musik? Lassen wir das dahingestellt sein und kommen wir auf das Assoziationsfeld zurück, das Adorno evoziert, wenn er vom Gestus der Stimme spricht, die redet. »Stimmen« heißen im Deutschen ja auch die »parts« der einzelnen Instrumente, weshalb auch Kammer- und Orchestermusik »vielstimmig« genannt werden können. Der Gestus der Stimme, die redet, wäre sowohl in den Einzelstimmen aufzusuchen, die mit- und gegeneinander »reden«, als auch in der aus der Vielstimmigkeit resultierenden »Klangrede« des musikalischen Werks. Das zeigt schon, wie hoffnungslos irreführend die Frage nach *dem*

---

55 Thr. Georgiades, *Musik und Sprache.* Berlin–Heidelberg–New York 1974, S. 30.

»Wer« *der* musikalischen Rede ist. Adornos Hinweise an der angegebenen Stelle sind eher struktureller, syntaktischer Art (»Satz«, »Periode«, »Interpunktion«, »Frage«, »Ausruf« usw.), wenig später spricht er auch von »Vokabeln« (»die stets wieder mit identischer Funktion einzusetzenden Akkorde, auch eingeschliffene Verbindungen wie die der Kadenzstufen ...«) und noch später, in seiner Polemik gegen Hanslick und Wagner, vom »Ausdruck«. Dem Gleichsam-Reden der Musik entspricht – gleichsam – eine musikalische Syntax und Grammatik, eine musikalische Logik, ja eine musikalische Semantik. (Die Sprach-Metapher beginnt sich als ein Labyrinth zu erweisen, in dem man sich leicht verirren kann. Und immer die Zweideutigkeit: Redet *eine* Stimme, oder reden *mehrere* Stimmen mit- und gegeneinander – oder »redet« die »Faktur«, das Klanggebilde, das heißt das Ensemble der Stimmen? Manche Sprachmetaphern deuten in die eine, manche in die andere Richtung.) Daß man Syntax und Semantik hier nicht einfach voneinander trennen kann, ist in der Musikalisierung des Sprachgestus beschlossen. Nicht nur heben und senken sich die Stimmen, sie haben vielmehr rhythmische, dynamische, materiale und expressive Qualitäten: Jemand spricht schnell und erregt, leise und ängstlich, mit sanfter oder rauher Stimme, deutlich und betont, zögernd, fragend, trotzig, schreiend, klagend, triumphierend usw. Syntaktische und expressive Artikulation verbinden sich somit miteinander und mit der Logik des harmonischen Fortschreitens; dies ist die Art und Weise, in der der Gestus der »Stimme, die redet« in die europäische Musik eingegangen ist und sich in ihr – bis zum mittleren Schönberg – immer wieder erneuert hat.

So etwa hat schon Hegel die Musik gesehen: Er nennt sie eine »kadenzierte Interjektion« und will damit sagen, daß »Ausdruck« (der Empfindung) und »Konstruktion« sich in der Musik an- und miteinander entfaltet haben. Hegel sieht klar, daß erst die Entwicklung des musikalischen Materials und der konstruktiven Verfahren in der europäischen Neuzeit die expressiven und dramatischen Potentiale der Musik hervorgebracht hat, die die Musik dazu befähigen, »nicht die Gegenständlichkeit selbst, sondern im Gegenteil die Art und Weise widerklingen zu lassen, in welcher das innerste Selbst seiner Subjektivität und ideellen Seele nach in sich bewegt ist«.[56] Expression und Konstruktion sind nicht erst bei Adorno, sondern schon bei Hegel die beiden Pole, deren Spannungsverhältnis die Sprachähnlichkeit der Musik ausmacht, und das heißt

---

56 G.W.F. Hegel, *Vorlesungen über die Ästhetik*, Bd. III, Frankfurt am Main 1970, S. 135.

bei Hegel: »Musik ist Geist, Seele, die unmittelbar für sich selbst erklingt und sich in ihrem Sichvernehmen befriedigt fühlt.«[57] Hegel denkt die Musik als die »Sphäre der subjektiven Innerlichkeit«[58], die sich in Tönen entäußert und entsprechend beim Hören »mit ihren Bewegungen unmittelbar in den inneren Sitz aller Bewegungen der Seele«[59] eindringt. So ist denn auch für Hegel die menschliche Stimme gleichsam das Ur-Instrument: »Zugleich läßt die menschliche Stimme sich als das Tönen der Seele selbst vernehmen, als der Klang, den das Innere seiner Natur nach zum Ausdruck hat und diese Äußerung unmittelbar regiert. Bei den übrigen Instrumenten wird dagegen ein der Seele und ihrer Empfindung gleichgültiger und seiner Beschaffenheit nach fernabliegender Körper in Schwingung versetzt, im Gesang aber ist es ihr eigener Leib, aus welchem die Seele herausklingt.«[60] Der Gestus der Stimme, die redet – das ist ja auch bei Adorno die *ausdrucksvolle* menschliche Stimme, jenseits der bestimmten semantischen Gehalte eines Gesagten (Hegel: der allgemeinen Vorstellungen[61]), aber doch mit der ihr eigenen gestischen und expressiven Bestimmtheit, die der Musik jene gleichsam-semantische Dimension zuführt, durch welche sie für ihre Hörer verständlich und bedeutsam wird. Für Hegel sind freilich, anders als für Adorno, die konstruktiven Elemente der Musik letztlich nur *Mittel* zum Zweck der Musik, »die Innerlichkeit dem Inneren faßbar zu machen«[62]; hierin bleibt Hegel letztlich ein Protagonist (und sicherlich der genialste) der musikalischen Empfindungs- und Ausdrucksästhetik des späten 18. und des frühen 19. Jahrhunderts.

Wenn Adorno in dem mehrfach zitierten Essay insistiert: »Aber Musik ist nicht Sprache«, so wehrt er nicht nur ein Wörtlich-Nehmen der Sprachmetapher ab, er will nicht nur betonen, daß die Musik (wörtlich genommen) keine Begriffe kennt und keine Aussagen macht; er wehrt vielmehr darüber hinaus den Versuch ab, den musikalischen *Zusammenhang*, also das, was die musikalische Konfiguration zu einem *ästhetischen* Gebilde macht, als etwas aus bedeutsamen Elementen zu einem bedeutsamen Ganzen sich gleichsam Akkumulierenden und in dieser Weise als einen *Sinnzusammenhang* zu begreifen. Hier stellt sich ein Problem, das Hegel wohl kaum in

57 A.a.O. S. 197.
58 A.a.O. S. 149.
59 A.a.O. S. 154.
60 A.a.O. S. 175.
61 A.a.O. S. 149.
62 Ebd.

aller Schärfe gesehen hat (deshalb habe ich ihn als einen, wie auch immer subtilen, Protagonisten der musikalischen Empfindungs- und Ausdrucksästhetik bezeichnet). Auf das Problem komme ich im Haupttext eingehend zurück.

Ich möchte an dieser Stelle noch beim Problem der »Stimme« bleiben – dem Gestus der Stimme, die redet, oder auch der Stimme, aus welcher »ihr eigener Leib« aus der »Seele herausklingt«. Mit welchem Recht nimmt diese Stimme bei Adorno (und bei Georgiades und Hegel) eine so zentrale Stelle in der Musik ein? Die Stimme, die redet – das ist das Subjekt, das *durch die* und *in der* Musik redet, nicht das zufällige Subjekt des Komponisten, Interpreten oder Hörers, sondern ein »ideelles« Subjekt, ein geschichtlich-gesellschaftlich präformiertes Subjekt, das in der Musik ebensowohl zur Erscheinung kommt, wie es in ihr und durch sie redet. »Polyphone Musik sagt ›wir‹«, heißt es in der *Philosophie der neuen Musik,* und im Schönberg-Kapitel desselben Werks sind Adornos Reflexionen über die Dialektik von »Subjektivierung« und »Objektivierung« der Musik im Übergang vom mittleren, »expressionistischen« Schönberg zur Zwölftontechnik geleitet von der Frage nach dem »Subjekt der neuen Musik« (»worüber diese Protokoll führt«). Dies Subjekt sei »das emanzipierte, vereinsamte, reale der spätbürgerlichen Phase«[63], von dem es zugleich heißt, seine »Ohnmacht« sei »so angewachsen, daß sie Schein und Spiel nicht mehr erlaubt«.[64] Schönbergs »Erwartung« wird für Adorno zum Schlüsselwerk der neuen Musik. In der – die Spätromantik überbietenden – Steigerung ihrer Ausdruckscharaktere sieht Adorno zugleich einen *Funktionswandel* des musikalischen Ausdrucks: »Es sind nicht Leidenschaften mehr fingiert, sondern im Medium der Musik unverstellt leibhafte Regungen des Unbewußten, Schocks, Traumata registriert.«[65] Und im Folgenden spricht Adorno über das in dieser Musik zur Darstellung gelangende Subjekt, indem er über die Musik selbst spricht: »Die seismographische Aufzeichnung traumatischer Schocks wird aber zugleich das technische Formgesetz der Musik. Es verbietet Kontinuität und Entwicklung. Die musikalische Sprache polarisiert sich nach ihren Extremen: nach Schockgesten, Körperzuckungen gleichsam, und dem gläsernen Innehalten dessen, den Angst erstarren macht.«[66] Im Protokollcharakter dieser

---

63 Th. W. Adorno, *Philosophie der neuen Musik. Gesammelte Schriften* Bd. 12, Frankfurt am Main 1975, S. 59.

64 A.a.O. S. 47.

65 A.a.O. S. 44.

66 A.a.O. S. 47.

Musik liegt der Ansatzpunkt für das Umschlagen von Subjektivierung in Objektivierung, von gesteigerter Expression in die subjektlose Sachlichkeit des seriellen Prinzips. »In der protokollarischen Einstellung zu ihrem Gegenstand wird sie (die Musik, A.W.) selber ›sachlich‹. Mit ihren Ausbrüchen explodiert der Traum der Subjektivität nicht weniger als die Konventionen.«[67] Vom Gestus der Stimme, die redet, sind nur noch »leibhafte Regungen des Unbewußten«, »Schockgesten«, »Körperzuckungen« geblieben, die von der Musik »protokolliert« werden; aber doch Regungen, Gesten dessen, was aus dem Subjekt geworden ist, eines beschädigten, fragmentierten Subjekts jenseits von Kontinuität und Entwicklung. Adorno spricht auch von einer »Dissoziation der musikalischen Zeit«. »Musik entwirft das Bild einer Verfassung der Welt, die, zum Guten oder Argen, Geschichte nicht mehr kennt.«[68] Zugleich ist aber in dieser Musik mit ihrer Absage an das »Ornament«, die Konvention, die Wiederholung, an Spiel und Schein der Sprachcharakter, wie Dieter Schnebel hervorgehoben hat, aufs extremste gesteigert – gesteigert bis zum Extrempunkt ihres Umschlags in die »sprachlose« Musik des seriellen Konstruktivismus.

Der mittlere Schönberg in der Phase der freien Atonalität ist fraglos ein Gravitationszentrum von Adornos Musikdenken, gleichsam der Knotenpunkt, von dem her Adorno immer wieder die Dialektik, die Aporetik und die Antinomien der Musikentwicklung im 20. Jahrhundert auf- und abzurollen versucht hat. Hier liegt wohl auch der Kern des Dissenses zwischen Adorno und Schnebel: Während Adorno im Übergang zur seriellen Musik trotz aller geschichtlichen Notwendigkeit, die er ihr attestierte, vor allem die Gefahr eines drohenden Verlusts jener Freiheitsgewinne sah, die er mit der Phase der freien Atonalität verband, sieht Schnebel in der freien Atonalität vor allem einen Verlust an *musikalisch* formbildenden Potentialen der Musik; von daher erscheint die serielle Musik vor allem als eine Kompensation dieses Verlusts, also als Wiedergewinn einer Möglichkeit zur Konstruktion neuer, genuin musikalischer Zusammenhänge – also nicht, wie gelegentlich bei Adorno, als eine etwas widerwillig zu akzeptierende, aber mit der Gefahr der Verdinglichung verbundene geschichtliche Notwendigkeit in der Entwicklung des musikalischen Materials.

Vielleicht ist es der Zwang einer immer noch Hegelschen Begrifflichkeit – dem Adorno sich in der Tat nie hat entwinden können oder wollen –, der die Musik des mittleren Schönberg für

---

67 A.a.O. S. 53.
68 A.a.O. S. 62.

Adorno nicht nur zum Ausdruck und Bild eines beschädigten, vereinsamten Subjekts werden läßt, sondern auch zum Knoten- und Umschlagspunkt einer Dialektik von Subjektivierung und Verdinglichung. Gewiß läßt sich aus solcher Perspektive Erhellendes über die »Erwartung« sagen. Jedenfalls finde ich Adornos These nicht abwegig, daß Schönberg mit der »Erwartung« jenen Binnenraum des Subjekts musikalisch erschlossen hat, den Freud zur gleichen Zeit durch die Psychoanalyse freilegte. Das Wahnhaft-Obsessive, das Zu-Tode-Erschrockene und dann wieder Fieberhaft-Hoffnungsvolle der Heldin, der jähe und albtraumhafte Wechsel von »Haß und Begierde, Eifersucht und Verzeihung«[69] sind in die musikalische Gestik des Stückes eingegangen. Der Weltbezug der Musik hat sich bis in den zuvor kaum musikalisch zugänglichen Binnenraum des Subjekts erweitert, wo Gesten und Phantasien der Angst, der Begierde, des Entsetzens an die Stelle der kohärent artikulierten Rede treten. So, wie man von Freud vielleicht sagen kann, er habe die Wahrheit über das bürgerliche Subjekt entdeckt, kann man von Schönberg sagen, er habe diese Wahrheit musikfähig, der Musik als ihren Gehalt zugänglich gemacht. In beiden Fällen – dem der Psychoanalyse und dem der Musik – gibt es freilich neben dem beschädigten, irrationalen, von Angst und Begierde getriebenen Subjekt noch das »emanzipierte« Subjekt, von dem Adorno an der oben zitierten Stelle wie beiläufig spricht, ohne daß es in seine Deutung der »Erwartung« Eingang fände. Aber beide Subjekte, das beschädigte und fragmentierte einerseits und das emanzipierte andererseits, verweisen aufeinander, fast wie zwei Seiten *desselben* Subjekts: Freud, das emanzipierte theoretische Subjekt, das den Blick in den chaotischen Abgrund seiner eigenen Subjektivität aushält, und Schönberg, das emanzipierte kompositorische Subjekt, das diesen chaotischen Abgrund in Musik verwandelt. Dann aber könnte man nicht mehr von *dem* »Subjekt der neuen Musik« sprechen, als redete das beschädigte Subjekt aus der Musik unmittelbar. Vielmehr bedarf es der äußersten Kunst des emanzipierten kompositorischen Subjekts, um die Stimme jenes Subjekts *in* der Musik hörbar zu machen, sie in einen musikalischen Gehalt zu verwandeln. Das beschädigte und das emanzipierte Subjekt sprechen gleichermaßen aus dieser Musik, und das heißt zugleich: Die Rede von *dem* Subjekt dieser Musik – und sei es ein ideelles – erweist sich als problematisch, ebenso wie auch der Hegelsche Topos von der »subjektiven Innerlichkeit«, die sich in Tönen entäußert.

---

69 A.a.O. S. 47.

Adorno hat überall in der Musik auf den Gestus der Stimme gehorcht, die redet – und sei es stammelnd oder verstört. Beim späten Webern und in der seriellen Musik hat er diesen Gestus vermißt und die Frage, wie die Musik ihre Sprachähnlichkeit wiedergewinnen könnte, hat ihn bis zuletzt beschäftigt. Nun ist aber in Wirklichkeit der Gestus der Stimme, die redet, nie ganz aus der neueren Musik verschwunden; wie man etwa an Werken Nonos, Holligers, aber auch Kagels und insbesondere Kurtágs zeigen könnte, ist er immer wieder in neuer Weise hörbar gemacht worden (und sei es als Stimmen*gewirr* wie gelegentlich bei Kagel). Indes läßt sich die »Sprachähnlichkeit« der Musik, die Adorno retten wollte, nicht an den Gestus der Stimme, die redet, binden – und Adorno war sich dessen im Grunde durchaus bewußt. In dem eben genannten Vortrag bindet er diese Sprachähnlichkeit (in der postseriellen Musik) an den Einsatz des kompositorischen Subjekts in der »Durchbildung« der Werke und nicht an den »Gestus der Stimme, die redet.« Das wird auch schon deutlich an einer späteren Stelle des Textes, aus dem meine längere Zitat-Kollage (S. 30) stammt. Adorno kommt dort auf die »Rebellion gegen die Sprachähnlichkeit von Musik« bei den seriellen Komponisten zu sprechen; es heißt dort: »Sie (d.h. die Rebellen gegen die Sprachähnlichkeit von Musik, A.W.) möchten das musiksprachliche Element, den subjektiv vermittelten musikalischen Zusammenhang überhaupt liquidieren und Tonverhältnisse schaffen, zwischen denen ausschließlich noch objektive, nämlich mathematische Verhältnisse walten.«[70] Hier geht es gar nicht um den fehlenden »Gestus der Stimme, die redet«, sondern um die Abdankung des kompositorischen Subjekts zugunsten rein »mathematisch« konstruierter Relationen zwischen den Tönen. Allerdings dürfte es schwerfallen, unter den bedeutenden seriellen Komponisten einen zu finden, der ernsthaft geglaubt hätte, *musikalische* Stimmigkeit sei gleichbedeutend mit *mathematisch* errechneter Stimmigkeit. Das heißt aber, die Rebellion gegen die spezifische Sprachähnlichkeit der *tonalen* Musik bedeutet nicht eo ipso auch eine Rebellion gegen einen spezifisch ästhetischen Begriff des musikalischen Zusammenhangs, den man – wahlweise – als »subjektiv vermittelt«, als Ineinander von Mimesis und Konstruktion oder als individuell durchgehörte Konstruktion beschreiben könnte. Die Rettung der »Sprachähnlichkeit« von Musik hängt auch für Adorno nicht am »Gestus der Stimme, die redet«, sondern an der Rolle eines ästhetisch verantwortlichen Subjekts der Komposition.

70 »Musik, Sprache und ihr Verhältnis im gegenwärtigen Komponieren«, a.a.O. S. 658.

Wenn das richtig ist, sollten wir auch Adornos Rede von den »intermittierenden Intentionen«, vom »Meinen« der Musik (»Stets wieder zeigt sie an, daß sie meint, und daß sie bestimmt meint.«) anders oder weiter verstehen, als dies die Formel vom »Gestus der Stimme, die redet«, suggeriert. Überflüssig zu sagen, daß auch Adorno nicht glaubte, diese »Intentionen«, dieses »Meinen«, seien solche des Komponisten. Adorno glaubte vielmehr, daß es solche des musikalischen Materials selbst sind, gleichsam latent in ihm vorhanden und durch die musikalische Konstruktion aus ihrer Latenz entbunden, somit »objektiv« in der Musik artikulierte oder auskristallisierte Intentionen. »Indem man aus dem bloßen Material die Sprache heraushört, die es in sich beschließt, wird man des Subjekts inne, das sich in ihm verbirgt«[71], heißt es am Ende des hier wiederholt zitierten Textes. Adorno benutzt auch die Formel vom Material, in dem Geschichte, Geist sich sedimentiert habe. Die Rede vom »Subjekt«, das sich im Material »verbirgt«, erweist sich als Abbreviatur für expressive und »semantische« Potentiale des musikalischen Materials, die diesem geschichtlich zugewachsen sind und zugleich immer wieder erst mit Hilfe neuer konstruktiver Verfahren in neuartige »semantische« Gehalte der Musik transformiert werden müssen. Die Rede von »semantischen« – das heißt von gleichsam-semantischen – Gehalten der Musik soll andeuten, daß es hier nicht nur um die expressiven Gesten einer »Stimme, die redet« geht. Schon die große Musik der kadenzharmonischen Periode läßt sich – was ihren Weltbezug betrifft – ersichtlich nicht auf expressive Qualitäten reduzieren (es war nur die Empfindungs- und Ausdrucksästhetik, die eine solche Reduktion nahelegte). Vollends gilt dies für die Musik des 20. Jahrhunderts. Diese Musik hat nicht nur, wie beim mittleren Schönberg, den Binnenraum des Subjekts musikalisch neu erschlossen, sondern auch das Subjektfremde der Natur und das Vorgeschichtliche, Naturhafte und Sinnfremde *in* der Geschichte. »Musikalisch erschlossen«: das heißt nicht notwendigerweise, daß erst die Musik das, wovon hier die Rede ist, »entdeckt« oder uns zu Bewußtsein gebracht oder in seiner Wahrheit vergegenwärtigt hätte, es heißt aber, daß sie ihren Weltbezug über jene dramatischen, lyrischen und geschichtlichen – eben: subjektbezogenen – Gehalte hinaus erweitert hat, die die Musik der kadenzharmonischen Periode weitgehend bestimmt haben. Die Rede von »semantischen« Gehalten oder vom »Weltbezug« der Musik besagt hier zunächst nur, daß in Musik immer wieder etwas aufblitzt, was sie ihrer materiellen Beschaffenheit nach

71 A. a. O. S. 664.

nicht selbst ist und was sie einerseits befähigt, mit dem Wort und mit den anderen Kunstmedien in ein Verhältnis wechselseitiger Brechung und Erhellung zu treten, was andererseits in der Interpretation der Musik semantische Felder evoziert, mit deren Hilfe wir uns den spezifischen Weltbezug einer Musik – das, *als* was und in welchen Bezügen auf Außermusikalisches wir sie hören – zu verdeutlichen versuchen.

Hans Heinrich Eggebrecht hat für die Gehalte von Beethovens Sinfonik das Begriffsfeld »Überwinden« – »mit den näheren Wirkungsumschreibungen *Sieg, Freude, Jubel, Befreiung,* womit die als *Leiden, Kampf, Widerstand* verbalisierten Gehalte mitgesetzt sind«[72] – geltend gemacht. Trotz aller Problematik dieses längst zum Klischee gefrorenen Interpretationsvokabulars möchte ich hier an Eggebrechts Hinweis anknüpfen. Eggebrecht präzisiert seinen Hinweis, indem er einen in der musikalischen Ästhetik des späten 18. und des 19. Jahrhunderts – von Herder bis Schopenhauer und, mit freilich umgekehrter Wertung, noch bei Hanslick – immer wieder mit Bezug auf den musikalischen Gefühlsausdruck formulierten Gedanken aufnimmt: »Leiden woran? Kampf wofür? Widerstände wodurch? Befreiung wovon? Freude worüber? – dies kann die Musik (jedenfalls als Instrumentalmusik) in ihren binnenmusikalischen Definitionsprozessen nicht mitteilen.« Das soll heißen: *Musikalisch* realisieren lassen sich nicht die mit einem Begriffsfeld realiter verknüpften konkreten Inhalte, sondern nur die diesem Begriffsfeld korrespondierenden dynamisch-energetischen Charaktere und Spannungsverläufe. (Für Schopenhauer werden Leidenschaften und Affekte nicht in ihrem bestimmten worüber, wodurch, weswegen, kurz in ihrer konkreten Situiertheit und ihrem konkreten Gehalt dargestellt, sondern »gleichsam nur in abstracto und ohne alle Besonderung: es ist ihre bloße Form ohne den Stoff wie eine Geisterwelt ohne Materie.«[73]) Diese »Formalität« und Unbestimmtheit, weil Unbezüglichkeit der gleichwohl in ihren dynamischen Charakteren vollkommen bestimmten affektiven musikalischen Gehalte war (vor Schopenhauer) von denen, die die Musik als Sprache der Empfindungen deuteten, in die Idee der Musik als einer zugleich »dunkleren und feineren Sprache«[74] (d.h. dunkler und

72 H. H. Eggebrecht, *Musikalisches Denken,* Wilhelmshaven 1977, S. 274.

73 A. Schopenhauer, *Die Welt als Wille und Vorstellung II,* Darmstadt 1973, S. 577.

74 So Ludwig Tieck, »Die Töne«, in: W.H. Wackenroder, *Werke und Briefe,* München 1984, S. 348.

feiner als die Wortsprache) übersetzt worden. Bevor ich auf Eggebrecht zurückkomme, möchte ich der hier sich andeutenden eigentümlichen Kombination zweier Ideen – daß nämlich die Musik auf der einen Seite eine *feinere* (nuanciertere, differenziertere) Sprache der Empfindungen als die Wortsprache sei und daß auf der anderen Seite die Musik Gefühle und Affekte nur ihrer *Form* nach zum Ausdruck bringen kann (nach Carl Dahlhaus »in verschiedenen Fassungen und wechselnden Akzentuierungen« ein »musikästhetischer Gemeinplatz« des 19. Jahrhunderts[75]) ein Stück weit nachgehen.

»(Die Musik) fängt erst da an, eigentliche Sprache der unendlichen Grade von Empfindungen zu werden, wo andere Sprachen nicht mehr hinreichen und wo ihr Vermögen sich auszudrücken ein Ende hat«, hieß es bei Forkel. Was die Musik auf der einen Seite an begrifflicher Bestimmtheit verliert, soll sie auf der anderen Seite durch die unendliche Nuanciertheit und Bestimmtheit des Ausdrucks gewinnen (alle »Nuancen« und »Gradationen« der Empfindung, »wo andere Sprachen nicht mehr hinreichen«). Der Gestus der Stimme, die redet, in seiner unendlichen sinnlichen Konkretion. Etwa der bewegende Gestus von Paminas Stimme: »Ach, ich fühl's, es ist entschwunden« – jedoch, so möchte man gleich fragen, *gibt* es *diesen* (bestimmten) Gestus irgendwo außerhalb der »Zauberflöte«, das heißt auch: außerhalb der bestimmten Konstellation von Musik und Text in dieser Oper? Doch wohl nicht. Der Gestus der Stimme, die redet/singt, ist derjenige Paminas, eines Opernsubjekts in einer konkreten Opernsituation; diesen Gestus, diesen Ausdruck, diese Empfindung gab es vorher noch nicht; und so, wie sie in der Musik realisiert sind, kann es sie nur in der Musik geben. Das ist das Wahrheitsmoment der These von der Musik als einer »feineren« Sprache der Empfindungen, »wo andere Sprachen nicht mehr hinreichen«. Denn die betreffenden Ausdrucksmöglichkeiten sind an das Medium der Musik gebunden, die sinnliche Konkretion des musikalischen Ausdrucks läßt sich nicht durch Worte ersetzen, in Worte »übersetzen«. Nur darf man daraus nicht schließen, daß eine bestimmte Empfindung schon *vor* der Musik – im Komponisten? im Hörer? in einem »ideellen« Subjekt? – da war, die in einer musikalischen Ausdrucksgestalt ihren adäquaten Ausdruck gefunden hat. Man vergleiche die beiden folgenden Sätze (ich spreche im folgenden von der Instrumentalmusik): »Er schaute mich mit einem unbeschreiblichen Ausdruck tiefer Traurigkeit an« und: »Diese Musik hat einen unbeschreiblichen Ausdruck tiefer Traurig-

---

75 *Die Idee der absoluten Musik*, Kassel, Basel u. a. 1978, S. 75.

keit«. Das Gesicht hat jenen Ausdruck, und die Musik hat »ihn« (nämlich einen unbeschreiblichen Ausdruck tiefer Traurigkeit) auch. Ist es *derselbe* Ausdruck? Eine merkwürdige Frage. Ja doch, möchte man sagen, es ist ja derselbe »unbeschreibliche Ausdruck tiefer Traurigkeit«. Aber wie verschieden doch ein Gesicht von einem Stück Musik ist! So sollte man lieber fragen: Ist es beide Male der Ausdruck der gleichen Empfindung? Und darauf müßte die Antwort lauten: *Ja*, falls man nicht *mehr* sagen kann, als daß es beide Male ein unbeschreiblicher Ausdruck tiefer Traurigkeit ist; und *Nein*, insofern wohl im traurigen Gesicht, nicht aber in der traurigen Musik eine (reale) Empfindung zum Ausdruck kommt. Das traurige Gesicht »hat« den Ausdruck der Trauer in anderer Weise als die traurige Musik: Das Gesicht ist das eines in *bestimmter* Weise Trauernden (er trauert etwa um den Verlust eines geliebten Menschen); die Musik hat einen *bestimmten* Ausdruck von Trauer, aber keinen Gegenstand der Trauer; die Bestimmtheit ihres Ausdrucks ist nicht die Bestimmtheit einer (in ihr sich ausdrückenden) Empfindung. Und so könnte man nur sagen: Alle traurige Musik hat denselben Ausdruck (nämlich den der Trauer), und keine traurige Musik hat denselben Ausdruck wie eine andere, da nämlich der *bestimmte* Ausdruck an eine bestimmte musikalische Gestalt gebunden ist. Die Suche nach bestimmten (zumindest ihrer *Form* nach bestimmten) Empfindungen *hinter* solchen (bestimmten) Ausdrucksgestalten läuft hingegen auf eine willkürliche Verdopplung hinaus nach dem Motto: wo ein Ausdruck in der Musik, da muß eine Empfindung (gewesen) sein, die in ihm *zum Ausdruck kommt*.
Natürlich bleibt es wahr, daß uns oft die Worte fehlen, sowohl wenn wir versuchen, eine Empfindung zum Ausdruck zu bringen, als auch wenn wir versuchen, einen musikalischen Ausdruckscharakter zu beschreiben (in beiden Fällen mögen wir genötigt sein, erfinderisch mit der Sprache umzugehen). Die Rede von der Musik als einer »Sprache der Empfindungen« schließt diese beiden Schwierigkeiten gewissermaßen miteinander kurz: Der bestimmte musikalische Ausdruck tritt an die Stelle der Worte, die uns für den differenzierten Ausdruck der Empfindung fehlen, und dieser Ausdruck seinerseits läßt sich zwar vielleicht mit Worten beschreiben, aber in seiner Konkretion niemals durch Worte einholen oder ersetzen. So wird die Musik zur *Sprache* der Empfindungen, zu der dann freilich ein Subjekt gesucht werden muß, das sich in dieser Sprache ausspricht. (Und dies Subjekt muß irgendwie dasselbe sein, das sich in dieser Sprache auch *wiedererkennt*. Eine Art ideelles Empfindungssubjekt somit, das in der Musik ertönt und in ihr sich wiedererkennt.) Besser träfe die Formulierung, daß die Musik ihren Hörern eine Ausdruckswelt *eröffnet*, die es ohne die Musik nicht geben

könnte: »In dem Spiegel der Töne lernt das menschliche Herz sich selber kennen; sie sind es, wodurch wir das Gefühl fühlen *lernen* (Hervorhebung A.W.); sie geben vielen in verborgenen Winkeln des Gemüts träumenden Geistern lebendes Bewußtsein, und bereichern mit ganz neuen zauberischen Geistern des Gefühls unser Inneres.«[76] Die Musik – die von der Empfindungs- und Ausdrucksästhetik gemeinte Musik – ist (u.a.) der Ort der Herausbildung eines differenzierteren (bürgerlichen) Empfindungssubjekts.
Aber die Musik ist natürlich niemals *nur* das gewesen. Das haben auch jene Frühromantiker schon gewußt, die man u.a. als Protagonisten der musikalischen Empfindungs- und Ausdrucksästhetik ansehen könnte (zu denen, wie schon betont, Friedrich Schlegel sicherlich *nicht* gehört). Das gilt etwa für Ludwig Tieck. Tieck ist nicht nur, wie nach ihm Hanslick, ein Verfechter der reinen, »absoluten« Instrumentalmusik, er ist auch kein reiner »Empfindungsästhetiker«. Es geht ihm vielmehr um eine autonome Poetik der Musik.[77] Bei Tieck spürt man, welche ungeheure Herausforderung die zeitgenössische Musik für die frühromantischen Poeten und Kritiker bedeutete; es ist wie die Entdeckung eines gerade sich herausbildenden, neuen poetischen Kontinents, der erst in seinen Umrissen erkennbar ist und auf dem »die großen Meister« vorerst nur »einzelne Teile des Gebiets angebaut« haben.[78] Für Tieck sind in der Musik, als einer wortfernen, »dunkleren und tieferen« Sprache, »Gefühl, Phantasie und Kraft des Denkens eins«[79], und indem er auf die dramatischen und intermedialen Potentiale der Musik hinweist, erweitert sich der Weltbezug der Musik für ihn weit über das einer bloßen Empfindungsästhetik Faßbare hinaus. Er versucht diesen erweiterten Weltbezug der Musik, also dasjenige, wodurch das rein Musikalische der Instrumentalmusik im »rein«, das heißt *absolut* Musikalischen nicht aufgeht, durch den Begriff der Allegorie zu fassen.[80] Wie die Metapher bei Feldman (s. oben Anm. 23),

76 W.H. Wackenroder, »Die Wunder der Tonkunst«, in: *Werke und Briefe*, a.a.O. S. 327.

77 »... so wie die Instrumentalmusik ihren eigenen Weg geht, und sich um keinen Text, um keine untergelegte Poesie kümmert, für sich selbst dichtet, und sich selber poetisch kommentiert.« L. Tieck, »Symphonien«, in: W.H. Wackenroder, a.a.O. S. 353.

78 L. Tieck, »Symphonien«, a.a.O. S. 351.

79 A.a.O. S. 350.

80 »Ich kann nicht beschreiben, wie wunderbar allegorisch dieses große Tonstück mir schien, und doch voll höchst individueller Bilder, wie denn die wahre, höchste Allegorie wohl wieder eben durch sich selbst die

so die Allegorie bei Tieck. Beide Begriffe stehen für einen Darstellungsaspekt musikalischer Gebilde, einen Bezug auf das, was sie als bloß akustische Konfigurationen nicht schon selbst sind; oben habe ich gesagt, daß dieser »Verweisungscharakter« nicht nur musikalischer Momente, sondern musikalischer *Zusammenhänge* implizit immer schon im Sprachtopos – Musik *als* Sprache – mitgemeint war. Nachdem jedoch klargeworden ist, daß musikalischer Zusammenhang sich nicht in Analogie zu sprachlichen Sinnzusammenhängen verstehen läßt, bleibt vorerst noch ganz unklar, ob – oder inwieweit – sich der Sprachtopos in *diesem* Sinn, vor allem mit Bezug auf einen Großteil der posttonalen Musik, wird rechtfertigen lassen.

---

kalte Allgemeinheit verliert, die wir nur bei den Dichtern antreffen, die ihrer Kunst nicht gewachsen sind. Ich sah in der Musik die trübe nebelichte Heide, in der sich im Dämmerlichte verworrene Hexenzirkel durcheinanderschlingen und die Wolken immer dichter und giftiger zur Erde herniederziehn. Entsetzliche Stimmen rufen und drohn durch die Einsamkeit, und wie Gespenster zittert es durch all die Verworrenheit hindurch, eine lachende, gräßliche Schadenfreude zeigt sich in der Ferne. – Die Gestalten gewinnen bestimmtere Umrisse, furchtbare Bildungen schreiten bedeutungsvoll über die Heide herüber, der Nebel trennt sich. Nun sieht das Auge einen entsetzlichen Unhold, der in seiner schwarzen Höhle liegt, mit starken Ketten festgebunden; er strebt mit aller Gewalt, mit der Anstrengung aller Kräfte sich loszureißen, aber immer wird er noch zurückgehalten: um ihn her beginnt der magische Tanz aller Gespenster, aller Larven. Wie eine weinende Wehmut steht es zitternd in der Ferne, und wünscht, daß die Ketten den Gräßlichen zurückhielten, daß sie nicht brechen möchten. Aber lauter und furchtbar lauter wird das Getümmel, und mit einem erschreckenden Aufschrei, mit der innersten Wut bricht das Ungeheuer los, und stürzt mit wildem Sprunge in die Larven hinein. Der Sieg ist entschieden, die Hölle triumphiert. Die Verwirrung verwirrt sich nun erst am gräßlichsten durcheinander, alles flieht geängstigt und kehrt zurück: der Triumphgesang der Verdammlichen beschließt das Kunstwerk.« (L. Tieck, »Symphonien«, a.a.O. S. 354f.) Nach zwei Jahrhunderten von »allegorischen« Musikdeutungen in Programmheften usw. wirkt diese Deutung eines Musikstücks – es handelt sich offenbar um die Einleitungsmusik zu einem Schauspiel – eher komisch. Man spürt in ihr aber noch die Bedeutsamkeit und Frische des Eindrucks eines zum erstenmal gehörten Stückes »neuer« Musik, auch wenn die Bilder sicherlich zum Teil dem Text des Schauspiels entstammen, das von der Musik eingeleitet wurde, dessen Eindruck für Tieck jedoch weit hinter dem der Musik zurückblieb.

Ich habe oben von einer eigentümlichen Kombination zweier Ideen gesprochen – daß nämlich die Musik auf der einen Seite eine *feinere* (nuanciertere, differenziertere) Sprache der Empfindungen sei und daß auf der anderen Seite die Musik Gefühle und Affekte nur ihrer *Form* nach zum Ausdruck bringen könne. Ihrer Form nach, das kann nur heißen: in ihren dynamisch-energetischen Charakteren. Ich habe in Anknüpfung an Dewey argumentiert, daß sich, wenn man die Musik von ihren dynamisch-energetischen Charakteren her betrachtet, der Artikulationsbereich der Musik – und so deutet es sich bereits bei Tieck an – weit über das von der Empfindungsästhetik Gemeinte hinaus erweitern muß und daß deshalb auch der Weltbezug der Musik (in dem Dewey ihren Sprachcharakter sieht) sich nicht auf den Gestus der Stimme, die redet, reduzieren läßt. Schon für das von Eggebrecht mit Bezug auf Beethoven beschworene Begriffsfeld gilt ja, daß es sich in affektiven Qualitäten nicht erschöpft (»Kampf, »Widerstand«, »Überwindung«), obwohl es solche wesentlich einschließt; dies gilt um so mehr für Mahler, etwa die vielbeschworenen Reminiszenzen an Trivial- und Marschmusik und deren ironische Brechung, die Rolle der Naturlaute oder der Herdenglocken, die von Adorno betonte Kategorie des »Durchbruchs«, das »per aspera ad astra« in den frühen Symphonien und dessen Revokation in den Spätwerken usf.; und schließlich gilt dasselbe für die tonmalerischen und naturevozierenden Momente der Musik, die nicht erst bei Debussy und Messiaen, sondern auch in der älteren musikalischen Tradition immer wieder auftauchen (die barocke Musikästhetik hatte zu ihnen noch ein unbefangenes, wenngleich etwas scholastisches Verhältnis). Kurz und gut: Die Affinität der Musik zur Sprache, ihre »Sprachähnlichkeit«, zeigt sich in dem Moment, in dem wir uns klarzumachen versuchen, was oder als was wir sie – interpretierend und artikulierend – hören oder *wie* wir sie hören – oder realisieren – *sollten.*
An diesem Punkte erweist sich aber die Idee einer »Sprachähnlichkeit« der Musik wiederum als zweideutig: Verstehen wir sie im Sinne einer Musik »mit einem gewissen sprechenden Ausdruck«, so werden wir solche Sprachähnlichkeit von der ältesten bis zur neuesten Musik immer wieder finden, ohne daß aber *irgendeine* Musik ganz auf solche Sprachähnlichkeit sich verrechnen ließe; verstehen wir sie dagegen als den »Weltbezug« der Musik, das heißt vom Sprachvermögen eines Hörers her, dessen »interpretierendes« Hören immer schon auf dem Sprung ist, sich selbst und das als bedeutsam Gehörte sprachlich zu artikulieren, so wäre solche »Sprachähnlichkeit« der Musik ubiquitär, sofern Musik überhaupt als bedeutsam uns »anspricht«. Überflüssig zu sagen, daß *solche* »Sprachähnlichkeit« der Musik sich von derjenigen der Malerei oder des

Tanzes nicht mehr unterscheiden ließe. In diesem Sinne wäre auch eine Musik noch »sprachähnlich«, wie György Ligeti sie einmal beschrieben hat: »Klingende Flächen und Massen, die einander ablösen, durchstechen und ineinanderfließen, – schwebende Netzwerke, die zerreißen und sich verknoten, – nasse, gallertartige, faserige, trockene, brüchige, körnige und kompakte Materialien, – Fetzen, Floskeln und Spuren aller Art, – imaginäre Bauten, Labyrinthe, Inschriften, Texte, Dialoge, Insekten, – Zustände, Ereignisse, Vorgänge, Verschmelzungen, Verwandlungen, Katastrophen, Zerfall, Verschwinden, – all dies sind Elemente einer nicht-puristischen Musik.«[81] Eine solche »nicht-puristische« Musik – gemeint ist augenscheinlich Ligetis eigene – steht nicht jenseits des musikalischen Ausdrucks, aber sie ist »sprachlich« eher im Sinne Deweys und seiner Überlegungen zur Synästhesie und zum interpretatorischen Charakter des Gehörs; sie ist keine bloße Sprache der Empfindungen.

Kehren wir noch einmal zur Gefühlsästhetik zurück, von Eduard Hanslick, ihrem entschiedensten Kritiker im 19. Jahrhundert, als »verrottet« bezeichnet und gleichwohl, wie Dahlhaus in einem Aufsatz von 1975 feststellte, auch »ein Jahrhundert später immer noch« »die vorherrschende Populärphilosophie über Musik.«[82] Hanslick hatte bereits aus dem Umstand, daß Gefühle ihre Bestimmtheit, ihre »Identität« erst durch ihre intentionalen Objekte, ihre Anlässe und Umstände, kurz, durch die mit ihnen verbundenen »Vorstellungen« bzw. ihren »begrifflichen Kern« gewinnen, gefolgert, daß die Musik überhaupt nicht imstande sei, bestimmte Gefühle auszudrücken.[83] Auch Hanslick geht von einer Version des oben erwähnten Arguments aus, Musik könne Gefühle nur »ihrer Form nach« ausdrücken; bei Hanslick heißt das, es sei das Dynamische, das Element der Bewegung (»natürlich in dem weiteren Sinne, der auch das Anschwellen und Abschwächen des einzelnen Tones oder Accordes als ›Bewegung‹ auffaßt«), welches die Musik mit den »Gefühlszuständen gemeinschaftlich hat, und das sie schöpferisch in tausend Abstufungen und Gegensätzen zu gestalten vermag«.[84] Die kritische Wendung gegen die Gefühlsästhetik, die Hanslick diesem Argument gibt, berührt sich in mancher Hin-

81 Zitiert nach H. Danuser, *Die Musik des 20. Jahrhunderts. Neues Handbuch der Musikwissenschaft* Bd. 7 (Hg. C. Dahlhaus), Laaber 1984, S. 324.

82 C. Dahlhaus, »Fragmente zur musikalischen Hermeneutik«, in: C. Dahlhaus (Hg.), *Musikalische Hermeneutik*, Regensburg 1975, S. 159.

83 E. Hanslick, *Vom musikalisch Schönen*, a.a.O. S. 14.

84 A.a.O. S. 16.

sicht mit dem, was ich bisher gegen sie vorgebracht habe. Hanslick macht insbesondere deutlich, daß der Ausgang von den dynamischen Prozessen, den »Bewegungen« in der Musik, einen unbefangeneren Blick auf das Beschreibungsvokabular ermöglicht, das wir zur Charakterisierung musikalischer Figuren, Gesten, Themen oder Prozesse verwenden, als die Gefühlsästhetik es nahelegte. Hanslick spricht von »Ideen«, die die Musik sehr wohl »darstellen« (Nelson Goodman würde wohl sagen; »exemplifizieren« oder »metaphorisch exemplifizieren«) könne. »Dies sind unmittelbar alle diejenigen, welche auf hörbare Veränderungen der Zeit, der Kraft, der Proportionen sich beziehen, also die Idee des Anschwellenden, des Absterbenden, des Eilens, Zögerns, des künstlich Verschlungenen, des einfach Begleitenden. – Es kann ferner der ästhetische Ausdruck einer Musik anmuthig genannt werden, sanft, heftig, kraftvoll, zierlich, frisch: lauter Ideen, welche in Tonverbindungen eine entsprechende sinnliche Erscheinung finden können. Wir können diese Eigenschaftswörter daher unmittelbar von *musikalischen* Bildungen gebrauchen ...«[85] Dies Beschreibungsvokabular kann man sich, noch ohne an die Musik unseres Jahrhunderts zu denken, unendlich erweitert vorstellen; denken wir nur an die »düsteren« Figuren der Bässe, den »stürmischen« Beginn einer Ouvertüre, den »harten« Einsatz der Blechbläser, den »rezitativischen« Charakter eines Klavier- oder Cellosolos (»der Gestus der Stimme, die redet«), die »schwirrenden« Akkordfolgen des Orchesters, den »burlesken« Charakter eines Scherzos, den »leidenschaftlichen« Charakter einer Sonate (»Appassionata«) oder die »katastrophische« Zuspitzung eines Symphoniesatzes. In all diesen Charakterisierungen sind bereits Verweise auf Außermusikalisches enthalten (die man sich zum Teil mit Dewey leichter erklären kann als mit Adorno). Was Hanslick betrifft, so bleibt er jedoch an einer Stelle unerbittlich: *Gefühle* (das heißt jetzt: *bestimmte* Gefühle, könne die Musik *nicht* ausdrücken. Wenn man bedenkt, was Hanslick mit »bestimmten« Gefühlen meint, so sagt er im Grunde nichts anderes als Schopenhauer, und vielleicht war es auch Schopenhauer, durch den er sich an dieser Stelle in eine unnötige Polemik verwickelte. Schopenhauer hatte, genötigt durch seine Systematik der Kunstgattungen, die These vertreten, daß die Musik »nicht diese oder jene einzelne und bestimmte Freude, diese oder jene Betrübnis oder Schmerz oder Entsetzen oder Jubel oder Lustigkeit oder Gemütsruhe« ausdrücke, »sondern *die* Freude, *die* Betrübnis, *den* Schmerz, *das* Entsetzen, *den* Jubel, *die* Lustigkeit, *die* Gemütsruhe

85 A.a.O. S. 14f.

selbst, gewissermaßen in abstracto, das Wesentliche derselben ohne alles Beiwerk, also auch ohne die Motive dazu.«[86] Hanslick wendet zu Recht ein, daß – seine eigenen Beispiele – Liebe, Zorn, Sehnsucht oder Entzücken ihrem dynamischen Verlauf nach ganz unterschiedlich sein können. »Ihrer *Dynamik* nach kann (die Liebe) ebensogut sanft als stürmisch, ebenso froh als schmerzlich sein«, und Hanslick fährt fort: »Diese Betrachtung allein reicht hin, zu zeigen, daß Musik nur jene verschiedenen begleitenden Adjektiva ausdrücken könne, nie das Substantivum, die Liebe, selbst.«[87] Wenn aber die Musik jene »begleitenden Adjektiva« – und man möchte hinzufügen: im Sinne intermittierender Momente – sehr wohl ausdrücken kann, dann verliert die Polemik ersichtlich an Schärfe: Der Bereich der »Eigenschaftswörter«, die wir, wie Hanslick sagt, »unmittelbar von *musikalischen* Bildungen gebrauchen« können[88] erweitert sich ja um genau jene »Adjektiva«, die von der Gefühlsästhetik – freilich einseitig – ins Zentrum gestellt wurden.

Eine Konzession Hanslicks, allerdings wohl eine eher unfreiwillige. Denn gleich im folgenden mobilisiert er weitere Argumente gegen die Idee eines musikalischen Ausdrucks von Gefühlen. Wenn, so Hanslick, die Musik Gefühle nicht in ihrer Bestimmtheit (mit ihrem »begrifflichen Kern«) darstellen kann, sondern nur, wie er sagt, »das Dynamische derselben«, dann, so argumentiert er, tut sich gleichsam eine Schere auf zwischen der Bestimmtheit von Gefühlen und der Bestimmtheit musikalischer Figuren oder Prozesse. Nicht nur mögen »Liebe«, »Zorn«, »Furcht« – um bei Hanslicks Beispielen zu bleiben – je nach Situation, Anlaß, Gegenstand usw. mit ganz verschiedenen dynamischen Charakteren verbunden sein, vielmehr mögen umgekehrt die dynamischen Charaktere der Musik auf ganz verschiedene Affekte oder Gefühlsabläufe passen.[89] Als Beleg führt Hanslick die Möglichkeit an, Musik mit unterschiedlichen Texten zu verbinden, wodurch sich ihr Ausdruckscharakter ins Gegenteil verwandeln mag. Der ergreifende Ausdruck des Schmerzes und der Hoffnungslosigkeit in Paminas Arie wäre somit nicht der Musik als solcher, sondern dem Zusammentreten von Text und Musik geschuldet; der Text sagt gleichsam erst, *welche* Gefühle den dynamischen Charakteren der Musik zuzuordnen sind. Es geht Hanslick jedoch um die Musik *als solche,* die absolute, die

86 A. Schopenhauer, *Die Welt als Wille und Vorstellung I,* Darmstadt 1961, S. 364.

87 *Vom Musikalisch-Schönen,* a.a.O. S. 14.

88 A.a.O. S. 14f.

89 Vgl. a.a.O. S. 22f.

reine Instrumentalmusik. »Wenn irgendeine allgemeine Bestimmtheit der Musik untersucht wird, etwas so ihr Wesen und ihre Natur kennzeichnen, ihre Gränzen und Richtung feststellen soll, so kann nur von der Instrumentalmusik die Rede sein. Was die *Instrumentalmusik* nicht kann, von dem darf nie gesagt werden, die *Musik* könne es; denn nur sie ist reine, absolute *Tonkunst.*« (S. 20) Reine, absolute Tonkunst: rein von aller Kontamination mit Nichtmusikalischem, losgelöst vom Wort, von der dramatischen Handlung, von allem Begrifflichen und Bildlichen. Nur an solcher *reinen, absoluten Tonkunst* läßt sich das *Wesen* der Musik, das Wesen des »Musikalisch-Schönen« (um das Thema von Hanslicks Abhandlung zu zitieren) verdeutlichen. Daher Hanslicks unnachsichtige Strenge gegenüber den Gefühlsästhetikern; er wirft ihnen zu Recht vor, daß sie über keinen Begriff eines spezifisch *musikalischen Zusammenhangs*, d.h. des Musikalisch-Schönen verfügen. Indem er aber »tönend bewegte Formen« als einzigen »Inhalt und Gegenstand der Musik« bezeichnet, muß er am Ende jeden internen Bezug der Musik auf Außermusikalisches leugnen. Hier zeichnet sich eine Position ab, die der früher erwähnten Position von Georgiades diametral entgegengesetzt ist. Ich erinnere an die Rolle, die Georgiades der »melismatischen« Musik in der frühen Kirchenmusik zuschrieb: reine Musik, Musik des Ornaments, der Arabeske, in der Georgiades den notwendigen Gegenpol einer erst in primitiver Weise *sprechenden* Musik sah, einen Gegenpol jedoch, der seine Bestimmung in seiner eigenen künftigen Versprachlichung, in der Versprachlichung des Melisma (des Ornaments, der Arabeske) und *ineins* damit (untrennbar damit verbunden) in der Musikalisierung der Sprache hatte. Die reine, absolute Tonkunst Hanslicks ist für Georgiades das Resultat einer solchen Musikalisierung der Sprache und der gleichzeitigen Versprachlichung der Musik. Also eine absolute Musik, die nicht absolut (losgelöst von der Sprache), die nicht rein (weil verunreinigt mit Außermusikalischem) wäre. Solche »Verunreinigungen« sind Hanslick zutiefst suspekt (er denkt vielleicht schon an Wagner) – jedenfalls was die musikalische Ästhetik betrifft, weil sich in diesen verunreinigten Fällen nie genau sagen läßt, was auf »Rechnung« der einzelnen Künste geht. »In einer Vocalcomposition kann die Wirksamkeit der Töne nie so genau von jener der Worte, der Handlung, der Decoration getrennt werden, daß die Rechnung der verschiedenen Künste sich streng sondern ließe.«[90]

Aber *ist* die Musik jemals »rein«, ist sie jemals »absolut«? Hat sie sich

90 A.a.O. S. 20.

nicht immer schon zur Welt, zum Außermusikalischen hin überschritten? Unsere bisherigen Überlegungen legen diesen Schluß nahe. Mit Bezug auf Hanslick müßte die Frage genauer lauten: Können wir, was unsere Charakterisierungen und Deutungen von Musik betrifft, eine scharfe Grenze ziehen zwischen einem Vokabular, das gleichsam unschuldig ist (»stürmisch«, »kraftvoll«, »zart«, »sanft«), und einem Vokabular, das mit mehr oder weniger willkürlichen Assoziationen kontaminiert ist, die nichts mit der Musik »als solcher« zu tun haben? Und wie genau wäre eine solche Grenze zu ziehen? Kann man eine Musik oder eine musikalische Figur nicht ebensowohl als kraftvoll oder zart wie als leidenschaftlich, übermütig, oder klagend hören? Können wir nicht sogar gelegentlich das Gewitter, das Spiel der Wellen, das Kreischen eines Tiers oder das Pulsieren eines Körpers hören? Wo hören die legitimen (und notwendigen) metaphorischen Charakterisierungen auf und wo fangen die illegitimen (willkürlichen) Assoziationen an? Bei Schumann finden sich als Satzcharakterisierungen (dort, wo sonst etwa »Andante« oder »Presto« steht) »Wild und lustig«, »Wie aus der Ferne«, »Mit gutem Humor«, »Mit Leidenschaft«, »Balladenmäßig«, »Sehr aufgeregt«, ganz zu schweigen von den Titeln der »Kinderszenen« wie »Von fremden Ländern und Menschen«, »Curiose Geschichte«, »Hasche-Mann«, »Bittendes Kind«, »Glücks genug« und »Träumerei«. Haben solche Satzbezeichnungen, Vortragsanweisungen und Titel nichts mit dem musikalischen Gehalt der Stücke zu tun? Stehen sie *außerhalb* der Musik »als solcher«? Und wenn nicht ganz (wie wohl auch Hanslick zugeben würde), wo verläuft die Grenze zwischen dem, was als dynamische Charakterisierung der Musik zulässig wäre, und dem, was einen illegitimen Import von Begriffen, Bildern und Gefühlen bedeutet?

Adorno hat immer die »gestischen« und »mimischen« Charaktere der Musik betont, wie sie ja auch in den Satzbezeichnungen Schumanns zum Ausdruck kommen. In ihnen hat er jedoch immer auch *geschichtliche* und *soziale* Gehalte dingfest gemacht; und damit hat er den Weltbezug der Musik entschieden nicht nur über den der Gefühlsästhetik, sondern auch über die oben genannten »partikularen« Weltbezüge hinaus erweitert. In seinen materialen Analysen von Musik hat Adorno solche sozialen und geschichtlichen Gehalte von Kunstwerken immer wieder benannt. Die Begriffe eines sozialen und geschichtlichen Gehalts von Kunstwerken könnte allerdings leicht in die Irre führen. Es geht um existentielle Gehalte, wie sie in einer bestimmten geschichtlichen Situation als in einem überindividuellen Sinn bedeutsame in die Kunst eingehen. Überflüssig zu sagen, daß Adorno nicht »engagierte« oder naturalistische Kunst meint; nicht Brecht (dessen Intoleranz »gegen die Mehrdeutigkeit« er kritisiert[91], oder Eisler (als Komponist des Proletariats), sondern Schönberg, Berg, Kafka und Beckett waren seine Kronzeugen. »Radikale Kunst«, so Adorno, »wahrt die Immanenz der Kunst, bei Strafe ihrer Selbstaufhebung, derart, daß die Gesellschaft einzig verdunkelt wie in Träumen in sie eingelassen wird, denen man Kunstwerke von jeher verglich.«[92] Beethovens Musik spielt für Adorno nicht zuletzt deshalb eine zentrale Rolle, weil er in ihr das epochale Ereignis der Französischen Revolution gespiegelt sieht, vor allem in deren emanzipatorischen, aber auch in ihren ideologisch-gewalttätigen Zügen.[93] Revolution und Restauration werden zu Determinanten der bürgerlichen Musikentwicklung: »Bei Beethoven rumort, in Schumanns Marsellaisezitaten hallt abgeschwächt der Lärm der bürgerlichen Revolution wider wie in Träumen.«[94] Mit Bezug auf Mahler, dessen spätbürgerlicher Musik er romanhafte Züge zuschreibt[95], spricht Adorno von einer »Transfiguration des Gegenständlichen ins inwendige Bilderreich.«[96] »Romanhaft ist die Kurve, die sie beschreibt, das sich Erheben zu großen Situationen, das Zusammenstürzen in sich. Gesten werden vollführt wie die der Nastasja des Idioten, welche die Banknoten ins Feuer wirft ... Wie im Roman gedeiht bei Mahler Glück am Rande der Katastrophe. Überall wirken bei ihm dessen Bilder offen oder latent als Kraftzentrum.«[97] Und ganz manifest wird für Adorno das »Verhalten« von Mahlers Musik zur geschichtlichen Realität – auch derjenigen der Musik – in der Assimilation von Fragmenten der »unteren« Musik in die Symphonik: »Der Revisionsprozeß der Musik gegen ihre Spaltung in eine obere und untere Sphäre, die beiden ihre Male eingrub, wird von Mahler so betrieben, daß die in Gärung geratene untere Musiksphäre über Stock und Stein restituieren soll, was die Stimmigkeit der oberen einbüßte ... Trotz ihres konservativen Materials ist (Mahlers Musik) eminent modern darin, daß sie kein sinnhaftes Ganzes surrogiert, sondern dem entfremdet Zufälligen sich hinwirft, um

91 Theodor W. Adorno, *Ästhetische Theorie. Gesammelte Schriften* Bd. 7, Frankfurt a.M. 1970, S. 360.

92 A.a.O. S. 336.

93 *Vgl. Beethoven. Philosophie der Musik,* Frankfurt am Main 1993, S. 75ff.

94 A.a.O. S. 76.

95 *Mahler. Eine musikalische Physiognomik. Gesammelte Schriften* Bd. 13, S. 209.

96 A.a.O. S. 219.

97 A.a.O. S. 217f.

darin va banque ihre Chance wahrzunehmen.«[98] Erst hier wird deutlich, was mit dem »Sprachcharakter« oder dem »Darstellungsaspekt« der Musik bzw. mit dem in ihnen gemeinten »Weltbezug« oder der »Welthaltigkeit« der Musik eigentlich gemeint sein kann.

B. Musik als Klangschrift. Der Ort der Werke

1. Noch ist der Sprachtopos nicht ausgereizt. Er betrifft noch einen weiteren Aspekt der (europäischen Kunst-)Musik, nämlich ihre *Schriftlichkeit.* Jetzt geht es nicht – oder nur indirekt – um die Musik als »Klangrede«, sondern um die Musik als Noten*text,* das heißt um den textuellen, den »Schrift«-Charakter von Partituren. Unser Begriff eines musikalischen Kunstwerks (»opus«) ist ja geprägt durch das in Europa seit dem Mittelalter entwickelte Notationssystem und – durchaus im Zusammenhang damit – die spätere Entwicklung einer temperierten Stimmung. Das europäische Notationssystem war nicht nur eine ingeniöse Erfindung zur Verschriftlichung vorhandener Musik, sie hatte vielmehr eine fundamentale Bedeutung für die Konstitution einer spezifisch europäischen Musiktradition. Und zwar nicht nur, weil sie überhaupt erst die Komposition komplexer Musikwerke in dem uns geläufigen Sinne ermöglichte, also von Musikwerken, die in der Form von Partituren als dauerhafte Objekte vorliegen und als solche vom Komponisten, unabhängig von der Flüchtigkeit klanglicher Ereignisse, ästhetisch durchkonstruiert werden konnten wie Bilder oder literarische Kunstwerke; sondern vor allem auch deshalb, weil die Verschriftlichung der Musik zugleich eine konstitutive Bedeutung für die Richtung der musikalischen Entwicklung hatte. Die Verschriftlichung der Musik bedeutete nämlich einen folgenreichen Eingriff in das akustische Material der Musik, den man als ein »Zurechtstutzen« des musikalischen Klangmaterials auf zwei notationell beherrschbare Parameter, Tonhöhe und Tondauer, beschreiben könnte. Entscheidend war somit, wie Jakob Ullmann es formuliert hat,

98 A.a.O. S. 210.

die »Reduktion des musikalischen Texts auf die Kodifikation seiner Struktur in Tonhöhen und Tondauern«.[99]

Daß hier nicht nur selektiert wird, was von den vielen Dimensionen klanglicher Ereignisse in irgendeinem Sinne notationell fixiert werden könnte, sondern zugleich in das musikalische Material eingegriffen wird, kann man sich etwa anhand der Probleme klarmachen, die regelmäßig beim Versuch einer Transkription außereuropäischer Musik auftauchen; denn bei solchen Versuchen muß man immer damit rechnen, daß man es erstens bei den zu transkribierenden Musikstücken weder mit präzise fixierten Tonhöhen noch mit den uns vertrauten Intervallen zu tun hat und daß zweitens unsere Notenschrift nicht geeignet ist, die für diese Musikstücke konstitutiven Identitätsmerkmale überhaupt zu erfassen: etwa, weil die für ihre Identität zentralen Parameter andere sind als in der europäischen Musik – beispielsweise Klangqualitäten, Arten der Tonerzeugung und damit zusammenhängende rhythmische Subtilitäten, der Gebrauch der Stimme usw. Mit anderen Worten: Durch die Entwicklung des europäischen Notationssystems wurde zugleich das Schwergewicht der musikalischen Komposition auf die notationell präzise beherrschbaren und »messbaren« Parameter Tonhöhe und Tondauer gelegt – mit der darin bereits angelegten Entwicklung des tonalen Systems und der entsprechenden Fokussierung auf die harmonischen und kontrapunktischen Aspekte der Komposition.

Die Stabilität des europäischen Notationssystems hat Jakob Ullmannn durch einen historischen Zufall zu erklären versucht; eine Erklärung, die zugleich witzig und profund ist. Der byzantinische Kaiser Konstantinos Kopronymos machte dem Frankenkönig Pippin eine Orgel zum Geschenk, wodurch – so Ullmann – die zentrale Rolle der Tasteninstrumente (später natürlich des Klaviers) für die europäische Musikpraxis einschließlich des Komponierens begründet wurde. »Die Struktur dieser Instrumente«, so Ullmann, »kam der Aufzeichnungsstruktur für musikalische Texte, wie sie sich etwa ab der Jahrtausendwende

99 Jakob Ullmann, *»Ou Xhronos«*, in: *Musik-Konzepte 100*, hrsg. von Heinz-Klaus Metzger und Rainer Riehn, April 1998, S. 116.

durchzusetzen begann, in außergewöhnlichem Maß entgegen: dieses Instrument erlaubte nicht nur die Erzeugung exakter Tonhöhen und exakter Tondauern, der Aufbau der Orgel ließ den Gedanken naheliegend erscheinen, in Tonhöhe und Tondauer die entscheidenden Kriterien dafür zu sehen, was vom musikalischen Text unbedingt kodifiziert werden muß. Damit wurde die Orgel zum Regulativ nicht nur für die Kodifikation musikalischer Texte. Ihr Aufbau und ihre interne Struktur wurden zur prinzipiellen Grenze dessen, was innerhalb der abendländischen Tradition als musikalischer Text rezipierbar sein konnte, kurz gesagt, Musik ist demnach das, was eine Tonhöhe und eine Tondauer hat und zwar dergestalt, daß es auf der Orgel spielbar ist.«[100] (Wie schon angedeutet, tritt später vor allem das Klavier an die Stelle der Orgel.) Ullmanns Erklärung ist witzig und profund zugleich; es kommt bei ihr nicht so sehr auf das historische Detail an als darauf, daß sie einen internen Zusammenhang zwischen zentralen Aspekten des europäischen Notationssystems und der beherrschenden Rolle der Tasteninstrumente für die musikalische Praxis deutlich macht: Die kompositorische Essenz von Musikwerken wurde lange Zeit als dasjenige angesehen, was sich auf einem Tasteninstrument wiedergeben läßt.

Eine entscheidende Rolle im Prozeß des Zusammenwachsens von Notationssystem und Tasteninstrumenten hat später natürlich die Entwicklung der temperierten Stimmung – die Aufteilung der Oktave in zwölf gleiche Halbtonintervalle – gespielt, die noch einmal zu einer gewaltigen Ausdehnung des modulatorisch beherrschbaren kadenzharmonischen Tonraums und zugleich zu einer Festigung der beherrschenden Rolle des Klaviers bzw. der Tasteninstrumente als der einzigen Instrumente geführt hat, in deren Struktur die temperierte Stimmung sich »mechanisch« einbauen läßt. Für eine um Tonhöhen und Tondauern im Rahmen eines kadenzharmonischen Tonsystems zentrierte Notationspraxis mußten Instrumentation, Agogik, Dynamik, Spielarten und die vielfältigen Modalitäten der Tonerzeugung unter dem Gesichtspunkt der Musiktheorie sich gleichsam als ein sekundäres, kompositorisch nicht »rationalisierbares« Feld der

100 A.a.O. S. 118f.

musikalischen Praxis bzw. der klanglichen Realisierung darstellen, das sich um den durch Tonhöhen und Tondauern bezeichneten »Kern« der musikalischen Textur herumlagerte. Dies kommt auch in der Anfertigung eines »Particells« als einer Vorstufe von Orchester- oder Opernkompositionen zum Ausdruck. Im Particell sind Tonhöhenverläufe und zeitliche Dauern festgelegt; die Orchesterpartitur ist gleichsam die farbklangliche Ausfüllung einer »Zeichnung« oder Skizze, die als solche bereits alles im konstruktiven Sinn musikalisch Entscheidende enthält – so daß etwa die Instrumentation des 3. Aktes der Oper »Lulu« durch F. Cerha mit einem gewissen Recht als die Vollendung eines Werkes von Alban Berg gelten konnte (im Gegensatz zur »Vollendung« des Mozartschen Requiems durch Franz Xaver Süßmayr).

Natürlich haben in der musikalischen Praxis neben Tonhöhe und Tondauer immer schon zusätzliche »Parameter« – Klangfarbe, Dynamik, Tongebung usw. – eine entscheidende Rolle gespielt und wurden entsprechend – mehr oder weniger eindeutig – mitnotiert: in Form von Instrumentations- und dynamischen Angaben sowie mit Hilfe eines immer reicheren Vokabulars zur Charakterisierung von Satzarten und Spielweisen. Und spätestens seit dem 19. Jahrhundert, insbesondere bei Berlioz und Wagner, zeichnen sich deutliche Tendenzen zu einer Einbeziehung der Klangfarbe in den Kern der musikalischen Konstruktion ab; bezeichnenderweise ist aber erst in der zweiten Hälfte des 20. Jahrhundert die konstruktiv-kompositorische Bedeutung der Klangfarbe etwa bei Wagner voll ins musiktheoretische Bewußtsein getreten. Selbst Adorno, der in seinem *Versuch über Wagner*[101] wohl als erster, wie Richard Klein es formuliert hat[102], die Dimension der Klangfarbe bei Wagner »in ihrer Funktion für die ›Herstellung‹ der musikdramatischen Form als eines ›Kontinuums von Klangfarben« untersucht hat, unterscheidet

101 *Gesammelte Schriften* Bd. 13, Frankfurt am Main 1971.

102 Richard Klein, »Der Kampf mit dem Höllenfürst oder: Die vielen Gesichter des ›Versuch über Wagner‹«, in: Richard Klein und Claus-Steffen Mahnkopf, *Mit den Ohren denken. Adornos Philosophie der Musik*, Frankfurt am Main 1998, S. 184.

noch, wie ebenfalls Klein betont, zwischen der »befreiten Farbe« in Wagners Musikdramen und der »Komposition als solcher«[103] und knüpft damit doch wieder an eine Tradition an, für welche »der musikalische Satz als Inbegriff der *Tonhöhenrelationen*, d. h. der bestimmbaren und notierbaren Relationen eines Werkes, als oberste Kategorie des Verstehens von Musik überhaupt gilt.«[104] Das mag auch daran liegen, daß die dominierende Stellung der Parameter Tonhöhe und Tondauer kompositorisch auch in der Zweiten Wiener Schule noch nicht ernsthaft in Frage gestellt wurde, im Gegensatz etwa zu Debussy und Varèse und dann auch zu den Versuchen der seriellen Musik, Parameter wie Dynamik, Klangfarbe oder Anschlags- und Spielarten in die musikalische Komposition in einem konstitutiven, das heißt konstruktiven Sinne einzubeziehen – Versuche, die freilich immer wieder auf Probleme der »Inkommensurabilität« der Parameter untereinander stießen, was ihre »Serialisierung« betrifft. Es ist denn auch kein Wunder, daß mittlerweile gerade jene Tonhöhenordnung der temperierten Skala, von der einst der Versuch einer seriellen Neu- und Gleichordnung der verschiedenen musikalischen Parameter ausging, und damit zugleich das letzte Residuum der tonalen Musik in der neueren Musik längst in Frage gestellt worden ist – was sich etwa in der Praxis der Aufspaltung von Intervallen in vierteltönige oder dritteltönige, in Versuchen einer Überschreitung der oktavischen Gliederung des Tonsystems oder auch in all jenen kompositorischen Praktiken manifestiert, bei denen nicht mehr Einzeltöne und deren lineare und vertikale Anordnung, sondern Cluster und Klangfelder und deren Beziehungen oder Veränderungen strukturbildend geworden sind, und schließlich auch in der konstruktiven Einbeziehung von Geräuschphänomenen in die musikalische Komposition, die in der Periode der tonalen Musik als musikfremd, bestenfalls als unvermeidliche Nebenerscheinungen der Tonerzeugung betrachtet wurden.

In den verschiedenen Phasen der Auflösung der Tonalität hat sich sukzessive auch das durch den Zusammenhang der euro-

103 A.a.O. S. 184.
104 A.a.O. S. 185.

päischen Musiknotation mit der Rolle der Tasteninstrumente beschlossene Paradigma dessen, was musikalische Komposition heißt, aufgelöst. Nicht, daß es spurlos verschwunden wäre; aber es wurde »aufgehoben« in einem Paradigma musikalischer Komposition, in dem andere als die traditionellen Klangphänomene und Parameter eine zentrale – und in dem die ehemals zentralen Parameter der Tonhöhe und Tondauer eine neue – Rolle spielen. Dem entsprechen die zuweilen atemberaubenden Entwicklungen der musikalischen Notationspraxis, bei der zwar die klassische Notation von Tonhöhen und Tondauern immer noch eine wichtige Rolle spielt – schließlich werden ja, wenn man einmal von elektronisch erzeugter Musik oder Musique concrète absieht, immer noch die alten Instrumente zumindest *auch* mit ihren traditionellen Spielmöglichkeiten verwendet; aber diese Rolle ist doch stark relativiert und als solche zu einem Gegenstand expliziter kompositorischer Reflexion geworden.

Nun läßt der interne Zusammenhang zwischen der traditionellen Notation und der Rolle der Tasteninstrumente eine positivistisch-ideologische Deutung ebenso zu wie eine »textualistisch«-realistische. Die positivistische Deutung ist wohl niemals von Musikern und kaum jemals in Reinform von Musiktheoretikern vertreten worden (eine Ausnahme bildet immerhin der Philosoph Nelson Goodman). Ich benutze sie hier nur als Kontrastfolie, um den textuellen Charakter der europäischen Musik schärfer zu akzentuieren. Als positivistisch-ideologisch bezeichne ich eine Deutung, wonach infolge der ein-eindeutigen Beziehung zwischen notierten Tonhöhen und Klaviertasten und wegen der Meßbarkeit von Zeitdauern eine gleichsam kalkülmäßig geregelte Übersetzung von Notentexten in Klangereignisse und vice versa möglich ist. Klangliche Realisierungen eines musikalischen Textes mit Hilfe anderer Instrumente als dem Klavier – etwa durch ein Orchester – ließen sich dann, gewissermaßen idealisierend, im Sinn der eben genannten »Normierung« (durch den Bezug auf Tasteninstrumente) verstehen. Unter dieser Voraussetzung ergibt sich dann zwanglos Goodmans Abgrenzung der Menge der Aufführungen eines Werkes von derjenigen der Nichtaufführungen nach dem Kriterium strikter

»Kompatibilität« von Notentext und klanglicher Realisierung[105]; wobei es, was den Gedanken einer eindeutigen »Übersetzbarkeit« von Notentexten in Klangereignisse betrifft, letztlich keine Rolle spielt, ob man – wie Goodman dies immerhin tut[106] – neben der Notation von Tonhöhen und Tondauern auch die Instrumentationsanweisungen als integralen Bestandteil von Partituren auffaßt: Entscheidend ist, daß in jedem Fall die adäquate klangliche Realisierung eines Notentextes als eine objektiv geregelte und objektiv kontrollierbare Umsetzung von Schriftzeichen in Klangereignisse verstanden wird. Und das heißt, daß der eindeutig bestimmbare »Ort« des musikalischen Kunstwerks die vom Komponisten verfertigte Partitur wäre, wobei das musikalisch Essentielle der Partitur die horizontale und vertikale Notierung von Tonhöhen und Tondauern, u. U. zusammen mit entsprechenden Instrumentationsanweisungen, wäre. Auch wenn ein solches Werk der klanglichen Realisierung bedürfte, um als Musik rezipiert werden zu können, wäre doch alles für das »Klangobjekt« Entscheidende bereits in der Partitur objektiv festgelegt.

Man muß diesen Gedanken nur einmal aussprechen, um zu sehen, wie absurd er ist; er ignoriert nicht nur die Bedeutung des Nichtnotierten, aber gleichwohl durch Aufführungstraditionen Bestimmten in Partituren der Vergangenheit, er ignoriert außerdem das konstitutive Moment der Interpretation in der klanglichen Realisierung von Notentexten. Jedoch handelt es sich vielleicht doch um ein in der europäischen Tradition – nicht nur der musikalischen – tief angelegtes objektivistisches Phantasma. Natürlich waren für die Komponisten immer schon, und zunehmend seit dem Beginn des 19. Jahrhunderts, andere Parameter als Tonhöhe und Tondauer – Parameter, die sich als musikalische ja selbst schon einer objektivierbaren Messung entziehen – wesentliche Bestandteile der Komposition; da aber mit dem Notationssystem für Tonhöhen und Tondauern ein idealer Standard für eine präzise schriftliche Fixierung von Klangobjek-

105 Vgl. Nelson Goodman, *Sprachen der Kunst,* Frankfurt a.M. 1973, S. 119ff.

106 Vgl. a.a.O. S. 187f.

ten vorgegeben war, lag aus Sicht der Komponisten der Versuch nahe, in der Notierung der übrigen musikalischen Parameter diesem Ideal so nahe wie möglich zu kommen, also auch mit Bezug auf sie eine vor den Unwägbarkeiten und der Willkür von Interpretationen schützende schriftliche Fixierung von Klangobjekten zu finden. Daß dies letztlich unmöglich ist, liegt auf der Hand; jedoch verbindet sich mit dem Ideal einer vor Interpretationswillkür zu schützenden schriftlichen Fixierung ganz zwanglos die Idee, daß die Partitur eine möglichst präzise schriftliche Fixierung der »Intentionen« oder der »Klangvorstellung« eines Komponisten sei, die dadurch zur Norm der Interpretation im Sinne der klanglichen Realisierung werden mußte. Hierin ist die Idee der Werktreue impliziert, hinter der ja die Vorstellung einer objektiv richtigen klanglichen Realisierung von Notentexten steht – mit all den historistischen Konsequenzen, zu denen die Idee der Werktreue geführt hat.

Demgegenüber würde eine textualistisch-realistische Deutung des internen Zusammenhangs von traditioneller Notationspraxis und Tasteninstrumenten zwar sehr wohl das »reduktive« – und darin zugleich produktive – Moment der in dieser Notationspraxis gelegenen Fokussierung auf Tonhöhen und Tondauern anerkennen, aber zugleich damit auch den durch diese Notationspraxis etablierten Textcharakter der europäischen Musik, das heißt den konstitutiven Zusammenhang zwischen der Dauerhaftigkeit von Notentexten und der Notwendigkeit ihrer immer wieder neuen Interpretation (im Sinn ihrer klanglichen Realisierung) hervorheben. Durch ihre Notationspraxis hat die europäische Musik sich überhaupt erst als ein Traditionszusammenhang etabliert, der vergleichbar ist dem Traditionszusammenhang anderer schriftlich überlieferter Texte; derart, daß überlieferte Notentexte aus dem Horizont jeder neuen geschichtlichen Situation neu interpretiert, auf neue Weise in den Horizont dieser geschichtlichen Situation hineingeholt werden müssen. Unter diesem Gesichtspunkt erscheint nun auch das seit dem 19. Jahrhundert wachsende Bestreben vieler Komponisten zu einer Präzisierung der musikalischen Notation auch in jenen Dimensionen, die sich notationell nicht im gleichen Maße beherrschen lassen wie Tonhöhen und Tondauern, in einem anderen Licht als in der gerade zurückgewiesenen positivistischen Perspektive; nämlich als ein Versuch des individuellen Ausgleichs für verlorengegangene Selbstverständlichkeiten der musikalischen Praxis, wie sie etwa noch in der Periode der Barockmusik vorhanden waren. In dieser Periode konnten die Komponisten vieles offenlassen, weil sie sich, was die klangliche Realisierung ihrer Notentexte betraf, auf Selbstverständlichkeiten der musikalischen Praxis verlassen konnten, für die ihre Notentexte bestimmt waren. Dagegen mußte seit den revolutionären Umbrüchen der europäischen Musik seit der Wiener Klassik und mit der zunehmenden Individualisierung der musikalischen Sprache im 19. Jahrhundert eine präzisere Notation an die Stelle der verlorengegangenen kollektiven Selbstverständlichkeiten der musikalischen Praxis treten, eine Entwicklung, die sich dann noch einmal mit dem Übergang zur posttonalen Musik zuspitzte. Sicherlich spielt in diesem Zusammenhang auch eine Rolle, daß sich erst seit etwa dem Beginn des 19. Jahrhunderts – worauf insbesondere Lydia Goehr[107] hingewiesen hat – ein emphatischer Begriff des musikalischen Kunstwerks etablierte, der mit dem Anspruch verbunden war, Musikwerke als bedeutsame ästhetische Objekte um ihrer selbst willen in konzentrierter Kontemplation zu rezipieren; eine geschichtliche Veränderung im gesellschaftlichen Status der Musik, die mit der allmählichen Etablierung des uns heute geläufigen Konzertwesens einherging. Allerdings glaube ich, anders als Lydia Goehr, daß dieser historisch situierte Werkbegriff nicht umstandslos als Schlüssel für eine philosophische Analyse des Werkbegriffs dienen kann; denn obwohl in ihm der Anspruch der Musik, als autonome Kunst zu gelten, zum erstenmal klar artikuliert wurde, ist sein traditioneller Gebrauch doch zugleich mit ideologischen Konnotationen belastet, die ich hier von vornherein vermeiden möchte. Später werde ich auf Probleme des Werkbegriffs zurückkommen. Dabei wird es mir nicht um eine historische, sondern um eine systematisch-ästhetische Klärung des Werkbegriffs gehen; letzteres u. a. auch als Voraussetzung für eine Diskussion

---

107 Lydia Goehr, *The Imaginary Museum of Musical Works: An Essay in the Philosophy of Music*, Oxford 1992, S. 152 ff.

der Frage, wie die sogenannte »Krise« des Werkbegriffs bzw. die *Opposition* gegen den Werkbegriff in manchen Musikformen des 20. Jahrhunderts zu verstehen ist.

Was ich mit der Gegenüberstellung einer textualistisch-realistischen und einer positivistisch-ideologischen Deutung der traditionellen musikalischen Notationspraxis zunächst zeigen wollte, ist zweierlei: Erstens war das positivistische Modell natürlich niemals wahr; Notentexte haben in der europäischen Musiktradition niemals ihre eigene klangliche Realisierung determiniert; wohl aber konnte die Notwendigkeit einer interpretierenden klanglichen Realisierung so lange im Halbschatten eines musikalischen Vorbewußtseins bleiben, wie kollektive Selbstverständlichkeiten der musikalischen Praxis von den Komponisten als gegeben vorausgesetzt werden konnten. Zweitens war die Reduktion der musikalischen Textur auf die Parameter Tonhöhe und Tondauer auch in der europäischen Musik niemals in einem praktischen Sinne real; andere Parameter wie Dynamik, Tongebung bzw. Weisen der Tonerzeugung und des Einsatzes der menschlichen Stimme, Subtilitäten des Rhythmus, der Verzierungen und des Tempos, schließlich auch die Klangfarbe haben immer eine mehr oder weniger große Rolle gespielt, nur daß diese Parameter (natürlich mit der trivialen Ausnahme von Instrumentationsanweisungen) über lange Zeit hinweg einer präzisen notationellen Fixierung nicht bedurften, weil die musikalische Praxis mit den in sie eingebauten Mitteln der Traditionsfortsetzung gewissermaßen für sich selbst sorgte. Dies heißt keineswegs, den Vorrang der Parameter Tonhöhe und Tondauer für große Teile der europäischen Musiktradition, insbesondere der europäischen Musiktheorie, zu leugnen; es heißt nicht zu leugnen, daß in der europäischen Musiktradition musikalische Struktur weithin im Koordinatensystem dieser beiden Parameter begriffen wurde; es heißt lediglich darauf hinzuweisen, daß die entsprechende Notationspraxis zugleich konstitutiv war für die Begründung eines musikalischen Traditionszusammenhangs, der immer schon die positivistisch nicht faßbaren Merkmale einer Interpretationskultur in sich beschloß. Sobald aber die Angewiesenheit des Notentextes auf eine interpretierende klangliche Realisierung deutlich ins Bewußtsein tritt, das heißt unter Bedingungen eines hermeneutisch aufgeklärten Bewußtseins reflektiert wird, das sich der Illusion eines »Sinns an sich« von Texten entschlagen hat, wird sich auch die Frage, »was« oder »wo« das musikalische Kunstwerk eigentlich ist, auf neue Weise stellen.

Das wird noch deutlicher, wenn man bedenkt, daß sich durch die Infragestellung der traditionellen Kategorie des »Werkes« als eines im Notentext fixierten, in sich geschlossenen und dialektisch-zeitlich organisierten musikalischen Zusammenhangs in manchen Formen der neueren Musik auch die Beziehungen zwischen Komponisten, Interpreten und Hörern in vielfacher Weise verändern mußten. Paradigmatisch für solche Veränderungen wären etwa die Einbeziehung des Interpreten in den Kompositionsprozeß in Zonen kompositorischer Unbestimmtheit, das Eindringen improvisatorischer oder gestisch-theatralischer Elemente in die musikalische Realisation, die Entwicklung offener oder »flexibler« Formen, welche die Entscheidung über die Auswahl oder die zeitliche Abfolge von Komplexen musikalischer Ereignisse an den Interpreten delegieren, sowie schließlich auch Momente einer bloßen Subsumtion des Interpreten unter vorstrukturierte technisch-mechanische Abläufe. In all diesen Fällen werden die Verantwortlichkeiten zwischen Komponisten und Interpreten neu verteilt; ein Element der musikalischen *Produktion* wandert in die Sphäre der musikalischen *Reproduktion* ebenso ein wie ein Moment der Subsumtion des Interpreten unter vorprogrammierte Abläufe. Hierdurch wird auf der einen Seite die Idee einer vollständig in sich determinierten musikalischen Sinntotalität in Frage gestellt, auf der anderen Seite aber auch der »Ort« des musikalischen Sinns neu bestimmt: nämlich als ein imaginärer Ort im Kreuzungspunkt von Komposition, Realisation und Rezeption, d.h. als Ort eines Spiels, das weder vom Komponisten noch vom Interpreten vollständig kontrollierbar ist.

2. Die Überlegungen zum Schriftcharakter der europäischen Kunstmusik haben uns zu der Frage geführt, »was« oder »wie« oder »wo« das musikalische Kunstwerk eigentlich »ist«; es ist die Frage nach der spezifischen Ontologie der Werke. Um einer Antwort näherzukommen, möchte ich die oben suggerierte Analo-

gie zwischen der »Interpretation« – im Sinn der klanglichen Realisierung – von Notentexten und der Interpretation von Sprachtexten noch einmal kritisch hinterfragen. Ich habe an anderer Stelle die Kritik an einem objektivistischen Mißverständnis der Seinsweise des sprachlichen Sinns auf die Formel gebracht, das »esse« des sprachlichen Sinns sei »interpretari«. Mit dieser Formel ist zugleich die Seinsweise von sprachlich verfaßten Texten bezeichnet, deren »Sinn« nur als dasjenige faßbar ist, was ein Interpret jeweils als solchen Sinn aus ihnen herauszulesen vermag. Da man aber auch bei wechselnden Interpretationen in einem prima facie unverdächtigen Sinn von *dem* Text reden kann, der der Gegenstand solcher Interpretationen ist, scheint im Fall von literarischen Kunstwerken die Identifikation eines »Werks« mit einem bestimmten »Text« auf den ersten Blick unproblematisch. Eine solche Identifikation von »Werk« und »Text« (d. h. Partitur) scheint aber im Fall der Musik schon prima facie unmöglich. Denn – so möchte man sagen – die Partitur bedarf, um Gegenstand einer ästhetischen Erfahrung zu werden, noch in einem anderen Sinne der Interpretation als jeder literarische Text: Partituren, ob man sie nun als denotative Zeichensysteme oder als Systeme von Spielanweisungen versteht, bedürfen der klanglichen *Realisierung* (Aufführung, Konkretisierung), um zum Gegenstand einer musikalischen Erfahrung werden zu können. Ohne diesen Akt der Umsetzung, der primär ein physischer Akt und nur im derivativen Grenzfall einer der bloßen Imagination ist, können Musikwerke – anders als literarische Texte oder auch Bilder – gar nicht zum vollen Dasein kommen (vielleicht lassen sich Gedichte als ein Grenzfall literarischer Texte auffassen, für den in mehr oder weniger großer Annäherung Ähnliches gelten mag wie für Notentexte). Daraus folgt, daß die Interpretation von Notentexten im Sinn ihrer klanglichen Realisierung ein integraler Bestandteil der Produktion von Musikwerken ist. Daher läßt sich die Partitur nicht mit dem Werk gleichsetzen. Roman Ingarden hatte diesen Sachverhalt im Auge, wenn er die musikalische Partitur als bloßes »Schema« eines Werkes bezeichnete, ein Werkschema, das in einem konstitutiven Sinn gerade deshalb noch unvollständig ist, weil es seine klangliche Realisierung – das heißt die Herstellung eines musikalisch rezipierbaren Klangobjekts – niemals vollständig determinieren kann. Die Partitur ist nicht schon das Werk, das in ihr gemeint ist. Aber auch die Aufführung – ein Ereignis in Raum und Zeit – kann nicht identisch mit dem Werk sein, da sie ja nur eine von unzählig vielen anderen möglichen klanglichen Realisierungen einer Partitur, eben von *Aufführungen des Werkes*, darstellt. Folglich, so scheint es, ist *das* Werk nirgendwo als solches greifbar; »es« existiert nur, als niemals definitiv Fertiges, Vollendetes, wie der imaginäre Fluchtpunkt eines potentiell unbeendbaren Verweisungsspiels zwischen dem Notentext und seinen Realisierungen.

So jedenfalls stellt es sich dar, wenn man gleichsam von außen fragt, »wo« oder »was« das Werk denn nun wirklich »ist«. Nun scheint es aber sachlich angemessener, die Frage nach dem »Wo« oder »Wie« oder »Was« des Werkes nicht solchermaßen »von außen«, sondern aus der Innenperspektive einer an der Norm ästhetischer Gelungenheit, das heißt an der Idee der Kunst orientierten musikalischen Praxis zu stellen. Tut man das, so wird das Sein der Werke in der Tat in einem neuen Licht erscheinen. Vielleicht ist in diesem Zusammenhang die Analogie des Notentextes mit *nichtliterarischen* (wahrheitsorientierten) Texten erhellender als die mit literarischen Texten. So wie nämlich die Interpretation wahrheitsorientierter Texte Entscheidungen darüber verlangt, wie ein Text sinnvollerweise zu verstehen ist, so verlangt die Aufführung von Musikwerken Entscheidungen darüber, wie ein gegebener Notentext musikalisch »Sinn macht«; genau dies ist ja in der Rede von »guten«, »angemessenen« oder »gelungenen« musikalischen Interpretationen impliziert.

Nun gilt aber auch für sprachliche Texte aller Art, daß sie nicht unabhängig von ihrer Interpretation für einen Leser »da« sind; insofern könnte man versucht sein, in Analogie zu dem gerade über das Musikwerk Gesagten nun auch vom Sprachtext zu sagen, daß sein Sinn nur als der imaginäre Fluchtpunkt eines potentiell unbeendbaren Verweisungsspiels zwischen dem Text und seinen Interpretationen existiert. Jedoch kann man nicht wirklich in dem gerade unterstellten Sinn zwischen dem Sprachtext und seinem Sinn unterscheiden: Daß nämlich der sprachliche Sinn kein Sein außerhalb seiner Interpretationen hat, bedeutet nicht zuletzt, daß auch die Bestimmung dessen, was die

Identität eines Textes ausmacht – das heißt, aus welchen Worten und Sätzen er wie »zusammengesetzt« ist –, letztlich (etwa in Zweifelsfällen) nur durch Interpretation entschieden werden kann. Wenn aber auch noch die Bestimmung dessen, was die Identität eines Textes ausmacht, von Interpretationen abhängt, dann kann es, strenggenommen, den Text als ein Gegenüber aller Interpretationen, also als einen in seiner Identität etwa physisch definierbaren Gegenstand gar nicht geben. Was es gibt, sind verschiedene »Ebenen« oder »Niveaus« der Interpretation, darunter solche, die zu Selbstverständlichkeiten einer kulturellen Interpretationspraxis geworden sind, die als interpretative Selbstverständlichkeiten vielleicht gar nicht mehr zu Bewußtsein kommen. Demgegenüber scheint Ingarden anzunehmen, daß die Identität von Notentexten vor aller Interpretation – also objektiv – bestimmt ist; und genau diese Annahme erscheint mittlerweile als fragwürdig. Dies eröffnet die Möglichkeit, die Analogie zwischen Notentexten und Sprachtexten noch einmal anders zu konstruieren, als ich es bisher nahegelegt habe.

Es läßt sich nämlich jetzt eine strukturelle Analogie zwischen der Interpretation von Sprachtexten und der Interpretation (im Sinn der klanglichen Realisierung) von Notentexten aufweisen. In der musikalischen Praxis fungiert ja der Notentext als »Norm« einer *adäquaten* klanglichen Realisierung; zugleich fungiert aber die klangliche Realisierung als Test der *ästhetischen Valenz* des Notentextes. Strukturell entspricht dies einem Sachverhalt, der auch für die Hermeneutik von (wahrheitsorientierten) Sprachtexten gilt. Mit Bezug auf letztere hat Gadamer von einem für das Verstehen notwendigen »Vorgriff der Vollkommenheit« gesprochen[108], man könnte auch sagen: einer »Wahrheitsvermutung« mit Bezug auf den zu interpretierenden Text, einer »Vorgabe«, ohne die der Interpret sich blind machen würde für die mögliche Wahrheit eines Textes. Und genau in dieser Weise fungiert auch der Sprachtext als »Norm« einer angemessenen Interpretation. Die Idee des hermeneutischen Zirkels in dem von Gadamer neu explizierten Sinne besagt aber zugleich, daß der Interpret im Prozeß der Interpretation in ein »Wahrheitsspiel« mit dem

108 H.-G. Gadamer, *Wahrheit und Methode*, Tübingen 1990, S. 299.

zu interpretierenden Text verwickelt wird, das letztlich auf eine *Scheidung* des Wahren vom Falschen, des Überzeugenden vom Brüchigen des Textes abzielen muß. Nur auf diese Weise kann ein Text in einer je neuen geschichtlichen Gegenwart in adäquater Weise zum Sprechen gebracht werden. Man könnte daher auch die Interpretation von Sprachtexten als »Test« auf ihren Wahrheitsgehalt verstehen.

Gadamer hat die Figur des hermeneutischen Zirkels mit ihrem Wahrheitsbezug auch für die Interpretation von Kunstwerken geltend zu machen versucht; letztere hat er sogar als Paradigmen hermeneutischer Objekte verstanden. Ich werde später zeigen, weshalb dies unangemssen ist: Kunstwerke sind, wie schon Adorno wußte, auch wenn sie (jetzt im gewöhnlichen Sinne) interpretiert werden wollen, »nicht von der Ästhetik als hermeneutische Objekte zu begreifen.«[109] Die strukturelle Analogie, von der ich oben gesprochen habe, ist deshalb nur sinnvoll, wenn wir den »Vorgriff der Vollkommenheit«, bezogen auf die klangliche Interpretation von Notentexten, nicht im Sinn eines Vorgriffs auf mögliche Wahrheit, sondern als Vorgriff auf die mögliche ästhetische Gelungenheit des in einer Partitur angelegten Werkes verstehen.[110] Genau in diesem Sinn sagt auch Adorno, man müsse »jedem Werk, um es verstehen zu können, um sinnvoll über es urteilen zu können, etwas vorgeben.« Jedoch ist die klangliche Realisierung eines Notentextes zugleich ein Test seiner ästhetischen Valenz: Der Ereignischarakter jeder klanglichen Realisierung von Partituren ist also so zu verstehen, daß in dem unwiederholbaren Hier und Jetzt einer geschichtlichen Situation und vor den Ohren eines Publikums sich zugleich entscheiden muß, ob etwas ein *gelungenes* Kunstwerk ist *und* ob seine klangliche Realisierung *adäquat* ist. Der Streit über die Entscheidung dieser Fragen, wo er sich sprachlich artikuliert, findet im Medium von Kritik, Analyse und Kommentar statt. Dieser Streit steht selbst im Spannungsfeld zwischen dem Notentext und seiner klanglichen Realisierung: einerseits fungiert der Text

109 *Ästhetische Theorie*, a.a.O. S. 179.

110 Wieweit und inwiefern dabei auch die Wahrheit ins Spiel kommt, werde ich später diskutieren.

als Norm für die Beurteilung seiner klanglichen Realisierung, andererseits wird die ästhetische Valenz des Textes gemessen *am Maßstab* seiner klanglichen Realisierung. Dies ist nichts anderes als ein ästhetisches Pendant des hermeneutischen Zirkels: So, wie im allgemeinen hermeneutischen Fall der Text als Norm seiner Interpretation gilt und doch zugleich der Gehalt dieser »Norm« erst auf dem Wege einer Interpretation sich bestimmen läßt, so ist auch im hier betrachteten Fall die »Norm« des Textes nur als bereits interpretierte faßbar; jede Kritik von Aufführungen am Maßstab von Partituren setzt eine Interpretation dieser Partituren in dem Sinne voraus, daß in solchen (»lesenden«) Interpretationen eine alternative *klangliche* Interpretation zumindest antizipiert, imaginiert oder postuliert wird. Das bedeutet aber, daß der Notentext in der Tat ein »Text« ist wie sprachlich verfaßte Texte auch: Wie diese hat er sein Sein in einem Prozeß der Interpretation bzw. im Streit der Interpretationen. Daher könnten wir *vorläufig* festhalten, daß der Notentext als ein zu interpretierender und immer schon interpretierter das Werk *ist*. Dies setzt freilich voraus, daß wir das Verhältnis zwischen dem Notentext und seinen klanglichen Realisierungen nicht mehr wie Ingarden verstehen, sondern ihn in seiner Konstitution *als* Text immer schon als durch klangliche Interpretationen bestimmt begreifen.[111]

Dementsprechend werde ich jetzt eine bestimmte musikalische Interpretationspraxis, welche u.a. durch Aufführungen bestimmt sein wird, die als exemplarisch gelten, zum Notentext hinzurechnen als dasjenige, wodurch er sich überhaupt erst als dieser bestimmte Notentext in einer geschichtlichen Situation jeweils »konstituiert« und das ihn gewissermaßen erst als die schriftliche Fixierung eines Klangobjekts zu lesen erlaubt. Be-

---

111 Das hat Bedeutung auch für Fragen der musikalischen Analyse, auf die ich später (Kap. IV) zu sprechen komme. Richard Klein hat darauf hingewiesen, daß »nicht selten ... Kategorien der musikalischen Analyse, die scheinbar ›objektiv‹ aus der Auseinandersetzung mit der Partitur hervorgehen, Resultat einer Erfahrung bestimmter Aufführungspraktiken (sind). Was als eine rein sachbezogene Deskription kompositorischer Strukturen auftritt, erweist sich bei näherem Hinsehen als Reaktion auf den charakteristischen Interpretationsstil der eigenen Zeit.« (Persönliche Mitteilung.)

stimmte Weisen der klanglichen Realisierung wären somit immer schon gleichsam in den Notentext »eingewandert«, bevor sich ein Streit der Interpretationen an ihm entzünden kann, den man sich so denken muß, daß er selbst im Medium alternativer klanglicher Realisierungen in Verbindung mit dem diskursiven Medium des musikästhetischen (und musikhistorischen) Diskurses ausgetragen wird. Hierdurch scheint die Analogie zwischen dem Notentext und dem Sprachtext bis zu einem gewissen Grade wiederhergestellt: die Partitur ist das Werk, sofern sie nicht als etwas wie ein physisches Objekt »Vorhandenes«, sondern als in ihrer Identität jeweils erst durch eine Interpretationspraxis bestimmte verstanden wird. Musikalische Interpretationen – im Sinn von klanglichen Realisierungen eines Notentextes – haben es somit immer schon mit »vorinterpretierten« Texten zu tun. Ihr »Stellungnehmen« ist immer schon ein Anknüpfen an oder ein Stellung-Beziehen gegen Interpretationstraditionen. Versteht man den Notentext in diesem Sinne als eingebettet in eine Interpretationspraxis, kann man zugleich zwei Eigentümlichkeiten der musikalischen Interpretationspraxis Rechnung tragen: Zum einen müssen Musikwerke immer wieder und aus immer wieder sich verändernden geschichtlichen Horizonten heraus neu interpretiert werden; so, wie aber die Interpretationen sich ändern, verändern sich auch die Werke: Das »Sein« der Musikwerke ist ein wesentlich geschichtliches. Ullmann beschreibt die musikalische Interpretation als »Einfügung des Textes als klangliche Realisation ins jeweilige Präsens der Aufführung«. »Dieser Prozeß der Einfügung ins jeweilige Präsens der Aufführung«, so Ullmann, »kann den musikalischen Text nicht unbeeinflußt lassen. Er wird erweitert um die Erfahrungen und Deutungsmuster, für die er zwar Anlaß war, die ohne den Prozeß fortschreitenden Interpretierens aber schlechterdings nicht hätten aufgedeckt werden können.«[112] Zum anderen aber können Werke auch zweitweilig »verlorengehen«, weil die für sie einmal konstitutive Interpretationspraxis verlorenging. Dann kann man aus den gewissermaßen unlesbar gewordenen Texten musikalisch keinen Sinn mehr machen. Diese mehr oder weniger »unlesbar«

112 *Jakob Ullmann, »Ou Xhronos«,* a.a.O. S. 117.

gewordenen Notentexte bezeichnen den legitimen Aspekt aller Versuche, eine »ursprüngliche«, das heißt die historische Aufführungspraxis zu rekonstruieren, Notentexte also musikalisch wieder lesbar zu machen.

Freilich sind solche Versuche immer auch mit der Gefahr eines objektivistischen Selbstmißverständnisses verbunden, demzufolge das Musikwerk die Partitur zusammen mit der ursprünglich in sie einbeschriebenen Aufführungspraxis wäre. Hier taucht das objektivistische Phantasma, von dem ich oben gesprochen habe, in veränderter Gestalt wieder auf; nämlich als die Fiktion einer objektiv richtigen Interpretation von Werken bzw. als die Fiktion eines Werkes, das in seinem »An-sich« – und das heißt jetzt: in seiner ursprünglichen Gestalt – zu rekonstruieren wäre und als ein solches »An-sich« das Maß seiner adäquaten klanglichen Realisierung in sich enthielte. Es handelt sich um einen historistischen Objektivismus; ihm zur Seite steht in der neueren europäischen Musiktradition ein »intentionalistischer« Objektivismus, demzufolge nicht die ursprüngliche Aufführungspraxis, sondern die Intentionen und die Klangvorstellung des Komponisten das Maß einer adäquaten musikalischen Aufführungspraxis wären. Diese zweite Version des Objektivismus liegt gemeinhin der Idee der »Werktreue« zugrunde: Die Forderung der Werktreue besagt, daß das Musikwerk als genau das gelungene und vollkommene Kunstwerk zum Klingen gebracht werden soll, das es »an sich« bereits ist. In beiden Versionen des Objektivismus wird unterstellt, daß das Werk »an sich«, als ein objektiv Vollendetes vorliegt und als solches das Maß seiner richtigen musikalischen Interpretation in sich enthält. Ein solcher objektivistischer Werkbegriff, wie er sich insbesondere im Konzertbetrieb seit dem 19. Jahrhundert geltend gemacht hat, bezeichnet aber eine pure Fiktion: Dinge, die es gar nicht gibt.[113] Mir scheint, daß ein beträchtlicher Teil der Kompositionspraxis im späteren 20. Jahrhundert sich als eine Kritik dieses objektivistischen Werkbegriffs im Medium der Komposition verstehen ließe. Und Ähnliches gilt für die Kunstproduktion allgemein.

113 Zur Kritik dieser Fiktion vgl. Lydia Goehr, *The Quest for Voice*, Oxford 1998, S. 145ff.

Für ein Bewußtsein dessen, daß es das »Werk« im Sinne des objektiv vollendeten, in sich geschlossenen Kunstwerks gar nicht geben kann, daß Kunstwerke nicht objektiv vollendbar sind, spricht vieles in der Praxis moderner Künstler, wie etwa die unendlichen Versuche einer Überarbeitung schon vorhandener Partituren bei Musikern wie Ives, Mahler, Bruckner oder Boulez, die Produktion von Bild-»Serien« bei Picasso, in denen jedes Einzelbild in das nächste hinüberspielt als seine Variation, Verdichtung, Reduktion usw., die Versuche einer Abkehr vom in sich geschlossenen und in allen Details determinierten Werk in der musikalischen Komposition oder schließlich die übrigen, vielfältig facettierten kunstimmanenten Infragestellungen des Werkbegriffs in der Produktion der künstlerischen Moderne. So verstanden, wäre die Idee des vollkommenen Kunstwerks ein Traum des 19. Jahrhunderts.

Und doch bleibt der Maßstab ästhetischer Gelungenheit – wie derjenige der Wahrheit im Falle philosophischer Texte – ein unhintergehbarer Maßstab der künstlerischen Produktion und Rezeption. Soll das heißen, daß dieser Maßstab wieder bloß einen »imaginären Fluchtpunkt« – diesmal der künstlerischen Produktion und Rezeption – bedeutet? Ich hatte eine ähnliche Frage oben mit Bezug auf den Werkbegriff gestellt – eine explizite Antwort, obwohl längst angedeutet, steht noch aus. Sie wird indes leichter sein als die Antwort auf die zuletzt gestellte Frage. Denn in dieser sind auf vorerst noch unklare Weise zwei verschiedene Fragestellungen miteinander verknüpft: Die eine betrifft die Idee der Kunst, die in keiner ihrer Produktionen abgegolten ist (davon später); die andere betrifft die »Norm« ästhetischen Gelingens, wie wir sie mit Bezug auf jede künstlerische Produktion nicht nur unterstellen, sondern auch ins Spiel bringen müssen. Die Frage nach dem ästhetischen Gelingen stellt sich in jedem Einzelfall neu, gleichsam hier und jetzt ohne unendlichen Aufschub, sonst könnten wir uns kein ästhetisches *Urteil* zutrauen. Die weitere Frage, *wie* wir eine solche »Norm« ins Spiel bringen können, wird uns noch weiter beschäftigen. Zunächst aber zurück zur Frage nach der »Ontologie« der Werke, die ich in Anknüpfung an Ingardens Überlegungen gestellt hatte. Eine Antwort auf diese Frage kann allerdings nur einen ersten Schritt zur Beantwortung der Frage nach dem spezifischen Sein der musikalischen Werke darstellen.

Diese Teilantwort ist in meinem Hinweis auf die Geschichtlichkeit der Werke enthalten. Ihr Sein ist ein »Werden«, wie Adorno es formuliert hat.[114] Das soll heißen, daß die Werke *selbst* sich in der Geschichte ihrer Aufführungen und ihrer Rezeption verändern. Das Werk ist kein idealer, überzeitlicher Gegenstand, ebensowenig wie ein imaginärer Fluchtpunkt im Verweisungsspiel zwischen Partituren und Aufführungen. Vielmehr ist Geschichte das Medium, in dem die Werke selbst sich entfalten – und auch absterben können. »Die Kunstwerke wandeln sich keineswegs allein mit dem, was verdinglichtes Bewußtsein für die nach geschichtlicher Lage sich ändernde Einstellung der Menschen zu den Kunstwerken hält. Solche Änderung ist äußerlich gegenüber der, welche sich in den Werken an sich zuträgt; die Ablösung einer ihrer Schichten nach der anderen, unabsehbar im Augenblick ihres Erscheinens; ... die Verhärtung der transparent gewordenen Werke, ihr Veralten, ihr Verstummen. Am Ende ist ihre Entfaltung eins mit ihrem Zerfall.«[115] Meine Überlegungen zum Textcharakter musikalischer Partituren waren ein Versuch, zumindest den einen Teil von Adornos These – daß nämlich das Sein der Kunstwerke ein Werden sei – plausibel zu machen. Der andere Teil der These – daß nämlich Kunstwerke auch zerfallen können – hat nach Adorno etwas mit dem für authentische Werke konstitutiven Zeitkern zu tun[116]; auf diesen Zeitkern der Kunstwerke komme ich zurück.

3. Während der Begriff des musikalischen »Werkes« vielleicht in einer Hinsicht klarer geworden ist, so ist er doch in anderen Hinsichten noch ganz unbestimmt. Ist jedes als »Partitur« identifizierbare Objekt ein Kunstwerk, und ist jedes nicht schriftlich fixierte Musikstück umgekehrt *kein* Kunstwerk? Ich glaube, beide Fragen sind zu verneinen; das möchte ich zunächst mit Bezug auf

---

114 *Ästhetische Theorie*, a.a.O. S. 263.
115 A.a.O. S. 266.
116 A.a.O. S. 264.

die erste Frage deutlich machen.[117] Es geht mir im folgenden um die normativen Konnotationen im Begriff des Kunstwerks.

Denken wir an den ersten Versuch, eine Partitur klanglich zu realisieren, und denken wir uns – nicht ganz unrealistisch – den Komponisten als an diesem Versuch beteiligt, sei es als Instrumentalisten, als Dirigenten oder als einen, der immer wieder bei den Proben korrigierend oder erläuternd eingreift und der auf diese Weise zugleich einen Standard der Interpretation zu etablieren versucht. Dabei wird es immer um ein Doppeltes gehen: nämlich um die – nach Meinung des Komponisten – adäquate klangliche Realisierung einer vorhandenen Partitur, und zugleich um den letzten Schritt in der Produktion eines musikalischen Kunstwerks. Unter dem letzteren Gesichtspunkt wird aber für den Komponisten nicht der schon vorhandene Notentext das letzte Wort haben; vielmehr wird er diesen Text korrigieren oder ergänzen, wenn er dadurch das klangliche Resultat verbessern kann. Nun denke ich, daß dieser Fall, auch wenn er sich nicht ohne weiteres verallgemeinern läßt, eher als der Fall des in jeder Sekunde »gehorsamen« Interpreten einen Hinweis darauf gibt, worum es in der musikalischen Interpretationspraxis geht: nämlich um die Produktion eines gelungenen Kunstwerks. Der Sinn der musikalischen Interpretationspraxis wie derjenige einer szenischen Realisierung von Dramentexten besteht – soweit überhaupt ästhetische Gesichtspunkte eine Rolle spielen – darin, ein ästhetisch gelungenes Werk zur Darstellung zu bringen; hierdurch ist das Woraufhin dessen bestimmt, was eine »adäquate« Interpretation von Notentexten im Sinne ihrer klanglichen Realisierung genannt werden mag.[118]

---

117 Was die zweite Frage betrifft, vorerst nur ein Adorno-Zitat: »Denkbar, heute vielleicht gefordert sind Werke, die durch ihren Zeitkern sich selbst verbrennen, ihr eigenes Leben dem Augenblick der Erscheinung von Wahrheit drangeben und spurlos untergehen, ohne daß sie das im geringsten minderte.« (A.a.O. S. 265.)

118 Hier öffnet sich das weite Feld der Interpretations-(qua Aufführungs-)Kritik, die im Fall der Musik, mehr oder weniger latent, immer auch ein Teil jenes ästhetischen Diskurses ist, den ich in den Teilen III und IV thematisieren werde, die aber im Fall des etablierten Kanons »gültiger« Werke häufig im Zentrum der Musikkritik steht. Auch hier

An dieser Stelle möchte ich noch einmal auf den Vergleich der musikalischen Interpretations-(qua Aufführungs-)Praxis mit derjenigen wahrheitsorientierter Texte zurückkommen. Ich hatte darauf hingewiesen, daß das *Woraufhin* der Interpretation im Fall der Musik im Gegensatz zur gewöhnlichen Texthermeneutik nicht Wahrheit, sondern ästhetische Gelungenheit (»Stimmigkeit«) ist. Im Fall der Texthermeneutik bedeutet die Interpretation immer auch die Scheidung des Wahren vom Falschen, des Erhellenden vom Brüchigen, des hier und jetzt Einsichtigen vom bloß historisch noch Interessierenden. Um das Wahrheitspotential solcher Texte zu retten, müssen wir sie häu-

---

schon gilt, was ich später für die sprachliche Interpretation von Kunstwerken generell betonen werde, daß das produktive Sprachvermögen des Kritikers eine notwendige Voraussetzung für eine überzeugende Verschriftlichung der Kritik ist. Ein brillantes Beispiel einer solchen Kritik ist ein Essay von Peter Gülke über den Dirigenten Furtwängler, der neben kritischen Anmerkungen zur Person Furtwänglers und seiner Philosophie u.a. von dessen unvergleichlichem Sinn für Details, Dynamik und Tempo jenseits dessen, was aus den Anweisungen des Notentextes unmittelbar sich »ablesen« läßt, handelt. Hier nur ein Zitat: »Die von Hörern, mehr noch von Musikern bei Furtwängler erlebte Eindringlichkeit des musikalischen Fließens und Strömens, das noch bei ›O sink hernieder, Nacht der Liebe‹ fühlbare Beieinander von Stetigkeit und innerer Dynamik rührt wesentlich daher, dass er in jener Mikrosphäre gegen die Tyrannei des chronometrischen Tempos ein lebendiges Pulsieren aktiviert, welches den Details – um nicht zu sagen: den Kleinlebewesen im Teppich der musikalischen Struktur – Luft zum Atmen lässt, Denn nicht nur verweilerische Lyrismen, drängende crescendierende Entwicklungen, entspannende Ausläufe oder modulatorische Kurven haben in Bezug aufs Tempo eigenen Willen, sondern auch kleinste Details, winzigste Bildungen. Daktylische Rhythmen, ob zwei- oder dreizeitig, neigen zum Schrumpfen, treiben also, ebenso Nachschläge in bewegten Tempi; größere Triolen oder Synkopierungen wiederum wirken oft sperrend, wie auch kleine, nach Profilierung strebende melodische Prägungen … einer Planierraupen-Mentalität entgegen, die auch die ›Kleinlebewesen‹ auf Gleichschritt zu drillen sucht.« (Peter Gülke, »Der Erwählte. Zum 30. November 2004«, in: *Musik & Ästhetik*, Heft 34, April 2005, S. 106.) Es handelt sich hier um eine *bestimmte* Musik (ein Stück aus dem *Tristan*), und implizit enthält Gülkes Charakterisierung von Furtwänglers musikalischer Interpretation natürlich auch ein (positives) Urteil über die Musik selbst (in eben dieser Klanggestalt).

fig kritisch, gegen den Strich, kurz: produktiv zu lesen lernen. Nicht der Text ist das letzte Maß aller Dinge, sondern der Wahrheitsgehalt, den wir aus ihm herausholen können. Bis zu einem gewissen Grade verhält es sich nicht anders mit musikalischen Texten: Auch deren Brüchiges, Fragwürdiges, Ungelungenes kann im Prozeß ihrer Interpretation hervortreten, und wo das geschieht, wird wieder deutlich, daß in dem Blick auf die Werke als objektiv, *an sich* vollendeter eine fragwürdige Hypostasierung steckt (die Kunstreligion des 19. Jahrhunderts). Freilich wird sich die *Anstrengung* der Interpretation in beiden Fällen auf Texte bzw. Werke richten, deren bedeutsames Wahrheits- bzw. ästhetisches Potential nicht in Frage gestellt wird. An dieser Stelle legt sich eine weitere Analogie nahe: In der gewöhnlichen Texthermeneutik kann man zwischen einer rein immanenten, das heißt einer an »Gerechtigkeit« gegenüber der Immanenz eines Textes orientierten und einer »produktiven«, an der Aktualisierung seines Wahrheitspotentials orientierten Lektüre unterscheiden.[119] Beide Formen der Lektüre sind aufeinander angewiesen – bei beiden geht es um die Wahrheit des Textes –, zwischen beiden gibt es keine scharfe Grenze, und beide stehen gleichwohl, wie ich es an anderer Stelle gezeigt habe[120], in einer nicht auflösbaren Spannung zueinander. Ähnliches gilt für die Interpretation (die klangliche Realisierung) von Musik-Texten, sofern man nur die Produktion eines gelungenen Kunstwerks als das Woraufhin der Interpretation versteht. Der – in der musikalischen Aufführungspraxis dominierende – Grenzfall ist die »immanente« Interpretation eines vorliegenden Notentextes. Allerdings gilt schon hier – wie im Fall der gewöhnlichen Texthermeneutik –, daß eine angemessene Interpretation in vielen Fällen erst den Schutt der Konvention wegräumen muß, der die Werke der Tradition verdeckt; insofern haben gute Interpretationen immer auch ein produktives Moment. Der andere Grenzfall wäre der, in dem überlieferte Werke zum Material neuer

119 Vgl. A. Wellmer, »Zur Kritik der hermeneutischen Vernunft«, in: Ch. Demmerling, G. Gabriel und Th. Rentsch (Hg.), *Vernunft und Lebenspraxis. Für Friedrich Kambartel*, Frankfurt a. M. 1995, S. 144ff.

120 A. a. O. S. 146ff.

Werke werden und hierin verwandelt, fortgeschrieben oder dekonstruiert werden – man könnte hier von Formen der Interpretation, der Kritik oder der Ergänzung eines Kunstwerks durch ein anderes sprechen. Daß auch hier die Grenzen unscharf sind, mag verdeckt werden durch den Umstand, daß im Fall der Musik die Grenzen zwischen »reproduktiven« und »produktiven« (komponierenden) Musikern nicht nur sozial, sondern auch durch den Schriftcharakter der Musik tendenziell stabil gehalten wurden: Hans Zenders Interpretation der »Winterreise« ist eine *komponierte* Interpretation, allerdings noch ganz nah am Text der Vorlage; bei Strawinskys »Interpretation« von Pergolesi-(oder Gallo-?)Fragmenten in der Pulcinella-Suite würde man wohl eher davon sprechen, daß jene Fragmente zum Material eines neuen Werkes geworden sind[121], und dies gilt sicherlich noch mehr für Lachenmanns *Accanto* bzw. die Rolle, die Mozarts Klarinettenkonzert in diesem Stück spielt: in der Form eines insgeheim mitlaufenden Tonbandes, das nur gelegentlich – sei es als rhythmische Vorlage, sei es als »wörtliches« Zitat (wie wenn ein Fenster zu Mozarts Musik als einer fernen sich öffnete) – in die erklingende Musik eingeblendet wird und ansonsten unhörbar bleibt. Diese Fälle lassen sich mit zunehmender Deutlichkeit, von denen einer bloßen »Aufführung« unterscheiden: Es handelt sich ja um neue, selbst wieder schriftlich fixierte Werke, die ihrerseits einer Interpretation im Sinn einer klanglichen Realisierung bedürfen. Von diesen Fällen führt jedoch eine kontinuierliche Linie bis zu Fällen einer Transkription oder Orchestrierung (Ravels Instrumentierung der *Bilder einer Ausstellung* oder Weberns Instrumentierung des Ricercare aus dem *Musika-*

---

121 Eines Werkes jedoch, das sich nach Strawinskys eigener Deutung als Versuch einer »produktiven Lektüre« der verwendeten Fragmente verstehen läßt. Gegenüber Verfechtern eines historistischen oder objektivistischen Begriffs der Werktreue hat Strawinsky seine Pergolesi-Bearbeitung mit dem Argument verteidigt, seine »Haltung gegenüber Pergolesi (sei) die einzig fruchtbare …, die man alter Musik gegenüber einnehmen kann«, weil sich nur so »das verborgene Leben ihrer Schätze« erneuern, also ihr ästhetisches Potential zur Geltung bringen lasse. (Vgl. I. Strawinsky, *Schriften und Gespräche* I, Darmstadt 1983, S. 93 f.)

lischen Opfer) und schließlich zu solchen auch in der Aufführungspraxis selbst üblichen Eingriffen in vorliegende Notentexte wie dem Weglassen von Wiederholungen, der Korrektur von »Schreibfehlern« oder der »Korrektur« von Instrumentationsanweisungen.

Es wird deutlich, daß die von mir so geannte »produktive« Lektüre von Texten in der Musik in mancher Hinsicht – wenn auch vielleicht nicht in der üblichen Konzertpraxis, die sich ja vor allem als die einer klanglichen Realisierung vorgegebener Notentexte versteht – eine vergleichbare Rolle spielt wie bei der Lektüre wahrheitsorientierter Sprachtexte. Die musikalisch-*immanente* Lektüre von Notentexten in der üblichen Konzertpraxis unterscheidet sich aber wie gesagt von ihrem Gegenstück in der gewöhnlichen Texthermeneutik darin, daß es in der Konzertpraxis in erster Linie um die Produktion *gelungener* Klangobjekte geht – und hier zeigt sich zugleich die Grenze der Analogie zwischen der (»immanenten«) Interpretation von Texten und musikalischen Aufführungen als »Interpretationen«. Bei ersterer versucht ein Interpret, ohne das Medium zu wechseln, in eigenen Worten zu sagen, was der Text sagt, und für eine angemessene Interpretation ist entscheidend, daß er das Wahre und Erhellende vom Falschen und Brüchigen eines Textes unterscheidet. Musikalische Aufführungen dagegen sind Teil der *Produktion* eines Werkes und haben als solche ihr Telos in der Produktion eines *gelungenen* Werkes. Der »Vorgriff der Vollkommenheit« bedeutet bei ihnen daher zugleich ein Produktions*ziel*: das Werk soll vor allem in seiner Gelungenheit zur Erscheinung kommen. Soweit dabei Eingriffe in den Notentext und Korrekturen an ihm eine Rolle spielen, verschwinden diese gleichsam in der musikalischen Klanggestalt. Zwar lassen sie sich begründen, aber solche Begründung ist nicht Teil der Interpretation qua Aufführung, sondern bedeutet den Übergang in ein anderes Interpretationsmedium, das der Wortsprache. Im Fall der Musik wie in dem des textgebundenen Theaters greifen zwei Interpretationsmedien ineinander: dasjenige der Aufführung und das der wortsprachlichen Interpretation. Erst das Ineinandergreifen dieser beiden Interpretationsmedien wird den Interpretationstopos mit Bezug auf die Musik voll verständlich machen.

Wenn es bei der Aufführung von Musik vor allem um die Realisierung eines gelungenen Klangobjekts geht, dann scheint aus meinen letzten Überlegungen zu folgen, daß die Aufführung und die Kritik von Werken niemals auf der gleichen Ebene liegen können. Aber ganz so verhält es sich nicht. Ich habe bis jetzt ja nur von relativ trivialen Fällen einer möglichen Korrektur oder Veränderung von Notentexten im Zuge von Aufführungen gesprochen. Eine andere, nichttriviale Form von Kritik an Werken ist aber m. E. sehr wohl im Modus ihrer Aufführung möglich. Das gilt allerdings wohl nur für Werke, deren Rang und Bedeutsamkeit nicht in Frage stehen. Ich habe oben gesagt, daß die Werke im geschichtlichen Prozeß ihrer Interpretation erst werden, was sie (jeweils) sind. Dieser Prozeß ist aber zu denken als ein Ineinandergreifen der beiden »Interpretationsmedien«, die ich gerade unterschieden habe.[122] Begrifflich artikulierte Interpretation und Kritik können auf diese Weise in Aufführungs- und Rezeptionstraditionen eingreifen, wobei hier vor allem jene Fälle interessieren, bei denen die Kritik an den als gelungen etablierten Werken selbst (ich denke etwa an Fälle wie Beethovens 5. und 9. Sinfonie, Mahlers Achte oder Schönbergs *Moses und Aron*[123]) etwas Falsches, Brüchiges oder Unstimmiges zu Bewußtsein bringt, ohne deshalb schon ihren ästhetischen Rang in Frage zu stellen. Die Aufführungspraxis kann an solchen Befunden, soweit sie überzeugend sind, nicht vorbeigehen, will sie nicht ideologische Klischees in der Rezeption dieser Werke befesti-

122 Vgl. Theodor W. Adorno, *Ästhetische Theorie*, a.a.O. S. 289.

123 Die Kritik an den fragwürdig-gewaltsamen Triumph- bzw. Freudengesten in den Finalsätzen von Beethovens 5. bzw. 9. Sinfonie ist ausreichend in der Literatur dokumentiert und hat im übrigen ihr negatives Gegenstück in den Fragwürdigkeiten der Beethoven-Rezeption. Was *Moses und Aron* betrifft, vgl. Adornos Kritik von Schönbergs Oper in: »Sakrales Fragment. Über Schönbergs Moses und Aron«. *Gesammelte Schriften* 16, a.a.O. S. 454ff. Bis zu einem gewissen Grad dürfte manches an dieser Kritik – betreffend die musikalische Feier sakraler Gehalte nach der »Explosion metaphysischen Sinns« (Adorno) – auch auf Mahlers – nichtsdestotrotz grandiose – Achte zutreffen, der Adorno eine allzu böse Bemerkung in seiner Mahler-Monographie gewidmet hat. Vgl. Th. W. Adorno, *Mahler. Eine musikalische Physiognomik. Gesammelte Schriften* Bd. 13, S. 283f.

gen. Sie wird also diese Befunde in Aufführungen der betreffenden Werke in irgendeiner Weise zur Geltung bringen müssen. Das kann aber heißen, daß sie das Falsche oder Brüchige solcher Werke selbst mit zur Darstellung bringen muß, und sei es in bewußtem Kontrast zu Aufführungs- und Rezeptionstraditionen auch dort, wo diese in den Werken selbst angelegt sind. In diesem Sinn kann eine gelungene Aufführung eines Werks zugleich dessen Kritik einschließen. In der Praxis der Opern- und Theateraufführung ist das ja durchaus nichts Ungewöhnliches (ich denke etwa an die Stuttgarter *Ring*-Inszenierung oder an Castorfs theatrale Dekonstruktionen überlieferter Dramen- oder Romantexte). Solche Aufführungen ziehen eine zusätzliche Reflexionsebene in die Werke ein, verändern sie und machen das an ihnen Gelungene neu zugänglich.

Wenn es – um zunächst einen weniger komplexen »Normalfall« zu unterstellen – bei der Aufführung von Musik vor allem um die (Mit-)Produktion eines gelungenen Kunstwerks geht, dann sollte man statt von einem »Vorgriff« der Vollkommenheit vielleicht besser von einem Vor-*Urteil* der Vollkommenheit (der Gelungenheit oder Bedeutsamkeit) mit Bezug auf den klanglich zu realisierenden Notentext sprechen. Die Intention, ein gelungenes Klangobjekt auf der Grundlage eines vorgegebenen Notentextes zu produzieren, setzt ja ein solches Vor-Urteil voraus, ein Vor-Urteil, das sich allerdings, wie jedes Vorurteil, als unbegründet erweisen kann. Das deutet aber darauf hin, daß der Begriff des musikalischen Kunstwerks, so wie ich ihn bisher erläutert habe, unzureichend ist. Es kann ja keine Rede davon sein, daß jeder Notentext im bisher (hermeneutisch) erläuterten Sinn ein *gelungenes* oder *bedeutsames* Werk darstellt. Meine Überlegungen zur musikalischen Aufführungspraxis sollten zeigen, daß dieser Praxis insgeheim immer schon ein *normativer* Begriff des Werkes zugrunde liegt, demzufolge nur die gelungenen Werke eigentlich Kunstwerke genannt werden dürfen. Es ist die Idee der Kunst, die für die musikalische Praxis, soweit sie nicht zum Dienst an bloßen Unterhaltungs-, Betäubungs- oder Berieselungsbedürfnissen verkommen ist, auf allen ihren Ebenen – denen der Komposition, der Aufführung und der Kritik – letztlich konstitutiv ist. Damit wird aber auch eine untergründige

Zweideutigkeit in der Idee der »Werktreue« deutlich. Vordergründig betrachtet meinte dieser Begriff immer Treue gegenüber dem »Buchstaben« eines gegebenen Notentextes, wobei freilich vorausgesetzt wurde, daß dieser Notentext die schriftliche Objektivation eines gelungenen Musikwerks sei. Unter dieser Voraussetzung wäre eine »werktreue« Aufführung eo ipso die Produktion eines gelungenen Klangobjekts. Nachdem sich aber gezeigt hat, daß musikalische Werke qua Notentexte ihr Sein in einem Prozeß der Interpretation haben, ist zugleich klargeworden, daß »Gelungenheit« keine objektive Eigenschaft von Partituren sein kann, sondern allererst interpretativ, das heißt durch die klangliche Realisierung »entbunden« werden kann, und das heißt, daß keine Buchstabentreue zu einem gegebenen Notentext die Produktion eines gelungenen Klangobjekts garantieren kann. Wenn es aber in der musikalischen Aufführungspraxis primär um die Produktion gelungener Werke geht, so ist im Begriff der Werktreue immer schon das gelungene (oder ästhetisch bedeutsame) Werk als Bezugspunkt mitzudenken. »Werktreue« ist eine positivistische Schimäre, solange nicht die Produktion eines gelungenen Klangobjekts als Maßstab dieser Treue mitgedacht wird. Nur so läßt sich auch gegenüber bedeutenden Partituren so etwas wie Buchstabentreue rechtfertigen; es ist – entsprechend einem durch einen sozial und ästhetisch bedingten Selektionsprozeß bedingten »Vor-Urteil der Vollkommenheit« – die Treue gegenüber dem ästhetischen Potential eines jeweils bestimmten Notentextes, das, eben anhand des Textes, immer wieder neu entdeckt und klanglich realisiert werden will.

Selbst ein quasipositivistisch verstandener Begriff der Werktreue hat sein Maß in der Produktion eines gelungenen Klangobjekts. Werktreue kann daher letztlich nur Treue gegenüber der Idee des musikalischen Kunstwerks sein. Dieser ist jedoch ein ästhetisch-normativer Begriff: Nur die gelungenen Kunstwerke sind Werke in diesem normativen Sinn. Darin liegt die Zweideutigkeit im Begriff der Werktreue, auf die ich oben angespielt habe. Es ist eine Zweideutigkeit im Begriff des musikalischen Werkes selbst. Dieses hatte ich zunächst mit der im Lichte einer Aufführungspraxis gelesenen Partitur identifiziert; insoweit könnte man von einem »deskriptiven« Begriff des Werkes sprechen. Das Wort »deskriptiv« soll hier besagen, daß wir gewisse »Gegenstände« (Notentexte), zumeist nach konventionellen Kriterien, als Werke klassifizieren, wenn wir ihnen einen Anspruch auf ästhetische Gelungenheit oder Bedeutsamkeit zuschreiben. Aber nicht jedes Werk in diesem Sinne hat das Potential einer »Übersetzung« in ein ästhetisch gelungenes Klangobjekt in sich: Partituren sind nicht eo ipso Werke im normativen Sinne des Wortes – und die meisten sind es vermutlich nicht. Ähnliches gilt nun aber für Aufführungen. Auch wenn das interne Ziel der musikalischen Aufführungspraxis – wie auch dasjenige der musikalischen Komposition – die Produktion gelungener Werke ist, ist doch nicht jede Aufführung die Produktion eines gelungenen Werkes – sei es, weil die Partitur keine »Übersetzung« in ein gelungenes Klangobjekt zuläßt, sei es, weil die klangliche Realisierung einer bedeutenden Partitur inadäquat ist. Nun hatten wir bereits gesehen, daß auch die Werke im deskriptiven Sinn des Wortes kein objektives Sein haben: Ihr »esse« ist, wie das von Sprachtexten, »interpretari«, wobei die Interpretation – im Sinne der klanglichen Realisierung – im Fall von Partituren auf die Produktion von gelungenen Werken abzielt. Das Werk im normativen Sinne des Wortes, das gelungene Werk, ist Ziel sowohl der Komposition als auch der Aufführung. Jedoch kann, wenn schon das Werk im deskriptiven Sinne des Wortes kein objektives Sein hat, umso weniger »Gelungenheit« eine objektive Eigenschaft von Partituren oder Aufführungen sein. Was für eine »Eigenschaft« ist es, und welches ist die Seinsart gelungener Werke als gelungener? Erst mit dieser Frage haben wir die Frage nach der Seinsart der musikalischen Kunstwerke zureichend präzisiert als eine Frage, auf die meine »ontologischen« Vorüberlegungen noch nicht wirklich eine Antwort geben.[124] Um einer Antwort näher zu kommen, müssen wir uns

124 Auch die mir bekannten analytischen Untersuchungen zur Ontologie der Kunstwerke beantworten diese Frage nicht wirklich. Einen eindrucksvollen, systematisch orientierten Überblick über diese Untersuchungen gibt Reinhold Schmücker in seinem Buch *Was ist Kunst? Eine Grundlegung*, München 1998, insbes. Kap. 5. Allerdings überzeugen mich auch Schmückers eigene Antworten auf die Frage nach der Ontologie des Kunstwerks nicht.

klarmachen, welche Rolle das »Begriffsvermögen« der Musik*hörer* – an die, als sprechende Tiere, die Musik adressiert ist – für die Erfahrung von Musik spielt. Es geht also jetzt nicht um die Sprach*ähnlichkeit*, sondern um den Sprach*bezug* der Musik.

C. Das in die Musik sich einmischende Sprechen

Die Frage nach dem Verhältnis von Musik und Sprache stellen wir jetzt als die Frage: Warum *reden* (oder schreiben) wir überhaupt über Musik? Es gibt ja ganze Bibliotheken voll von Schriften, die von Musikwissenschaftlern, Philosophen, Komponisten oder ausübenden Musikern über Musik geschrieben worden sind, nicht zu sprechen von Musikzeitschriften, Feuilletons, Programmheften zu Konzerten usw. Zugleich kennt man die Allergie vieler ausübender Musiker gegen das Reden über Musik, soweit es nicht um die praktisch notwendige Verständigung über das richtige oder verständnisvolle Spielen eines Stückes geht, und dabei sind oft das Ausprobieren oder Vormachen ebenso wichtig wie Worte. Aber was heißt hier »richtiges« oder »verständnisvolles« Spielen? Wenn alles stimmt, sprechen wir vielleicht nach einem Konzert von einer *grandiosen* Aufführung von Mahlers 6. Sinfonie. Außerdem wird jedem Musiker neben dem Einüben und Ausprobieren das Studium der Partitur wichtig sein, um strukturelle und motivische Zusammenhänge, den »Sinn« der rhythmischen, motivischen, klanglichen oder spieltechnischen Details im Zusammenhang des Ganzen richtig zu erfassen. Dazu ist natürlich Sprache erforderlich: die Sprache, in der Musiker, Musiktheoretiker und Komponisten über musikalische Zusammenhänge und Details, über Spieltechniken und Spielarten sprechen. Allergisch reagieren Musiker nicht auf ein solches Reden, sondern auf auf ein Reden, das nicht unmittelbar aus der Fühlung mit der Sache, eben der zu spielenden Musik heraus geschieht, also ein Reden, das nicht dem Zweck des »richtigen« Musik*machens* dient.

Aber dann gibt es ja auch noch die *Hörer* – und jeder Musiker ist ja zugleich auch ein Musikhörer. Für Hörer, je mehr sie ernsthaft sich auf die Musik einlassen wollen, kann das, was in Programmheften, Einführungen oder Musikkritiken gesagt oder geschrieben wird, wichtig sein zum besseren Verständnis der Musik. Und wenn sie besser verstehen wollen, was da gesagt oder geschrieben wird, werden sie zum wiederholten Hören – etwa mit Hilfe von CDs – sich genötigt sehen und am Ende vielleicht die Partituren studieren und dann wieder hören usw. Zum Musikmachen und Musikhören gehört somit ein Moment der Reflexion, ein Versuch, Zusammenhänge und Details *im* Zusammenhang zu erfassen. Und dabei kommt immer schon Sprache, kommt Begrifflichkeit ins Spiel. Musik ist, wie alle Künste, an sprechende und reflektierende Tiere adressiert, und das Moment der Reflexion und Zusammenhangbildung, das zur genuin musikalischen Erfahrung gehört, erschöpft sich nicht in der Unmittelbarkeit des Spielens oder Hörens; es geht dem Spielen voraus und setzt sich fort in den Formen der Interpretation, des Kommentars und der Kritik. Da dies nicht nur für die Musik, sondern für alle Künste gilt, könnte man schon an dieser Stelle sagen, die Kunstwerke seien »mit Begrifflichem durchwachsen« (Adorno) – eine These, die sich gegen die Vorstellung richtet, beim Kunstwerk gehe es um etwas, was sich in der Unmittelbarkeit einer sinnlichen, akustischen oder anschaulichen Präsenz erschöpft. Damit soll natürlich nicht das Moment des Unmittelbaren, des Unwillkürlichen, der »ek-statischen« Präsenzerfahrung in der Kunsterfahrung geleugnet werden, es soll vielmehr nur betont werden, daß das Ek-statische der Kunsterfahrung, das in der Musik vielleicht am stärksten ist, weil die Musik uns in sonst verschlossenen Tiefen des Unbewußten und unseres affektiv und erotisch in die Welt verwickelten Körpers berühren kann, an ein reflexives Moment, an die Konzentration eines zusammenhangbildenden Hörens gebunden ist, wenn es wirklich zu einer dem Anspruch des Kunstwerks entsprechenden Erfahrung kommen soll. Beim Radiohören am Morgen oder Abend – beim Aufwachen oder Einschlafen – mache ich öfter die folgende Erfahrung: Ich bin plötzlich elektrisiert von einer Musik, von der ich nur ein kleines Stück gehört habe, ohne noch genau hinzuhören; es ist, als ob ich in diesem kleinen Stück Musik bereits ein gelungenes Ganzes mithörte; und solche Momente der Unwillkürlichkeit, in der die Musik plötzlich Funken schlägt, eine unwillkürliche Erfahrung gesteigerter Präsenz, gehören sicherlich zur musikalischen Erfahrung überhaupt, soweit es sich um gelungene Musik handelt, hinzu; aber sie machen nicht allein schon eine genuin musikalische Erfahrung aus, die vielmehr an jenes reflexive und synthetisierende Moment gebunden ist, von dem ich eben gesprochen habe.

Eine andere Bedeutung hat das Reden über Musik, wenn es – wie in der Philosophie – darum geht, sich klarzumachen, was es eigentlich ist, das die Musik für uns bedeutunsgvoll macht, wie die Musik – und die Kunst überhaupt – im Leben steht, was das Gelungene von Kunstwerken ausmacht, und in diesem Zusammenhang auch, was und wie Kunstwerke eigentlich »sind« – weder Gebrauchsdinge noch Aussagen, noch bloße Konfigurationen eines sinnlichen Materials in der Zeit oder im Raum. Aber ich denke, daß diese Fragen nicht bloß für Philosophen interessant sind, sondern daß sie in eigentümlicher Weise ebensowohl im Machen wie in der Erfahrung von Kunst angelegt sind. Das zeigt sich insbesondere in der modernen Kunst, wo die Frage, was Kunst sei, in die künstlerische Produktion selbst eingewandert ist: Die bedeutende moderne Kunst ist, so möchte ich behaupten, immer zugleich auch eine im Medium der Kunst selbst sich vollziehende Reflexion auf den Begriff, die Idee der Kunst gewesen, und damit zugleich eine Kritik an dem, was aus der Kunst – institutionell und im Bewußtsein der Gesellschaft – geworden ist. Darauf komme ich noch zurück. Hier will ich nur festhalten, daß die Frage nach dem Begriff der Kunst in eigentümlicher Weise mit der Kunst selbst verbunden ist. Die philosophischen Fragen, von denen ich eben gesprochen habe, stellen sich gewissermaßen in der künstlerischen Produktion selbst ebenso wie in der Kunstkritik – in prägnanter Weise immer dann, wenn in Frage steht, was noch als Kunst, als »Kunstmusik« gelten soll. Daran zeigt sich aber zum einen, daß zwischen philosophischer Reflexion, künstlerischer Produktion und Kritik ein interner Zusammenhang besteht, und es zeigt sich zum anderen noch einmal, daß »Kunst«, »Kunstmusik« oder »Kunstwerk« keine deskriptiv-klassifikatorischen, sondern *normative* und in diesem Sinne auch notorisch umstrittene Begriffe sind.

Vorerst geht es mir um die Frage, inwiefern die Musik auf

einen Raum (wort-)sprachlicher Artikulation angewiesen ist, was zugleich heißt, daß zur Musikproduktion und -rezeption, das heißt aber: zur Musik selbst, eine begriffliche und reflexive Dimension hinzugehört. Früher habe ich auf die Geschichtlichkeit der Musik hingewiesen, womit ich sagen wollte, daß die Musikwerke selbst eine Geschichte haben, in der sie sich verändern und entfalten und in der sie auch absterben können. Das habe ich am textuellen Charakter der europäischen Kunstmusik deutlich zu machen versucht: Die Musik-Texte – Partituren – müssen aus immer wieder neuen geschichtlichen Horizonten heraus neu gelesen, interpretiert und klanglich realisiert werden, und in diesem Prozeß verändern sich die Texte selbst. Das Sein der Musikwerke – und der Kunstwerke überhaupt – ist daher, wie Adorno sagt, ein *Werden*; und in diesem Prozeß des »Werdens« der Kunstwerke spielt die Sprache in den Formen der Interpretation, des Kommentars, der Analyse und der Kritik eine konstitutive Rolle. »Werden aber die fertigen Werke erst, was sie sind« – so Adorno –, »weil ihr Sein ein Werden ist, so sind sie ihrerseits auf Formen verwiesen, in denen jener Prozeß sich kristallisiert: Interpretation, Kommentar, Kritik. Sie sind nicht bloß an die Werke von denen herangetragen, die mit ihnen sich beschäftigen, sondern der Schauplatz der geschichtlichen Bewegung der Werke an sich und darum Formen eigenen Rechts.«[125] Ich möchte im folgenden etwas genauer zeigen, was dies für das Werk-Sein der Werke und für die ästhetische Erfahrung der Werke *als* Kunstwerke bedeutet.

Bisher habe ich auf die Notwendigkeit einer sprachlich-interpretativen Reflexion im Zusammenhang mit dem Musikmachen und Musikhören vor allem mit Bezug auf den strukturellen Zusammenhang von Musikwerken hingewiesen, wozu ein eher »technisches« – je nachdem musiktheoretisches oder spieltechnisches – Vokabular gehört. Und sicherlich geht es im professionellen musik-analytischen Diskurs weitgehend um Analysen, durch welche musikalischer Zusammenhang als ein formal-struktureller Zusammenhang rekonstruiert werden soll. Es wäre jedoch verfehlt, wollte man darin den einzig legitimen Gegen-

125 *Ästhetische Theorie*, a.a.O. S. 289.

stand musikalischer Analysen sehen – auch wenn vielleicht die Musikwissenschaft, um ihrer Wissenschaftlichkeit willen, häufig zu einer entsprechenden Verkürzung geneigt hat. Selbst wenn man die Sinnhuberei so mancher vulgarisierender Konzertprogramme beklagen mag: Alle erhellenden Musikinterpretationen, gerade die bedeutendsten, sehen sich genötigt, die Parameter einer bloß »technischen« – d.h. formal-strukturellen – Analyse zu überschreiten in Richtung auf den »Weltbezug« oder »Weltgehalt« der Musik, gleichsam auf Außermusikalisches »überzuspringen«, wie Jaques Barzun es formuliert hat.[126] Dabei mag es sich um affektive, expressive, gestische, zitathafte oder ironisch-gebrochene Phrasen oder Komplexe handeln, um die musikalische Evokation von Außermusikalischem – den Tumult einer Menge, »gefrorene Tränen«, Pferdegetrappel, Waldweben, Feuerzauber, Donner und Sturm, Wasserspiele, Industriegeräusche, den Nachmittag eines Fauns, den Taumel eines Tanzes, katastrophische Zuspitzungen, um das verwandelnde Zitat von Musik einer »unteren« Sphäre wie bei Mahler oder in der »schäbigen« Wirtshausmusik des *Wozzeck*, wodurch nicht nur die zitierte Musik, sondern, die zu ihr gehörige Welt in einem neuen, sei es entlarvenden, sei es »rettenden« Licht erscheint, oder schließlich auch um musikalische »Verkörperungen« eines Welt- und Selbstverhältnisses, wie man es von Opern Mozarts[127] ebenso behaupten kann wie von Beethovens Sinfonien, romantischen Liederzyklen, dem sinfonischen Werk Mahlers[128] oder den Spätwerken Nonos.

Die Erregungskurven der Musik sind immer auch solche des Körpers, eines dunkleren Territoriums zwischen Subjekt und Objekt, das heißt eines mimetisch-affektiv und erotisch in die Welt verwickelten Körpers, wie Roland Barthes es am Beispiel

---

126 Vgl. Jaques Barzun, »Program Music and the Unicorn«, in: ders., *Berlioz and the Romantic Century*, Vol. 1, Boston 1950.

127 Ein besonders schönes Beispiel ist Ivan Nagels Deutung des in Mozarts Opern sich artikulierenden Weltverhältnisses in *Autonomie und Gnade. Über Mozarts Opern*, München und Kassel 1988.

128 Hier denke ich insbesondere an Adornos Mahler-Deutung in *Mahler. Eine musikaliche Physiognomik*. In: Theodor W. Adorno, *Gesammelte Schriften* Bd. 13, Frankfurt a.M. 1971.

von Schumanns *Kreisleriana* gezeigt hat[129]; zugleich bildet die Musik hierin ein »Signifikanzfeld« (Barthes[130]) für existentiell und verstehend in die Welt involvierte sprachfähige Subjekte. Genau hierin ist der vielfache und komplexe Weltbezug der Musik beschlossen, der insbesondere durch Richard Wagner und die »Programmusik« des 19. Jahrhunderts (insbesondere Berlioz und Liszt) sowohl theoretisch als auch musikalisch zeitweilig (und einseitig) ins Zentrum der Aufmerksamkeit rückte. Dieser Weltbezug der Musik ist freilich weder einer rein technisch-strukturellen noch einer »semiotischen« Analyse wirklich faßbar; er verlangt, insbesondere wo es sich um die sogenannte »absolute«, das heißt um reine Instrumentalmusik handelt, nach einer produktiven Versprachlichung, für die es keine Regeln gibt, für die uns für gewöhnlich die Worte fehlen und nach der gleichwohl die musikalische Erfahrung von sich aus verlangt, da erst durch sie etwas von der undeutlich erfahrenen Bedeutsamkeit einer Musik zur Sprache kommen kann.

Übrigens fragt sich, ob es überhaupt ein rein »technisches« Vokabular der Musikanalyse gibt, in dem sich nicht schon ein Bezug auf Außermusikalisches sedimentiert hat. Zumindest mit Bezug auf die tonale Musik habe ich Zweifel: In deren musiktheoretischem Vokabular gibt es kaum einen Terminus, der nicht mit außermusikalischen Bezügen »infiziert« ist. Das beginnt mit Begriffen wie »Motiv«, »Thema«, »Entwicklung«, »Exposition« und »Durchführung«, in denen die Musik dem Diskurs eines Redners verglichen wird, setzt sich fort in Ausdrücken, durch welche der Form-, Bewegungs- oder Ausdruckscharakter von Musikstücken, musikalischen Komplexen oder Phrasen bezeichnet wird (von »andante«, »Walzer«, »Marsch«, »Rondo«, »Serenade«, »Nachtmusik« bis zu »morendo«, »amoroso«, »lebhaft«, »stürmisch«, »leidenschaftlich«, »täppisch« usw.) und schließlich bis zu den Begriffen einer auf- oder absteigenden Linie, eines abrupten rhythmischen oder harmonischen Wechsels, von »Höhe« und »Tiefe«, »Spannung« und »Auflösung«, von dichten oder aufge-

---

129 Roland Barthes, »Rasch«, in: ders., *Der entgegenkommende und der stumpfe Sinn*, a.a.O. S. 299ff.

130 A.a.O. S. 307.

lockerten Texturen, von »stockenden«, »fließenden«, »wirbelnden« oder »schwerfälligen« Rhythmen usw. In all diesen Begriffen steckt ein metaphorisches Element, durch welches zugleich die Musik auf etwas Außermusikalisches bezogen wird, in denen ein Weltbezug der Musik gleichsam nachhallt. Aber nicht nur das: Mit der Veränderung der Musik verändert sich auch das für sie angemessene Analysevokabular; Begriffe wie »Motiv«, »Thema«, »motivisch-thematische Entwicklung«, »Durchführung«, »melodische Linie« oder die Formkategorien der tonalen Musik sind für einen Großteil der neueren Musik kaum noch oder gar nicht mehr anwendbar. Mit der Veränderung von strukturellen Zusammenhangbildungen in der Musik verändert sich auch das zu ihrer Beschreibung notwendige Analysevokabular, was wiederum eine Herausforderung an das produktive, metaphernbildende Sprachvermögen von Musikern und Musiktheoretikern bedeutet, auch wenn dies produktive Sprachvermögen bei der Beschreibung, Interpretation und Analyse von Musik sicherlich in ganz unterschiedlichen Weisen ins Spiel kommt, je nachdem, ob es vor allem die formal-strukturellen, die materialklanglichen oder die sinnhaften Aspekte von Musik betrifft. Im folgenden wird es nicht zuletzt darum gehen, *wie* diese verschiedenen Aspekte von Musik in der musikalischen Erfahrung miteinander verknüpft sind.

Bisher habe ich nur in rudimentären Ansätzen zu zeigen versucht, wie das Sprach- und Reflexionsvermögen der Rezipienten auch bei der Erfahrung von Musik ins Spiel kommt. Und zwar habe ich auf verschiedene Dimensionen eines verstehenden Hörens, eines »Hören-als« hingewiesen, bei denen die explizite Versprachlichung einerseits im Verhältnis einer nachträglichen Artikulation und Erhellung zu einem präreflexiv schon Erfaßten steht und andererseits ein hörend Erfaßbares überhaupt erst zugänglich machen und in diesem Sinne eine Korrektiv- und Ermöglichungsfunktion für das musikalische Hören haben mag. Das impliziert bereits, daß es unterschiedliche »Niveaus« des musikalischen Hörens gibt und daß das in das musikalische Hören sich einmischende Reden latent schon immer am musikalischen Hören beteiligt ist. Auch wenn die Erfahrung bedeutender Musik uns sehr häufig zunächst einmal sprach*los* machen mag, liegt doch diese Sprachlosigkeit nicht ganz jenseits der Sprache, denn würden wir nicht vieles an ihr – Motive, Kontraste, Variationen, Steigerungen, expressive Gehalte, Klangqualitäten, Tonmalerisches usw. – präreflexiv *als* solches erfassen, dann könnten wir auch nicht die spezifische Erfahrung der Sprachlosigkeit angesichts einer Musik machen, deren Bedeutsamkeit wir erfahren, ohne sagen zu können, worin diese besteht.

Zunächst ging es mir um verschiedene Dimensionen dessen, was wir hörend erfassen: Klangqualitäten und ihre Veränderungen, strukturelle Zusammenhänge, expressive, rhythmische, tonmalerische oder »physiognomische« Aspekte der Musik und dabei immer auch schon Bedeutsamkeitsaspekte der Musik im Sinne ihres Weltbezugs. Der Weg vom präreflexiven Erfassen zur sprachlichen Artikulation ist dabei unterschiedlich schwierig: Für die strukturellen Aspekte der tonalen Musik gibt es ein etabliertes Beschreibungsvokabular, das es etwa einem einigermaßen geübten Hörer ermöglicht, beim Hören Teile eines Sonatensatzes (explizit) *als* erstes und zweites Thema, als Exposition, Durchführung oder Reprise usw. zu identifizieren; schon schwieriger ist die Beschreibung von Klangqualitäten und -veränderungen oder von Texturen, noch schwieriger die von expressiven Qualitäten und am schwierigsten diejenige dessen, was man wechselweise als »Gehalt«, »Geist«, existentielle Bedeutsamkeit oder Welthaltigkeit einer Musik charakterisieren könnte. Man könnte deshalb sagen, daß es sich, was die sprachliche Artikulation und Erhellung des mehr oder weniger schon präreflexiv Erfaßbaren an der Musik betrifft, um unterschiedliche Grade der Herausforderung an unser produktives Sprachvermögen handelt. Wenn daher meine im Anschluß an Adorno formulierte These richtig sein soll, daß erst das Ineinandergreifen zweier unterschiedlicher Interpretationsmedien – des klanglichen und des wortsprachlichen – den geschichtlichen Charakter der Werke überhaupt verständlich machen kann, dann darf man sich dies Ineinandergreifen nicht zu einfach, man muß es sich vielmehr so vorstellen, daß es durch keinerlei sprachliche Routinen kontrolliert werden kann. Das gilt namentlich für die existentiellen, die gesellschaftlichen und die Weltgehalte der

Musik. Auf dramatische Weise bringt dies Roland Barthes' bereits früher zitierte Formulierung zum Ausdruck: »Als Körper (als mein Körper) ist der musikalische Text von Verlusten durchlöchert: Ich ringe, um zu einer Sprache, einer Benennung zu gelangen: *Ein Königreich für ein Wort! Ach, könnte ich bloß schreiben!* Die Musik wäre das, was mit dem Schreiben ringt.«[131] Daß die Musik mit dem Schreiben, mit dem Wort »ringt«, heißt natürlich auch, daß sie, gegen die Worte sich sperrend, doch die Worte braucht, um ganz sie selbst zu sein; wortferne Kunst und doch im Umkreis der Sprache zu Haus.

Barthes' kurze Texte zur Musik sind ein bemerkenswertes Beispiel dafür, wie sich ein existentieller, ein Weltgehalt der Musik zur Sprache bringen läßt. Über Schumanns Klaviermusik schreibt Barthes:

»Die Musik Schumanns enthält etwas Radikales, das sie mehr zu einer existentiellen als sozialen oder moralischen Erfahrung werden läßt. Die Radikalität hängt irgendwie mit dem Wahnsinn zusammen, selbst wenn die Musik Schumanns durchgehend ›artig‹ ist, insofern sie sich brav dem Code der Tonalität und der formalen Regelmäßigkeit der melodischen Verzierungen unterwirft. Der Wahnsinn keimt sehr früh in der Anschauung, in der Ökonomie der Welt, zu der Schumann eine Beziehung unterhält, die ihn allmählich zerstört, während seine Musik sich zu konstruieren versucht… Die Welt ist für Schumann nicht irreal, die Realität ist nicht unbedeutend. Durch ihre Titel, mitunter durch diskrete Ansätze zur Beschreibung verweist seine Musik ständig auf die konkretesten Dinge: Jahreszeiten, Tageszeiten, Landschaften, Feste, Berufe. Diese Realität ist freilich von der Zergliederung, der Spaltung bedroht, von keineswegs abgehackten (nichts Mißtönendes), aber kurzen und sozusagen ständig ›mutierenden‹ Bewegungen. Nichts hält lange, eine Bewegung unterbricht die andere; das ist die Herrschaft des *Intermezzo,* ein schwindelerregender Begriff, wenn er sich auf die gesamte Musik ausdehnt und das Formgebende als eine erschöpfende (wenn auch so anmutige) Abfolge von Zwischenräumen erlebt wird. Marcel Beaufils setzt zu Recht das literarische Motiv des Karnevals an den Ursprung der Schumannschen Klaviermusik…«[132]

131 Vgl. oben Anm. 76.

132 Roland Barthes, »Schumann lieben«, a.a.O. S. 295.

Nicht um die *Angemessenheit* dieser Beschreibung geht es hier (es versteht sich, daß ich sie erhellend finde), sondern um den *Typus* und seine Relevanz: Eine Beschreibung dieser Art setzt die Auffassung von formalen Zusammenhängen oder Nichtzusammenhängen immer schon voraus; aber *in* diesen Zusammenhängen und Nichtzusammenhängen entdeckt sie eine Bedeutsamkeit, durch welche in der Musik zugleich ein Weltverhältnis sich artikuliert.

Diese Bedeutsamkeit ist aber im Fall der Musik an die Dinglichkeit eines akustischen »Objekts« gebunden, das in seiner klanglichen Materialität keine »semiotische« Dechiffrierung zuläßt: Musikalische Zusammenhänge sind keine Zusammenhänge von Zeichen, sondern von akustischen Ereignissen, die in anderer Weise »bedeuten« als die phonetischen Ereignisse im Zuge der Sprachverwendung. Deshalb habe ich früher, in Anknüpfung an Roland Barthes, vom musikalischen Zusammenhang als einem »Signifikanzfeld« (im Gegensatz zu einem semiotischen Zusammenhang) gesprochen. Hierin ist aber bereits impliziert, daß die Materialität der akustischen Ereignisse bzw. ihr strukturell erfaßbarer Zusammenhang in einem prekären, nichtobjektivierbaren, gleichsam »schwebenden« Verhältnis zur Signifikanz eines musikalischen Gebildes stehen muß; die akustischen »Träger« der Signifikanz – die Materialität der Klänge und ihr struktureller Zusammenhang – verschwinden nicht einfach in jener wie in der gewöhnlichen Mitteilungs-Sprache der Sprachlaut in der Bedeutung.

Die Bewegung »weg von der Sprache« in der Musik des 20. Jahrthunderts, von der ich eingangs gesprochen habe, war sogar vielfach mit der Intention verbunden, die reine Materialität des Klanges *zulasten* seiner traditionellen Aufladung mit Signifikanz überhaupt erst zur Geltung zu bringen und als eigentlichen Gegenstand der musikalischen Erfahrung zu etablieren. Es handelt sich um eine Gegenbewegung *zugleich* gegen jede musikalische Hermeneutik *und* gegen die Formen der (vor allem tonalen) Musik, die der musikalischen Hermeneutik einen Einsatzpunkt boten. Was sich in solchen Tendenzen (u. a. bei Varèse, Cage, Feldman und zum Teil in der seriellen und postseriellen Musik, zum Teil auch bei Lachenmann) äußert, läßt sich durchaus als Ausdruck einer Selbstreflexion von Komponisten auf das Eigengewicht einer sinn*fremden* klanglichen Materialität in *aller* musikalischen Produktion deuten, vergleichbar ähnlichen Tendenzen in der Malerei. Als das »Wozu« von Musik oder Malerei mag dann geradezu eine gesteigerte Erfahrung der sinnlichen Materialität von Klängen oder Farben formuliert werden, worauf auch noch Lachenmanns Metapher vom »Abtasten« eines Klangobjekts durch den Hörer hindeutet. Aber auch die strukturelle Organisation des klanglichen Materials, obwohl nicht zuletzt der Träger musikalischer Signifikanzen, läßt sich nicht einfach auf solche Signifikanzen und daher auf einen Weltbezug der Musik verrechnen. Denn das Spiel mit Identität und Differenz, Variationen eines gegebenen Materials, formale Ähnlichkeiten und Kontraste usw. sind, wie das Beispiel von Teppichen, Ornamenten oder – wie in der Literatur – reimhaften Verfahrensweisen zeigt, nicht notwendigerweise Träger von Signifikanzen oder Vehikel einer Sinnproduktion; sie können ebensosehr, wie schon in kindlichen Wort- und Reimspielen, eine sinn*subversive* Rolle spielen. Ein solcher Aspekt der strukturellen Organisation scheint etwa in manchen Formen der Minimal music in den Vordergrund zu treten: Einfache Figuren, deren Phasenverschiebung gegeneinander zu komplexen rhythmischen Strukturen führt, die nichts »sagen« wollen, sondern eher auf eine meditativ entgrenzte Wahrnehmung von sinnabgewandten, a-teleologischen Klangprozessen abzielen. Man könnte in all diesen Fällen von einem »Rückbau« der Musik von ihren versprachlichten tonalen Formen zu einer nur noch Klänge (Geräusche) und Klangstrukturen rein exponierenden Musik sprechen. Die genannten Tendenzen der neueren und zeitgenössischen Musik verdienen es, ernst genommen zu werden. Bei ihnen wird jede Sprachanalogie prekär, und zugleich machen sie einen Aspekt auch der tonalen Musik deutlich, worin diese sich immer schon gegen den Sprachtopos, gegen eine »hermeneutische« Vereinnahmung sperrte. Wenn danach noch von einem Welt- und Sprachbezug *aller* Musik die Rede soll sein können, dann müßte gezeigt werden, inwiefern auch noch mit Bezug auf die eben genannte Musik von einem »Darstellungs«-*Aspekt*, einem Verweis der akustischen Konfiguration auf etwas, was in dieser Konfiguration als bloß akustischer nicht aufgeht, also von einer *Bedeutsamkeit* dieser Musik als einem »Signifikanzfeld« gesprochen werden kann. Ich werde das nicht direkt versuchen, sondern es vorerst nur als ein ästhetisches *Desiderat* plausibel zu machen versuchen, indem ich zeige, wie die in meinen letzten Überlegungen genannten Elemente der Signifikanz, der Materialität und der Struktur in der ästhetischen Erfahrung, und nicht nur derjenigen der Musik, zusammen- und gegeneinanderspielen. Dies bedeutet zugleich eine entscheidende Ergänzung meiner bisher noch unvollständigen Versuche einer »ontologischen« Bestimmung des musikalischen Kunstwerks.

Exkurs: »Ein Königreich für ein Wort! Ach, könnte ich bloß schreiben.«

Erschöpft von dem Versuch, den Weltbezug der Musik begrifflich klarer zu fassen, höre ich ein Klavierkonzert von Mozart und höre nichts als Musik, reine absolute Musik. Keine Begriffe oder Bilder mischen sich ein; oder, wo sie doch auftauchen (etwa bei dem langsamen Satz, auf den ich gleich zurückkommen werde, das pseudoerotische Kitschbild einer mit wehendem Gewand über eine blühende Wiese tanzenden, schwebenden Frau; eine Bildspur aus dem Film »Elvira Madigan«, die ich peinlicherweise bei diesem Stück nicht mehr ganz loswerden kann), haben sie mit der Musik »als solcher« ersichtlich nichts zu tun. Natürlich höre ich gliedernd, artikulierend: zu Beginn des langsamen Satzes des C-Dur Konzerts KV 467 etwa die Triolenfiguren in den mittleren Streichern, eine rhythmische Urzelle des Stücks, deren Pointe – ein gleichmäßig pulsierender Rhythmus, der die rhythmisch kontrastierende Kantilene des Hauptthemas in den ersten Violinen und später die des Klaviers grundiert, in Schwingung versetzt und zugleich eigentümlich entstabilisiert – sogleich im zweiten Takt deutlich zu werden beginnt. Dann der Einsatz der Bläser an der Stelle (Takt 8), wo das Thema für vier Takte zu einem internen Dialog der Hauptstimme wird (forte-piano, extrem hohe – extrem tiefe Lage). Dann im Tutti (der betörende Bläsersatz Mozarts!) die harmonische Verdichtung des Satzes, bei der die Hauptstimme mit ihren abwärts sequenzierten Tritonus- bzw. Quintschritten gleichsam vorübergehend ihre Selbständigkeit gegenüber dem harmonisch-kontrapunktischen Gewebe verliert (das als solches zu einem Teil des Themas wird), und schließlich die zweimal wiederholte, von chromatisch aufwärtssteigenden Bläsertriolen unterbrochene, dreitaktige, erst trugschlüssig zur sechsten Stufe und dann zur Tonika F-Dur hin kadenzierte Schlußfigur der ersten Violinen. Dies ist auch schon das Grundmaterial des Satzes, das dann im zweimaligen Durchlauf des Klaviers (beim zweitenmal in As-Dur einsetzend) melismatisch variiert, durch zwei Seitenthemen und die Rückmodulation nach dem zweiten Themeneinsatz des Klaviers bereichert und am Ende eigentümlich um die Schlußfigur des Themas verkürzt die Konturen des Satzes bestimmt. Dies Grundmaterial (nennen wir es den melodisch-harmonisch-rhythmischen Themenkern des Satzes) zeigt die für Mozart charakteristische Verbindung von höchster Einfachheit mit höchster Komplexität und ist von ungewöhnlich ausdrucksvoller Schönheit (die von »Elvira Madigan« ausgebeutet wurde). Hört man das Stück, so wird man (auch ein nichtprofessioneller Hörer) all das hier Gesagte hören (und das ist wenig genug; wieviel *mehr* würde eine genauere Analyse zu Tage fördern), natürlich nicht explizit erfassen, das heißt in Worten sagen können; aber all das hier Gesagte ist doch *hörbar* und kann auch von einem nichtprofessionellen Hörer, der aufmerksam zuhört, erfaßt werden (implizit? unbewußt? – diese schwierige Frage lassen wir noch beiseite. Wir gehen ja davon aus, daß das Hören interpretierend-artikulierend-gliedernd ist und nicht bloße akustische Daten hört). Jedoch ist das, was das interpretierende, artikulierende, gliedernde Hören erfaßt – so scheint es – nichts außerhalb der Musik, es sind vielmehr *musikalische* Figuren, Prozesse, Strukturen und Ausdrucksgestalten. Das Hören ist interpretierend im Sinne eines strukturierend-strukturellen Hörens (obwohl noch nicht im anspruchsvollen Sinne Adornos). Es nimmt *musikalischen* Sinn wahr, keinen musikjenseitigen Sinn. (Wir sind jetzt ganz nahe bei Hanslick.) Es ist, als ob der Witz der Musik darin läge, die interpretierenden Leistungen des Gehörs vom Weltbezug der Töne und Geräusche *weg-* und zu ihrer puren Klanglichkeit bzw. ihren internen strukturellen Zusammenhängen *hin*zulenken.

Und wie steht es mit dem musikalischen *Ausdruck*? Er ist, bei unserem Beispiel, *unbeschreiblich*, wie die Empfindungsästhetik es wollte, nur daß wir jetzt auf die Empfindungen selbst verzichten können. »Unbeschreiblich«, das heißt zunächst einfach: Uns fehlen die Worte, und vielleicht suchen wir auch gar nicht nach welchen, selbst dann nicht, wenn wir uns nachträglich – wie ich eben am Schreibtisch und mit der Partitur vor mir – klarzumachen versuchen, *was* wir gehört haben. Das ganze Vokabular, das ich früher erwähnt habe (man denke an »stürmisch«, »kraftvoll«, »zart«, »leidenschaftlich« usw.) scheint zu geradezu lächerlicher Irrelevanz herabzusinken. Zwar mögen Worte dieser Art nötig oder doch nützlich sein, um etwa bei einer Orchesterprobe oder im Klavierunterricht einen Ausdruck zu korrigieren (mein Klavierlehrer raunte mir einmal, als ich mich mit dem Trauermarsch der As-Dur-Sonate op. 26 von Beethoven abmühte, beschwörend zu: »Das ist die französische Revolution«, und es half); aber diese Worte oder Charakterisierungen erscheinen jetzt wie Krücken, die man nach Gebrauch wegwerfen kann (wenn nämlich der Ausdruck oder die musikalische Artikulation *richtig* geworden ist) und die ein Hörer jedenfalls nicht benötigt. Und sind nicht Schumanns Vortragsbezeichnungen und Titel solche Krücken? (Häufig begnügt sich auch Schumann ja mit mehr oder weniger gängigen Vortragsbezeichnungen und Satzcharakterisierungen.) So würden wir Hanslick recht geben müssen. (»Die Ideen, welche der Componist darstellt, sind vor Allem und zuerst rein *musikalische*[133]... In der Musik ist Sinn und Folge, aber *musikalische*; sie ist eine Sprache, die wir sprechen und verstehen, jedoch zu *übersetzen* nicht im Stande sind. Es liegt eine tiefsinnige Erkenntniß darin, daß man auch in Tonwerken von ›Gedanken‹ spricht, und wie in der Rede unterscheidet da das geübte Urteil leicht echte Gedanken von bloßen Redensarten. Ebenso erkennen wir das vernünftig Abgeschlossene einer Tongruppe, indem wir sie einen ›Satz‹ nennen. Fühlen wir doch so genau, wie bei jeder logischen Periode, wo ihr Sinn zu Ende ist, obgleich die Wahrheit beider ganz inkommensurabel dasteht.«[134]) In gewissem Sinne würden wir sogar über Hanslick hinausgehen, weil wir deutlicher das Behelfsmäßige und Dürftige jenes Beschreibungsvokabulars erkennen, das Hanslick immerhin noch gelten lassen wollte. Und wir hätten doch die Sprachähnlichkeit der Musik in einem zumindest syntaktischen Sinne gerettet, der ihre *Bedeutsamkeit* nicht ausschließt, wohl aber jedes musikalische *Bedeuten.* (Beethoven, nach der Bedeutung eines Stücks gefragt, das er gerade gespielt hatte, spielte es zur Erklärung noch einmal.)

Und doch: Lag mein Fehler vielleicht nicht nur darin, daß ich mir den »Weltbezug« der Musik mit Hilfe eines viel zu simplen Verhältnisses von Musik und Wortsprache zu deuten versuchte? So nämlich, als ginge es gleichsam doch um eine *Übersetzung* musikalischer Gehalte in die Wortsprache; so, als ob das »interpretierende« Hören im gleichen Sinne, in dem es strukturelle Zusammenhänge (ahnend, wie Benjamin es einmal ausdrückte) erfaßt, die sich dann in der Wortsprache – derjenigen der musikalischen Analyse – auch explizit (»objektiv«) formulieren lassen, Weltbezüge der Musik

133 A.a.O. S. 15.
134 A.a.O. S. 35.

(ahnend) miterfaßt, die sich dann wortsprachlich ebenso objektiv benennen, in die Wortsprache übersetzen lassen. Die einfachste musikalische Erfahrung scheint dem zu widersprechen. *Ein* Unterschied zwischen formalen bzw, strukturellen Analysen und »semantisierenden« Interpretationen scheint dies zu sein: Für letztere gibt es kein etabliertes musikanalytisches Vokabular, das man lernen kann wie die professionellen Vokabulare der musikalischen Analyse. Zwar haben auch diese ihre eigenen metaphorischen Ursprünge und Charaktere, zwar lassen sie sich mehr oder weniger subtil, erfindungsreich und erhellend anwenden, aber sie sind so nah – jedenfalls was die traditionelle Musik betrifft – an den notierten und hörbaren Sachverhalten, daß zumindest der Anschein entstehen kann, mit ihrer Hilfe ließen sich *die* formalen, »syntaktischen«, motivisch-thematischen, harmonischen und rhythmischen Strukturen eines Werkes »objekiv« darstellen, während semantisierende (hermeneutische) Deutungen von Musik sich niemals auf ein solches, scheinbar Objektivität garantierendes analytisches Vokabular stützen können und daher leicht den Verdacht bloß subjektiver Projektionen auf sich ziehen. Allerdings werde ich später (Kap. III) versuchen, diese Gegenüberstellung von »objektiver« Analyse und »subjektiven« Projektionen zu »dekonstruieren«; aber schon an dieser Stelle sei darauf hingewiesen, daß nicht nur die Vokabulare der musikalischen Analyse selbst einem geschichtlichen Wandel unterworfen sind, sondern daß die Idee einer strukturellen Analyse selbst, so wie ich sie eben erläutert habe, und zwar auch mit Bezug auf die traditionelle Musik, in der neueren Musiktheorie nicht mehr als zureichend gilt.[135] Dies liegt daran, daß diese Idee letzlich am Primat von Tonhöhen und Tondauern orientiert ist, wie sie in der traditionellen musikalischen Notation angelegt ist, und dabei die konstitutive Bedeutung des Klangs, der Klangfarbe und der Klangdramaturgie in der Konstruktion des musikalischen Zusammenhangs vernachlässigt, also jene Aspekte der Musik, die aus den in Partituren notierten Tonhöhen und Tondauern nicht in gleicher Weise »ablesbar« sind wie syntaktische und harmonische Relationen. Aber auch diese materialen Aspekte sind natürlich mehr oder weniger zentral für die genuin *musikalische*

---

135 Vgl. Ludwig Holtmeier, »Analyzing Adorno – Adorno analyzing«, in: Wolfram Ette, Günter Figal, Richard Klein und Günter Peters (Hgg.), *Adorno im Widerstreit. Zur Präsenz seines Denkens*, München 2004, S. 191, wo Holtmeier auch Adorno noch kritisiert, weil er letztlich »an der alten schulischen Teilung von *disegno* und *colore*, von ›Tonsatzgerüst‹ und ›koloristischer Ausmalung‹, festgehalten habe.

Substanz von Werken als *akustischer* »Objekte«; auch ihre Beschreibung und Analyse bedarf bereits sprachlicher Innovationen – woran sich zeigt, daß schon die musikalische Analyse – und um die geht es hier immer noch im Gegensatz zu »semantisierenden« Deutungen – immer wieder auch zur Erweiterung eines etablierten Vokabulars bzw. zur Findung eines neuen nötigt. Was dagegen den »Weltbezug« der Musik betrifft, so kann es für dessen Deutung ein »etabliertes« Vokabular überhaupt nicht geben. Hier fehlen uns (einschließlich der Professionellen) in der Regel buchstäblich die Worte. »Es ist also sehr schwer, von der Musik zu sprechen. Viele Schriftsteller haben sich gut zur Malerei geäußert; keiner, glaube ich, hat sich gut zur Musik geäußert, nicht einmal Proust. Der Grund dafür liegt darin, daß es sehr schwierig ist, die Sprache, die dem Bereich des Allgemeinen angehört, mit der Musik zu verbinden, die dem Bereich des Unterschieds angehört.«[136] (Die »unendlichen Grade von Empfindungen«, »wo andere Sprachen nicht mehr hinreichen«.) Aber gerade Roland Barthes, den ich oben zitiert habe, hat Möglichkeiten des Redens *über* Musik demonstriert, in denen zugleich – vor allem, was die romantische Musik betrifft – der »Weltbezug« der Musik in neuer Weise sinnfällig wird. Und nicht nur das, Barthes hat darüber hinaus Adornos Idee, wonach in der großen klassisch-romantischen Musik überall der Gestus der Stimme, die redet, zu hören ist, eine Wendung gegeben (indem er in der Stimme den Körper, die Materialität, das Begehren, die Subversion des Sinns neu akzentuiert), die diese Idee entschiedener, als dies bei Adorno der Fall ist (und natürlich ist es in zentralen Hinsichten auch bei Adorno schon der Fall) auf einem Boden jenseits der Empfindungs- und Ausdrucksästhetik ansiedelt. Barthes gibt den zentralen Topoi der Empfindungsästhetik eine gleichsam materialistische Deutung: »›Seele‹, ›Gefühle‹, ›Herz‹ sind die romantischen Namen für den Körper. Alles wird im romantischen Text anschaulicher, wenn man den verströmenden moralischen Begriff durch ein körperliches, triebhaftes Wort übersetzt – wodurch keine Einbußen entstehen: die romantische Musik ist gerettet, sobald der Körper zu ihr zurückkehrt –, sobald eben durch sie der Körper zur Musik zurückkehrt. Indem wir den Körper wieder in den romantischen Text einbringen, korrigieren wir die ideologische Lektüre dieses Textes, denn diese Lektüre, die die unserer gängigen Meinung ist, *setzt* immer nur die Regungen des Körpers in Bewegungen der Seele *um* (das ist die Geste jeder Ideo-

136 R. Barthes, »Die Musik, die Stimme, die Sprache«, in: *Der entgegenkommende und der stumpfe Sinn*, a.a.O. S. 280.

logie).«[137] Und nun kehrt bei Barthes der Gestus der Stimme, die redet in verwandelter Form zurück (Barthes bezieht sich hierbei sogar auf die selbe Bagatelle aus Beethovens op. 33 – mit der Vortragsbezeichnung »Con una certe espressione parlante« –, auf die sich auch Adorno bezogen hatte): Es ist der Körper, der spricht (Barthes redet über Schumanns Musik). »*Er spricht, aber sagt nichts*: Denn sobald die Rede – oder ihr instrumentaler Ersatz – musikalisch ist, ist sie nicht mehr sprachlich, sondern körperlich; sie sagt immer nur folgendes und nie etwas anderes: *Mein Körper versetzt sich in den Zustand des Sprechens*: *quasi parlando*… *Quasi parlando* (ich entnehme die Angabe einer Bagatelle Beethovens): Das ist die Bewegung des Körpers, *der sich zu sprechen anschickt.*« »Er spricht, aber sagt nichts«: Barthes will mit dieser paradoxen Formulierung nicht sagen, die Musik (hier diejenige Schumanns) sei bloß »tönend bewegte Form«; daß die Musik nichts »sagt«, soll vielmehr nur heißen, daß die Musik nicht einer »semiotischen« Bedeutungsordnung zugehört, d.h. dem »Bereich der gegliederten Zeichen, die jeweils einzeln sinnvoll sind«, sondern dem »Bereich eines Diskurses, in dem keine Einheit an sich signifikant ist, obwohl das Ganze Signifikanz besitzt.«[138] Die Musik als Signifikanzfeld aber, gerade weil es nicht um die »Übersetzung« eines musikalisch »Gesagten« in etwas sprachlich Gesagtes gehen kann, stellt eine Herausforderung für das produktive Sprachvermögen dar: Ihre Signifikanz, als etwas in der musikalischen Interpretation und Rezeption stets auch Korrumpierbares, will »benannt« werden, gerade wo sie sich dem Wort widersetzt. »Als Körper (als mein Körper) ist der musikalische Text von Verlusten durchlöchert: Ich ringe, um zu einer Sprache, einer Benennung zu gelangen: *Ein Königreich für ein Wort! Ach, könnte ich bloß schreiben!* Die Musik wäre das, was mit dem Schreiben ringt.«[139] Barthes' eigene Schumanndeutung ist dabei bemerkenswert als Beispiel eines in die Musik gleichsam sich einmischenden, die musikalische Erfahrung artikulierenden, produktiven (nichtformalen) Redens über die Musik, durch welches die »Signifikanz« der Musik sich sprachlich zu artikulieren versucht.

Barthes Text beschreibt die musikalische Erfahrung als eine *Verwicklung* des Zuhörers in die Musik und macht darin zugleich den Weltbezug der Musik und den Sprachbezug der musikalischen Erfahrung deutlich. Dieser Sprachbezug der musikalischen Erfah-

---

137 R.Barthes, »Rasch«, in: *Der entgegenkommende und der stumpfe Sinn*, a.a.O. S. 307.

138 A.a.O. S. 310.

139 A.a.O. S. 307.

rung äußert sich nicht als ein »Bedeutungen« entzifferndes stummes Mitreden des Zuhörers; dieser gleicht in gewissem Sinne vielleicht eher einem halluzinierenden, erotischen, mit der Musik sich identifizierenden und in ihr sich verlierenden Subjekt. Aber dessen Zuhören ist zugleich ein gliederndes, artikulierendes und zumindest in diesem Sinne »interpretierendes« Zuhören. Wie mischt sich das Reden in dieses stumme Zuhören ein? Wir haben diese Frage bisher nur mit Bezug auf die »formale« Artikulation der musikalischen Erfahrung gestreift. Allerdings läßt sich schon hier einiges verdeutlichen. Es ist ja klar, daß sich das »formal-analytische« Reden in das stumme Hören einmischt, und zwar umso mehr, je mehr dies Hören zu einem reflektierend-strukturellen Hören wird (umso mehr nämlich höre ich etwa die Wiederkehr oder Variation eines Motivs *als* die Wiederkehr oder Variation eines Motivs – und Analoges gilt für den Fortissimo-Einsatz der Posaunen, die Durchführung, den Halbschluß, die Parodie eines Chorals, das Zitat eines Ländlers usw.). Es ist aber auch klar, daß dieses in das Hören sich einmischende Reden das Hören selbst verändert, gleichsam dem diffusen Kontinuum eines bloß halluzinierenden (oder auch gefühlsseligen, oder zerstreuten) Hörens Konturen verleiht, das Hören zu einem in sich gespannten Hören macht, das die Details und ihren Zusammenhang, die Brüche und Übergänge, die Wiederholungen und das Neue *als solche* hört. Wenn das so ist, dann ist natürlich das *musikalische* Hören, ist die musikalische Erfahrung immer schon mehr als jener Augenblick des stummen und begriffslosen, des träumenden Sich-Verlierens. Man könnte es ein *zugleich* halluzinierendes *und* reflektierendes Hören nennen. Was nun den Aspekt des »strukturellen« Hörens betrifft (der bei Barthes kaum eine Rolle spielt), ist die entscheidende Frage, ob das Hören als ein reflektierendes und synthetisierendes wirklich, wie ich oben suggeriert habe, mit einem *objektiv* erfaßbaren Zusammenhang »tönend bewegter Formen« konfrontiert ist – was ja die Schlußfolgerung nahelegen würde, daß der Weltbezug der Musik allein dem halluzinierenden Hören – als bloß »subjektiv« oder projektiv – anheimgestellt ist. Dagegen spricht, daß es *die* richtige strukturelle Analyse von Musikwerken gar nicht gibt, selbst im Umkreis derjenigen kadenzharmonischen Musik, für die sich ein relativ stabiles »professionelles« Analysevokabular eingebürgert hat. Das reflektierend-synthetisierende Hören kann sich nicht an eindeutig, »objektiv« gegebenen Elementen und Strukturen festmachen; das halluzinierende greift gleichsam auf das »strukturelle« Hören über (und vice versa), und das um so mehr, je mehr in neuer Musik ein neues Vokabular für strukturelle oder klangliche Analysen überhaupt erst erfunden werden muß (und soweit es um Tiefenstrukturen einer »Prädisposition« des Materials geht, kann es gar nicht um die hörend zu erfassenden Strukturen gehen). Und selbst wo das Hören als ein präreflexives Hören-als und in diesem Sinne als begriffslos beschrieben werden kann, haben sich Begriffe, hat sich die Rede doch immer schon eingemischt: als im Hören aktivierter Sprachhintergrund des Hörers, als frühere Rede, als zukünftige Rede, die das Gehörte zu erhellen sucht, als herrschender Diskurs und als der Wunsch, diesen herrschenden Diskurs zu überschreiten.

Die »Rede«, von der ich spreche, darf man sich natürlich in Wirklichkeit nicht (nur) als die Rede des professionellen Musiktheoretikers vorstellen. Die besten Hörer sind nicht die, die eine musikalische Analyse nach den Regeln der Kunst machen könnten, sondern die, deren Unterscheidungs- und Sprachvermögen sich an der Erfahrung des Neuen entwickelt und schärft. Gerade die Erfahrung des Neuen nötigt zu einem reflexiv-strukturierenden Hören, für welches die Frage »Was ist das?« noch nicht vorentschieden ist und für welches das musikanalytische Vokabular zumeist erst nachwächst. Hier ist die in das Hören sich einmischende Rede gleichsam wieder in statu nascendi, die Arbeit des artikulierenden Hörens noch nicht zur präreflexiven Selbstverständlichkeit geworden. Vielleicht sollte man sich den guten Hörer als einen vorstellen, der Musik wie zum erstenmal hört und der sich deshalb aufs neue vor die Frage gestellt sieht: »Was ist das?« Dann wird auch deutlich, daß die Musik erst durch die sich einmischende Rede wird, was sie ist, daß sie niemals in den Werken schon fertig da ist, sondern in der Interpretation im dreifachen Sinne der klanglichen Realisierung, des Hörens und der sprachlichen Artikulation immer wieder erst hervorgebracht wird.

Wie »rein«-musikalisch ist die in das artikulierende Hören sich einmischende Rede? Selbst wenn wir uns an das etablierte Vokabular der musikalischen Analyse und Beschreibung halten, sind Zweifel erlaubt. Es ist, abgesehen von den syntaktischen Kategorien, weitgehend ein räumliches, energetisches und koloristisches Vokabular: hohe und tiefe Töne, auf- und absteigende Linien, helle und dunkle Klangfarben, an- und abschwellende, harte, weiche, spitze und matte, reine und getrübte Klänge, Spannungssteigerung und Spannungsabfall, fließende oder harte Rhythmen, dazu alle die dem Tanz entlehnten Form- und Rhythmuskategorien, das Klangvolumen, der Klangkörper, die stehenden und einander durchdringenden Klangflächen, Beschleunigung und Verlangsamung, Verzögerung und Klimax usw. usw. (Helmuth Lachenmann spricht vom hörenden »Abtasten« von Klängen, als wären es delikate Objekte, Körper usw.) Hiermit sind nur Begriffs*felder* angedeutet, ohne deren Zuhilfenahme wir Musik, also das, was wir hören, kaum beschreiben können. Der Versuch, aus diesen Begriffsfeldern zunächst einmal die »toten« Metaphern abzusondern, um zu sehen was übrig bleibt, wäre hoffnungslos, da es sich um eine immer wieder in der musikalischen Erfahrung und Praxis sich erneuernde, verlebendigende und erweiternde Metaphorik handelt. Darüber hinaus sind die Grenzen zwischen dem Metaphorischen und dem Wörtlichen unscharf: Kann man nur metaphorisch oder doch auch wörtlich von an- und abschwellenden, von weichen und harten, hellen und dunklen Klängen, von Spannung und Auflösung, von Verzögerung und Klimax reden? Hier scheint mir die »synästhetische« Perspektive Deweys hilfreicher: Es handelt sich um Begriffe, die in komplexer Weise das akustische, taktile, visuelle und sensomotorische Erfahrungsfeld übergreifen. Die sexuellen Konnotationen der zuletzt genannten Begriffe sind ja unüberhörbar. Sollte am Ende der erotische Körper, der Körper der Lust und des Begehrens (um mit Barthes zu reden) in aller Musik anwesend sein und von dort aus ihr Weltbezug sich artikulieren? Schon die gewöhnliche, »unschuldige« Sprache der musikalischen Analyse und Beschreibung enthält Anhaltspunkte für eine solche Vermutung. (Man denke auch an das Auf- und Absteigen, die »Leitern« und ihre psychoanalytische Deutung.)

Greift schon das elementare Vokabular der musikalischen Beschreibung und Analyse über das »Rein«-Musikalische hinaus, so gilt dies um so mehr für jene innovativen »Semantisierungen«, zu denen das Reden über Musik – vor allem seit der Romantik – sich immer wieder genötigt sah. »Semantisierung« soll hier nicht heißen: einem musikalischen »Zeichensystem« »Bedeutungen« zuzuordnen, sondern musikalische Werke und die musikalische Erfahrung in ihrer Bedeutsamkeit, eben in ihrem Weltbezug zu artikulieren und sie hierdurch jenseits der Klischees, die sich immer schon um die Musik gelagert haben, besser, anders, wieder, hörbar zu machen.

Der Weltbezug der Musik zeigt sich in der Nötigung, *über* sie und gleichsam *in* ihr zu reden, und redend sind wir immer schon über sie hinausgegangen. Aber dies Reden ist, weil als Redezusammenhang dem musikalischen Zusammenhang inkommensurabel, immer riskant, sprunghaft und auf der Suche nach dem richtigen Wort; es kommt nie zu einem Ende und muß immer wieder neu ansetzen. Weil es auf das produktive Sprachvermögen angewiesen ist, ist es in Wirklichkeit meist flach und klischeehaft. »Ich ringe, um zu einer Sprache, einer Benennung zu gelangen: *Ein Königreich für ein Wort! Ach, könnte ich bloß schreiben!* Die Musik wäre das, was mit dem Schreiben ringt.«

Um noch einmal auf das Klavierkonzert von Mozart zurückzukommen: Daß mir zur Beschreibung der gestischen und der Ausdruckscharaktere des langsamen Satzes die Worte fehlen, heißt ja nicht, daß ich sie nicht gehört (»wahrgenommen«) hätte. Natürlich ist auch die Assoziation »Elvira Madigan« nicht völlig grundlos: Der Film ist die etwas kitischige Visualisierung des erotischen Körpers, der in dieser Musik anwesend ist. Jedoch »höre« ich ihn und höre die gestischen und Ausdruckscharaktere der Musik zugleich als solche von Mozarts »Welt«, wie sie sich auch in seinen Opern artikuliert, einer Welt, die mir zugleich zu fremd und zu vertraut geworden ist, um die Welthaltigkeit dieser Musik, dasjenige, was sich an geschichtlicher Erfahrung und zugleich im Widerspruch zu ihr in der Musik artikuliert hat, bewußt noch wahrzunehmen. Mozarts Welt: eine Welt in einem utopischen Nirgendwo zwischen Rokoko und Revolution, eine Welt, in der das italienische Belcanto mit der norddeutschen Kontrapunktik und der dramatischen Satzstruktur Haydns für einen geschichtlichen Augenblick zum welthaft-utopischen Einstand gekommen ist, eine Welt, in der ein neues Zusammenagieren und -singen freier einzelner (und sei es derer von Klavier und Orchester) möglich wurde[140], jenseits des Absolutismus und seiner Hierarchien und zugleich noch unberührt von den Leidenschaften, dem Pathos, den Gewaltsamkeiten und den Enttäuschungen, die mit dem Versuch der revolutionären Verwirklichung von Freiheit, Gleichheit und Brüderlichkeit einhergehen sollten, eine Welt schließlich, in der auch die »Negativität« von Leiden, Tod, Gewalt und Grausamkeit einen Ort hat, aber eigentümlich aufgehoben in die Vielstimmigkeit eines freien und furchtlosen Zusammenagierens von Gleichen. Hierin ist auch die spezifische Welthaltigkeit von Mozarts Instrumentalmusik begründet, durch die sie sich deutlich von derjenigen Beethovens oder Schuberts unterscheidet und für die man das abgedroschene Wort »human« in einem prägnanten Sinne gebrauchen kann: Es ist die Welthaltigkeit eines Ensembles Freier und Gleicher, wo »jeder mit jedem in Liebe und Kampf beisammenwohnt«.[141] Ivan Nagels Formulierung bezieht sich auf Mozarts Opernensembles, aber beleuchtet darin zugleich die Welthaltigkeit von Mozarts Instrumentalmusik. »Das Ensemble, untotalitärste Totalität, ist das Inbild von Mozarts Buffe. Nicht läßt es sich entscheiden, ob ihre Welten Utopien sind, ob anders ... das fast einzig Utopiefreie, präsentisch

140 Vgl. Ivan Nagel, *Autonomie und Gnade. Über Mozarts Opern*, München 1988.

141 A.a.O. S. 36.

Sehnsuchtslose, das neuerer Kunst geriet. Das besagt: Ihr Glück ist da, bevor es am Ende naht.«[142]
Es könnte scheinen, ich hätte unversehens das Thema gewechselt; ich habe ja gar nichts Neues über den langsamen Satz aus Mozarts C-Dur-Klavierkonzert gesagt. Jedoch wollte ich vorerst nur darauf hinweisen, welche Einlaßstellen für außermusikalischen Sinn auch in derjenigen Instrumentalmusik zu finden sind, die scheinbar dem Hanslickschen Desiderat einer bloß »tönend bewegten Form« entspricht, daß also auch die tönend bewegten Formen der Instrumentalmusik welthaltig sind, einen Weltbezug haben und ihn artikulieren. Beim Hören mögen wir ihn, wenn überhaupt, nur »ahnend« erfassen, das in das Hören sich einmischende Reden des Hörers ist noch ein stummes Reden, dem die Worte fehlen: Die Welthaltigkeit der Musik wird nur erst als ihre Bedeutsamkeit erfahren, etwas, das mich – sofern ich die Musik überhaupt noch als bedeutsam hören kann – trifft, aufregt, erotisch und existentiell berührt. Aber wenn diese Berührung sich in ihrer Sprachlosigkeit einmauert, entgeht ihr am Ende das, was an der Welthaltigkeit der Musik zu verstehen ist, und daher etwas am ästhetischen Zusammenhang selbst.[143]

142 Ebd.

143 In der amerikanischen Musikologie gibt es seit einiger Zeit eine starke antiformalistische Strömung (S. etwa S. McClary, *Feminine Endings. Music, Gender, and Sexuality*, Minnesota 1991; R. R. Subotnik, *Developing Variations. Style and Ideology in Western Music*, Minnesota 1991 sowie die Autoren des von R. Leppert und S. McClary herausgegebenen Sammelbandes *Music and Society. The politics of composition, performance and reception*, Cambridge 1987), die, zum Teil unter Rückgriff auf Adorno (und Benjamin), die Ideologie des »autonomen« Kunstwerks kritisiert. Was die Vertreterinnen dieser Richtung als Ideologie der Kunst-Autonomie kritisieren, habe ich hier als Idee (oder Ideologie) des »Rein«-Musikalischen bezeichnet. Jene Musikologinnen wollen eine sozialhistorische oder auch feministische Musikanalyse rehabilitieren, die nicht nur (soziologisch, historisch, feministisch erklärend) ergänzend zur »eigentlich musikalischen« *immanenten* (formalen, syntaktischen) Analyse hinzutritt, sondern die sich, als Aspekt der musikalischen Analyse, in die immanente Analyse *einmischt* und die darin zugleich die Grenzen der bloß immanenten (formalen, syntaktischen) Analyse aufweist. Also nicht ein soziologischer, historischer, feministischer *Appendix* zur eigentlich *musikalischen* Analyse, sondern Korrektur eines falschen, eines zu engen Begriffs musikalischer Analyse. Wie verhält sich, was ich den »Weltbezug« der Musik genannt habe, zu dieser Idee einer Erweiterung der musika-

lischen Analyse? *Daß* es einen Zusammenhang gibt, liegt auf der Hand, aber nicht, *wie* genau dieser Zusammenhang zu beschreiben wäre. Letzteres liegt natürlich daran, daß nicht alle sozialen oder historischen *Determinanten* der Musik in gleicher Weise in ihren internen Bedeutsamkeits- und Verweisungszusammenhang, das heißt in ihren aktuellen Welt*bezug*, eingehen. Auch die soziologische, historische, feministische oder psychoanalytische Analyse der Musik *kann* ja gegenüber der aktuellen musikalischen Erfahrung gleichgültig sein; das in die musikalische Erfahrung sich einmischende Reden ist nicht zu denken als das des Soziologen, Historikers oder Psychoanalytikers. Gleichwohl könnte der Blick des Soziologen, des Historikers, der Feministin oder des Psychoanalytikers Aspekte der Musik zu Bewußtsein bringen, die im herrschenden Diskurs und in der herrschenden Rezeptionsweise verdeckt waren. Bei Adorno gibt es immer wieder überzeugende Beispiele: Adorno versucht geschichtliche, soziale und psychologische Gehalte in der Musik selbst dingfest zu machen und dadurch den spezifischen Weltbezug der Werke zu verdeutlichen. *Wie* und *in welchem Grade* aber lassen soziologisch, psychologisch oder historisch-hermeneutisch faßbare Sachverhalte sich als *musikalische* Gehalte fassen? Eigentümlicherweise gibt es hier keine klare Antwort. Eine allgemeine Antwort müßte wohl lauten: Indem und soweit sie Aspekte der Musik ins Bewußtsein heben, durch welche, wenn sie in Realisation und Rezeption präsent werden, die Musik selbst *gegenwärtiger*, weil von Entstellungen und Klischees befreit, erscheinen lassen.

III. Das Werk im Raum »zwischen« Objekt und Subjekt, Ding und Zeichen. Ästhetische Erfahrung und ästhetischer Diskurs

1. Die Frage, »wo«, »wie« oder »was« das musikalische Kunstwerk eigentlich sei, verkompliziert sich noch einmal, wenn strenggenommen nur die gelungenen Werke Kunstwerke genannt werden dürfen. Gelungenheit – oder was auch immer man an die Stelle dieses Wortes setzen mag – ist sicherlich keine objektivierbare Eigenschaft von Werken im deskriptiven Sinne des Wortes. Sie ist nur aus der performativen Einstellung der ästhetischen Erfahrung, in der Verwicklung eines ästhetisch erfahrenden Rezeptionssubjekts mit dem »Objekt« seiner Erfahrung faßbar, »realisierbar«. Daraus folgt nicht, sie sei etwas »Subjektives«, nämlich bloßer Ausdruck einer nicht näher bestimmbaren lustvollen Affektion eines Rezeptionssubjekts durch ein Werk bzw. dessen Aufführung. Wenn wir somit nicht in den dem Objektivismus diametral entgegengesetzten Fehler verfallen wollen, den Begriff des ästhetischen Gelungenseins zu dem einer lustvollen *Wirkung* auf einen Rezipienten subjektivistisch zu depotenzieren, dann versteht es sich beinah von selbst, daß der Ort des Kunstwerks (im normativen Sinne des Wortes) – wenn wir es in der Subjekt-Objekt-Terminologie ausdrücken wollen – irgendwie zwischen einem »Subjekt« und seinem »Objekt« liegen muß. In dem »irgendwie« steckt natürlich das Problem, das zu klären ist. Es ist ein Problem, das nicht nur die Musik, sondern Kunstwerke allgemein betrifft. Deshalb der nun folgende Versuch, den Begriff des Kunstwerks mit einigen allgemeinen Überlegungen einzukreisen; erst danach komme ich auf die Musik zurück.

Kant hat die ästhetische Erfahrung als ein lustvolles Zusammenspiel unserer Erkenntnisvermögen, von Einbildungskraft und Verstand beschrieben. Wenn wir dies als einen ersten Hinweis auf die Prozessualität der ästhetischen Erfahrung verstehen, dann bedeutet dies, daß das Gelungensein von Kunstwerken sich in einem gelingenden Spiel der ästhetischen Erfahrung beglaubigen muß. Wenn es aber ein Objekt, ein Kunstwerk sein soll, das eine solche Erfahrung ermöglicht, muß es eine Verfassung des Objekts selbst sein, welche sich in dieser Erfahrung manifestiert oder »realisiert«. Die Verfassung des Kunstwerks, die der Prozessualität der ästhetischen Erfahrung gleichsam entgegenkommt, hat Adorno als dessen eigene, interne Prozessualität beschrieben. Auf diese Weise läßt sich in der Tat jenes »zwischen Subjekt und Objekt« erläutern, von dem ich oben gesprochen habe: Spricht man von einer Prozessualität der ästhetischen Erfahrung, so muß diese in einer entsprechenden Verfassung des Objekts begründet sein; spricht man von einer Prozessualität des ästhetischen Objekts als einer der ästhetischen Erfahrung »entgegenkommenden« Verfassung des Objekts, so läßt sich diese Prozessualität doch nicht anders beglaubigen als im Prozeß der ästhetischen Erfahrung.

Indem das Spiel der ästhetischen Erfahrung als konstitutiv in den Begriff eines (gelungenen) Kunstwerks hineingenommen wird, wird das Kunstwerk gewissermaßen in sich verzeitlicht: Das Kunstwerk, auch das Bildwerk[144], ist nicht wirklich »gegenständ-

144 Niemals kann man ein Bild mit *einem* Blick erfassen. Das Sehen braucht Zeit (viel Zeit), es geht kreuz und quer durch das Bild, der Betrachter bewegt sich kreuz und quer vor dem Bild, von ganz nah bis fern, und der Prozeß des Sehens ist niemals *reines* Sehen. Gewiß, man erfaßt Bilder in *gewissem* Sinne – am Anfang oder mittendrin oder am (immer willkürlichen) Ende auch mit einem Blick; aber dies ist nur ein *Moment* im Prozeß des Sehens: Das Bild ist ja, in einem bestimmten Sinne, ein begrenztes Ganzes, es will *auch* als Bild*zusammenhang* – als *ein* Bild – gesehen werden. Dies Mit-einem-Blick-Erfassen ist nur im Modus der Unwillkürlichkeit möglich, es ist wie das Aufblitzen einer Gestalt, die sofort wieder verschwindet, wenn man sie festzuhalten versucht. Es wäre ganz falsch, wollte man dies Aufblitzen der Gestalt das »ästhetische Verstehen« nennen. Vielmehr ist es wie eine Verlockung (am Anfang), die den Betrachter ins Bild hineinzieht, oder eine Belohnung (am Ende), die ihn wieder aus den Details hinausführt. Dazwischen liegt der Prozeß des Genau-, des Kreuz- und Quersehens, das niemals nur reines Sehen, sondern reflektierendes Wahrnehmungsspiel ist. Was man mit einem Blick erfaßt, muß sich entfalten im – oder wird korrigiert durch das – prozessuale Sehen. Hier erst hat so etwas wie »Verstehen« seinen be-

lich«, sondern prozessual verfaßt. Kants Charakterisierung der ästhetischen Erfahrung als eines freien Zusammenspiels unserer Erkenntnisvermögen reicht gewiß nicht aus, um diese doppelte Prozessualität des Kunstwerks und seiner Erfahrung wirklich verständlich zu machen. Erst Adorno hat versucht, diese doppelte Prozessualität genauer zu fassen. Seine diesbezüglichen Überlegungen muß man so lesen, daß in demjenigen, was er als die Prozessualität der Kunstwerke beschreibt, immer schon diejenige der ästhetischen Erfahrung mitgemeint ist, während die Prozessualität der ästhetischen Erfahrung, so wie er sie beschreibt, immer schon auf eine entsprechende, von ihm »prozessual« genannte Verfassung des Kunstwerks verweist.

»Prozeß«, so Adorno, »ist das Kunstwerk wesentlich im Verhältnis von Ganzem und Teilen. Weder auf das eine noch das andere Moment abzuziehen, ist dieses Verhältnis seinerseits ein Werden. Was irgend am Kunstwerk Totalität heißen darf, ist nicht das all seine Teile integrierende Gefüge. Es bleibt auch in seiner Objektivation ein vermöge der in ihm wirksamen Tendenzen erst sich Herstellendes. Umgekehrt sind die Teile nicht, als was sie durch Analyse fast unvermeidlich verkannt werden, Gegebenheiten: eher Kraftzentren, die zum Ganzen treiben ...«[145] Die Prozessualität der Kunstwerke, wie Adorno sie beschreibt,

---

grenzten und vieldeutigen Platz, und zwar sowohl im Sinne eines mimetischen (präreflexiven) wie im Sinne eines reflexiven Verstehens: die Machart des Bildes, seine Gravitationszentren, das Verhältnis zwischen Zeichnung (Strich) und Farbe, sein latenter oder offener Weltbezug oder auch sein »Zögern auf der Schwelle« zwischen Zeichnung bzw. Farbe und Bedeutung (Valéry), seine Zeitlichkeit, die Art, wie das Bild über den Bildrand hinausschießt, sein Ort in einer Reihe von Bildern (Vorstudien und Ausführung, Variationen einer Bildidee) usw. Und all das wirkt zurück auf das Sehen-des-Bildes-im-Ganzen – wobei eigentlich noch hinzuzufügen wäre, daß man das »Ganze«, verstanden als das prozessuale Ineinander von Details und Gesamtkonfiguration, niemals wirklich (»in einem Blick«) vor Augen hat. Daher ist Eggebrechts Rede von einem unbegrifflichen, rein sinnlichen ästhetischen Verstehen einer ästhetischen Konfiguration als der *Basis* von allem anderen falsch und irreführend. (Vgl. auch G. Boehm, »Bildsinn und Sinnesorgane«. *Neue Hefte für Philosophie*, 18/19, S. 131.)

145 *Ästhetische Theorie*, a.a.O. S. 266.

verweist auf ein in sich bewegtes und daher nicht objektiv fixierbares Verhältnis von Ganzem und Teilen. »Prozessierend« und insofern ebenfalls nicht objektiv fixierbar ist für Adorno auch das Verhältnis von Anschaulichem und Begrifflichem, von Stofflichem und Geistigem am Kunstwerk. »Prozessierend« ist das Kunstwerk auch in seinem Doppelcharakter als Ding und Zeichen, als »materiale Konfiguration und Schrift zugleich«. Es ist diese objektiv nicht fixierbare Prozessualität des Kunstwerks, die Adorno auch als den Rätselcharakter der Kunst thematisiert. Damit wendet er sich insbesondere gegen eine hermeneutische Ästhetik, die den ästhetischen Zusammenhang einem Sinnzusammenhang gleichsetzt. »Kunstwerke«, so Adorno, »sind nicht von der Ästhetik als hermeneutische Objekte zu begreifen; zu begreifen wäre, auf dem gegenwärtigen Stand, ihre Unbegreiflichkeit.«[146] Diese Unbegreiflichkeit der Kunstwerke, ihr Rätselcharakter, äußert sich nicht zuletzt darin, daß Sinnsuggestion und Sinnentzug im Kunstwerk ineinandergreifen. »Daß Kunstwerke etwas sagen und mit dem gleichen Atemzug es verbergen, nennt den Rätselcharakter unterm Aspekt der Sprache.«[147] Allgemeiner gesprochen könnte man auch sagen, daß das »Unbegreifliche«, das heißt begrifflich nicht Fixierbare am Kunstwerk das prozessierende Ineinander von Ganzem und Teilen, von Sinn und Nichtsinn, von Stofflichem und Geistigem in ihnen ist.

All dies verweist bereits auf den prozessierenden Charakter der ästhetischen Erfahrung, in der die Prozessualität des Kunstwerks – die ja keinem objektivierenden Blick von außen zugänglich ist – sich überhaupt erst manifestieren kann. »Jegliches Verstehen von Werken«, so Adorno, ist »wesentlich ... Prozeß«.[148] Diesen Prozeß beschreibt Adorno gelegentlich als eine Art von Pendelbewegung zwischen einem mimetischen »Drinsein« der ästhetischen Erfahrung und einem reflexiv-analytischen Blick von außen. Dabei ist entscheidend, daß für Adorno die ästhetische Erfahrung sich nicht in einem mimetischen Nachvollzug der Kunstwerke erschöpfen kann, also in dem, was für gewöhn-

---

146 A.a.O. S. 179.
147 A.a.O. S. 182.
148 A.a.O. S. 268.

lich als ästhetische Erfahrung verstanden wird. »Ist das Modell ästhetischen Verhaltens das Verhalten, das im Kunstwerk sich bewegt; gefährdet sich Verstehen, sobald das Bewußtsein aus jener Zone herausspringt, so muß es doch wiederum sich beweglich halten, stets gleichsam drinnen und draußen ... Wer nur drinnen ist, dem schlägt Kunst nicht die Augen auf; wer nur draußen wäre, der fälscht durch einen Mangel an Affinität die Kunstwerke. Zu mehr als einem rhapsodischen Hin und Her zwischen den beiden Polen jedoch wird Ästhetik, indem sie deren Ineinander an der Sache entwickelt.«[149] Was Adorno mit dem »Verhalten, das im Kunstwerk sich bewegt«, meint, läßt sich am besten an den sogenannten Zeitkünsten erläutern: Gerade hier gibt es ja unzweifelhaft die, bisweilen ekstatischen, Evidenzen eines in den unmittelbaren Ablauf eines Stückes verwickelten hörenden und/oder visuellen Nachvollzugs, die sich in Ausrufen wie »grandios«, »wunderbar« u. ä. Luft machen mögen, die wir aber, nachträglich, weder erklären noch in Worte zu fassen vermögen, sondern die uns mit der Frage »Was ist das?«, also mit einem profunden Nichtverstehen einer scheinbar erfahrenen Sinnevidenz bzw. einer gesteigerten Präsenzerfahrung, zurücklassen. Dies ästhetische Verhalten jedoch, das will Adorno sagen, bleibt noch blind gegenüber den Werken, die es mimetisch nachvollzieht, wenn es nicht durch eine reflexiv-analytische Anstrengung komplettiert wird, die in die Werke eindringt und auf diese Weise die Unmittelbarkeit des bloßen Nachvollzugs gleichsam von »außen« erhellt. Von »außen«? Adorno hat immer wieder die Dialektik von »drinnen« und »draußen« in der Erfahrung von Kunst durchgespielt und dabei zugleich deutlich gemacht, daß »drinnen« und »draußen« immer schon aufeinander angewiesen sind. Kann man dann wirklich noch von »drinnen« und »draußen« sprechen? Ist die reflexiv-analytische Anstrengung der unmittelbaren ästhetischen Erfahrung bloß »äußerlich«? Das kann man allenfalls in dem Sinn sagen, in dem etwa das Hören eines Musikstücks und das Verfassen einer Analyse, einer Interpretation oder einer Kritik dieses Musikstücks zwei verschiedene Dinge sind, die gleichwohl intern so aufeinander bezogen sind,

149 A.a.O. S. 520.

daß letztere das Hören voraussetzt und zugleich als analysierend, interpretierend und kritisierend erhellend auf das Hören zurückwirken kann: so daß also die reflexiv-analytische Anstrengung auf das Hören – den mimetischen Nachvollzug und damit auf die Erfassung der Werke und, für Adorno, auf die Werke selbst – *zurückwirken* würde. »Werden aber die fertigen Werke erst, was sie sind«, so Adorno, »weil ihr Sein ein Werden ist, so sind sie ihrerseits auf Formen verwiesen, in denen jener Prozeß sich kristallisiert: Interpretation, Kommentar, Kritik. Sie sind nicht bloß an die Werke von denen herangetragen, die mit ihnen sich beschäftigen, sondern der Schauplatz der geschichtlichen Bewegung der Werke an sich und darum Formen eigenen Rechts.«[150] Doch macht Adorno an anderer Stelle deutlich, daß das Verhältnis von »drinnen« und »draußen« nicht dasselbe ist wie das Verhältnis eines »stummen« Nachvollzugs zur nachträglichen sprachlichen Interpretation, sondern daß das »Draußen« Moment eines adäquaten »Drinnen« selbst ist: In der nachträglichen Interpretation und Kritik wird bloß entfaltet, was in einer wie auch immer rudimentären Weise bereits zur Unmittelbarkeit des Nachvollzugs gehört, so daß ein analytisches, kritisches und reflexives Moment schon zu jenem Mit- und Nachvollzug gehört, als den Adorno zunächst die ästhetische Erfahrung beschrieben hat. »Pure Unmittelbarkeit reicht zur ästhetischen Erfahrung nicht aus. Sie bedarf neben dem Unwillkürlichen auch Willkür, Konzentration des Bewußtseins; der Widerspruch ist nicht fortzuschaffen. Konsequent fortschreitend erschließt alles Schöne sich der Analyse, die es wiederum der Unwillkürlichkeit zubringt und die vergebens wäre, wohnte ihr nicht versteckt das Moment des Unwillkürlichen inne.«[151] So, wie Interpretation und Analyse blind wären, die das «Unwillkürliche« des Nachvollzugs nicht in sich zur Geltung brächten, so wäre auch die »Unmittelbarkeit« des Nachvollzugs ohne ein reflexives, analytisches Moment, ohne die »Konzentration des Bewußtseins«, blind gegenüber den Werken. Das eben bedeutet, daß die expliziten Formen der Interpretation, der Analyse und Kritik bloß entfalten, erhellen oder kor-

150 A.a.O. S. 289.
151 A.a.O. S. 109.

rigieren, was als ein interpretatives, reflexives und analytisches Moment zur ästhetischen Erfahrung selbst gehört.

Noch in einem anderen Sinn ist das »Draußen« zugleich ein »Drinnen«, und zwar jetzt mit Bezug auf die Kunstwerke selbst. Kein Kunstwerk, so Adorno, »ist rein aus sich selbst heraus zu verstehen. Alle sind ebensowohl ein in sich Ausgebildetes von eigener Logik und Konsequenz wie Momente im Zusammenhang von Geist und Gesellschaft. Beide Momente sind nicht, nach szientifischem Brauch, säuberlich zu separieren. An der immanenten Stimmigkeit partizipiert ein richtiges Bewußtsein vom Auswendigen; der geistige und soziale Standort eines Werkes ist nur durch seine inwendige Kristallisation hindurch auszumachen.«[152] Und auch hier gilt: »Wer nur drinnen ist, dem schlägt die Kunst nicht die Augen auf; wer nur draußen ist, der fälscht durch Mangel an Affinität die Kunstwerke.« Zur genuinen ästhetischen Erfahrung gehört das Erfassen dessen, worin das Kunstwerk Moment »im Zusammenhang von Geist und Gesellschaft« ist, das heißt seiner intertextuellen und Weltbezüge. »Daß einer Beethovensymphonie so wenig gewachsen ist, der nicht die sogenannten rein-musikalischen Vorgänge in ihr versteht, wie einer, der nicht das Echo der Französischen Revolution darin wahrnimmt, und wie beide Momente im Phänomen sich vermitteln, rechnet zu den ebenso spröden wie unabweisbaren Themen philosophischer Ästhetik. Nicht Erfahrung allein, erst der mit ihr gesättigte Gedanke ist ihm gewachsen.«[153] »Nicht Erfahrung allein« soll heißen: nicht das reflexionslose, »unmittelbare« Erlebnis von Kunst, der sogenannte Kunstgenuß wird dem Anspruch des Werkes gerecht, sondern nur eine Erfahrung, die in der immanenten Konfiguration des Werkes zugleich etwas erfaßt von dem, worin das Werk als »Monade« – wie Adorno gelegentlich sagt – zugleich »vor(stellt), was draußen ist«.[154]

Das heißt zugleich, daß das reflexive Moment der ästhetischen Erfahrung, von dem ich oben gesprochen habe, insofern voraussetzungsreich ist, als es sich nur im Kontext einer existierenden

---

152 A.a.O. S. 519.
153 Ebd.
154 A.a.O. S. 268.

Kunst-»Welt« herausbilden kann: »Kunst existiert nur innerhalb einer bereits entwickelten Kunstsprache, nicht auf der Tabula rasa des Subjekts und seiner angeblichen Erlebnisse. Darum sind diese unentbehrlich, doch keine letzte Rechtsquelle ästhetischer Erkenntnis. Gerade die aufs Subjekt nicht zu reduzierenden, nicht in blanker Unmittelbarkeit zu besitzenden Momente der Kunst bedürfen des Bewußtseins und damit der Philosophie. Sie wohnt aller ästhetischen Erfahrung inne, wofern sie nicht kunstfremd, barbarisch ist. Kunst erwartet die eigene Explikation.«[155] Scheinbar unvermittelt kommt hier auch die Philosophie ins Spiel. »Philosophiert« denn die ästhetische Erfahrung in ihren interpretativen und reflexiven Leistungen, die schon zur »Unmittelbarkeit« eines ästhetischen Nachvollzugs hinzugedacht werden müssen? Das ist wohl kaum, was Adorno sagen will. Vielmehr will er auf den Zusammenhang zwischen jenen interpretativen und reflexiven Leistungen einerseits und den expliziten Formen der Interpretation, des Kommentars und der Kritik andererseits hinweisen, die explizierend, erhellend und korrigierend das Verständnis der Werke vertiefen und auf diese Weise auch auf ihren Nachvollzug zurückwirken. Auch wenn man die interpretativen und reflexiven Anteile jeder genuinen ästhetischen Erfahrung betont, so sind es doch gerade die stärksten ästhetischen Erfahrungen, insbesondere diejenigen wirklich »neuer« Werke, die uns am Ende mit der Frage »Was ist das?« zurücklassen. Es gibt die Erfahrung einer Evidenz, die wir nicht verstehen; wir waren »woanders«, wie Heidegger es ausdrückte, und wissen nicht, wo dies »woanders« war. Es fehlen uns die Worte. Aber warum sollten wir welche suchen? (Oft tun wir es ja gar nicht.) Adornos Antwort ist, daß die ästhetische Erfahrung auf diese Weise noch unvollständig, das ästhetisch erfahrene Werk noch verschlossen bleibt. »Kunst erwartet ihre eigene Explikation«. Es handelt sich um einen Anspruch der Werke selbst, das heißt einen, der ihrer ästhetischen Erfahrung eingesenkt ist. Was aber heißt »Explikation« der Werke? Es kann ja nicht heißen, in Worten oder, im Fall der Literatur, in *anderen* Worten zu sagen, was das Werk »sagt«; denn wenn Adornos These

155 A.a.O. S. 524.

über den Rätselcharakter der Werke etwas an der Verfassung der Kunstwerke trifft, »sagen« sie nichts Bestimmtes, was sich in gewöhnlichen Worten wiedergeben ließe – und nach was für anderen Worten sollten wir suchen? Eine Explikation der Werke: das wäre eine begriffliche Explikation dessen, was die reflexiv gebrochene Unmittelbarkeit des ästhetischen Nachvollzugs bloß »ahnend erfaßt«, wie Benjamin es ausgedrückt hat. Und an dieser Stelle kommt die Philosophie ins Spiel. Denn wo es um die Explikation von Kunstwerken geht, steht immer auch der *Begriff* der Kunst auf dem Spiel; nicht nur läßt sich ein allgemeiner Begriff der Kunst, abstrakt gesprochen, nur philosophisch explizieren, vielmehr steht der Begriff der Kunst mit jedem neuen Kunstwerk auf dem Spiel, er muß gleichsam neu ausbuchstabiert und konkretisiert werden. Die Reflexion auf den Begriff der Kunst ist in der Moderne in die künstlerische Produktion selbst eingewandert; diese Reflexion ist daher auch dem, was Adorno eine »Explikation« der Kunstwerke nennt, wesentlich. Das ist bloß ein anderer Ausdruck dafür, daß philosophische Ästhetik und Kunstkritik, wie Adorno es postuliert hat, *wesentlich* aufeinander verwiesen sind.

Bevor ich auf den Zusammenhang zwischen der ästhetischen Erfahrung und der Explikation der Werke zurückkomme, noch eine Anmerkung zu meinen früheren Überlegungen zum Werkbegriff. Durch den Hinweis auf die »doppelte« Prozessualität der ästhetischen Erfahrung und ihrer Objekte läßt sich jetzt auch der oben exponierte scheinbare Widerspruch zwischen der *Permanenz* und der *Ereignishaftigkeit* des musikalischen Kunstwerks in einem allgemeineren Sinn, nicht nur bezogen auf die im traditionellen Sinn schriftlich fixierten Werke, auflösen: Bei letzteren war das Phantom einer objektiven, geschichtsenthobenen Permanenz der Werke zu dekonstruieren; umgekehrt gilt es bei denjenigen Präsentationsformen in der neueren Kunst, auch in der Musik, bei denen, in polemischer Stoßrichtung gegen den Schein der Permanenz »ewiger« Werke, der Ereignischarakter der Kunst ganz in den Vordergrund tritt, einen entmythologisierten Werkbegriff zu rehabilitieren. Ein Moment der Wiederholbarkeit und der Fixierbarkeit ist auch ihnen einbeschrieben: ein Moment der Wiederholbarkeit, das in der Vorwegkonstruktion eines künstlerischen Ereignisses liegt und ein Moment der Fixierbarkeit, das durch die Möglichkeiten der technischen Reproduktion (CDs, Videos usw.) gegeben ist und das zugleich die Wieder-Holung vergangener künstlerischer Ereignisse ermöglicht. Wiederholbarkeit und Ereignishaftigkeit der Kunst stehen nicht in einem absoluten Gegensatz zueinander, auch wenn in den genannten Präsentationsformen ein Ereignischarakter der Kunst in den Vordergrund tritt, der allen Kunstwerken anhaftet, sofern zum jeweiligen Augenblick ihres Erscheinens auch ein Moment von Unwiederholbarkeit gehört.

Jedoch kann man auch mit Bezug auf die im engeren Sinne ereignishaften Formen der Kunst von »Werken« sprechen. Wenn man den Begriff des Kunstwerks so versteht, wie ich ihn gerade erläutert habe, dann ist ein Kunstwerk dasjenige mit ästhetischem Anspruch »gemachte« Seiende, das Gegenstand einer gelingenden ästhetischen Erfahrung zu werden vermag; wobei die »Objekthaftigkeit« eines Werkes nicht an einen bestimmten Grad von Permanenz gebunden ist, sondern sich darin zeigt, daß es – das Werk – in einem öffentlichen Raum *zwischen* ästhetisch erfahrenden Subjekten lokalisiert ist, ein »Objekt«, worauf diese Subjekte im ästhetischen Diskurs sich beziehen und gleichsam zurückkommen können. Darin, daß die ästhetische Erfahrung eines öffentlichen »Objekts« bedarf, ohne welches ein Kunst*diskurs* gar nicht denkbar wäre – den ich hier als konstitutiv für die Seinsweise der ästhetischen Gegenstände voraussetze[156] –, genau darin liegt das partielle Recht des traditionellen Begriffs des musikalischen Kunstwerks, in den auf eigentümliche, wenngleich unklare Weise Konnotationen aller bisher unterschiedenen Werkbegriffe – eines »objektivistischen«, eines »deskriptiven« (der sich auf Notentexte bezieht, die als interpretationsbedürftige ein geschichtliches Sein haben) und eines ästhetisch-normativen, der sich auf die in der ästhetischen Erfahrung sich konstituierenden *gelungenen* ästhetischen Gegenstände bezieht – eingegangen sind. Ich hoffe gezeigt zu haben, wie problematisch dieser traditionelle Werkbegriff ist, selbst wo es um die traditionellen Werke geht.

---

156 Zu dieser Voraussetzung s. die folgenden Überlegungen.

2. Die Prozessualität des Kunstwerks hatte ich oben in Anknüpfung an Adorno als ein prozessierendes Ineinander von Ganzem und Teilen, von Sinn und Nichtsinn, von Stofflichem und Geistigem charakterisiert. So wie ich die Prozessualität der ästhetischen Erfahrung bisher – mit Adorno – beschrieben habe, nämlich als ein prozessierendes Ineinander von mimetischen und reflexiv-konstruktiven Aspekten, wird sie jedoch der von Adorno behaupteten Prozessualität der Kunstwerke noch nicht wirklich gerecht. Ein entscheidendes Stück der Übersetzung der einen in die andere Prozessualität fehlt noch. Ich hatte aber deutlich gemacht, daß ohne eine solche »Übersetzung« der Begriff eines »prozessual« verfaßten Kunstwerks opak bleiben muß. Ich will mich dem Problem auf einem Umweg nähern.

Schon von Valéry stammt die Charakterisierung der Lyrik als eines ausgehaltenen »Zögerns an der Schwelle zwischen Klang und Sinn«. Ich verstehe diese Formel als einen anderen Ausdruck für das von Adorno behauptete prozessierende Verhältnis von Stofflichem und Geistigem im Kunstwerk – verstehe sie also als eine grobe Formel für etwas Kunstwerken überhaupt Spezifisches, wobei natürlich zu unterstellen ist, daß die Inszenierung jenes »Zögerns« in den verschiedenen Kunstarten von jeweils unterschiedlichen Ausgangspunkten her geschieht: In der Lyrik etwa vom semantischen Material der Sprache her, in der Musik von der Materialität des Klanges und seiner strukturellen Organisation her. In veränderter Form kehrt Valérys Formel in Heideggers Charakterisierung des Kunstwerks als der Eröffnung eines Streits zwischen Welt und Erde wieder: »Welt« steht hier für die welteröffnenden und sinnproduktiven Aspekte des Kunstwerks, »Erde« für die in ihm sich ausstellende Materialität – Klang, Farbe, Stein, Körper usw.[157] Dabei betont Heidegger, daß die Materialität des Kunstwerks sowohl Vehikel seiner welteröffnenden Kraft als auch deren Gegenpol ist: Das Kunstwerk »läßt den Stoff nicht verschwinden, sondern allererst hervorkommen«[158] – nämlich *in* seiner sinnfernen Materialität.

---

157 Vgl. Martin Heidegger, »Der Ursprung des Kunstwerkes«, in: ders., *Holzwege*, Frankfurt a.M. 1950, S. 25ff.

158 A.a.O. S. 31.

Was in Valérys ebenso wie in Heideggers Formel fehlt, ist ein Hinweis auf den gerade von Adorno immer betonten Aspekt der formalen bzw. strukturellen Organisation von Kunstwerken, der insbesondere in der Musik in den Vordergrund tritt. Musikalischer Zusammenhang läßt sich nicht begreifen, ohne daß formale Kategorien wie Wiederholung, Variation, »Setzung« und »Fortsetzung«, Entwicklung, Reihung, Kontrast, Erweiterung, Verkürzung, Modulation, Transformation, Spiegelung usw., also ein Spiel mit Identität und Differenz – und zwar bezogen auf motivische Einheiten, rhythmische Charaktere, Klangqualitäten und -aspekte usw. – ins Spiel gebracht werden. Analoges gilt nun aber, wie ich behaupten möchte, in unterschiedlicher Ausprägung für alle Künste, so daß man Valérys Begriff des »Zögerns« und Heideggers Begriff des »Streits« dahingehend verstehen kann, daß das Kunstwerk kraft seiner Materialität und seiner formalen Organisation Sinn ebensowohl eröffnet, als sie ihn verschließt, einen Sinn*zusammenhang* ebensowohl suggeriert als auch ihn dementiert. Genau das meinte auch Adorno, wenn er vom »Rätselcharakter« der Kunstwerke sprach.

Nun sind freilich die Formeln, auf die ich mich gerade bezogen habe – die von einem »Zögern (des Kunstwerks) an der Schwelle zwischen Klang und Sinn«, die von der Eröffnung eines »Streits zwischen Welt und Erde« durchs Kunstwerk oder die, daß »Kunstwerke etwas sagen und mit dem gleichen Atemzug es verbergen« –, wiederum grammatisch opak: Wie kann ein Werk, ein Gemachtes, eine Konfiguration von Worten, Klängen, szenischen Vorgängen usw. der Ort eines »Zögerns« oder eines »Streits« sein, wie etwas sagen und es zugleich verbergen? Auch hier ist wieder die Frage, in welchem Sinn die objektbezogenen Charakterisierungen Valérys und Heideggers sich zugleich als Charakterisierungen der ästhetischen Erfahrung verstehen lassen – denn sie allein kann ja nur der Ort sein, an welchem jenes »Zögern« oder jener »Streit« *manifest* wird, sich *zeigt*. An dieser Stelle nun gibt eine Formulierung Adornos einen Hinweis, in der die Prozessualität des Kunstwerks gleichsam mit der Prozessualität der ästhetischen Erfahrung kurzgeschlossen wird. Die Kunst, so Adorno, »ist nicht, wie das Convenu will, Synthesis, sondern zerschneidet die Synthesen mit derselben Kraft, die sie bewerkstelligte.«[159] Man könnte statt dessen auch sagen: Die Kunstwerke provozieren Synthesen (Zusammenhangbildungen, Deutungen) im selben Maße, in dem sie diese auch abweisen oder dementieren – und hätte damit eine neue Aussage über die Prozessualität der ästhetischen Erfahrung, zumal wenn man diese in ihrem internen Zusammenhang mit den verschiedenen Formen einer expliziten Interpretation und Analyse oder auch einer »gestischen«, materialen (klanglichen) oder »physiognomischen« Beschreibung versteht, in denen sie sich artikuliert und in die sie sich – erhellend und korrigierend – fortsetzt.

Interpretation, Analyse, Beschreibung, Kritik und Kommentar sind Versuche der »Zusammenhangbildung«, Versuche, dasjenige zu rekonstruieren, was den internen Zusammenhang, die Bedeutsamkeit, die »Physiognomie«, den geschichtlichen Ort und die spezifische Einheit eines ästhetischen Gegenstands ausmacht. Umgekehrt lassen sich jetzt die analytischen und reflexiven Momente der (unmittelbaren) ästhetischen Erfahrung, von denen ich oben gesprochen habe, als Versuche der Zusammenhangbildung verstehen, das heißt als Versuche, materiale, formale und sinnhafte Elemente auf ein Ganzes hin »zusammenzulesen«. Letztlich geht es darum, eine Konfiguration von Elementen als ein ästhetisch Ganzes, das heißt als *ästhetischen* Zusammenhang zu erfassen. Wenn nun die These von der Prozessualität der Kunstwerke richtig ist, dann werden formalstrukturelle Analysen, sinnhafte Deutungen und materiale oder physiognomische Beschreibungen, so erhellend sie auch sein mögen, immer zurückbleiben müssen hinter dem, was der ästhetischen Erfahrung sich als ein Ganzes zeigt. Das prozessierende Ineinander von formalen, sinnhaften und materialen Aspekten des Kunstwerks läßt sich weder als formale Struktur, als Sinnzusammenhang oder als Materialkonstellation zureichend fassen, noch läßt es sich in einer einzelnen Interpretation »festmachen«, die alle diese Aspekte des Kunstwerks zueinander in Beziehung zu setzen versucht. »Prozessierend« ist das Kunstwerk darin, daß es Zusammenhangbildungen unterschiedlicher Art provoziert – solche, die seine Elemente auf einen formalen Zu-

159 *Ästhetische Theorie*, a.a.O. S. 209.

sammenhang hin, als Elemente einer Materialkonstellation oder auf einen Sinnzusammenhang hin identifizieren und »zusammenlesen« – und sich ihnen als ein ästhetisch Ganzes doch immer wieder entzieht; ein unendliches Reflexionsmedium, das zu immer wieder neuen Interpretationen[160], Analysen und Beschreibungen Anlaß gibt, so daß keine einzelne Interpretation usw., sondern nur ein potenziell unendliches Spiel von Interpretationen dem entspricht, was als ästhetischer Zusammenhang erfahren werden kann.

Anders ausgedrückt: Interpretationen, Analysen und Beschreibungen sind »Zusammenhangbildungen«, die notwendigerweise hinter dem zurückbleiben, was den *ästhetischen* Zusammenhang eines Kunstwerks ausmacht. Ich habe oben von verschiedenen Formen solcher Zusammenhangbildung gesprochen und dabei diejenigen, die auf ein Sinnganzes bzw. die Bedeutsamkeit von Kunstwerken abzielen, unterschieden von denjenigen, die auf ihre formale Struktur oder ihre materiale Verfaßtheit abzielen. Keine solche Zusammenhangbildung kann das prozessuale Zusammenspiel von formalen, materialen und sinnhaften Elementen im Kunstwerk »abbilden«; daher kann der ästhetische Zusammenhang nicht als ein durch die genannten Zusammenhangbildungen direkt Faßbares verstanden werden. Genau das legen auch Adornos verschiedene Charakterisierungen der Prozessualität des Kunstwerks nahe. Insbesondere Adornos These, das Kunstwerk »zerschneide() die Synthesen mit derselben Kraft, die sie bewerkstelligte«, legt den Gedanken nahe, daß die Erfahrung von ästhetischem Zusammenhang ihr Korrelat (oder »Explikat«) in einem unabschließbaren Prozeß der »Herstellung« *und* »Zerschneidung« von Zusammenhangbildungen hat.[161] Das von Kant behauptete freie Zusammenspiel

160 Natürlich spreche ich hier immer von *sprachlichen* Interpretationen und nicht, wie im Teil I, von musikalischen Interpretationen qua Aufführungen. Beide greifen freilich schon deshalb ineinander, weil die sprachliche Interpretation sich auf »*Klang*-Objekte« und nicht bloß auf das schriftlich in Partituren Notierte bezieht.

161 Auf diese Lektüre Adornos hat mich erst Ruth Sondereggers an Friedrich Schlegel anknüpfende Arbeit *Für eine Ästhetik des Spiels* (Frankfurt a. M. 2000) gebracht.

von Einbildungskraft und Verstand in der ästhetischen Erfahrung hätte ihr explikatorisches Gegenstück in einem »Spiel« einander sowohl potenzierender als auch durchkreuzender Zusammenhangbildungen, einem »Spiel«, das – wie schon Kant es meinte – nicht in einem definitiven Resultat terminiert, sondern in dessen Unendlichkeit die unmittelbare ästhetische Erfahrung sich gleichsam fortsetzt und explizierend selbst einzuholen versucht.

Das gerade Gesagte deutet hin auf die interpretative Uneinholbarkeit und Unerschöpflichkeit von (bedeutenden) Kunstwerken.[162] Bliebe man aber hierbei stehen, so bliebe der interne Zusammenhang zwischen der Prozessualität der Kunstwerke und derjenigen des ästhetischen Diskurses unverstanden. Auch von bedeutenden philosophischen Texten könnte man ja sagen, daß sie zu immer neuen Interpretationen Anlaß geben; aber hier ist der Anspruch jeder einzelnen Interpretation, in anderen Worten zu sagen, was der Text sagt: Die Unendlichkeit des Interpretationsprozesses ist die Unendlichkeit eines Wahrheitsstreits. Demgegenüber soll sich in der Prozessualität des ästhetischen Diskurses die Prozessualität von Kunstwerken und ihrer Erfahrung spiegeln, hinter der jede einzelne Interpretation *notwendigerweise* zurückbleiben muß. Es gilt daher erst noch, diese drei-

162 Hans Blumenberg spricht von einer »essentiellen Vieldeutigkeit des ästhetischen Gegenstandes« (»Die essentielle Vieldeutigkeit des ästhetischen Gegenstandes«, in: F. Kaulbach und J. Ritter (Hg.), *Kritik und Metaphysik. Heinz Heimsoeth zum achzigsten Geburtstag.* Berlin 1966.) Bei Blumenberg taucht auch der Begriff der »Allegorie« zur Kennzeichnung des ästhetischen Gegenstandes wieder auf; aber anders als bei Tieck handelt es sich für Blumenberg um eine Allegorie mit »zugehängter« Bedeutung: eine Allegorie, »die zwar immer Deutungen provoziert, diese Deutungen aber durch ihre Ablösbarkeit bzw. ihre Interferenz entkräftet, in der Schwebe läßt, aufhebt, nicht zur Endgültigkeit gelangen läßt (a.a.O. S. 175). Blumenberg spricht nur von der »hermeneutischen« Dimension der Zusammenhangbildung; jedoch weist er m.E. zu Recht darauf hin, daß gerade in der Kunst der Moderne die Vieldeutigkeit des ästhetischen Gegenstandes vielfach zur bewußten Exposition kommt (vgl. a.a.O. S. 177f.): Radikaler als die traditionelle Kunst reflektiert die moderne Kunst in ihren Produktionen tendenziell immer auch auf die Idee der Kunst.

fache Prozessualität zu verstehen, das heißt die Prozessualität des Kunstwerks, die der ästhetischen Erfahrung und die des ästhetischen Diskurses in ihrem *internen* Zusammenhang aufzuklären.

3. Wieder wähle ich einen Umweg, indem ich zunächst auf die Frage nach dem Kontext des musikalischen Kunstwerks zu sprechen komme. Musikalische Kunstwerke, wie überhaupt alle Kunstwerke, sind wesentlich bestimmt durch ihren Bezug auf außerästhetische und ästhetische Kontexte, deren Kenntnis und Rekonstruktion entscheidend sein kann für ein Erfassen sowohl ihres Weltbezugs als auch ihrer formalen Verfahrensweisen – letzteres etwa im Sinn ihres Bezugs auf eine Geschichte kompositorischer Problemstellungen, Problemlösungen und Materialien oder auch ihres Bezugs auf ästhetische Verfahren und Innovationen außermusikalischer Art. In diesem Zusammenhang wären auch zitierende oder verfremdende Bezüge auf andere Werke oder auf Elemente und Verfahren der Gebrauchs- und Populärmusik und deren »Welt« zu nennen, durch welche ein Moment der »Intertextualität« in die Notentexte einwandert. Insofern erscheint das musikalische Kunstwerk als wesentlich eingebettet in geschichtliche und ästhetische Kontexte.

Andererseits ist unter dem Gesichtspunkt ästhetischer Gelungenheit jedes Kunstwerk sein eigener Kontext, nämlich losgelöst von allen pragmatischen, diskursiven oder ästhetischen Kontexten, auf welche sich das Urteil seiner Gelungenheit stützen ließe. Als ästhetische Konfiguration ist es gleichsam selbstreferentiell, eine fensterlose Monade[163], weil seine Prozessualität an die je spezifische Konfiguration von Elementen – Klängen, Farben, Worten usw. – gebunden ist. Was auch immer die externen Kontexte zum Verständnis seiner Gehalte, Materialien und Verfah-

163 So schon Adorno. Das Kunstwerk, so Adorno, »ist, was die rationalistische Metaphysik auf ihrer Höhe als Weltprinzip proklamierte, Monade: Kraftzentrum und Ding in eins. Kunstwerke sind gegeneinander verschlossen, blind, und stellen doch in ihrer Verschlossenheit vor, was draußen ist… Als Moment eines übergreifenden Zusammenhangs des Geistes einer Epoche, verflochten mit Geschichte und Gesellschaft, reichen die Kunstwerke über ihr Monadisches hinaus, ohne daß sie Fenster hätten.« (*Ästhetische Theorie*, a.a.O. S. 268.)

rensweisen beitragen mögen: am Ende ist es jene je spezifische Konfiguration von Elementen, auf welche sich ein Urteil über »gelungen« und »mißlungen« beziehen muß und auf welche allein es sich stützen kann. In diesem Sinn ist das Kunstwerk kontextuell in sich abgeschlossen. Das soll keineswegs bedeuten, daß die Grenze zwischen dem, was zum Kunstwerk – also zu seinem »inneren Kontext« – gehört und was nicht, objektiv bestimmbar sei; es soll lediglich heißen, daß eine entsprechende Grenzziehung einen wichtigen Aspekt der ästhetischen Erfahrung ausmacht, in deren Medium sich ein »Etwas« als gelungenes Werk konstituiert. Erst in der ästhetischen Erfahrung konstituiert sich ein Werk als sein eigener, interner Kontext; daher könnte man die ästhetische Erfahrung auch als den Prozeß einer kontextuellen Ablösung ihres Gegenstands von allen externen Kontexten deuten.[164] (Das Aufhängen von Bildern in Galerien läßt sich als der konventionalisierte und institutionalisierte Ausdruck einer solchen Ablösung verstehen, kontrapunktiert in der Regel durch den Versuch der Wiedereinbettung von Bildern in einen ästhetischen Kontext – etwa den einer Epoche oder den eines Gesamtwerks.) Daß das Kunstwerk unter dem Gesichtspunkt ästhetischen Gelingens seinen eigenen Kontext bildet, soll heißen, daß das Spiel der ästhetischen Erfahrung, das heißt – wie ich jetzt unterstelle – der ästhetischen Zusammenhangbildungen, allein auf jene Elemente und Relationen verwiesen ist, die zum »Innern« des Kunstwerks gehören. Das Kunstwerk wäre somit ein Signifikanzfeld, das in seinen Welt- und seinen intertextuellen Bezügen nach außen hin unendlich »durchlässig« und zugleich als ein ästhetischer Zusammenhang in sich geschlossen, kontextlos ist.

Man könnte daher jetzt auch sagen, daß der Rekurs auf die potentiell »unendlichen« Kontexte nichtästhetischer und ästhetischer Art, in die das Kunstwerk eingebettet ist, für die Zusammenhangbildungen der ästhetischen Erfahrung in ihren verschiedenen – auf Sinn, Form und Materialität bzw. Klanglichkeit abzielenden – Perspektiven und ihres Zusammenspiels notwen-

164 Vgl. Christoph Menke, *Die Souveräntität der Kunst,* Frankfurt am Main 1991, S. 75ff.

dig ist und daß zugleich der ästhetische Gegenstand erst durch die Ablösung von allen externen Kontexten sich als ein ästhetischer konstituiert.[165] Dieser Doppelcharakter des Kunstwerks als eines zugleich kontextuierten und kontextlosen erlaubt es nun, das Spiel der ästhetischen Erfahrung mit Sonderegger[166] in der folgenden Weise genauer zu charakterisieren: Jede sinnhafte »Synthetisierung« eines ästhetischen Gegenstandes setzt eine Selektion von materialen Elementen und ihren formalen Relationen als sinnproduzierend voraus; gemessen am internen Kontext des ästhetischen Gegenstandes, das heißt jetzt seiner Materialität und seiner strukturellen Organisation, kann es aber weder für jene Selektion von Elementen und Relationen (als der ästhetisch relevanten) noch für ihre sinnhafte Integration irgend zwingende Gründe geben: Die sinnhafte Deutung erweist sich als Sinnprojektion. Der Blick wird somit notwendigerweise zurückgelenkt auf die pure Materialität (Klanglichkeit) des Gegenstandes und / oder seine strukturelle Organisation, die als solche – nämlich im Gegensatz zu ihrer sinnhaften Deutung – als objektiv erfaßbar erscheinen und die, wenn man sie als solche in den Blick nimmt, alle Sinnprojektionen als nicht begründbar von sich abzuweisen scheinen. In Wirklichkeit sind aber auch die »materialistische« und die »strukturalistische« Perspektive aufs Kunstwerk in sich instabil, da jeder Selektion von materialen Eigenschaften oder von »Elementen« formaler Relationen, wie sie jeder Materialbeschreibung bzw. jeder strukturalistischen Zusammenhangbildung zugrunde liegen muß, immer eine bestimmte »Hinsicht« voraussetzt, die im Vergleich zu anderen, möglichen Hinsichten als ebenso unbegründet oder »willkürlich« erscheinen muß wie die zurückgewiesenen Sinn-»Projektionen« – es sei denn, man erkennt in dieser Selektion und der auf ihr aufbauenden formalen oder materialen Zusammenhangbildung bereits sinnhafte Vorgriffe und daher die Restitution einer hermeneutischen Perspektive als Bedingung der Möglichkeit

165 Dies scheint mir auch eine der Grundintuitionen Jacques Derridas in seinem Essay »Restitutionen« zu sein. Vgl. Jacques Derrida, *Wahrheit in der Malerei*, Wien 1992, S. 301ff.

166 Ruth Sonderegger, *Für eine Ästhetik des Spiels*, a.a.O. Kap. III.

einer Selektion ästhetisch relevanter materialer Elemente und formaler Relationen.[167] Das heißt aber, daß die »Instabilität« der hermeneutischen Zusammenhangsbildunmgen zugleich eine der materialen und formalen Zusammenhangbildungen ist: Materiale, formale und hermeneutische Zusammenhangbildungen setzen einander ebenso voraus, wie sie einander wechselseitig destablisieren können. Das Spiel der Zusammenhangbildungen hat keinen letzten Ankerpunkt und kann deshalb auch zu keinem definitiven Ende kommen.

Ein Beispiel für das Prekäre des in bestimmten formalen Analyseverfahren enthaltenen sinnhaften Vorgriffs findet sich bei Adorno. In einer selbstkritischen späten Arbeit[168] bemerkt er, das Verfahren der motivisch-thematischen Analyse sei schon auf die Werke Weberns und Bergs nicht eigentlich mehr anwendbar, weil der in ihr enthaltene sinnhafte Vorgriff das Spezifische dieser Werke verfehle. Wenn aber Adorno mit Bezug auf das Spezifische der Musik Alban Bergs von ihrem »Todestrieb« oder ihrer »permanenten Selbstzurücknahme«[169] spricht, so steckt darin zugleich ein alternativer »hermeneutischer« Vorgriff als Stimulans

167 Eine interessante Fallstudie hierzu findet sich bei Helga de la Motte; de la Motte hat die unterschiedlichen Deutungen des zweiten Themas des ersten Satzes der 5. Sinfonie von Beethoven bei E. T. A. Hoffmann, Kretzschmar, Schering, Schenker und Mersmann miteinander verglichen und weist insbesondere nach, daß die formale Analyse (Wo beginnt das zweite Thema? Welches ist seine Funktion in der Durchführung?) von »Vorurteilen« im positiven Sinn der Hermeneutik Gadamers geleitet ist. De la Motte zieht hieraus zwar keine Konsequenzen in dem von mir vorgeschlagenen Sinn, sie macht jedoch deutlich, daß ein hermeneutischer Vorgriff schon in der formalen Analyse wirksam ist und wie verfehlt daher die Idee der *einen, objektiv richtigen* formalen Analyse ist. Vgl. H. de la Motte, »›Das geliehene Licht des Verstandes‹. Bemerkungen zu Theorie und Methode der Hermeneutik«, in: C. Dahlhaus (Hg.), *Musikalische Hermeneutik.*, Regensburg 1975.

168 Vgl. Theodor W. Adorno, »Zum Prom der musikalischen Analyse. Ein Vortrag« (1969), in: *Frankfurter Adorno Blätter VII*, München 2001.

169 A. a. O. S. 184; vgl. auch entsprechende Überlegungen im Kapitel »Analyse und Berg« in Adornos Berg-Monographie: Theodor W. Adorno, *Berg. Der Meister des kleinsten Übergangs. Gesammelte Schriften* Bd. 13. Frankfurt am Main 1971. S. 368ff.

einer alternativen Form der musikalischen Material- und Strukturanalyse. Allerdings scheint auch der späte Adorno immer wieder sowohl an der Idee der *einen* richtigen strukturellen Analyse als auch an der Idee einer letztendlichen »Einlösung« von sinnhaften Vorgriffen an den »technischen« Details der Werke festzuhalten[170], einer Idee, die jedoch mit seiner These von der Prozessualität der Werke, so wie ich sie hier gedeutet habe, kaum vereinbar ist. Viele seiner Überlegungen in der genannten Arbeit sowie vor allem die »Komposition« seines Berg-Buches deuten denn auch in eine andere Richtung, nämlich auf ein Zusammenspiel von sinnhaften Deutungen, »physiognomischen« Beschreibungen und »technischen« Analysen, dem seine eigene Unabschließbarkeit einbeschrieben ist. Auf diese Unabschließbarkeit des ästhetischen Reflexionsspiels kam es mir hier an; sie besagt, daß hermeneutische, strukturelle und auf die pure Materialität der Werke gerichtete Formen des »Zusammenlesens« in der ästhetischen Erfahrung so ineinanderspielen, daß sie einander wechselseitig ebensowohl voraussetzen und stimulieren als auch durchkreuzen und destabilisieren, ohne daß dieser Prozeß eines Zusammen- und Gegeneinanderspiels zusammenhangbildender Perspektiven sich in einem »Endprodukt« beruhigen könnte.

---

170 Vgl. *Berg. Der Meister des kleinsten Übergangs*, a.a.O. S. 374. Adornos Festhalten an der Idee der *einen* gültigen Analyse von Musikwerken hängt möglicherweise *auch* – wie Richard Klein meint – damit zusammen, daß er die Grundkategorien der Analyse wie »Kontrapunkt, motivisch-thematische Arbeit usw.«, wie er sie »aus Schönbergs und Bergs Händen empfangen« hat (Richard Klein, persönliche Mitteilung), niemals in Frage gestellt hat, das heißt aber insbesondere, daß er – in den Worten von Ludwig Holtmeier (»Analyzing Adorno – Adorno analyzing«, a.a.O. S. 191), auf den Klein sich beruft – letztlich immer »an der alten schulischen Teilung von *disegno* und *colore*, von ›Tonsatzgerüst‹ und ›koloristischer Ausmalung‹ festgehalten hat.« (A.a.O. S. 191.) Jedoch befriedigt mich diese Erklärung nicht, denn gerade Holtmeier beruft sich auch wieder auf den »Adornoschen Typus der Analyse« insofern, als er deren Grundidee bejaht: »In der Mikrostruktur des Einzelnen das Ganze zur Darstellung zu bringen, ist nach wie vor die Utopie der geglückten Analyse.« (A.a.O. S. 196f.) Wenn ich diesen Satz richtig verstehe, ist mit ihm doch wieder die *eine* geglückte Analyse gemeint. Und das war gerade die Idee Adornos, die ich hier problematisiert habe.

So, wie ich das ästhetische Spiel der Zusammenhangbildungen jetzt beschrieben habe, wird deutlich, daß die interpretative Uneinholbarkeit und Unerschöpflichkeit von Kunstwerken in den einzelnen Zusammenhangbildungen bereits strukturell angelegt ist. Sonderegger beschreibt die ästhetische Erfahrung als diejenige eines »in sich gespaltenen« Objekts – Ding (klangliche Konfiguration) und Zeichen, schöne Anordnung von Elementen und Darstellung gleichermaßen –, das *als* ein in sich gespaltenes ein unbeendbares Spiel von einander durchkreuzenden Verstehensvollzügen provoziert.[171] Dies Spiel der Verstehensvollzüge, in dem es keinen festen Haltepunkt und kein mögliches Endresultat gibt, ist nichts der ästhetischen Erfahrung bloß Nachträgliches oder Äußerliches, sondern macht deren eigene Prozessualität aus, auch wenn es sich bei der unmittelbaren Konfrontation mit einem Kunstwerk nur in rudimentären Formen artikulieren oder als ein Gefühl der Sprachlosigkeit äußern mag. Meist »resumiert man den Witz ästhetischer Erfahrungen ... als Rätselhaftigkeit, als nicht-sagbare Darstellung, als plötzliches Erkennen, das dann wieder verschwindet etc.«[172] Man könnte auch sagen, daß das, was man für gewöhnlich unter »ästhetischer Erfahrung« versteht, als ein wie auch immer noch »unausgewickeltes« Spiel von Zusammenhangbildungen oder Verstehensvollzügen zu verstehen ist. Jedoch ist die (unmittelbare) ästhetische Erfahrung auf Formen der sprachlichen Artikulation angewiesen, in deren Medium sie allein sich durchsichtig zu werden, zu erweitern und zu korrigieren vermag. Da aber der ästhetische Diskurs immer ein Zurückkommen auf den Gegenstand der ästhetischen Erfahrung bedeutet – und sei es auf Partituren, CDs oder Videos –, läßt sich zwischen der (unmittelbaren) ästhetischen Erfahrung und dem ästhetischen Diskurs überhaupt keine scharfe Grenze ziehen: Beide gehören zusammen als zwei Aspekte der ästhetischen Erfahrung. Der ästhetische Zusammenhang aber, der der Gegenstand einer

---

171 Vgl. R. Sonderegger, »Wie Kunst (auch) mit der Wahrheit spielt«, in: Andrea Kern und Ruth Sonderegger (Hgg.), *Falsche Gegensätze*, Frankfurt am Main 2002, S. 229.

172 A.a.O. S. 232.

ästhetischen Erfahrung ist und den keine einzelne Interpretation, Analyse oder Beschreibung einzuholen vermag, erweist sich jetzt als das Korrelat eines potentiell unendlichen ästhetischen »Reflexionsspiels« von Verstehensvollzügen. Genau in diesem Sinn wird die interpretative Uneinholbarkeit ebenso wie die interpretative Unerschöpflichkeit der Kunstwerke bereits ein Konstituens der ästhetischen Erfahrung selbst sein – freilich so, daß das ästhetische Reflexionsspiel als ein potentiell unendliches in der unmittelbaren ästhetischen Erfahrung zwar angestoßen, aber sich selbst noch undurchsichtig bleibt. Durchsichtig kann es erst werden durch die »Explikation« der Kunstwerke, im »Spiel« immer wieder neuer, einander ebensowohl potenzierender wie durchkreuzender expliziter Zusammenhangbildungen. Man könnte auch sagen, daß in der unmittelbaren Konfrontation mit Kunstwerken die ästhetische Erfahrung nicht weiß, was sie – lustvoll – erfährt, nämlich das Kunstwerk als das Medium einer unendlichen Reflexion.[173]

An dieser Stelle liegt es jedoch nahe, Kants »monologisches« Modell der ästhetischen Erfahrung, von dem ich ausgegangen war, zu überschreiten. Das Spiel der Zusammenhangbildungen, von dem ich gesprochen habe, ist zwar schon in der monologisch verstandenen ästhetischen Erfahrung einzelner Subjekte *angelegt*. Jedoch ist die ästhetische Erfahrung transsubjektiv; das meinte zwar auch schon Kant, aber das bedeutet jetzt: Das Spiel der Zusammenhangbildungen, die »Explikation« der Kunstwerke, spielt sich in der Regel aus im Raum eines intersubjektiven ästhetischen Diskurses. Wenn ich von einem potentiell unendlichen ästhetischen Reflexionsspiel gesprochen habe, von einem Spiel immer neuer, einander potenzierender und durchkreuzender Zusammenhangbildungen, so kann dies Spiel als ein Spiel *expliziter* (insbesondere schriftlicher) Interpretationen doch nur

173 Ich spiele hier auf Formulierungen Walter Benjamins an, der das Kunstwerk als »lebendiges Zentrum der Reflexion (»Der Begriff der Kunstkritik in der deutschen Romantik«, in: ders. *Gesammelte Schriften* Bd. 1, S. 73) und die *Kunst* als unendliches Reflexionsmedium (a.a.O. S. 67) bezeichnet hat; jedoch enthält diese Anspielung keinen Anspruch auf eine angemessene Benjamin-*Deutung*.

in Gang kommen, weil in den Kunstwerken und ihrer Erfahrung immer schon ein »Wir« gemeint ist; die Vielstimmigkeit dieses »Wir« ist für gewöhnlich der reale Ort des ästhetischen Reflexionsspiels, der Ort, an dem die Unmittelbarkeit der bloß subjektiven ästhetischen Erfahrung sich als Spiel – und Streit – der Interpretationen ausspielt. Eine Analogie mit der Kantischen Moralphilosophie drängt sich auf: Auch diese ist monologisch konzipiert; will man ihren Gehalt retten, so muß man in ihr die faktische Pluralität der Perspektiven, das »Wir«, das sie meint, durch eine dialogische Umformulierung zur Geltung bringen.[174] Die Pluralität der Perspektiven meint hier die Pluralität von Selbst- und Situationsverständnissen einzelner Akteure – und natürlich sollte schon in der einsamen moralischen Reflexion diese Pluralität der Perspektiven zur Geltung kommen; nur daß erst im faktischen Dialog sich zeigen kann, wieweit diese Hereinnahme einer Pluralität von Perspektiven in die einsame moralische Reflexion jeweils gelingt. Eine andere, oder zusätzliche, Bedeutung hat jedoch die Pluralität der Perspektiven für das ästhetische Reflexionsspiel: Hier ist es ja das Kunstwerk selbst, das immer wieder neue Perspektiven auf es nahelegt; aber in der Regel sind es doch nur einzelne solcher Perspektiven, die im ästhetischen Diskurs zur Geltung gebracht werden. Insofern könnte man sagen, daß die potentielle Unendlichkeit des ästhetischen Reflexionsspiels zu ihrer »Explizitierung« immer auch der realen, potentiell unendlichen Vielstimmigkeit der Interpretationen bedarf. Und das gilt auch noch in einem anderen Sinn: Die Prozessualität der Kunstwerke hat auch eine geschichtliche Dimension: Das »Wir«, das in der ästhetischen Erfahrung gemeint ist, ist ein geschichtlich sich veränderndes »Wir«; zur Explikation der Kunstwerke gehört deren geschichtliche Dimension, denn, wie Adorno sagt, »in Geschichte entsteigen wechselnde Gehalte dem Werk, und allein das verstummte besteht für sich selber«[175], will sagen: Das semantische Potential der Kunst-

174 Das habe ich versucht in Albrecht Wellmer, *Ethik und Dialog*, Frankfurt am Main 1986.

175 Theodor W. Adorno, »Schubert«, in: *Moments Musicaux. Gesammelte Werke* Bd. 17, Frankfurt am Main 1982, S. 24.

werke erschließt sich nicht im Augenblick ihres ersten Erscheinens, sondern enthüllt sich erst mit ihrem geschichtlichen Weiterleben, ihrem Eintreten in neue Kontexte der Rezeption. »Kein Kunstwerk hat sich selbst zum Gegenstand«, hatte Adorno zuvor gesagt.[176] Er meint damit den Verweis des Kunstwerks auf das, was es nicht selbst ist; »erst das verstummte Werk besteht für sich selber«, will heißen, auch Kunstwerke können absterben, ihr »Verstummen« bedeutet, daß sie uns nichts mehr zu »sagen« haben, daß sie keinen Anstoß für jene unendliche Reflexion mehr bieten, der das »lebendige« Kunstwerk auszeichnet. Jedoch ist all dies natürlich noch keine Antwort auf die Frage, wie die Prozessualität der Kunstwerke in *einzelnen* Interpretationen zur Geltung gebracht werden kann – und wenn die Vielstimmigkeit der Interpretationen von der Verfassung des Kunstwerks selbst gefordert ist, dann müßte, so scheint es, schon jede einzelne schriftliche Interpretation in sich »vielstimmig« sein, wenn die Prozessualität der Kunstwerke in ihr zum Ausdruck kommen soll. Zu fragen ist daher nach Desideraten für Kunstinterpretationen, die in ihrer eigenen Verfassung schon etwas von der Prozessualität der Kunstwerke zum Ausdruck bringen.

Christoph Menke hat aus Adornos Idee einer »konfigurativen« Verknüpfung von Sätzen in der Form des Essays Desiderate einer in diesem Sinne adäquaten Kunstinterpretation abgeleitet, die der Prozessualität der ästhetischen Erfahrung gerecht würden. Eine Interpretation, die dem Desiderat »konfigurativer Diskontinuität« entspricht, würde der Prozessualität des Kunstwerks dadurch gerecht, daß sie, wie Menke sagt, »den strukturellen Schein interpretativer Rede zerstört: daß ihre einzelnen Sätze sich zu einer Interpretation kontinuierlich verknüpfen lassen«[177]; die Prozessualität des Kunstwerks zeigt sich in dem Unabgeschlossenen, den »Lücken« einer solchen Interpretation, die in ihrer konfigurativen Diskontinuität »den Schein (korrigiert), der sich an ihre einzelnen Aussagen heftet: daß sie das ästhetisch Erfahrene im Medium der Aussage zur Darstellung bringen könnten. Und zwar korrigiert sie ihn, indem sie gegen den

176 Ebd.

177 Christoph Menke, *Die Souveränität der Kunst*, a.a.O. S. 134f.

identifizierenden Schein der einzelnen Aussagen (oder Aussagegruppen) die ästhetische Erfahrung in ihrer begrifflichen Uneinholbarkeit zum Ausdruck bringt.«[178] Demgegenüber hat Ruth Sonderegger darauf hingewiesen, daß die konfigurative Diskontinuität von Interpretationen, also eine parataktische Anordnung der interpretativen Aussagen, wie sie Adorno für die Form des Essays postuliert hat, kein *zureichendes* Kriterium für Interpretationen ist, sofern sie der Prozessualität des Kunstwerks Rechnung tragen sollen.[179] Solche Interpretationen müßten vielmehr in ihrem parataktischen Nebeneinander von strukturellen, materialen und hermeneutischen Beschreibungen und Interpretationen deutlich machen, wie durch die strukturellen und materialen Züge der Kunstwerke Sinn ebensowohl generiert wie verweigert wird. Das würde heißen, daß durch die konfigurative Diskontinuität der interpretativen Aussagen nicht nur die begriffliche Uneinholbarkeit der Kunstwerke zur Geltung kommen müßte, sondern auch das Zusammen- und Gegeneinanderspiel der Zusammenhangbildungen in der ästhetischen Erfahrung, das sich nicht in einer letzten Synthese der unterschiedlichen Perspektiven beruhigen kann oder will. Sonderegger hat als Beispiel Derridas van Gogh-Reflexionen[180] angeführt: einen »Polylog« verschiedener Stimmen mit einander ebensowohl ergänzender als durchkreuzender Perspektiven – »hermeneutische, positivistische, psychoanalytische, kunstwissenschaftliche, philosophische« usw. Stimmen, deren Anordnung jedoch nicht willkürlich ist, sondern der »Logik einer ästhetischen Erfahrung« folgt.[181] Beständig überschreitet dieser »Polylog« das Kunstwerk auf die Welt hin, auf die es verweist, auf seine ästhetischen und außerästhetischen Kontexte, und kehrt doch immer wieder sowohl auf seine interne Konfiguration, deren »Lesbarkeit« jene Überschreitungen motiviert, als auch auf die pure, sinnabweisende Dinglichkeit des Werkes zurück. Hier wird die Prozessualität

178 A.a.O.

179 Ruth Sonderegger, *Für eine Ästhetik des Spiels*, a.a.O. S. 235ff.

180 Jacques Derrida, »Restitutionen«, in: *Die Wahrheit in der Malerei*, Wien 1992.

181 Ruth Sonderegger, a.a.O. S. 288ff.

des Kunstwerks in der Vielstimmigkeit einer Interpretation, in ihren einander ergänzenden und durchkreuzenden Perspektiven *manifest.* Auch Adornos Interpretationen in seiner Berg-Monographie sind ein Beispiel einer solchen »Vielstimmigkeit«. Diese Beispiele sind exemplarisch dafür, wie die Prozessualität der Kunstwerke und ihrer Erfahrung in Interpretationen zur Geltung kommen kann.

Gewiß sind im Fall der Musik die Gewichte anders verteilt als etwa im Fall der Literatur. Die Musik ist Klang und Struktur; nicht deren sinnfernes Eigengewicht, sondern das Einnisten des Sinns in die akustischen Konfigurationen ist die eigentliche Herausforderung für gute Interpretationen, nicht nur für »hermeneutische« Interpretationen im engeren Sinn, sondern indirekt auch schon für klangliche und strukturelle Analysen, die etwas von der Bedeutsamkeit eines Werks treffen wollen. In jeder unmittelbaren musikalischen Erfahrung erscheinen diese akustischen Konfigurationen wieder als bloß »tönend bewegte Formen«, deren Weltbezug allenfalls in gestischen, expressiven und dynamischen Aspekten sinnfällig und im übrigen nur als eine schwer greifbare »Aura« kopräsent ist. Ich will sagen: Das sinn*abweisende* Moment musikalischer Konfigurationen wird in jeder unmittelbaren musikalischen Erfahrung auch gegenüber den besten hermeneutischen Interpretationen wieder evident. In der Musik ist die sinnabweisende Materialität des Klangs und seine strukturelle Organisation das *scheinbar* objektiv Faßbare, der in ihnen sich einnistende Sinn das schwer Greifbare. Das ist anders im Fall der Literatur, deren Material durch und durch sinnimprägniert ist, so daß hier die sinn*subversiven* Momente erst durch die ästhetische Konstruktion *hevorgebracht* werden. Ein Bewußtsein davon, daß musikalischer Zusammenhang kein hermeneutisch faßbarer Sinnzusammenhang ist, zeigt sich schon daran, daß rein klanglich-strukturelle Analysen ein solches *Eigen*gewicht in der Geschichte musikalischer Interpretationen haben. Demgegenüber bedeutet es eine *Herausforderung* für die musikalische Interpretation, einen in Klängen und Strukturen verschlüsselten Sinn überhaupt erst sprachlich zu artikulieren, während die Herausforderung für literarische Interpretationen eher darin besteht, literarische Zusammenhänge *nicht* als rein hermeneutisch faßbare Zusammenhänge zu rekonstruieren. Aber auch wenn man diese unterschiedliche Gewichtung von hermeneutisch faßbaren und »antihermeneutischen« Aspekten von Musik und Literatur zugesteht, gilt doch in beiden Fällen, daß die Prozessualität des Kunstwerks auch in einzelnen Interpretationen dadurch zum Ausdruck kommen muß, daß ihre »konfigurative Diskontinuität« die Form einer paraktaktischen Verknüpfung von materialen, strukturellen, physiognomischen und hermeneutischen Beschreibungs-, Analyse- und Deutungsansätzen hat, und zwar dergestalt, daß an solchen Interpretationen nicht nur die begriffliche Uneinholbarkeit des Kunstwerks, sondern auch die Prozessualität des Verhältnisses von »Ganzem« und »Teilen« sowie die Unbeendbarkeit des »Spiels« der Zusammenhangbildungen sich *zeigen*. Später (Abschn. IV,8) werde ich eine solche Interpretation ausführlich diskutieren.

Was ich als Prozessualität der Kunstwerke beschrieben habe, könnte man auch als deren *interne Negativität* charakterisieren – wobei der Begriff der Negativität auf den von Adorno betonten Rätselcharakter der Kunstwerke hinweisen soll, der eine Auflösung des Rätsels mit Hilfe von Interpretationen und Deutungen ebensosehr verlangt, wie er sich durch alle Interpretationen und Deutungen hindurch auch immer wieder herstellt. Pierre Boulez hat diesen Punkt unter einem etwas anderen Gesichtspunkt als dem von mir gewählten am Ende seines Essays über Debussys *Pelleas et Melisande* prägnant formuliert. Er bemerkt zunächst, daß die eingehende Analyse eines Werks, etwa im Zuge einer Aufführung, zu dem Punkt führen mag, an dem das Werk »seinen Zauber zu verlieren droht«. Und er fährt fort: »Es hat dann den Anschein, als ob eine zu große Anstrengung des Verstandes der Spontaneität schade, und als ob es einem auf immer verwehrt sei, dieses Werk noch mit *naivem* Blick zu betrachten. Bei den Schöpfungen jedoch, deren starke Ausstrahlung andauert, könnte man im Gegenteil sagen, daß man dem Ursprung ihres Geheimnisses umso weniger nahe kommt, je weiter man in der Erkenntnis vordringt.«[182] Ich habe eben versucht, dieses Ver-

182 Pierre Boulez, »Pélleas et Mélisande in Spiegeln«, in: ders., *Anhaltspunkte*, Kassel/München 1979, S. 34.

hältnis von »Erkenntnis« und »Geheimnis« in die Struktur der ästhetischen Erfahrung selbst hineinzulesen, einer Erfahrung, die gleichsam an kein Ende einer definitiven Erkenntnis, eines definitiven Verstehens kommen kann. Und das habe ich als die interne Negativität der Kunstwerke bezeichnet – eine Negativität, die natürlich gerade das *Positive* gelungener Kunst und das Merkmal ihrer Eigenlogik und Autonomie ist. Bisher habe ich diese interne Negativität der Kunst als Inbegriff ihrer Eigenlogik und Autonomie dahingehend charakterisiert, daß sich die »verborgene Totale« der gelungenen Kunstwerke, also dasjenige, wodurch sie als ein ästhetisch gelungenes Ganzes erfahren werden, nicht in irgendeinem definitiven Sinne dingfest machen läßt, daß sie sich also nicht durch eine an der Materialität, an der Struktur oder an sinnhaften Elementen orientierte Deutung gleichsam *resumieren* läßt. Insbesondere kann keine Deutung dieser verborgenen Totale gerecht werden, die das Kunstwerk als bedeutsames Ganzes auf *einen* Sinn, eine Aussage, eine Wahrheit festlegt, es also nimmt als ein symbolisch Ganzes, das ewas Bestimmtes »zeigt« oder »erfahren läßt« – ebensowenig, wie sich diese verborgene Totale strukturell oder von den intermittierenden Momenten der Epiphanie, des Schocks oder der Intensitätserfahrung her verstehen läßt. Die verborgene Totale ist das Korrelat einer gelingenden ästhetischen Erfahrung selbst, das heißt eines möglichen, nicht zu einem definitiven Ende kommenden Spiels von Zusammenhang- und Gestaltbildungen.

4. Kunstwerke, auch die musikalischen, greifen jedoch immer auf *bestimmte* Weise in unsere Erfahrung ein, und zwar auf andere Weise als alles, was *über* sie gesagt werden kann. Zwar könnte man meinen, dies sei nur ein anderer Ausdruck dafür, daß keine Interpretation das einholen kann, was das Ganze des Kunstwerks und seinen Eingriff in unsere Erfahrung ausmacht: Der Eingriff des Kunstwerks in die Wahrnehmung, die Affekte, die Phantasie, das Unbewußte, den »Körper« des Rezipienten hängt jeweils an *dieser* bestimmten Konfiguration von Worten, Klängen, Farben, Bewegungen usw.; er ist gebunden an das Reflexionsspiel der ästhetischen Erfahrung, aber er läßt sich nicht substituieren – sondern nur erhellen und artikulieren – durch explizite Inter-

pretationen, Analysen oder Beschreibungen. Jedoch nicht um diesen trivialen Sachverhalt geht es hier. Vielmehr stellt sich die Frage, welchen Bedingungen ein Kunstwerk genügen muß, damit es das »unendliche Reflexionsmedium«, als das ich es oben beschrieben habe, überhaupt *sein* und als solches in unsere Erfahrung eingreifen kann. Bisher ist ja unverständlich geblieben, inwiefern die Erfahrung von Kunst, so, wie ich sie beschrieben habe, mehr als ein »leeres« Spiel sein kann: Meine Beschreibung des Kunstwerks als eines unendlichen Reflexionsmediums war ja gewissermaßen rein »formal«, und es bleibt die Frage, in welchem Sinne das von mir beschriebene Reflexionsspiel der kunstästhetischen Erfahrung, in welchem Sinne also die Kunstwerke selbst »wichtig« oder »bedeutsam« in einem existentiellen oder gesellschaftlichen Sinn sein können. Und schließlich stellt sich die Frage, wie sich die »ekstatischen« Momente einer gesteigerten Präsenz- oder Evidenzerfahrung, die unzweifelhaft den stärksten Erfahrungen von Kunst eigentümlich sind, als in die Prozessualität des ästhetischen Reflexionsspiels einbeschrieben denken lassen.

Ich möchte als erstes die Frage nach der »Bedeutsamkeit« der Kunsterfahrung stellen. Kant hat sie zu beantworten versucht, indem er seiner Charakterisierung der ästhetischen Erfahrung als eines freien Zusammenspiels der Erkenntnisvermögen eine zweite zur Seite stellte, wonach die ästhetische Erfahrung zugleich die Erfahrung eines »Zusammenstimmens« unserer Erkenntnisvermögen zu einer »Erkenntnis überhaupt« sei. Die zweite Erfahrung ist die unseres (kognitiven) »Passens« in die Welt. Kant argumentiert, als ob die beiden Charakterisierungen der ästhetischen Erfahrung dasselbe besagten; indem er sie gleichsam ineinanderblendet, wird die zweite bei ihm tendenziell zum eigentlichen *Gehalt* der ästhetischen Erfahrung: Die ästhetische Erfahrung wird zur »krypto-philosophischen« Erfahrung.[183] Gleichwohl enthält Kants zweite Charakterisie-

183 Mit dieser Deutung von Kants zweifacher Beschreibung der ästhetischen Erfahrung folge ich Überlegungen von Sebastian Schattenmann. Vgl. S. Schattenmann, *Ästhetisches Spiel und ästhetische Lust. Eine Untersuchung im Anschluß an Roland Barthes' Schumann-Interpretation*. Ber-

rung der ästhetischen Erfahrung, so problematisch sie ist, einen Hinweis auf die Notwendigkeit, auf die Frage nach der »Bedeutsamkeit« der ästhetischen Erfahrung eine Antwort zu geben. Es ist diese Frage, die unmittelbar auf ein Defizit meiner bisherigen Deutung der Prozessualität der Kunstwerke verweist.

Diese Deutung war »formaler« Art insofern, als sie die Möglichkeit des ästhetischen Reflexionsspiels unabhängig von den jeweils ins Spiel kommenden Gehalten beschrieben hat. Schon bei Kant ist dies jedoch nur in den systematisch zentralen Passagen der Analytik, jedoch nicht mehr in den Passagen über die schöne *Kunst* der Fall. Wenn er mit Bezug auf letztere von einer

---

liner Magisterarbeit 2003, S. 29ff. Schattenmann zeigt, daß die beiden Charakterisierungen der ästhetischen Erfahrung bei Kant zwei unterschiedlichen, aber gleichermaßen legitimen Perspektiven auf die ästhetische Erfahrung entsprechen: Die erste (die vom freien Zusammenspiel der Erkenntniskräfte) beschreibt, »was der Interpret *in* der ästhetischen Erfahrung *erfährt*«, die zweite (die vom Zusammenstimmen der Erkenntniskräfte) entspricht der Perspektive der Philosophie *auf* die ästhetische Erfahrung (a.a.O. S. 32f.), »sie bestimmt gleichsam den Ort der ästhetischen Erfahrung im Ganzen des menschlichen Welt- und Selbstbezugs« (a.a.O. S. 33). Auch wenn man Kants spezifische Bestimmung dieses »Orts« der ästhetischen Erfahrung zurückweist, hat Kant, so Schattenmann, doch recht, wenn er *beide* Perspektiven als für eine philosophische Ästhetik notwendig versteht; darüber hinaus weist Schattenmann m.E. zu Recht darauf hin, daß beide Perspektiven insofern aufeinander angewiesen sind, als auch die zweite Perspektive »zum Innern der ästhetischen Erfahrung« gehört, weil diese selbst dahin »tendiert, sich selbst in Richtung philosophischer Reflexion zu überschreiten«, daß also »die philosophische Reflexion *auf* die ästhetische Erfahrung Teil des Spiels ist, das die ästhetische Erfahrung inszeniert.« (A.a.O. S. 35) Zum Problem wird diese notwendige Doppelung zweier Perspektiven erst, wenn sie ineinandergeblendet werden mit der Konsequenz, daß die ästhetische Erfahrung zu einer »kryptophilosophischen« Erfahrung umgedeutet wird – eine Tendenz, die auch nach Kant immer wieder zur Versuchung der philosophischen Ästhetik geworden ist. Vgl. etwa das im übrigen durchaus bemerkenswerte Buch von Rudolf Fietz, *Medienphilosophie* (Würzburg 1992) und meine Kritk an den Thesen von Fietz in »Das musikalische Kunstwerk«, in: A. Kern und R. Sonderegger (Hg.), *Falsche Gegensätze*, a.a.O. S. 168f.

»Darstellung ästhetischer Ideen« spricht[184], so macht der Kontext deutlich, daß er dabei durchweg an existentiell *bedeutsame* Gehalte der Kunst denkt.[185] Es ist oft bemerkt worden, daß sich hier ein Bruch durch die Architektonik der *Kritik der Urteilskraft* zieht, ein Bruch nämlich zwischen den allgemeinen Teilen der *Analytik* und ihrem kunstphilosophischen Teil. Jedoch zeigt sich Kants Ingenium nicht zuletzt in dieser Inkonsequenz: Aus dem »interesselosen« Spiel der ästhetischen Erfahrung, wie es die Analytik beschreibt, wird in ihrem kunsttheoretischen Teil ein interessiertes Spiel, interessiert nämlich an den Gehalten, mit denen es spielt. Das gilt es festzuhalten. Wenn aber der Bruch in der Kantischen Architektonik nicht einfach reproduziert werden soll, dann muß gezeigt werden, daß und wieso das Reflexionsspiel der kunstästhetischen Erfahrung auf die Bedeutsamkeit seiner Gehalte als Bedingung seiner Möglichkeit angewiesen ist. »Bedeutsamkeit der Gehalte« meint nicht die Zufälligkeit dessen, woran der eine oder andere unter den Kunstrezipienten gerade interessiert ist, es meint vielmehr etwas Über-Subjektives, etwas, dessen Bedeutsamkeit in einer gegebenen geschichtlichen Konstellation *mit gutem Grund* von den Kunstwerken verhandelt wird. Von »guten Gründen« zu sprechen heißt aber, wie indirekt auch immer, die Wahrheit ins Spiel zu bringen. Während ich bisher alles getan habe, um »Wahrheit« als Telos der Kunst zu diskreditieren, geht es somit jetzt nicht zuletzt darum zu zeigen, wie auch die Wahrheit in der Kunst ins Spiel kommt.[186]

---

184 I. Kant, *Kritik der Urteilskraft, Werke in sechs Bänden*, Bd. V, Darmstadt 1957, S. 413 (B193, A 190).

185 »Der Dichter wagt es, Vernunftideen von unsichtbaren Wesen, das Reich der Seligen, das Höllenreich, die Ewigkeit, die Schöpfung u.d.gl. zu versinnlichen; oder auch das, was zwar Beispiele in der Erfahrung findet, z.B. den Tod, den Neid und alle Laster, imgleichen die Liebe, den Ruhm u.d.gl. über die Schranken der Erfahrung hinaus, vermittels einer Einbildungskraft, die dem Vernunft-Vorspiele in Erreichung eines Größten nacheifert, in einer Vollständigkeit sinnlich zu machen, für die sich in der Natur kein Beispiel findet ...« (a.a.O. S. 414f.– B194, A191).

186 Vgl. Ruth Sonderegger, »Wie Kunst(auch) mit der Wahrheit spielt«, a.a.O. S. 234ff.; dies.:»Die Ideologie der ästhetischen Erfahrung.

5. Ich beginne mit einer Reihe von Thesen, mit denen ich eine Antwort auf die gerade gestellte Frage vorwegnehme; erst im Anschluß daran werde ich zeigen, inwiefern der bisher erläuterte Begriff des ästhetischen Reflexionsspiels noch unvollständig ist. Seine »Vervollständigung« wird zugleich eine Art nachholender Begründung für meine Thesen sein.

Ich habe oben auf den prozessualen Charakter des Verhältnisses von »Ganzem« und «Teilen« im Kunstwerk sowie auf den Doppelcharakter des Kunstwerks als »Ding« und »Zeichen« hingewiesen. Das Wort »Zeichen« steht für all das, worin die Kunstwerke über sich selbst hinaus verweisen auf etwas, was sie nicht selbst sind. Dieser Verweischarakter ist nicht der von Aussagen: Kunstwerke »sagen« nicht etwas, sie »zeigen«, »führen vor«, stellen dar«, »exponieren« oder »inszenieren« etwas, und in diesem Zeigen, Vorführen, Darstellen, Exponieren und Inszenieren »beziehen« sie sich auf die Welt bzw. unsere Erfahrung von ihr und unsere Verwicklung in sie. Nur so können sie in unsere Erfahrung *eingreifen*. In der Kunst, so könnte man auch sagen, kommen immer auch »Bedeutungen« ins Spiel, was hier nur ein anderes Wort ist für das, was ich eben den Verweischarakter der Kunst genannt habe. Meine These ist nun, daß die gelungenen Kunstwerke »Bedeutungen« so ins Spiel bringen, daß sie zugleich existentiell *bedeutsame* Gehalte ins Spiel bringen. Hierin ist der Weltbezug der Kunst dem der Philosophie vergleichbar: In beiden geht es um die Bedeutsamkeitshorizonte, die in der einen oder anderen Weise unser Leben bestimmen, das heißt um unseren Welt- und Selbstbezug. Daß in der Erfahrung der Kunst das Welt- und Selbstverhältnis der Rezipienten ins Spiel kommt, das macht ihren Welt- und Sprachbezug aus. Daß aber das Welt- und Selbstverhältnis der Rezipienten ins *Spiel* kommt, heißt, daß es nicht nur temporär aus seinen festen Verankerungen gelöst wird – das gibt es ja auch in einem außerästhetischen Sinne, z. B. in Momenten der Krise –, sondern daß dies im Modus eines ästhetischen Reflexionsspiels geschieht: Durch die Freisetzung

---

Versuch einer Repolitisierung«, in: Gertrud Koch und Christiane Voss (Hgg.), *Zwischen Ding und Zeichen. Zur ästhetischen Erfahrung der Kunst.* München 2005, S. 92 ff.

der »synthetisierenden« Vermögen von ihrer Funktion in der Bewältigung der pragmatischen, moralischen und existentiellen Probleme wird zugleich das Gewicht der Welt suspendiert. In der kunstästhetischen Erfahrung befinden wir uns in einem spezifischen Reflexionsverhältnis zur Welt; hierin ist ihre Bedeutsamkeit und ist ihr eigenes Gewicht begründet (und genau hierin liegt auch die Versuchung der Wahrheitsästhetik). Freilich muß die Kunst das Gewicht der Welt zugleich spürbar und hörbar machen, wenn ihre Aufhebung der Welt ins Spiel ästhetisch Gewicht haben soll – hierin liegt der Zusammenhang von Kunst und Wahrheit: Daß im Spiel der Kunst auch die Wahrheit ins Spiel kommt, heißt immer zugleich, daß die Kunst auf der Höhe der Zeit – und das heißt wohl immer auch: ihrer Zeit vorweg – sein muß, um ästhetisch bedeutsam mit Wahrheit spielen zu können. Nichts anderes meint der von Adorno beschworene »Zeitkern« der Kunst.

Diese Thesen wären um eine weitere zu ergänzen: daß nämlich die Kunst in einer spezifischen Weise am Prozeß der Weltbildung und Welterschließung partizipiert, indem sie die Kruste der konventionell verfestigten Verstehens-, Erfahrungs- und Wahrnehmungsvollzüge durchbricht und diese, gleichsam Augen und Ohren öffnend, in Bewegung versetzt, neue Sichtweisen eröffnet und Erfahrungen und Emotionen vor uns bringt, für die uns noch die Worte fehlen. Hierin ist auch ihr kritisches und artikulatives Potential und ihr obliquer Bezug zur Wahrheit gelegen. Vermöge der »Sinn«- oder »Darstellungs«-Dimension der Kunst kommt die Wahrheit in der Kunst so ins Spiel, daß ästhetisches Gelingen von einem Perspektiven, Sichtweisen und Erfahrungen ebenso artikulierenden wie öffnenden, das heißt von einem welt- und erfahrungserschließenden Potential der Kunstwerke nicht zu trennen ist. Das spezifische Reflexionsverhältnis zur Welt und zu uns selbst, in das uns die ästhetische Erfahrung versetzt, fungiert somit gleichsam auch als Medium einer Öffnung von Wahrheits- und Erfahrungsräumen, das heißt aber – bezogen auf die außerästhetischen Wirkungen der Kunst – als diskurs- und erfahrungs-»öffnend«. Die Rede von den kritischen (Adorno) oder welterschließenden (Heidegger) Funktionen der Kunst, wie sie sich unter Rekurs auf die hermeneutische Dimension der Kunsterfahrung eingebürgert hat, hat daher ihr partielles Recht; auch läßt sie sich klarerweise auf Adornos These von der Geschichtlichkeit und vom »Zeitkern« der Kunst beziehen. Gelungene Kunstwerke verhalten sich immer auch subversiv gegenüber »gefrorenen« Sichtweisen, Welt- und Selbstverständnissen – wie auch gegenüber dem, was bisher als Kunst gegolten hat; ihr subversiver Zug rechtfertigt Heideggers Rede von dem »Stoß«, der von den Werken ausgeht.[187] Auch wenn die Werke keine definitiven Antworten auf wohlbestimmte Fragen geben, so öffnen sie doch neue Frage-, Erfahrungs- und Artikulationsräume. Jedoch ist der subversive Zug der Kunst gegenüber der außerästhetischen Wirklichkeit gebunden an ihre interne Subversivität, das heißt an das »subversive« Spiel der ästhetischen Erfahrung, wie ich es im Anschluß an Adorno und Sonderegger beschrieben habe. Daher läßt sich das Spezifische der Kunst nicht allein von ihren kritischen, artikulativen und/oder welterschließenden Funktionen her erklären, da solche Funktionen auch in anderer Weise – auf dem Wege der Gesellschaftskritik bzw. sprachlicher oder praktischer Innovationen – wahrgenommen werden können.[188] Spezifisch für die Kunst ist vielmehr, daß ihre welterschließenden, artikulativen und kritischen Potentiale an den Modus eines ästhetischen Reflexionsspiels gebunden sind. Die entscheidende Frage ist daher nicht, ob der bisher erläuterte Begriff der ästhetischen Erfahrung solche Bedeutsamkeitspotentiale der Kunst *zuläßt*, sondern ob die genannten – zweifellos in der Kunst *auch* vorhandenen – Bedeutsamkeitspotentiale für die Möglichkeit des kunstästhetischen Reflexionsspiels, wie ich es bisher beschrieben habe, *konstitutiv* sind. Die Frage ist: Weshalb sollte ein bedeutsamer Zeitkern für gelungene Kunstwerke konstitutiv sein?

Die oben genannten Desiderate des »Gewichts« und des »Zeit-

---

187 Martin Heidegger, »Der Ursprung des Kunstwerkes«, a.a.O. S. 51 f.

188 Vgl. hierzu Albrecht Wellmer, »Gibt es eine Wahrheit jenseits der Aussagenwahrheit?«, in: Lutz Wingert (Hg.), *Die Öffentlichkeit der Vernunft und die Vernunft der Öffentlichkeit. Festschrift für Jürgen Habermas*, Frankfurt a.M. 2001.

kerns«, wenn sie richtig sind, müssen, auch wenn sie zunächst für die Darstellungsdimension der Kunstwerke geltend gemacht wurden, offenbar »Form«, »Inhalt« und »Material« der Kunstwerke, müssen also »Darstellendes« und »Dargestelltes« gleichermaßen *betreffen*, denn sowenig beide Seiten ineinander aufgehen, so sehr sind doch die »Inhalte« an die materiale und formale Konfiguration von Elementen des Kunstwerks als ihr »Darstellendes« gebunden. Darin liegt zugleich eine beständige Nötigung zur Innovation in der Kunst: Etwas »sagen« heißt hier gewissermaßen immer schon etwas *Neues* sagen. Dies »Sagen« ist aber, so haben wir gesehen, kein *Aussagen*, sondern, in den Modi des Zeigens, Vorführens, Darstellens, ein Öffnen von Erfahrungs- und Bedeutsamkeitshorizonten, eine Brechung eingeschliffener Wahrnehmungskategorien und hierin ein Anstoß zur ästhetischen Reflexion. Zum ästhetischen Reflexionsspiel gehört das Moment einer reflexiven Distanzierung von Wahrheits- und Erfahrungshorizonten als frag-würdig[189] und daher auch ein Anstoß zu außerästhetischen Reflexionsprozessen, die ihrerseits in die ästhetische Erfahrung zurückwirken mögen. Erst auf diese Weise ist das Kunstwerk tatsächlich, wie ich es oben in Anspielung auf Benjamin formuliert habe, als ein »unendliches Reflexionsmedium« bestimmt. Das setzt aber voraus, daß es das ästhetische Reflexionsspiel mit existentiell bedeutsamen Gehalten zu tun hat; als ein *interessiertes* bedarf es der existentiellen Berührung durch das Kunstwerk. Und das heißt, daß die Bedeutsamkeit der Gehalte, die die Kunst ins Spiel bringt, dem Zustandekommen des ästhetischen Reflexionsspiels nicht äußerlich sind: Die Bedeutsamkeitspotentiale der Kunst und die Struktur des ästhetischen Reflexionsspiels verweisen *intern* aufeinander.

6. Der Begriff eines »ästhetischen Reflexionsspiels« korrespondiert der Idee des Kunstwerks als eines unendlichen Reflexionsmediums. Er ist kein phänomenologisch gewonnener Begriff, sondern deutet die unmittelbare ästhetische Erfahrung von Kunstwerken auf dem Hintergrund ihres internen Bezugs auf

---

189 Vgl. Ruth Sonderegger, »Die Ideologie der ästhetischen Erfahrung. Versuch einer Repolitisierung«, a.a.O. S. 94.

das Spiel der Interpretationen, in denen sich vollzieht, was Adorno die »Explikation« der Kunstwerke nannte. Die unmittelbare ästhetische Erfahrung hatte ich als ein Zusammenspiel von mimetischen und reflexiven Momenten beschrieben, gleichsam ein ästhetisches Reflexionsspiel in statu nascendi. Es ist dieser Kern der ästhetischen Erfahrung, der auch im Spiel der Interpretationen wirksam bleibt: dieses lebt von der Berührung durchs Kunstwerk, es ist die Fortsetzung seiner Erfahrung und führt immer wieder auf die Erfahrung des Kunstwerks zurück. Hierin ist auch der »epistemische« Charakter derjenigen Interpretationen begründet, in denen die Erfahrung der Bedeutsamkeit von Kunstwerken sich niederschlägt: die Berührung durchs Kunstwerk in ihren affektiven, sensitiven, imaginativen und kognitiven Aspekten wird zum Material der reflexiven Explikation des ästhetischen *Objekts*, der expliziten Zusammenhangbildungen. Das ästhetische Reflexionsspiel in statu nascendi, als das ich die ästhetische Erfahrung im engeren Sinn einer unmittelbaren Konfrontation mit dem Kunstwerk beschrieben habe, also das Zusammenspiel von mimetischen und reflexiven Momenten in der unmittelbaren ästhetischen Erfahrung, entspricht dem, was Kant als ein freies Zusammenspiel unserer Erkenntnisvermögen in der ästhetischen Erfahrung beschrieben hat. Es ist eine Erfahrung, welche das Subjekt aus allen pragmatischen Kontexten herauslöst und die sich als solche zugleich selbst genügt und selbst erfährt; eine Erfahrung, die die kategorialen Fixierungen unserer gewöhnlichen Erfahrung aus den Angeln hebt und dadurch zugleich unsere imaginativen, affektiven, sensitiven und kognitiven »Vermögen« in ein lustvolles Spiel versetzt. Wir sind plötzlich »woanders«, wie Heidegger sagt, und dieses Hinausversetztsein an einen anderen Ort, durch welches wir zugleich ganz bei uns selbst und doch »außer uns«, nämlich in die Erfahrung eines Objekts versenkt sind, erklärt auch die ekstatischen Momente und die Intensität starker kunstästhetischer Erfahrungen. Jedoch läßt sich dieser Zug starker ästhetischer Erfahrungen nur angemessen verstehen, wenn man ihn als einen dem ästhetischen Reflexionsspiel einbeschriebenen Zug versteht: Dieses kann sich nur ausspielen im Modus eines auch existenziellen Affiziertseins durchs Kunstwerk.

7. In den Kunstwerken kommt auch die Wahrheit ins Spiel; aber Kunstwerke sind nicht »wahr« oder »falsch«, sie sind vielmehr gelungen oder mißlungen. Jedoch können sie in verschiedener Weise mißlungen sein. Sie können mißlungen sein, weil sie derivativ sind, das heißt nichts Neues »sagen«, zeigen, zur Darstellung bringen oder erfahren lassen und lediglich ein *ästhetisches* Klischee bedienen. Sie können aber auch in einem emphatischeren Sinne mißlungen, nämlich inauthentisch sein, was durchaus mit innovativen Zügen in formaler, materialer und inhaltlicher Art vereinbar ist. Adorno hat in diesem Sinn (zu Unrecht) über Strawinskys *Geschichte vom Soldaten*, den Jazz und (mit einem vielleicht partiellen Recht) über die achte Sinfonie von Mahler negativ geurteilt. Authentizität hat etwas mit Wahrheit – oder Wahrhaftigkeit – zu tun; es scheint somit, daß die *Möglichkeit* solcher Urteile (unabhängig von ihrer jeweiligen Richtigkeit) bedeutet, daß die Wahrheit noch in einem anderen Sinne in der Kunst ins Spiel kommt als in dem gerade beschriebenen Sinn; nämlich in dem Sinn, daß bestimmte Werke – oder doch etwas an ihnen – »unwahr«, weil in einem falschen Sinne affirmativ sind (der triumphal-gewalttägige Gestus in Beethovens 5. Sinfonie) oder weil sie falsche Bedürfnisse (z.B. pseudosakrale, pseudomystische oder sentimentale) bedienen, ohne sie zugleich zu distanzieren, zu reflektieren oder zu ironisieren. Jedoch scheint mir, daß die zuletzt gegebene Erläuterung des ästhetischen Reflexionsspiels ausreicht, um das Inauthentische in der Kunst schlicht als einen Fall des ästhetisch Mißlungenen zu charakterisieren: Es fehlt ihm das Moment der Distanzierung von jenen Gehalten, die in den betreffenden Kunstwerken in affirmativer Weise »ausgestellt«, von ihnen evoziert oder inszeniert werden. Insofern bedeutet das Inauthentische in der Kunst immer auch eine Blockierung des ästhetischen Reflexionsspiels, das heißt eine Form des *ästhetischen* Mißlingens.

Ich habe eben vom welterschließenden Aspekt der Kunstwerke und im Zusammenhang damit von der beständigen Nötigung zur Innovation in der künstlerischen Produktion gesprochen. Welterschließend sind Kunstwerke nicht, weil sie »wahr« (oder »falsch«) sind, sondern weil sie neue Wahrheits- und Bedeutsamkeits*horizonte* eröffnen bzw. vorgegebene in die

Schwebe bringen. Kunstwerke versetzen uns in ein reflexives Verhältnis zu den Bedeutsamkeitshorizonten, den Orientierungs- und Erfahrungsmustern, die unsere praktischen Lebensvollzüge bestimmen. Nicht nur Kunstwerke können solche irritierenden, subversiven, erfahrungs- und wahrheitseröffnenden Wirkungen haben; aber Kunstwerke, denen dies Moment ganz abgeht, scheinen irrelevant. Was Ivan Nagel in einer Rede zum Theater Michael Grübers sagt, gilt allgemein: »Ist die Aufgabe der Kunst nicht, Lücken zu erzeugen, Löcher zu reißen in die Routine des Denkens und des Lebens, in jene komplette Welt der Erklärungen und Gemeinplätze, die wir uns kreieren, um die wahre Welt zu verfälschen, erträglich und benutzbar zu machen?«[190] Und was allein den bedeutenden Kunstwerken vorbehalten ist, das sind solche irritierenden und subversiven Wirkungen auch mit Bezug auf die jeweils gesellschaftlich etablierten Muster einer *pseudo*ästhetischen Erfahrung, wie sie jederzeit das Leben der Kunstwerke selbst bedrohen, insbesondere jener der Vergangenheit. In diesem Sinn verhält sich jedes bedeutende Kunstwerk kritisch zu einer jeweils vorhandenen Kunstwelt und den durch sie etablierten Normen ästhetischen Gelingens. Zwar wußte schon Kant, daß Kunstwerke nicht nach Regeln gemacht oder beurteilt werden können; in den Worten Lyotards heißt das: »Künstler und Schriftsteller arbeiten ... ohne Regeln, sie arbeiten, um die Regel dessen zu erstellen, was *gemacht worden sein wird.*« Das kann jedoch nicht heißen, daß Kunstwerke gewissermaßen Ereignisse in einem normfreien Raum sind. Vielmehr wirken die bedeutenden Kunstwerke, wie es auch bei Lyotard schon anklingt, immer auch als norm*setzend*: Sie setzen gleichsam eine Norm ästhetischen Gelingens, die für die Kunstproduktion und Kunstrezeption wirksam wird. Diese »ästhetische Normativität«, das heißt die in einem Kanon von jeweils anerkannten, paradigmatischen Kunstwerken angelegte normative Bestimmung dessen, was und wie Kunst zu sein hat, oder, wie man auch sagen könnte, des *Begriffs* der Kunst, bedroht jedoch immer auch die als paradigmatisch anerkannten Werke mit dem

---

190 Ivan Nagel, »Das Unmögliche ist das Richtige«, in: ders., *Drama und Theater. Von Shakespeare bis Jelinek*, München/Wien o.J., S. 179.

Tod falscher Vertrautheit, die es zu einer genuinen ästhetischen Erfahrung gar nicht mehr kommen läßt. Insbesondere in der modernen Kunst ist deshalb die Reflexion auf den *Begriff* der Kunst ein integrales Moment der künstlerischen Produktion geworden – so als müßte die Idee der Kunst mit jeder bedeutsamen Produktion neu erfunden werden. Die Kunstproduktion findet, mit anderen Worten, nicht in einem normativ luftleeren Raum statt, sondern immer auch in der Auseinandersetzung mit der normsetzenden Kraft der schon vorhandenen und der vergangenen Kunstwerke, und zwar indem sie ästhetische Normen verändert, erweitert und bricht (man denke daran, was Beethoven aus der barocken Form der Fuge, den Normen der Fugenkomposition gemacht hat, indem er die Fuge »poetisiert« bzw. »dynamisiert« und in die ganz fremde Welt der Sonatenform eingeführt hat – und doch sind die Normen der älteren Fugenkomposition auch bei Beethoven noch erkennbar; nur darum kann man sie ja »Fugen« nennen. Jedoch hat sich mit der »Brechung« dieser Normen zugleich der *Begriff* der Fuge verändert). Jedes neue Kunstwerk – wenn es wirklich eines ist – verhält sich reflexiv-kritisch zu einer vorgegebenen Welt ästhetischer Normen. Es hat nicht nur – und bezieht sich nicht nur – auf einen außerästhetischen Kontext (wie ich zu zeigen versucht habe), sondern darin zugleich auf den Kontext einer vorhandenen Kunstwelt, den es – in der Musik durch einen Bezug auf vorhandene kompositorische Problemstellungen, Problemlösungen und Materialien – überschreitend verändert. Indem es vorgegebene ästhetische Normen überschreitet, sie verändert oder kritisiert, erhebt es selbst einen spezifischen, an den ästhetischen Kontext gebundenen normativen Anspruch, den es freilich nur als *diese je spezifische* ästhetische Konfiguration von Elementen einlösen kann. Bei den gelungenen Kunstwerken fällt dieser normative Anspruch mit seiner Einlösung zusammen, bei manchen mißlungenen dagegen könnte man sagen, daß sie der von ihnen selbst gesetzten »Norm« nicht genügen, Anspruch und Realisierung fallen auseinander. In diesem Sinn kann man behaupten, daß Kunstwerke immer auch an dem von ihnen selbst gesetzten normativen Anspruch gemessen werden müssen. Dies bedeutet keine Infragestellung der allgemeinen »Norm« ästhetischen Gelingens, die ich oben formuliert habe, sondern vielmehr einen ersten Hinweis darauf, daß diese nur angemessen ins Spiel gebracht werden kann, wo der jeweils *spezifische* normative Anspruch von Kunstwerken, der durch ihren Bezug auf einen ästhetischen und geschichtlichen Kontext bedingt ist, mit erfaßt wird.

Mit den letzten Sätzen habe ich bereits einen internen Zusammenhang zwischen ästhetischer Erfahrung und ihrer »Explikation« in einem Spiel der Interpretationen auf der einen Seite, Kunstkritik und ästhetischem Urteil auf der anderen Seite angedeutet. Die Prozessualität gelungener Werke *zeigt sich* im unbeendbaren Spiel der Interpretationen; diesem ist daher ein (positives) ästhetisches Urteil immanent. Die Kunst*kritik* stützt sich auf die Explikation der Werke und ihrer Erfahrung, aber sie ist insofern nicht dasselbe wie diese Explikation, als es in der Kunstkritik *auch* um die Frage nach der *Bedeutsamkeit* der im Kunstwerk verhandelten oder von ihm erschlossenen Gehalte geht. Auf diese Frage gibt es aber keine rein *ästhetische* Antwort; jede Antwort und ihre Verteidigung greift vielmehr, und zwar in einem anderen Sinn als schon die ästhetische Erfahrung selbst – auf den außerästhetischen Kontext der Werke aus, und das heißt: Die Kritik greift ein in die kontroversen Deutungen dieses Kontexts und nimmt *Stellung* zur außerästhetischen Frage der Bedeutsamkeit von ästhetisch erschlossenen Gehalten. Das bedeutet aber, so Ruth Sonderegger, »dass man sich beim Verteidigen des Kunstwerks samt der von ihm als bedeutsam erschlossenen Gehalte viel eindeutiger positioniert, als dies ein Kunstwerk selbst je tut und tun dürfte. In diesem Sinn zwingt die ästhetische Erfahrung ihre Subjekte sogar, den Bereich nicht nur der ästhetischen Erfahrung, sondern sogar den der Kunst zu überschreiten. Anders gesagt: Es gehört zur ernst genommenen ästhetischen Erfahrung, sie zu verlassen.«[191] Das heißt aber zugleich, daß der Begriff des ästhetischen Diskurses, wie ich bisher

191 Ruth Sonderegger, »Die Ideologie der ästhetischen Erfahrung. Versuch einer Repolitisierung«, a.a.O. S. 99f. S. auch Sondereggers instruktive »Durchführung« ihrer These am Beispiel einer kunstkritischen Erörterung einer Videoinstallation von Pierre Huyghes, a.a.O. S. 101–106.

erläutert habe, noch unvollständig ist; denn soweit es in ihm um das Gelungensein von Kunstwerken geht, soweit zu ihm also ein Streit um ästhetische *Urteile* gehört, ist er potentiell immer schon verwickelt in einen Streit über die Bedeutsamkeit der vom Kunstwerk erschlossenen Gehalte. Während das Kunstwerk nicht urteilt, nötigt es doch die Subjekte der ästhetischen Erfahrung zu einer »Positionierung« mit Bezug auf das Was und Wie der von ihm erschlossenens Bedeutsamkeitshorizonte und insofern dazu, wie Sonderegger sagt, den Bereich »der Kunst zu überschreiten.«

8. Es dürfte mittlerweile deutlich geworden sein, daß mit einer philosophischen Explikation der Begriffe von Kunst, ästhetischer Erfahrung und Kunstkritik noch kaum etwas in Hinsicht auf ein Verständnis und die Kritik konkreter künstlerischer Produktionen geleistet ist. Das macht eine solche Explikation jedoch nicht überflüssig. Notwendig ist sie, wie ich glaube, um eine stets drohende Konfundierung von Kunstwerken mit anderen »Dingen« wie Botschaften, Gegenständen bloßer Unterhaltung oder Erbauung, angenehmen Arrangements von visuellen oder akustischen Elementen oder Anlässen einer mystischen Erfahrung zu vermeiden und um einen allgemeinen begrifflichen Horizont für die Interpretation und Kritik konkreter Kunstwerke zu artikulieren. Erst im Medium der Interpretation und Kritik von Kunstwerken kann freilich die philosophische Explikation Substanz gewinnen; jedoch bedarf umgekehrt gerade die Kunstkritik eines Moments philosophischer Reflexion, wenn sie sich nicht blind machen will gegenüber den spezifisch *ästhetischen* Ansprüchen ihrer Gegenstände. Mit Bezug auf die Kunstwerke sind philosophische Reflexion und Kunstkritik aufeinander angewiesen; nur so können beide die spezifische Gefahr vermeiden, die beiden von ihnen droht: Die Gefahr im Fall der Philosophie besteht darin, mit Begriffen ohne Fundierung in ästhetischer Erfahrung, insbesondere ohne Kontakt mit der aktuellen Kunst zu spielen, während sie im Fall der Kunstkritik in der Versuchung besteht, sich begriffslos in den konkreten Phänomenen, in zufälligen Eindrücken und Reaktionen zu verlieren.

IV. Das musikalische Kunstwerk: Welthaltigkeit und Interpretation

1. Vergessen wir für den Augenblick, was ich soeben über den Begriff des Kunstwerks gesagt habe. Für die Musik scheint es ja prima facie deshalb nicht zu gelten, weil sie sich als die sprachfernste der Künste gegenüber allen Versuchen, ihre Bedeutsamkeit in Worte zu fassen, am sprödesten verhält. Gewiß, ich habe Beispiele für ihren Weltbezug gegeben, auch Beispiele dafür, wie ein affektiv gestimmtes Weltverhältnis, das in ihr zum Ausdruck kommen mag, Worte finden kann. Aber ein Spiel von expliziten Zusammenhangbildungen, ein ästhetisches Reflexionsspiel scheint einer genuin musikalischen Erfahrung, scheint dem Charakter der Musik prima facie doch eher fern zu sein. Adorno und Wittgenstein haben den *gestischen* Charakter der Musik betont: Gesten zu verstehen ist nicht dasselbe wie Worte oder Sätze zu verstehen. Gesten verstehen wir auf einem kulturellen Hintergrund; sie »bedeuten« in anderer Weise als Worte oder Sätze, und das Verständnis von gestischen oder affektiven Charakteren der Musik *zeigt* sich nicht in verbalen Erklärungen, sondern eher in einem mimetischen Nachvollzug, im verständnisvollen Spielen von Musik, in ihrem Zusammengehen mit anderen Medien wie dem Tanz, dem Theater usw. Den gestischen und affektiven Charakteren der Musik eignet etwas von Sprache nicht Einholbares, zwar Verstehbares, aber in ihrer Spezifizität eben nur musikalisch Darstellbares. Das betrifft, wie gesagt, die jeweils konkreten Ausdruckscharaktere der Musik und ihren zeitlichen Verlauf. Expressiv ist die Musik in der Evokation von Stimmungen oder in der Darstellung von affektiven Verläufen in ihren subtilen Differenzierungen, Übergängen und Brüchen. Hier ist besonders deutlich die Unmöglichkeit einer *Übersetzung* in die Wortsprache, auch wenn gerade hier auch die Intermedialität der Musik besonders deutlich wird. Aufschlußreich sind in diesem Zusammenhang Adornos Bemerkungen zum Begriff des *espressivo*: »espressivo ist ausnahmslos die Charakteristik von Stel-

len und nicht von Sätzen; in einem ganzen Satz, der espressivo gespielt wäre, würde eben damit der Ausdruck, der nur am Gegensatz zu fühlen ist, sich selber aufheben. Wie jede Miene oder Geste momentan, das »Mienenspiel« schon durchs Ich vermittelt ist, so sind die musikalischen Momente der eigentliche Schauplatz des Mimischen in der Musik und ein im eminenten Sinne mimischer Komponist wie Schubert hat wohl gewußt, warum er seinen eigentümlichen Formen gerade jenen Namen verlieh. Gerade was in Musik zu lesen, zu entziffern ist, sind ihre mimischen Innervationen. Eine pathetische oder verhaltene oder verlöschende Stelle bedeutet nicht Pathos, Verhaltenheit, Verlöschen als ein Geistiges, sondern verhält sich nach jenen Ausdruckskategorien, bildet die ihnen eigentümlichen physiologischen und somatischen Gesten in musikalischen Konfigurationen ab, und wer richtig interpretieren will, muß eben jene in ihnen verkapselten Gesten finden, um sie nachzuahmen.«[192] Diesem sprachlosen »Nachahmen« musikalischer Gesten in der musikalischen Reproduktion entspricht ein sprachloses, mimetisches, gleichsam somatisch-imaginatives Nachvollziehen musikalischer Verläufe in der unmittelbaren musikalischen Erfahrung.

Und doch: Dem bloß mimetischen Nachvollzug bleiben die musikalischen Kunstwerke noch verschlossen, wenn er nicht, wie ich früher betont habe, einhergeht mit einem reflexiven oder kognitiven Moment. Es ist das Zusammenspiel dieser Momente der musikalischen Erfahrung, die den Anstoß gibt für einen ästhetischen Diskurs, in dem die »Sprachlosigkeit« der musikalischen Erfahrung sich zu erhellen versucht in der Form von Interpretationen, Analysen, Beschreibungen und Kommentaren. Die Kunstwerke erwarten ihre eigene Explikation, sagte Adorno – und das gilt auch für die bedeutenden Musikwerke und ihre Erfahrung. Dem entsprechen auch die Versuche, die »Welthaltigkeit« der Musik in Worte zu fassen: hermeneutische Deutungen oder »physiognomische« Beschreibungen, durch welche strukturelle Eigentümlichkeiten, gestische oder Ausdruckscha-

192 Theodor W. Adorno, *Zu einer Theorie der musikalischen Reproduktion*, Frankfurt am Main 2001, S. 244.

raktere, rhythmische oder klangliche Bewegungsfiguren, das polyphone Gewebe oder affektive Kurven einer Musik mit Hilfe von Bildern, Korrespondenzen mit nichtmusikalischen Verläufen oder Situationen charakterisiert und verdeutlicht werden, Beschreibungen also, in denen der latent intermediale Charakter aller Musik zur Sprache kommt. Zum Scherzo der vierten Symphonie Mahlers heißt es bei Adorno: »Musik benimmt sich wie Tiere; als wollte ihre Einfühlung an deren geschlossener Welt etwas vom Fluch der Geschlossenheit gutmachen. Den Sprachlosen schenkt sie den Laut durch tönende Imitation ihres Gehabes, erschrickt selbst und wagt mit der Vorsicht von Hasen wiederum sich hervor, so wie ein ängstliches Kind mit dem kleinsten Geißlein im Uhrkästchen sich identifiziert, das den bösen Wolf übersteht ... Mahlers Märchenton erwacht aus der Ähnlichkeit von Tier und Mensch. Trostlos und tröstend in eins, entschlägt die ihrer selbst eingedenkende Natur sich des Aberglaubens an die absolute Differenz von beiden.«[193] An anderer Stelle sagt Adorno über andere, für seine Symphonien charakteristische Züge der Musik Mahlers: »Romanhaft ist die Kurve, die sie beschreibt, das sich Erheben zu großen Situationen, das Zusammenstürzen in sich. Gesten werden vollführt wie die der Nastasja des Idioten, welche die Banknoten ins Feuer wirft ... Wie im Roman gedeiht bei Mahler Glück am Rande der Katastrophe.«[194] Das spezifisch Moderne von Mahlers Musik sieht Adorno darin, daß sich in ihren Strukturen der »Verlust metaphysischen Sinns« spiegelt, den er als Charakteristikum der Moderne diagnostizierte: »Trotz ihres konservativen Materials ist seine Musik eminent modern darin, daß er kein sinnhaftes Ganzes surrogiert, sondern dem entfremdet Zufälligen sich hinwirft, um darin va banque ihre Chance wahrzunehmen.«[195] » Zur »Kunst des Zitierens« bei Mahler heißt es bei Dieter Schnebel: Die Zitate bilden Rückblicke und Ausblicke auf das, was zu ihr (d.h. Mahlers eigener Musik, A.W.) Affinität hat oder wozu sie selber gehört. Sie

193 Theodor W. Adorno, *Mahler, Eine musikalische Physiognomik. Gesammelte Schriften* Bd. 13, S. 156f.

194 A.a.O. S. 217f.

195 A.a.O. S. 210.

werden zu Momenten, da Musik sich besinnt. Auch wo Eigenes wiederkehrt – beispielsweise die Trauermarschstelle im zweiten Satz der Fünften, die Vorwegnahme einer Rondoepisode im Adagietto, oder im Adagio-Finale der Neunten eine Stelle aus der Burleske – will es kaum Korrespondenzen herstellen, etwa um Konstruktion zu verdeutlichen, wie wenn Bruckner das Thema des Beginns am Ende triumphal wiederholt und dadurch Form verklammert; derlei Architektonik war Mahlers Musik immer abhold. Bei ihm löst Wiederkehrendes eher Erinnerung aus als Wiedererkennen. Was wiedererkannt wird, kommt klar und eindeutig, Erinnerung aber aus Wirrnis, tastend, ebenso blitzartig. Sie bildet sich an Momenten, denen trotz des Bekannten ein Unbestimmtes und Unvorhergesehenes eigen ist. Die Zitate in Mahlers Musik, und was wiederkehrt, holen Vergangenes erinnernd in die Gegenwart, erkennen es als eines, das ihrer Geschichte zugehört. Indem das der Gegenwart Horizont verschafft, wird ihre Offenheit verdeutlicht.«[196] Hier werden nicht einzelne Werke »gedeutet«, sondern ein *Typus* von Musik – etwas in einzelnen Werken Mahlers Wiederkehrendes und ihnen auch strukturell Eigentümliches. Die zitierten Mahler-Deutungen lassen sich lesen als Beiträge zu einer »musikalischen Physiognomik«[197] Mahlers, und die Texte, aus deren Zusammenhang sie entnommen sind, sind in ihrem Ineinander von technisch-strukturellen, hermeneutischen, physiognomischen und »materialistischen« (klangorientierten) Aspekten bereits auch Beispiele jener »konfigurativen Diskontinuität«, von der ich oben gesprochen habe. Vorerst aber geht es mir nur um Beispiele hermeneutisch-physiognomischer Interpretationen, wie sie sich in der Literatur finden. Ein solches Beispiel ist auch Maynard Solomons Charakterisierung der Variationenform, die

196 Dieter Schnebel, »Mahlers Spätwerk als Neue Musik«, in: ders., *Denkbare Musik. Schriften 1952–1972*, Köln 1972, S. 74f.

197 So Adorno im Untertitel seiner Mahler-Monographie (GS. 13, S. 149); entsprechend sieht Schnebel die Sinfonien Mahlers als Teile eines Gesamtwerks: »Wie kaum ein Komponist vor ihm – und nach ihm – hat Mahler seine je selbst schon umfangreichen Werke zu noch größeren Komplexen komponiert und so utopisch ein ganzes Œuvre als eine Komposition visiert.« (A. a. O S. 70.)

inspiriert ist durch Beethovens Diabelli-Variationen und ihre spezifische Art einer »Transfiguration« eines (simplen) Themas:

»Fate cannot knock at the door in the variation form: such concepts as necessity and inevitability need a dialectical musical pattern within which to express their message, whereas the variation form is discursive and peripatetic, in flight from all messages and ideologies. Its subject is the adventurer, the picaro, the quick-change artist, the impostor, the phoenix who ever rises from the ashes, the rebel who, defeated, continues his quest, the thinker who doubts perception, who shapes and reshapes reality in search of its inner significance, the omnipotent child who plays with matter as God plays with the universe. Variation is the form of shifting moods, alternations of feeling, shades of meaning, dislocations of perspective.«

Und dann, ganz unvermittelt, bei Solomon ein ganz anderes Bild:

»The theme remains throughout as an anchor to prevent fantasy from losing contact with the outer world, but too it dissolves into the memories, images, and feelings which underlie its simple reality. In this the theme is like a manifest dream – a simple, condensed sequence of images masking an infinity of latent dream thoughts. The manifest dream is deceptively simple, wrapped in disguises of distortion, censorship, condensation and displacement. Analysis (variation) pierces these veils, recollection fills the dream (the theme) with a significance that illuminates the past and points toward future possibilities of transcendence and fulfillment.«[198]

Wie sehr Solomon hier allerdings einen bestimmten Variationentypus vorschnell verallgemeinert, wird deutlich in Adornos Kommentar zu Variationen Schuberts, in denen er das allerorts bei Schubert virulente eher situationshafte Wanderermotiv diagnostiziert. »... wenn Schuberts Variationenwerke nirgends, wie Beethovens, das Gefüge des Themas angreifen, sondern es umspielen und umgehen, so ist zumal dort die kreisende Wanderschaft Schuberts Form, wo ihr nicht ein vordergründig zugängliches Zentrum gegeben ward, nein, wo dies Zentrum allein in der Kraft sich kundtut, alles, was erscheint, auf sich hin zu rich-

198 Maynard Solomon, *Beethoven*, New York 1979, S. 303.

ten.«[199] Erinnert sei hier auch an die früher zitierte Charakterisierung der Musik Robert Schumanns durch Roland Barthes. Nicht zufällig variieren die gegebenen Beispiele zwischen der Charakterisierung eines einzelnen Satzes, der Charakterisierung eines individuellen Musik-Typus und unterschiedlichen – auf Beethoven bzw. Schubert bezogenen – Charakterisierungen einer musikalischen *Form*. Schon hier zeigt sich, daß sich gerade auch in der Transformation und Umkodierung etablierter Formschemata, wie z.B. der Fuge bei Beethoven oder der Sonatenform bei Schubert, oder auch in strukturellen »Inkohärenzen« im Gebrauch solcher Formschematat ein neues Weltverhältnis der Musik manifestieren kann. Ein letztes Beispiel betrifft wieder einen einzelnen Satz, das vierte Stück aus Weberns *Fünf Orchesterstücken op. 10*; es stammt von Helmut Lachenmann. Am Ende einer ausführlichen strukturellen Analyse dieses Orchestersatzes heißt es bei Lachenmann: »Dabei ist das Ganze nichts als eine Serenade im Mondschein des Flageolett-Klangs. Mit herübergewehten Tönen von dort, wo die schönen Trompeten blasen und die todkündende Posaune antwortet, bis die Militärtrommel zum Zapfenstreich ruft, die Idylle aufstört und sich der Liebhaber, die Mandoline unterm Arm weiterzirpend, davon macht, während die Angebetete ihm mit einer Geigenfigur nachwinkt.«[200] Die Anspielung auf ein Mahler-Lied ist nicht zufällig – »dies ... ist Mahler aus der Vogelperspektive«, sagt er. »Die Musik Weberns« sei »als innere Erfahrung so weit dimensioniert wie die symphonische Musik Gustav Mahlers, nämlich unendlich.«[201]

Die Reihe dieser Beispiele wäre durch zahllose andere zu ergänzen; sie sind hier aus ihrem Zusammenhang herausgerissen, dem Zusammenhang längerer Texte über die Musik Mahlers (Adorno und Schnebel), Beethovens (Solomons), Schuberts (Adorno), Schumanns (Barthes) und wieder Mahlers (Lachenmann). Solche Texte versuchen etwas von dem zu artikulieren,

---

199 Theodor W. Adorno, »Schubert«, *Gesammelte Schriften* Bd. 17, Frankfurt am Main 1982, S. 26.

200 Helmut Lachenmann, *Musik als existenzielle Erfahrung*, Wiesbaden 1996, S. 123.

201 Ebd.

was in der unmittelbaren musikalischen Erfahrung allenfalls undeutlich, »unbewußt« und sprachlos von der Welthaltigkeit, den intermedialen Korrespondenzen einer Musik miterfahren wird. Solche Artikulation gelingt nur durch die Arbeit des Schreibens; es ist kein Spiel – es fehlen ja zunächst die Worte –; anders als bei der Interpretation von sprachlich Formuliertem geht es hier darum, überhaupt erst eine Sprache zu finden. Allerdings steht wohl jeder Essay, der die Physiognomie und Welthaltigkeit bedeutender Literatur (oder Malerei) zu charakterisieren versucht, vor einem ähnlichen Problem.

2. Hermeneutische Deutungen von Musikwerken sind der Versuch ihrer Explikation unter dem Gesichtpunkt ihrer Welthaltigkeit. Nicht zuletzt versuchen sie, etwas von den gestischen, tonmalerischen und Ausdrucksqualitäten der Musik in Worte zu fassen; diese als isolierte sind es ja auch, wie Aspekte der Agogik, der Phrasierung, der Betonung und Klangfarbe, um deren adäquate Realisierung es insbesondere in der Praxis des Musik-*machens*, das heißt eines verständnisvollen Spielens von Musik, geht. Aber hermeneutische Deutungen greifen über solche isolierten Elemente hinaus auf ihren Zusammenhang im Ganzen einer Klangkonfiguration, insbesondere auch auf die strukturellen Aspekte eines Werks. Adorno hat behauptet, alle musikalischen Formen seien sedimentierte Inhalte, und das ist zumindest prima facie plausibel, soweit es um die Tanzformen der älteren Musik, aber auch um die Sonatenform mit ihrer spezifischen »dialektischen« Dynamik geht. Aber wichtiger ist, was mit solchen Formen oder »Formschemata« jeweils konkret geschieht. Beethovens Integration der Fugenform in die der Sonate hat der Fuge eine Dynamik zugeführt, die der barocken Fuge und dem barocken Weltverhältnis fremd ist, eine Dynamik, in der nicht nur etwas von der Dynamik der bürgerlichen Gesellschaft im Zeitalter der Französischen Revolution, sondern auch schon, wie Johanns Picht[202] gezeigt hat, die Krise des idealistischen Sub-

202 Johannes Picht, »Beethoven und die Krise des Subjekts«, Teil I–IV in: *Musik & Ästhetik*, Heft 44 (Oktober 2007), Teil V–VI in: *Musik und Ästhetik* Heft 45, Januar 2008.

jekts sich manifestiert. Oben habe ich Solomons und Adornos Charakterisierungen der Variationenform bei Beethoven und Schubert einander gegenübergestellt; sie lassen sich wiederum als Charakterisierungen zweier unterschiedlicher musikalischer Zeitgestalten und Weltverhältnisse verstehen, und Ähnliches gilt um so mehr für die Veränderung, die der Geist der Sonatenform bei Schubert erfährt. Schuberts Welt ist geprägt durch das Zeitalter der beginnenden Restauration. Die Generation, der Schubert zuzurechnen ist, erlebte, wie Peter Gülke sagt, »die prägenden Ereignisse des Zeitalters vornehmlich im Rückblick oder gar in ihrer – meist brutalen – Zurücknahme und wußte genau, inwiefern unabgegolten war, was als erledigt gelten sollte; das betrifft die josefinischen Reformen, die Französische Revolution, Positionen der Weimarer, die Wiener Klassik und der großen idealistischen Philosophie in gleicher Weise.«[203] Der geschichtliche Horizont von Schuberts Welt ist zugehängt, existenzielle Gehalte treten in seiner Musik in den Vordergrund, die mehr mit Tod, Vergängnis und der Zerbrechlichkeit des Glücks zu tun haben als mit dem doch immerhin bei Beethoven spürbaren trotzigen Freiheitspathos. Gülke zitiert Uhde / Wieland: »Die Ohnmacht vor dem gleichgültig und endgültig Vergehenden möchte wohl eines der großen, noch viel zu wenig reflektierten Themen Schubertscher Musik sein ...«[204], und er fährt fort: »und nicht weniger, wie jene Ohnmacht in vordem unbekannter Dosis und Eindringlichkeit Obsessionen, Ängsten, Bedrohungen, Gefühlen von Verlorenheit, Öde und Ausgesetztsein ohne das Schutzdach einer übergreifenden Sinngebung freie Bahn gewähren muß: dies die dunkle Seite des unerhörten Glücksanspruchs dieser Musik und ihre Beglaubigung.«[205] Dem korrespondiert Schuberts Anverwandlung der Wiener Tradition und korrespondieren die Zeitgestalten seiner Musik. Dieter Schne-

---

203 Peter Gülke, *Franz Schubert und seine Zeit*, Regensburg: Laaber Verlag 1991, S. 48.

204 J. Uhde und R. Wieland, *Denken und Spielen. Studien zu einer Theorie der musikalischen Darstellung*, Kassel etc. 1988, zitiert bei Gülke, a.a.O. S. 295.

205 A.a.O. S. 295.

bel[206] hat die Zeitcharaktere Schuberts der dialektisch-teleologischen Organisation der Zeit bei Beethoven gegenübergestellt; er stellt dem »idealistischen« Beethoven einen »materialistischen« Schubert gegenüber (s. unten Abschn. 8). Der veränderten Zeitstrukturierung der Schubertschen Musik entspricht, daß deren Glücksmomente nicht das Gewalttätige des Triumphs haben, sondern Momente eines unendlichen Sich-Verströmens sind, des Nicht-aufhören-Wollens einer freigesetzen Zeit. Es sind Bilder, gleichsam Erinnerungen des Glücks, kaum ablösbar von einem immer präsenten dunklen Untergrund, letztlich dem des Todes, dessen Korrelate Momente düsterer Trauer, des explosiven Ausbruchs und der tödlichen Erstarrung sind. Adorno hat in diesen Zügen, auch in der Anverwandlung der Sonatenform durch Schubert, die Figur des Wanderers wiedererkannt; in Schuberts Sonaten, so Adorno, »bleiben die Themen ohne dialektische Geschichte ... Nicht allein die gründende Negation aller thematisch-dialektischen Entwicklung stellen sie disparat zur Beethovenschen Sonate, sondern ebensowohl auch die Wiederholbarkeit unveränderter Charaktere ... Schuberts Formen sind Formen der Beschwörung des einmal Erschienenen, nicht der Verwandlung des Erfundenen. Dies gründende Apriori hat die Sonate vollständig ergriffen. Da treten anstelle von entwickelnden Vermittlungssätzen harmonische Rückungen als Umbelichtungen und führen in ein neues Landschaftsbereich, das in sich so wenig Entwicklung kennt wie der vorige Teil ... da werden rückschauend Themen wieder aufgenommen, die durchmessen, aber nicht vergangen sind; und über allem liegt gleich einer dünnen knisternden Hülle die Sonate, die die wachsenden Kristalle überzieht, um bald zu zerbrechen.«[207] Die Figur des Wanderers korrespondiert dem Bild der Landschaft; deren »exzentrische(r) Bau«, »darin jeder Punkt dem Mittelpunkt gleich nah ist, offenbart sich dem Wanderer, der sie durchkreist, ohne fortzuschreiten: alle Entwicklung ist ihr vollkommenes Wider-

---

206 Dieter Schnebel, »Auf der Suche nach der befreiten Zeit«, in: ders., *Denkbare Musik. Schriften 1952–1972*, Köln 1972, S. 124. Zur Erläuterung s. unten Abschnitt 8.

207 »Schubert«, a.a.O. S. 26f.

spiel, der erste Schritt liegt so nahe beim Tod wie der letzte, und kreisend werden die dissoziierten Punkte der Landschaft abgesucht, nicht sie selber verlassen.«[208]

Ich habe die verschiedenen Beispiele einer Schubert-Deutung aus zwei Gründen so ausführlich zitiert: Zum einen wollte ich zumindest andeuten, wie sehr hermeneutische Interpretationen von Musikwerken über die gestischen und affektiven Detailmomente hinausgehen und gerade auch an strukturellen Zügen der Musik ansetzen müssen, also an den »technischen Details«, von denen Adorno sprach; zum anderen, weil gerade die Musik Schuberts ein Beispiel gibt dafür, wie neue Bedeutungsschichten und Gehalte von Kunstwerken erst im Laufe ihrer Geschichte hervortreten mögen[209]: Daß die obigen Zitate allesamt aus der

---

208 A.a.O. S. 25.

209 Nicholas Cook hat in Abwehr zweier falscher Alternativen, nämlich einer rein formalistischen Betrachtungsweise auf der einen Seite und einer Angleichung musikalischer Bedeutung an sprachliche Bedeutung auf der anderen vorgeschlagen, man solle nicht von *der* Bedeutung von Musikwerken, sondern von ihrem »semantischen Potential« sprechen: »Für meine Argumentation ist ... zentral, daß Musik nie ›alleine‹ (d.h. Bedeutungs-los, A.W.) ist, daß sie immer in einem diskursiven Kontext rezipiert wird und daß Bedeutung durch die Interaktion von Musik und Interpret, von Text und Kontext konstruiert wird, so daß die einer gegebenen materiellen Spur zugeschriebene Bedeutung je nach den Umständen ihrer Rezeption variiert. Es ist demnach falsch zu sagen, daß Musik bestimmte Bedeutungen *hat*; vielmehr hat sie das Potential dafür, daß bestimmte Bedeutungen unter bestimmten Umständen *emergieren*.« (Nicholas Cook, »Musikalische Bedeutung und Theorie«, in: A. Becker und M. Vogel (Hgg.), *Musikalischer Sinn*, a.a.O. S. 101.) Dies scheint mir zwar empirisch richtig, aber gleichwohl zu »empiristisch« gedacht: Auch wenn man zugesteht, daß immer wieder neue Deutungen »emergieren«, so sind doch nicht alle Deutungen gleichnah am Kunstwerk, das heißt gleichermaßen *angemessen*. Adornos Kritik an gängigen Formen der Bach- oder Schubert-Deutung (»Bach gegen seine Liebhaber verteidigt«, GS 10.2, Ffm 1977 und »Schubert«, GS 17, Ffm 1982) macht deutlich, daß gesellschaftliche »Übereinkünfte« (Cook, ibidem) hinsichtlich der Bedeutung von Musikwerken auch falsch oder »ideologisch« sein können. Hier zeigt sich, daß der ästhetische Diskurs immer auch vernetzt ist mit nichtästhetischen Diskursen und daher sensitiv ist für Wahrheitsfragen allgemeinerer Art.

zweiten Hälfte des 20. Jahrhunderts stammen, korrespondiert der Tatsache, daß die Bedeutung Schuberts, gerade auch die seiner Klaviersonaten, eigentlich erst im 20. Jahrhundert wirklich entdeckt wurde und damit auch die Reduktion Schuberts auf das »Schwammerl« und den Schubert des Dreimäderlhauses endlich überwunden wurde. Seither erst wurde deutlich, daß Schuberts früher Tod nicht nur eine (romantisierte) Tragödie, sondern – in Gülkes Worten – eine »musikgeschichtliche Katastrophe«[210] war.

Ich habe eben Schnebels Formel vom »idealistischen Beethoven« zitiert. Daß darin eine Verkürzung liegt, war vermutlich auch Schnebel bewußt. Schon Adorno hatte beim mittleren oder »klassischen« Beethoven zwischen zwei verschiedenen Typen der Zeitorganisation unterschieden, einem »intensiven« (prozessual-finalistischen) und einem »extensiven« (zuständlichen) Typus.[211] Nur der intensive Typus, wie er exemplarisch etwa durch den motivisch-thematischen Prozeß im ersten Satz der Eroica realisiert ist, entspricht dem idealistischen, »revolutionären« Beethoven, während Beispiele für den extensiven Typus die Pastoral-Sinfonie und das Klaviertrio op. 97 (das sogenannte Erzherzog-Trio) sind.[212] Mit dem intensiven Zeittypus, so Richard Klein[213], verbindet sich der »Anspruch einer Aufhebung der Zeit vermittels eines Subjektes, das grundsätzlich aus temporalen Zerstreuungen und Entfremdungen zu sich zurückkehren kann.« Demgegenüber begreift schon Adorno, wie Klein sagt[214], »den extensiven Typus als Kritik oder kritische Einschränkung des intensiven ... (Dessen) Verzicht auf jede Form von intentionaler Zukunftsbeherrschung impliziert dann weniger Resignation vor dem idealistischen Parforceakt, das Widerspiel von Zeit und Präsenz zum Stillstand zu bringen, als eine Darstellung souveräner

---

210 Gülke, a.a.O. S. 48.

211 Thedor W. Adorno, *Beethoven. Philosophie der Musik*, Frankfurt am Main 1993, S. 135 ff.

212 Vgl. auch Richard Klein, »Prozessualität und Zuständlichkeit. Konstruktionen musikalischer Zeiterfahrung«, a.a.O. S. 185 ff. Vgl. auch Anm. 40.

213 A.a.O. S. 184.

214 Vgl. a.a.O. S. 189.

Passivität, in welcher die Zeit als Macht des Entstehens und Vergehens in ihrer ganzen Vielfalt freigegeben wird.«[215] Man könnte daher auch sagen, daß die extensiven (»materialistischen«) Zeitgestalten Schuberts schon beim mittleren Beethoven vorgebildet sind. Vollends aber dem Spätstil Beethovens wird die Formel vom »idealistischen« Beethoven nicht mehr gerecht. Adorno hat auf das veränderte Verhältnis von »Konvention« und »Subjektivität« im Spätwerk Beethovens hingewiesen. Konventionen sind tradierte musikalische Form- und Ausdrucksmodelle, wie sie beim mittleren Beethoven im Dienst eines neuen, »subjektiven«, leidenschaftlichen[216] Ausdrucks- und Gestaltungswillens verwandelt und umgeschmolzen werden; beim späten Beethoven dagegen – so Adorno – wird »oftmals ... kahl, unverhüllt, unverwan-

---

215 A.a.O. S. 188. Bemerkenswert ist die Konsequenz, die Richard Klein aus den Überlegungen Adornos zieht. Sie führen nämlich, wie er sagt, letzlich zu »der Einsicht, daß es intensive oder extensive, finale oder zuständliche Musik in reiner, unvermischter Form nicht gibt und nicht geben kann. Die vermeintlich nur final gerichtete Zeit enthält sowohl statische Strukturen, welche die Prozeßteleologie in eine übergeordnete Kreisförmigkeit einzubinden scheinen, als auch Elemente, die die sogenannte Logik des Fortgangs geradezu wie Boten aus einer anderen Welt unterbrechen oder sogar – kurzfristig – stillstellen ... Auf der anderen Seite lebt die extensive Zeit – nicht nur bei Beethoven – auch dann noch bei sukzessiven (nicht unbedingt prozessualen oder finalen) Verlaufsformen, wenn sie diese kompositorisch zu negieren und in Figuren des Statischen und Stationären, des Zirkularen und Räumlich-Synchronen zu überführen sucht.« (A.a.O. S. 192.) Mit Bezug auf die neuere Musik folgert Klein, daß zwar der (ja gerade von Adorno verwendete) »Topos der Statik oder Verräumlichung aller neueren Musik ... etwas Richtiges (trifft)«, daß er aber die Tatsache verdeckt, »daß an die Stelle der Opposition von intensivem und extensivem Zeittypus im 20. Jahrhundert eine Vielzahl sehr unterschiedlicher, ja heterogener Zeitgestalten getreten ist, die sich nicht mehr dem einen oder anderen Typus oder auch idenfizierbaren Formen ihrer Vermittlung zuordnen lassen.« (A.a.O. S. 200.) Das bedeutet natürlich auch eine *Kritik* an Adorno, insofern Adorno letztlich doch am Vorrang des intensiven Typus festhält (vgl. a.a.O. S. 189, s. auch Anm. 40).

216 »Leidenschaft« sei der Inbegriff seiner Musik, hat Beethoven einmal gesagt.

delt die Konvention sichtbar.«[217] Adorno widerspricht der Auffassung, die Spätwerke Beethovens seien Produkte einer »rücksichtslos sich bekundenden Subjektivität.«[218] Von dieser Auffassung sagt er:

»Wohl gewahrt sie die sprengende Kraft der Subjektivität im späten Kunstwerk. Aber sie sucht sie in der entgegengesetzten Richtung als der, nach welcher sie drängt; sucht sie im Ausdruck von Subjektivität selber. Diese jedoch, als sterbliche und im Namen des Todes, verschwindet in Wahrheit aus dem Kunstwerk. Die Gewalt der Subjektivität in den späten Kunstwerken ist die auffahrende Geste, mit welcher sie die Kunstwerke verläßt. Sie sprengt sie, nicht um sich auszudrücken, sondern um ausdruckslos den Schein der Kunst abzuwerfen. Von den Werken läßt sie Trümmer zurück und teilt sich, wie mit Chiffren, nur vermöge der Hohlstellen mit, aus welchen sie ausbricht. Vom Tode berührt, gibt die meisterliche Hand die Stoffmassen frei, die sie zuvor formte; die Risse und Sprünge darin, Zeugnisse der endlichen Ohnmacht des Ichs vorm Seienden, sind ihr letztes Werk.«[219]

Auch dies ist wieder eine hermeneutisch-physiognomische Charakterisierung, nicht eines einzelnen Werks, sondern einer Werkgruppe: Adorno versteht sie sogar noch allgemeiner, als Charakterisierung eines künstlerischen Spätstils; Schnebel beruft sich auf sie in seiner Deutung des Mahlerschen Spätwerks.

Ganz anders Johannes Picht, der im Spätwerk Beethovens nicht so sehr die allgemeinen Züge eines Spätstils von Künstlern, sondern das Zukunftweisende von Beethovens Spätstil sieht.[220]

Picht weist ebenso wie Klein darauf hin, daß das »idealistische« Subjekt in Beethovens Musik, das man etwa mit dem heroischen Stil der *Eroica* assoziieren kann, schon beim mittleren Beethoven zurücktritt und in den Spätwerken – Pichts Beispiel ist die Hammerklaviersonate – geradezu »dekonstruiert« bzw., wie Picht sagt, *negiert*, das heißt in seiner Brüchigkeit musikalisch

217 Theodor W. Adorno, »Spätstil Beethovens«, in: *Gesammelte Schriften* Bd. 17. a.a.O. S. 14f.

218 A.a.O. S. 13.

219 A.a.O. S. 15.

220 Johannes Picht, »Beethoven und die Krise des Subjekts, Teil V–VI, in: *Musik & Ästhetik.* Heft 45, Januar 2008. S. 9.

artikuliert wird. Gestützt auf psychoanalytische Argumente (auf die ich hier nicht eingehe), versucht Picht in seiner Deutung der Hammerklaviersonate zu zeigen, »wie sich in ihr Negation des Subjekts vermittelt, bezogen auf die drei Repräsentanten der musikalischen Subjektivität: Tonalität, Thematik und Formtypus.«[221] Was die Negation des tonalen Subjekts betrifft, so weist Picht auf die »Konfrontation von B-Dur mit einer Gegenwelt in h-moll« sowie auf die Dominanz von Terzverwandtschaften gegenüber der Quintverwandtschaft hin: »Die Terzverwandtschaft unterminiert die Quintverwandtschaft«[222] als dem traditionellen Ort der musikalischen Subjektivität. Vor allem aber verdeutlicht Picht die Negation des (idealistischen) Subjekts an *strukturellen* Zügen der Sonate, die, wie Picht sagt,

»zu den Strukturen, aus denen sie im jeweiligen Moment besteht, eine immer wieder aufweisbare Distanz herstellt. Eine solche Musik darf nicht in ihren Strukturen ruhen und sich nicht mit deren Präsentation begnügen. Dargestellt werden muß vielmehr im musikalischen Prozeß selbst, wie die Struktur, indem sie entsteht, schon abstirbt, hülsen- und scheinhaft wird. Die Norm besteht noch, aber der Verlust ihrer Bedeutung wird deutlich gemacht ... Deshalb sucht und betont Beethoven in der *Hammerklaviersonate* wie im gesamten Spätwerk die klassischen Strukturen, bricht sie aber ständig wieder auf, lässt sie offen und ungewiß werden. Er konstituiert das Subjekt, um seine Brüchigkeit und Fiktionalität, letztlich aber um seine Geschichtlichkeit zu demonstrieren.«[223]

In solchen Zügen sieht Picht aber gerade das »radikal Zukünftige« der Sonate, von der er sagt, sie wolle »ein Aufbrechen der Gegenwart in die Offenheit der Zukunft. ›Aufbrechen‹ ist hier im vollen Wortsinn zu verstehen: Das Verlassen des gegenwärtigen Ortes bedeutet einen Bruch mit den Traditionen und Strukturen, die der Gegenwart das Gepräge geben.«[224] Interessanterweise findet sich Ähnliches in der expliziten Selbstdeutung von

221 »Beethoven und die Krise des Subjekts«, Teil I–IV, in: *Musik & Ästhetik,* Heft 44, Oktober 2007, S. 19.

222 A.a.O. S. 22.

223 »Beethoven und die Krise des Subjekts, Teil V–VI, a.a.O. S. 9.

224 Ebd.

Komponisten im 20. Jahrhundert, etwa bei Helmut Lachenmann (s. unten Abschnitt VI).

Wenn beinah alle Beispiele »hermeneutischer« Deutungen von Musik, die ich zitiert habe, über die Einzelwerke hinausgreifen, so kommt darin etwas für die Musik Spezifisches zutage: Es geht bei solchen Deutungen immer auch um die charakteristischen Züge eines Komponisten oder auch eines Spätstils, und wieder wird deutlich, daß hermeneutische Deutungen von Kunstwerken immer auch hinausgreifen müssen nicht nur auf außermusikalische Kontexte, sondern auch auf die »intertextuellen« Kontexte des einzelnen Werks.

3. Ich habe bisher von intermedialen Korrespondenzen der Musik gesprochen, die, sei es auf dem Weg einer produktiven »Versprachlichung«, sei es durch das Zusammentreten der Musik mit anderen künstlerischen Medien explizit gemacht werden können. Im ersten Fall handelt es sich um den Versuch einer hermeneutischen bzw. »physiognomischen« Deutung (eines Sinfoniesatzes, einer Klaviersonate, eines individuellen Musiktypus oder der spezifischen Anverwandlung eines Formtypus, im zweiten Fall darum, daß verschiedene Medien in einem Verhältnis reziproker Deutung oder auch Brechung zusammentreten. Was die zitierten Beispiele betrifft, so ist allerdings noch unklar, inwiefern sie sich als Momente dessen verstehen lassen, was ich oben als ein »ästhetisches Reflexionsspiel« bezeichnet habe, das heißt ein Spiel einander ebenso potenzierender wie durchkreuzender Zusammenhangbildungen unterschiedlicher Art. Ich habe die zitierten Deutungen herausgelöst aus dem textuellen Kontext, in dem sie stehen; unklar bleibt noch, wie genau sie zusammenhängen mit strukturellen und Klang-Analysen; unklar auch, ob oder inwiefern etwas von dem, was ich die Prozessualität der Kunstwerke genannt habe, in ihnen zum Ausdruck kommt. *Daß* diese Prozessualität der Kunstwerke auch in musikalischen Interpretationen und Analysen ihren Ausdruck finden muß, läßt sich, strukturell gesehen, noch einmal auf folgende Weise deutlich machen: »Hermeneutische« Deutungen von Musik, wie ich sie gerade gerade zitiert habe, entfernen sich mehr oder weniger von den strukturell oder klanganalytisch faßbaren Zusammen-

hängen der betreffenden Musik, aber sie verstehen sich natürlich als *deren* Deutungen; Adorno hat postuliert, sie müßten sich letzten Endes an den »technischen« Details der Musik ausweisen lassen. Aber je mehr eine Analyse sich auf die technischen Details eines Werks einläßt, auf das also, was strukturell und klanglich »objektiv« da ist, desto mehr wird auch an den hermeneutischen Deutungen das nicht (objektiv) Zwingende, etwas einer Sinn*projektion* Ähnliches, gleichsam etwas bloß Subjektives an solchen Deutungen in Erscheinung treten.[225] Der Blick wendet sich zurück auf das, was als »tönend bewegte Form« (Hanslick) wirk-

---

225 Die Grenze hermeneutischer Deutungen wird besonders sinnfällig am Beispiel symphonischer Dichtungen, in die eine hermeneutische Deutung ja gleichsam eingebaut ist. Die Tondichtung *Don Juan* von Richard Strauss hat als Vorlage ein Gedicht von Nikolaus Lenau. Dieses liefert gleichsam einen dramatisch-affektiven Umriß des Stükkes, etwas einem Inhaltsverzeichnis Ähnliches, aber wie wenig ist damit über das Stück und seine latent symphonische Konstruktion und seine klangliche Polyphonie gesagt. In gewissem Sinn »schwebt« die hermeneutische Deutung frei über dem musikalischen Verlauf, den sie inspiriert hat und der für ganz andere, womöglich kritische Deutungen offen ist, wie es etwa in der Alpensinfonie der Fall ist. Das Problematische von Programmen spricht somit weniger gegen hermeneutische Deutungen überhaupt als dagegen, Programme wie die von Strauss als Modellfall hermeneutischer Deutungen anzusehen; sie geben zwar wieder, welche außermusikalischen Inspirationen einer Musik zugrunde liegen, aber für hermeneutische Deutungen kann nicht entscheidend sein herauszufinden, was der Komponist sich »dabei gedacht« hat; im übrigen liegt es es in ihrer Natur, daß sie den Hörer abzulenken drohen von dem, was in der Musik sich zuträgt. Insofern gilt für sie noch am ehesten, was Matthias Vogel gegen hermeneutische Deutungen einwendet: »Wenn das, was für unser Verstehen von Musik wesentlich ist, darin bestünde, daß Musik etwas erzählt, etwas darstellt oder sonstwie repräsentiert, dann wäre sie immer durch etwas erläuterbar und ersetzbar, das den gleich repräsentationalen Gehalt hat. Gustav Mahler hat mit guten Gründen die »Programme«, die er ursprünglich seinen Sinfonien gelegentlich beigegeben hat, später zurückgezogen. Was aber allen hermeneutischen Deutungen eigentümlich ist, ist, daß sie gleichsam eine Leerstelle haben, weil sie das, was sich konkret musikalisch zuträgt und was musikalisch erfahren wird, nicht einholen können. Freilich gilt dies, wie ich behaupte, letztlich auch für alle strukturalistischen und Klanganalysen.

lich »da« ist. Aber *in welchem Sinn* ist es wirklich *objektiv* da? Jede formale Analyse setzt ja Gesichtspunkte und Begriffe voraus, die die Analyse steuern; es gibt nicht *die* angemessene Analyse von Musikwerken; »auch schon die Analyse von Empirischem muß sich«, wie Albrecht von Massow es formuliert hat, »ihrer nichtempirischen Kriterien bewußt sein.«[226] Schon die Selektion der »Elemente, die in einer strukturellen Analyse in Beziehungen der Identität und Variation, der Fortsetzung und des Kontrasts zueinander gesetzt werden, ist nicht »objektiv« entscheidbar, sondern setzt eine bestimmte Perspektive auf die für den ästhetischen Zusammenhang relevanten Züge eines Werks voraus. Zwar kann man bis zu einem gewissen Grad behaupten, daß strukturelle Analysen »objektive« Züge eines Kunstwerks rekonstruieren; aber jede solche Analyse ist geleitet durch einen bestimmten Hinblick, eine »Perspektive« (etwa die der motivisch-thematischen Entwicklung). Die Frage ist dann, *welche* strukturellen Züge es sind, die die Bedeutsamkeit, das Besondere und das »Gelungensein« eines Werkes ausmachen. Zwar besteht kein Zweifel, daß es die je strukturell beschreibbare Klangfiguration bestimmter Werke ist, welche der Ort ihrer Bedeutsamkeit ist, aber keine strukturelle Beschreibung oder Analyse kann verständlich machen, worin das Werk mehr ist als bloß ein komplexes Kaleidoskop von Klängen, wenn sie nicht schon geleitet ist von einem Vorgriff auf dieses »mehr«, auf dasjenige also, was als das Besondere und die *Bedeutsamkeit* einer Musik erfahren wird. So, wie sich eine hermeneutische Deutung an den strukturellen und klanglichen Details ausweisen muß, so verlangt die »technische« Analyse bereits einen hermeneutischen Vorgriff, wenn sie zu einer Erhellung dessen beitragen soll, was die Bedeutsamkeit eines Werkes ausmacht – dem entspricht die Vielfalt möglicher struktureller Analysen und ihrer Interdependenzen, je nachdem sie etwa auf einen motivisch-thematischen Zusammenhang, auf die harmonische Disposition, die rhythmische oder polyphone Konstruktion usw. abzielen. Und so, wie jeder Versuch, den musikalischen Zusammenhang als einen Sinnzusammenhang zu fassen,

226 Albrecht von Massow, »Ästhetik und Analyse«, in: A. Becker und M. Vogel (Hgg.), *Musikalischer Sinn*, Frankfurt am Main 2007, S. 163.

an dem nach der alternativen, sinnsubversiven Logik eines Spiels von Identität und Differenz, von Wiederholung, Variation und Kontrast gebildeten klanglichen Strukturzusammenhang ihre Grenze findet, so setzt jeder Versuch, den musikalischen Zusammenhang als einen bloßen klanglichen Strukturzusammenhang zu fassen, doch wieder eine hermeneutische Perspektive dergestalt voraus, daß sie allererst die für den musikalischen Zusammenhang *bedeutsamen* klanglichen und strukturellen Elemente und Zusammenhänge selegieren muß. Aber selbst dann muß jede rein klanglich-strukturelle Analyse aus den oben genannten Gründen hinter dem, was als bedeutsamer musikalischer Zusammenhang erfahren wird, zurückbleiben.

Der in klanglich-strukturellen Analysen wirksame Vorgriff auf das ästhetisch Bedeutsame des musikalischen Zusammenhangs bedeutet die Restitution einer hermeneutischen Perspektive derart, daß beide Formen der Zusammenhangbildung, die hermeneutische und die klanglich-strukturelle, in ein Zusammen- und Gegeneinanderspiel verwickelt werden, bei dem keine von beiden wirklich einholen kann, was den musikalischen Zusammenhang als ein ästhetisch Ganzes ausmacht. In bedeutenden musikalischen Interpretationen werden sich daher, wie es übrigens auch in der eben zitierten Beethoven-Interpretation von Picht der Fall ist, hermeneutische und klanglich-strukturelle Zusammenhangbildungen in der Regel so miteinander verbinden, daß das tendenziell auch Divergierende der beiden Perspektiven in einer Art von zirkelhafter Bewegung zwischen beiden aufgehoben zu sein scheint. Jedoch sollte schon hier betont werden, daß es sich in solchen Fällen nicht einfach um eine neue Form des sogenannten hermeneutischen Zirkels handelt: Strukturell-klangliche Analyse und hermeneutische Deutung können deshalb niemals zu einer *definitiven* Interpretation eines Werkes zusammentreten, weil beide einer unterschiedlichen Logik der »Durchführung« gehorchen – der Logik einer detaillierten strukturell-klanglichen Analyse und Beschreibung auf der einen Seite und einer Logik des Sinns, d.h. einer kontextuellen Ausarbeitung des Weltbezugs der Werke, auf der anderen. Das Verhältnis der beiden Analyse- bzw. Interpretationsansätze ist daher das einer potentiellen Konvergenz ebenso wie das einer unvermeidlichen Divergenz entsprechend dem, was ich als das Zögern des Kunstwerks an der Schwelle von Klang(struktur) und Sinn, von Sinneröffnung und Sinnsubversion beschrieben habe. Im besten Fall treten die unterschiedlichen Analyse- bzw. Interpretationsansätze zusammen als Konstellationen eines Zusammenspiels von strukturell-klanglichen Analysen, physiognomischen Beschreibungen und hermeneutischen Deutungen, deren »konfigurativer Diskontinuität« die Möglichkeit des »Weiterspielens«, das heißt die Prozessualität der Werke einbeschrieben ist, auch wenn am Ende dasjenige, was die ästhetische Erfahrung erfährt, lediglich in einer bestimmten von vielen möglichen »prismatischen Brechungen«[227] zur Darstellung kommt. Keine Interpretation kann einholen, was am Kunstwerk in seiner Konkretion zu erfahren ist. Daher ändern auch die besten Interpretationen nichts daran, daß die bedeutenden Musikwerke immer wieder neue Deutungen und Analysen provozieren, die einander ergänzen und durchkreuzen, ohne daß die Prozessualität der Werke und daher dasjenige, was man ihren ästhetischen Zusammenhang nennen könnte, sich jemals durch eine einzige oder »letzte« Deutung oder Analyse einholen ließe. Die Prozessualität der Musikwerke wird sich somit *auch* in einer spezifischen Prozessualität der von ihnen angestoßenen ästhetischen Diskurse manifestieren.

Undurchschaut kommt diese Prozessualität auch im Streit zwischen »Formalisten« und »Hermeneutikern« in der neueren Musiktheorie zur Geltung. In ihr ist es immer wieder zu Kontroversen darüber gekommen, wieweit musikalischer Zusammenhang sich als ein formal-struktureller oder (auch) als sinnhafter, »hermeneutisch« faßbarer (Sinn-)Zusammenhang begreifen läßt. Die »Formalisten« können für sich geltend machen, daß musikalischer Zusammenhang sich nicht verstehen läßt, ohne daß formale Kategorien wie Wiederholung, Variation, »Setzung« und »Fortsetzung«, Entwicklung, Reihung, Kontrast, Spiegelung usw., also ein Spiel mit Identität und Differenz, und ohne daß rhythmische und Klangqualitäten und deren Variation oder, jedenfalls in der kadenzharmonischen Musik, die harmonische

227 Vgl. Christoph Menke, *Die Souveränität der Kunst*, a.a.O, S. 142.

»Disposition« eines Stückes, als für diesen Zusammenhang konstitutiv ins Spiel gebracht werden. Das Spiel von Wiederholung, Variation und Kontrast, von Setzung und Fortsetzung usw. kann Motive, Themen, rhythmische Figuren und Strukturen, harmonische und kontrapunktische Konstellationen, Klänge und Klangtexturen betreffen. Seine Analyse zielt nicht auf die Entzifferung eines Sinnzusammenhangs, sondern auf das Durchsichtigmachen eines strukturellen Zusammenhangs bzw. die Beschreibung von Klangtexturen. Strukturelle und Klanganalysen betreffen weithin die spezifischen Konstruktionen eines Spiels von Identität und Differenz, von rhythmischen, polyphonen und klanglichen Verläufen in spezifischen Werken. Man könnte deshalb von einer »antihermeneutischen« Perspektive aufs Musikwerk sprechen, für die das Spiel mit Identität und Differenz im musikalischen Material und die physische Materialität von Klängen und ihren Verläufen als das einzig objektiv Faßbare erscheint, demgegenüber jede sinnhafte Deutung als bloß subjektive Projektion erscheinen muß. Die formal-material-strukturalistische Perspektive auf die Musik, welche den Klang nicht auf einen Sinn, sondern auf seine Materialität, seine »syntaktischen« Bezüge und auf seine Verwicklung in ein Spiel von Identität und Differenz hin ansieht, artikuliert sich sprachlich in strukturellen Analysen und am Klang orientierten Beschreibungen, in denen der mögliche Bezug auf Außermusikalisches weitgehend ausgeblendet wird zugunsten dessen, was als Strukturzusammenhang und Klangtextur faßbar ist. Sie entspricht dem, was Eduard Hanslick mit seiner These meinte, »tönend bewegte Formen (seien) einzig und allein Inhalt und Gegenstand der Musik«. Weil aber auch die Musik als »tönend bewegte Form« vom Hörer der Musik erfaßt, gleichsam hörend »synthetisiert« werden muß, besteht hier sicherlich zwischen musikalischer Erfahrung und der sprachlich artikulierten Analyse von Musik ein interner Zusammenhang derart, daß die musikalische Analyse ebensowohl zu einem besseren Hören hinführen als auch die musikalische Erfahrung rückwirkend erhellen und korrigieren kann.

Demgegenüber betrachten hermeneutische, das heißt sinnorientierte Deutungen von Musik die vom Formalisten analysierte Klangtextur als das »Darstellende« eines »Dargestellten« (Schlegel). Dem liegt die Einsicht zugrunde, daß rein strukturelle Analysen nicht erklären können, inwiefern Musikwerke als bedeutsam erfahren werden und insofern in eigentümlicher Weise an der Welt kommunizierbaren Sinns teilhaben, wie Geschichte in sie eingeht, wie sie auf Außermusikalisches verweisen, ein Weltverhältnis artikulieren bzw. in das Welt- und Selbstverständnis der Musikhörer *eingreifen*. Unter dem Gesichtspunkt ihres Weltbezugs erscheinen die musikalischen Klangobjekte als Klangtexte, als komplexe Zeichen, die etwas zu verstehen geben, auch wenn das, was sie zu verstehen geben, an die spezifische Materialität ihrer Klangtextur gebunden ist, die sich nicht als ein Feld wohldefinierter Signifikanten auffassen und semiotisch entschlüsseln läßt. Gleichwohl wären aus hermeneutischer Perspektive die klangliche Materialität und die formale Struktur von Musikwerken als Vehikel einer Sinnproduktion, musikalischer Zusammenhang also letztlich als ein sinnhafter Zusammenhang zu begreifen.

Beide genannten Perspektiven auf die Musik, die klanglich-strukturelle und die hermeneutische, knüpfen an wichtige Aspekte der musikalischen Erfahrung an und haben darin ihr partielles Recht. Aber aus beiden Perspektiven läßt sich musikalischer Zusammenhang als spezifisch *ästhetischer* Zusammenhang nicht fassen; beide verfehlen die eigentümliche Prozessualität des musikalischen Kunstwerks so, wie ich sie beschrieben habe. Deshalb habe ich gesagt, daß sich gerade im (unschlichtbaren) Streit zwischen Formalisten und Hermeneutikern die Prozessualität des Kunswerks auf undurchschaute Weise manifestiert. Unter Rekurs auf Kants Charakterisierung der ästhetischen Erfahrung als eines freien Zusammenspiels von Verstand und Einbildungskraft könnte man diesen Sachverhalt auch so ausdrücken: Das Kunstschöne läßt sich weder auf einen definitiven Begriff dessen bringen, was es »sagt«, »zeigt« oder »erfahren läßt« – obwohl es, wie Kant sagt, »viel zu denken veranlaßt« –, und das heißt, daß eine hermeneutische Ästhetik zu kurz greifen muß; noch kann eine rein klanglich-strukturelle Analyse, so erhellend sie sein mag, das ästhetisch Bedeutsame eines Werkes als einer Konfiguration von Klängen einholen, und das heißt, daß auch eine formalistische Ästhetik zu kurz greift. An dieser Stelle wird deutlich, daß keine der Formen der Zusammenhangbildung in der expliziten Interpretation bzw. Analyse von Musikwerken, auf die ich bisher als gängige Formen rekurriert habe, als ein Explizitmachen der Erfahrung von musikalischem Zusammenhang gelten kann, da beiden ja der musikalische als ein *ästhetischer* Zusammenhang entgehen muß. Die musikalische Erfahrung hat es in ihren Zusammenhangbildungen gleichermaßen mit klanglichen, formal-strukturellen und sinnhaften Elementen zu tun, deren prozessuales Verhältnis sich weder formal oder klanganalytisch noch hermeneutisch auf den Begriff bringen läßt, aber auch nicht durch einzelne Interpretationen, die das Zusammenspiel jener Elemente in sich zur Geltung bringen: Das liegt daran, daß die »Pole« dieses Zusammenspiels aufeinander verweisen, und zwar so, daß ein potentiell unendlicher Wechsel vom einen zum anderen in der Natur der jeweiligen Zusammenhangbildungen selbst schon angelegt ist. Das ästhetische Reflexionsspiel, von dem ich gesprochen habe, hat sein »weltliches« Korrelat in der Prozessualität des ästhetischen Diskurses, für den es kein natürliches Ende gibt, weil keine Zusammenhangbildung das Kunstwerk wirklich »einholen« oder resumieren kann und dieses daher immer wieder neue Interpretationen, Analysen und Beschreibungen provoziert.

4. An einem Beispiel möchte ich verdeutlichen, was ich oben über das »instabile« Verhältnis zwischen einer strukturellen und einer hermeneutischen Perspektive aufs musikalische Kunstwerk gesagt habe. Walter Levin, der ehemalige Primarius des La-Salle-Quartetts, hat vor kurzem in einem Gesprächskonzert mit dem jungen Amaryllis-Quartett mit Klang- und Notenbeispielen verbundene Hinweise auf intrikate strukturelle Züge des Streichquartetts a-moll von Brahms gegeben, das danach im Ganzen bewundernswert gespielt wurde. Levins strukturelle Hinweise waren inspiriert durch Schönbergs Esssay von 1947, »Brahms the Progressive«, das heißt, Levin wies insbesondere auf strukturelle Züge der Brahmsschen Musik hin – nicht nur solche, die Schönberg mit dem Begriff der »entwickelnden Variation« aufgriff –,

in denen sich etwas von den Verfahren der Schönberg-Schule ankündigt. So zeigte Levin etwa, daß schon die ersten Takte des Quartetts – das Thema und seine triolische Begleitung – eine Art thematischer Substanz für große Teile des ersten Satzes und darüber hinaus bildet, eine thematische Substanz, aus der durch Variation, Abspaltung von Motiven und diverse »Ableitungen« eine dichte musikalische Einheit der Komposition gestiftet wird. Darüber hinaus wies Levin auf strukturelle Züge der Musik hin, durch die Brahms auf vorklassische Verfahren zurückgreift, wie sie auch in der Zwölftonmusik wieder aufgegriffen wurden: Kanon-Bildungen zwischen zwei Stimmen oder »Ableitungen« wie Umkehrung und Krebs in der polyphonen Stimmführung; und schließlich wies er auf Brahms' Verfahren einer Destabilisierung des Metrums durch rhythmische Konstruktionen, die das »Diktat« der schweren Taktteile des Metrums außer Kraft setzen, gleichsam eine partielle Befreiung der rhythmischen Organisation von den Fesseln des Metrums. Levins Intention war es, mit Schönberg das Avancierte, das »Progressive« von Brahms' Musik deutlich zu machen. Ähnlich hatte schon Adorno in einem kleinen Aufsatz von 1934[228] die progressiven Züge der Brahmsschen Musik (seinerzeit gegen den Vorwurf von Brahms' angeblichem Akademismus) betont; bei Brahms, so Adorno, »wird Beethovens spezifische Durchführungstechnik weitergebildet und zu einer Kunst der Variation gesteigert, die in den Expositions- und Durchführungsteilen aus dem Bewahrten, Bekannten unablässig Neues entwickelt, ohne eine ›freie‹, konstruktiv zufällige Note sich zu gestatten.«[229]

Die Frage ist natürlich, inwiefern der Nachweis der konstruktiven »Dichte« der Brahmsschen Musik etwas über ihr ästhetisch Gelungenes besagt. Mit der gerade zitierten Bemerkung rückt Adorno, ebenso wie Schönberg dies tat, Brahms' Musik hinsichtlich ihrer konstruktiven Verfahren in die Nähe der Neuen Musik in der Schönberg-Tradition, wobei Adorno wohl gar nicht in erster Linie an die Zwölftonkompositionen und die spätere

228 Theodor W. Adorno, »Brahms aktuell«, in: *Gesammelte Schriften* Bd. 18, Frankfurt am Main 1984.

229 A.a.O. S. 202.

serielle Musik denkt[230]; aber gerade für die Zwölftonkompositionen und noch mehr für die serielle Musik ließe sich ja geltend machen, daß sie sich in ihren konstruktiven Verfahren, bei denen wieder die Umkehrung und der Krebs von Reihen sowie Verfahren der »Ableitung« neuer Reihen aus einer Grundreihe eine Rolle spielen, keine »›freie‹, konstruktiv zufällige Note gestatten«. Jedoch war es auch Adorno, der an seriellen Kompositionen einen »algorithmischen« Konstruktivismus kritisierte, der zwar keine »konstruktiv zufälligen Noten« mehr zuließ, aber dabei keine musikalisch sinnvollen Gebilde mehr hervorbrachte. Brahms »Konstruktivismus« ist offensichtlich von anderer Art; es ist ein *kompositorischer* Konstruktivismus, dessen Sinn sich nur aus dem geschichtlichen Kontext seiner Musik erschließen läßt, aus seinem Ort in der Nach-Beethovenschen Musik. Der Rückgriff auf vorklassische Verfahren wie kanonische Stimmführung, von Umkehrung und Krebs, auf die Levin hinwies, steht im Dienst einer Weiterbildung von Beethovens Durchführungstechnik auf der Höhe der *romantischen* Musiktradition; erst in diesem Kon-

---

230 Eher schon an Werke aus der Phase der »freien Atonalität«, etwa die drei Orchesterstücke op. 6 von Alban Berg. Deren konstruktive Dichte hat Raphael Rösler im Programmheft der Berliner Aufführung der Orchesterstücke durch Michael Gielen und die Berliner Staatskapelle im November 2007 so charakterisiert, daß bei allen Differenzen (bei Brahms gibt es ja echte Themen als Ausgangspunkt, von denen dann Motive »abgespalten« werden) sinnfällig wird, inwiefern Brahms hier als ein »Vorläufer« gelten kann. »Durch die Technik, motivisches Material aus kleinsten Intervallfolgen zu generieren, es als Zitat zu wiederholen oder es fortschreitend zu transformieren, sind sie in ein enges Netz motivisch-thematischer Beziehungen eingebunden. Aus sehr kleinen melodischen oder rhythmischen Einheiten wird das gesamte motivische Material entwickelt. Winzige Motive bilden die thematische Grundlage, aus der schließlich das Werk organisch erwächst.« (A. a. O.) Aber gerade in den strukturellen Differenzen ist zugleich der enorme Unterschied in Physiognomie, »Aura« und Welthaltigkeit der Musik von Brahms und Berg begründet: Was Adorno den »Todestrieb« der Bergschen Musik nannte, wird man kaum mit Brahms' Musik assoziieren wollen, ganz abgesehen davon, daß mit dem Übergang zur Atonalität auch die harmonischen Grundlagen umgepflügt wurden, die noch den Ausdruckscharakteren der Brahmsschen Musik zugrunde lagen.

text gewinnen seine Verfahren ihren spezifischen Sinn, nämlich den einer konstruktiven Anverwandlung von Impulsen, die der Nach-Beethovenschen Romantik entstammen. So auch Adornos hermeneutische Deutung des Brahmsschen Konstruktivismus: »Tiefsinnig schaut seine Musik ihr Material, eben das der Schumannschen Hochromantik, in seiner Selbstgegebenheit solange an, bis aus dessen eigenen Forderungen die Objektivation gerät: Objektivation des Subjekiven.«[231] Das Stichwort einer »Objektivation« der romantischen Subjektivität eröffnet aber einen anderen Blick auf die Musik Brahms' als die auf Schönberg verweisenden Bemerkungen Levins über seine konstruktiven Verfahren: Im »Darstellenden« dieser Musik – das im übrigen durch die Hinweise auf konstruktive Züge dieser Musik ja nur in einer Dimension, derjenigen der Tonhöhen und Tondauern, andeutungsweise beschrieben wird, wogegen etwa die Dimensionen der Harmonik[232] und der klanglichen Dynamik noch gar nicht berührt werden – wird ein »Dargestelltes« und wird ihr »Zeitkern« sichtbar, das heißt die Welthaltigkeit dieser Musik, dasjenige an ihr, wodurch ihre Konstruktionen sich radikal von denjenigen Bachs, der Niederländer oder auch Schönbergs *unterscheiden,* soviel sie auch in konstruktiver Hinsicht mit dem einen oder anderen gemeinsam haben mögen. Gerade im erwähnten Gesprächskonzert wurde dies sinnfällig durch den Kontrast zwischen den strukturellen Hinweisen Levins und dem außerordentlichen Höreindruck, den das A-moll-Quartett hinterließ, ganz abgesehen davon, daß viele der strukturellen Details auf die Levin hinwies, das heißt die kontrapunktischen und einheitsstiftenden »Kunstgriffe« von Brahms, auch von einem musikalisch gebildeten Hörer kaum hörend nachvollzogen wer-

---

231 A.a.O. S. 201 f.

232 In diesem Zusammenhang ist interessant, was Adorno über die Harmonik Schumanns sagt: »... die harmonischen Funde Schumanns werden aus ihrer expressiven Vereinzelung gelöst und nach ihnen die harmonische Struktur neu bestimmt: sie bilden selbständige Nebenstufen, die sinnvolle akkordische Gleichgewichtsverteilung auch über lange Strecken ermöglichen und, gegenüber dem klassischen Schema von Subdominante, Dominante und Tonika, gleichwohl den subjektiv erschlossenen Reichtum halten.« (A.a.O. S. 202.)

den können. Anders verhält es sich mit den Bemerkungen zur Destabilisierung des Metrums: Diese ist, wenn – wie in diesem Fall – musikalisch angemessen realisiert, durchaus hörbar und ein wichtiger struktureller Zug dieser Musik neben ihrer – ebenfalls von Levin betonten – Durchbrechung der »klassischen« Vier- oder Achttaktigkeit von Themen und Perioden, durch welche erst dieser Musik ihre spezifischen Ausdruckscharaktere zuwachsen. Sie zu benennen heißt aber zugleich, die spezifische »Aura« und Welthaltigkeit dieser Musik zu beschreiben, in der sich der romantische Impuls objektiviert in einer eigentümlichen Spannung zwischen dem zweifellos auch »Rückwärtsgewandten« und dem spezifisch »Modernen« ihrer konstruktiven Verfahren. Gewiß, die Möglichkeiten einer hermeutischen Perspektive auf Brahms' A-moll-Quartett habe ich hier allenfalls angedeutet. Erst später (s. Abschn. 8) werde ich an einem Beispiel zeigen, wie schon in einzelnen Interpretationen formale, klanganalytische, physiognomische und hermeneutische Deutungen so ineinanderspielen können, daß in ihnen nicht nur die notwendige Vielfalt der Interpretationsperspektiven, sondern zugleich auch etwas von der Prozessualität der Kunstwerke als einem unendlichen Reflexionsmedium sinnfällig wird.

Um noch einmal auf die konstruktive »Dichte« des Streichquartetts von Brahms zurückzukommen, die im Zentrum von Levins Hinweisen stand: Es besteht ja kein Zweifel, daß die bedeutende Musik in der Traditionslinie Bach-Beethoven-Brahms-Schönberg (und nicht nur dort) und bis hin zur seriellen und postseriellen Musik sich in immer wieder neuer Weise an der Idee einer solchen konstruktiven Dichte orientiert hat, so daß es durchaus Gründe dafür gibt, wenn genau darin auch ein Kriterium für das Bedeutende solcher Musik gesehen wurde, auch wenn die Art und die Elemente der musikalischen Konstruktionen sich im Lauf der Geschichte radikal verändert haben und schon bei Brahms und Wagner ganz unterschiedlicher Art sind. Auch wenn nun, wie ich argumentiert habe, strukturelle Analysen, die solche Konstruktionen sinnfällig machen, niemals den musikalischen als einen *ästhetischen* Zusammenhang »einholen« können, so bleibt doch die Tatsache, daß die konstruktive Dichte des Spiels mit Identität und Differenz, mit Wiederholung und

Variation gewissermaßen ein *unabhängiges* Kriterium des Ranges zumindest eines Großteils der bedeutenden Musik geworden ist. Was man die »Gedankentiefe« der Musik von Bach, Beethoven oder Brahms genannt hat, hängt zweifellos mit dieser konstruktiven Dichte ihrer Kompositionen zusammen, so als wären sie vergleichbar mit einer tiefsinnigen philosophischen Abhandlung, in der ein Gedanke hin und her gewendet wird. Eine andere Assoziation habe ich oben bereits angedeutet: Es ist die des lebendigen Organismus, der sich aus einem Keim entfaltet. Beide Assoziationen haben ihr Suggestives und zugleich etwas Irreführendes: Kompositionen sind weder Abhandlungen noch Organismen; die konstruktive Dichte ihres Spiels mit Identität und Differenz, mit Wiederholung und Variation ist vielmehr ein Mittel der Herstellung von *formalem* oder *strukturellem* Zusammenhang als einer hermeneutisch nicht faßbaren eigensinnigen Dimension des Kunstwerks und *zugleich* eine Bedingung seiner jeweils spezifischen »Sprachähnlichkeit«, also desjenigen, worin es hermeneutische Deutungen provoziert. Denn erst der konstruktive Zusammenhang der Elemente – wie auch die mögliche die Durchbrechung solchen Zusammenhangs – kann im akustischen Material der Musik Sinn generieren. Sinn, Klanglichkeit und Struktur sind nicht drei voneinander unabhängige Dimensionen des musikalischen Kunstwerks; vielmehr spielen sie so ineinander, daß sie hermeneutisch faßbaren Sinn durch die physische Materialität des Klangs und die Eigenlogik seiner strukturellen Organisation ebenso erzeugen, wie sie ihn auch immer wieder ungreifbar werden lassen. Das setzt natürlich voraus, daß die konstruktive Dichte, von der hier die Rede ist, nicht die einer algorithmisch oder sonstwie kalkülhaft erzeugten Dichte ist, wo keine »konstruktiv zufällige« Note mehr vorkommt, sondern eben: eine kompositorisch erzeugte Dichte, die im einzelnen ganz Verschiedenes bedeuten kann, weil sie ganz unterschiedliche Elemente und unterschiedliche Weisen des Umgangs mit ihnen betreffen kann und für deren Erzeugung es keine allgemeingültigen Regeln geben kann. Und weil das so ist, »sprechen« die Kompositionen Bachs, Beethovens, Brahms' oder Bergs in jeweils ganz verschiedener Weise.

5. Ich habe bisher nur von *bedeutsamen* Kunstwerken gesprochen, solchen, durch die etwas Neues in die Welt kommt, die in unsere Erfahrung eingreifen und die, wie man mit Adorno sagen könnte, ihre eigene Explikation erwarten, also eine Antwort auf die Frage »Was ist das?«, mit der uns die unmittelbare Hörerfahrung mit ihrer den erotischen Körper, die Affekte, das Unbewußte berührenden Klang-Intensität zumeist zurückläßt. Zum aufmerksamen Hören gehört sicherlich ein Zusammenspiel von mimetisch-nachvollziehenden und reflexiven bzw. kognitiven Momenten, ein »Spiel der Verstehensvollzüge«, aber einer Phänomenologie des (aufmerksamen) Hörens wird sich so etwas wie eine Prozessualität des musikalischen Kunstwerks (im oben erläuterten Sinn) kaum zeigen. Indes gilt dies allgemein für das, was für gewöhnlich ästhetische Erfahrung genannt wird: die unmittelbare Erfahrung des Kunstwerks im Präsens seines Sich-Zeigens bzw. seiner Aufführung. Erst in der Fortsetzung oder Explikation dieser Erfahrung im ästhetischen Diskurs kann die Prozessualität des Kunstwerks in ihrer Eigentümlichkeit manifest werden. Der unmittelbaren ästhetischen Erfahrung erscheint sie bloß als ein Ineinander von Evidenz und Rätselhaftigkeit der Kunstwerke. Auch so schon greifen sie in die Erfahrung ein, können sie Augen und Ohren öffnen, das Fühlen und Denken in Bewegung setzen, aber genau darin sind sie ein Anstoß für den ästhetischen Diskurs, in dem die ästhetische Erfahrung sich fortsetzt, in dem sie sich und die Kunstwerke erhellt und auch verwandelt: Erst im Raum des ästhetischen Diskurses oder, wie Adorno es sagte, im Zusammenhang von Interpretation, Kommentar und Kritik *werden* die Kunstwerke, was sie sind.

Jedoch ist im Fall der Musik der Begriff der Interpretation, wie ich früher betont habe, doppeldeutig: Sprachliche Interpretation und musikalische Interpretation spielen ineinander. So, wie jede einzelne sprachliche Interpretation ein bestimmtes Licht auf ein musikalisches Werk wirft, so tut es auch jede bestimmte musikalische Interpretation (Aufführung). Aber die musikalische Interpretation wirft ihr Licht doch in anderer Weise auf das Werk als die sprachliche: Während jede einzelne sprachliche Interpretation hinter dem Ganzen des Werks *notwendiger-*

weise zurückbleibt, ist der Anspruch einer musikalischen Interpretation notwendigerweise, das Ganze des Werkes zur Erscheinung zu bringen, obwohl doch keine musikalische Interpretation das Werk *als solches* (und in diesem Sinn: *als Ganzes*) erschöpfen kann, da jede solche Interpretation das Ganze des Werks wieder neu beleuchtet. In jedem Fall aber wird das Werk als ein Klangobjekt überhaupt erst real durch die und in der musikalischen Interpretation, und das Spiel der (sprachlichen) Interpretationen, von dem ich gesprochen habe, muß sich auf die Werke in ihrer Klanggestalt beziehen, weil nur in dieser Klanggestalt die Werke werden, was sie sind. Das bedeutet aber, daß jenes Spiel der Interpretationen immer auch durchkreuzt wird von einem Diskurs über die richtige, die angemessene *musikalische* Interpretation, gemessen am »Text« einer Partitur. Dies verweist auf die oben bereits erwähnte andere Dimension dessen, was Adorno die Prozessualität der Kunstwerke genannt hat: die Dimension ihrer geschichtlichen Veränderung, ihres »Werdens« im Medium von Interpretation, Kritik und Kommentar – wobei im Fall der Musik »Interpretation« im Doppelsinn der sprachlichen und der musikalischen Interpretation zu verstehen ist. Nicht nur hat die Musik in der Abfolge ihrer »Stile«, Formen, Kompositionsweisen und in der Entwicklung ihres Materials eine Geschichte, vielmehr ist auch die Seinsweise der bedeutenden Musikwerke eine geschichtliche insofern, als sie nicht ein für allemal fertig »da« sind, sondern mit jeder geschichtlichen Veränderung neue Potentiale an ihnen zutage treten können, alte Schichten absterben, neue musikalische und auch andere künstlerische Kontexte sie in einem neuen Licht erscheinen lassen. So gibt es nicht nur, trotz aller Brüche, einen Traditionszusammenhang der großen europäischen Musik bis zur allerneuesten, vielmehr fällt von der zeitgenössischen Musik auch ein neues Licht auf die ältere. Soweit aber in diesem neuen Licht auch die Klanggestalt der Werke (die musikalische Interpretation) sich verändert, verändern die Werke selbst sich – eine Veränderung, die im übrigen nicht im Widerspruch stehen muß zu den Desideraten einer »historischen Aufführungspraxis«. Letztere haben ihre Berechtigung ja nicht in der Idee, die »ursprüngliche« Klanggestalt der Werke wiederherzustellen (das wäre vielmehr schlechter Historismus), sondern vielmehr in der Intention, *verschüttete* Klangpotentiale einer Musik wiederzugewinnen, die durch die etablierten Instrumente und Interpretationspraktiken verlorengegangen sind.

6. Was ich bisher über die musikalische Erfahrung und die Explikation der Werke gesagt habe, schließt eine »Depotenzierung« von Adornos Ideal eines »strukturellen« Hörens von Musik ein. Auf das Problematische dieses Konzepts hat Rose Rosengard Subotnik[233] hingewiesen. Subotniks Einwand ist, daß dieses Konzept (1) die ästhetische Substanz einseitig in die strukturelle Kohärenz von Werken verlegt und damit das Eigengewicht des Klangs marginalisiert, daß hiermit (2) die irreführende Idee der *einen* angemessenen strukturellen Analyse von Werken verbunden ist, daß damit (3) ein bestimmtes, mit der Entwicklung der europäischen Musik und ihrer Theorie verbundenes kulturelles Vorurteil zum Ausdruck gebracht wird und daß (4) das Konzept des strukturellen Hörens eine kleine Schicht von professionellen Hörern gegenüber den nichtprofessionellen Hörern in einer nicht zu rechtfertigenden Weise privilegiert. Subotniks Fazit: »Structural listening by itself turns out to be socially divisive, not only in what it demands but also in what it excludes or suppresses.«[234] Demgegenüber spricht Subotnik von einer Dialektik von »Stil« und »Struktur« – wobei »Stil« bei ihr meint, was ich als die »physiognomischen« Züge einer Musik bezeichnet habe, letztlich dasjenige, worin ihre Intermedialität, ihre Welt- und intertextuellen Bezüge und ihr »Zeitkern« zum Ausdruck kommen. Für Subotnik sind Stil und Klang der Musik, das heißt ihre klangliche Physiognomie, ihr »Vordergrund«, mit Bezug auf das Hören von Musik das Primäre, die Eröffnung eines Assoziations- und Imaginationsraums, dessen Explikation die Form von metaphorischen Charakterisierungen der Musik hat – jedoch: »al-

233 Rose Rosengard Subotnik, »Toward a Deconstruction of Structural Listening: A Critique of Schoenberg, Adorno, and Strawinsky«, in: Eugene Narmour und Ruth Solle (Hgg.), *Explorations in Music, the Arts and Ideas*, Stuyvesant 1988.

234 A.a.O. S. 116.

though such an emphasis does question an uncritical reverence for structural autonomy, or even complexity, as self-justifying virtues, it does not deny the importance of trying to understand as fully as possible the ongoing dialectic interaction bewteen stylistic means and choices on the one hand and structural possibilities on the other. Such an emphasis does require a constant effort to recognize and interpret relationships between the elements of a musical configuration and the history, conventions, technology, social conditions, characteristic patterns, responses, and values of the various cultures involved in that music.«[235] Es sind aber genau diese Desiderate, wie Subotnik zu Recht betont, denen Adornos eigene musikalische Analysen und Interpretationen in einer bisher kaum übertroffenen Weise genügen.[236] Es ist oft – nicht zuletzt im Sinn einer Kritik an Adorno – bemerkt worden, daß Adornos Analysen und Interpretationen weder der Idee »struktureller Autonomie« noch dem Postulat eines definitiven Ausweises von »hermeneutischen« Zuschreibungen an den »technischen Details« der Werke entsprechen. Ich glaube, Subotnik hat recht, wenn sie gerade *darin* die Stärke von Adornos Analysen und Interpretationen sieht, daß seine Praxis der Musik-Kritik und -Analyse einem von ihm selbst postulierten Ideal *nicht* entspricht und vielmehr in den besten Fällen, trotz ihrer unzweifelhaften blinden Flecken, durch ein Zusammenspiel von strukturellen Analysen, physiognomischen Beschreibungen, hermeneutischen Deutungen, sozialen und geschichtlichen Kontextuierungen ein immer noch eindrucksvolles Paradigma musikalischer Interpretation und Kritik darstellt. Gerade in ihren Lücken, ihrer »konfigurativen Diskontinuität« tragen sie der Prozessualität der musikalischen Werke Rechnung, die keine Interpretation definitiv einholen kann. Ihr Korrelat, so habe ich behauptet, ist ein prinzipiell unbeendbarer Prozeß einander ergänzender und durchkreuzender Interpretationen; für Subotnik ist diese Unbeendbarkeit des Interpretationsprozesses allerdings vor allem in der immer wieder neuen sozialen und geschichtlichen Kontextuierung der Werke und ihrer Erfahrung

235 A.a.O. S. 117.
236 Vgl. a.a.O. S. 108f.

begründet; mit Derrida nennt sie es das Moment der *différance* am Kunstwerk.[237]

7. Ich habe bisher zu zeigen versucht, daß meine allgemeinen Überlegungen zum Begriff des Kunstwerks auch für die musikalischen Werke gültig bleiben. Dabei ist jedoch das *Spezifische* der unterschiedlichen Kunstmedien noch unterbelichtet geblieben. Den unterschiedlichen Kunstmedien entsprechen aber unterschiedliche Möglichkeiten der Sinngenerierung und Sinnsubversion. Das wird deutlich, wenn wir das Klangmedium etwa mit dem Bild- und dem Sprachmedium vergleichen. Beiden, dem Bild- und dem Sprachmedium eignet die Möglichkeit eines gleichsam *direkten* Weltbezugs: durch den Gegenstandsbezug in der Malerei, durch die sprachliche Form des Weltbezugs in der Literatur. Demgegenüber ist die Musik ihren Möglichkeiten nach nicht nur die sprachfernste, sondern auch die »gegenstandsfernste« unter den Künsten. Daher auch der Topos von Musik als einer »Sprache der Empfindungen«, der zwar, wie ich früher betont habe, durchaus irreführend ist, der aber insofern doch etwas trifft, als es zu den spezifischen Möglichkeiten der Musik gehört, ein affektiv getöntes Weltverhältnis sprachlos und ungegenständlich zum Ausdruck oder zur Darstellung zu bringen. Wenn Adorno von der Sprach*ähnlichkeit* der Musik und Georg Lukács von ihrer »unbestimmten Gegenständlichkeit«, ihrer »äußerste(n) Lebensferne und Lebensnähe« spricht[238], so ist hier jeweils noch Ähnliches gemeint. Die Möglichkeiten eines Gegenstandsbezugs in der Malerei und des sprachlichen Weltbezugs in der Literatur eröffnen aber andere Möglichkeiten der

237 A.a.O. S. 114.

238 Georg Lukács, *Ästhetik III*, Neuwied/Darmstadt/Berlin 1972, S. 110. Lukács geht mit Hegel – und einseitig – davon aus, »daß das Objekt der musikalischen Widerspiegelung die menschliche Innerlichkeit, das menschliche Gefühlsleben ist« (a.a.O. S. 84), aber auch so betont er, daß die musikalische »Form sich nur dann vollenden kann, wenn ihre Inhalte gesellschaftlich-geschichtlich bedeutsame sind« (a.a.O. S. 123). Die Welthaltigkeit der Musik zeigt sich darin, daß durch sie die »Welt ausgedehnt und vertieft (wird) ... Der von ihr gestaltete Kosmos der Empfindungen umfaßt wirklich alles, was in der menschlichen Innerlichkeit

Sinngenerierung und der Sinnsubversion, als sie der Musik offenstehen; sinnhafte Momente und Sinnbezüge sind dem Gegenstandsbezug in der Malerei und dem Sprachmedium der Literatur in direkter Weise einbeschrieben, daher können ästhetische Strategien der Unterbrechung des Sinns, der ironischen oder reflexiven Infragestellung von gegenständlichen oder Sinn*zusammenhängen*, das In-die-Schwebe-Bringen von Gehalten immer *auch* an zuvor generierte sinnhafte Elemente oder Sinnzusammenhänge anknüpfen, eine Vieldeutigkeit des Sinns schon durch eine sinnsubversive Organisation sinnhafter Elemente bewerkstelligen. Der Musik stehen solche ästhetischen Strategien einer Subversion des Sinns im Medium des Sinns nur insofern zur Verfügung, als sie ein traditionelles, sinnhaft besetztes musikalisches Material umkodieren, ironisieren, seine Besetzung umpolen oder neu beleuchten kann, also in der Form einer Referenz auf andere Musik, als »Musik über Musik«. Prima facie gibt es jedoch in der »Darstellungs«-Dimension musikalischer Werke keine Inkompatibilität von sinnhaften Elementen, sondern nur deren *Kontraste* (wie etwa den zwischen den Charakteren des ersten und zweiten Themas eines Sonatenhauptsatzes), weil die Generierung von Sinn hier unmittelbar an die strukturelle Organisation eines bestimmten Klangmaterials gebunden ist. Jedoch kann man von »Negation« oder »Widerspruch« als *internen* Zügen musikalischer Kompositionen in einem *strukturellen* Sinn sprechen, wenn bereits sinnimprägnierte Strukturen wie etwa die klassische Form des Sonatenhauptsatzes durch alternative harmonische oder formale Strategien unterminiert, das heißt zugleich festgehalten und »negiert« werden, wie Johannes Picht es am Beispiel von Beethovens *Hammerklaviersonate* demonstriert hat.[239] Man könnte hier von einer Strategie der musikalischen Dekonstruktion als dem eminent Modernen von Beethovens

---

existiert und wirksam wird. Die Eigenart eines solchen Kosmos besteht darin, daß er geradezu insofern zu einer ›Welt‹ wird, als er die gegenständliche Welt verschwinden läßt; besser gesagt: diese ist mit allen ihren Spuren, mit den feinsten wie den brutalsten, den erhabensten wie den verzerrtesten, überall und doch nirgends gegenwärtig.« (A.a.O. S. 121.)

239 Johannes Picht, »Beethoven und die Krise des Subjekts«, Teil V–VI, a.a.O. S. 9, Teil I–IV, a.a.O. S. 21.

Spätstil sprechen. Allgemein aber gilt, daß die sinnhafte oder affektive Besetztheit des musikalischen Materials, als Niederschlag vergangener Musik, für jedes bedeutende neue musikalische Kunstwerk ein Anlaß für eine sinn*verändernde* Neukontextuierung ist, wenn nicht, wie in Formen der seriellen und nachseriellen Musik, Anlaß für den Versuch, diese Besetztheit zu brechen und durch neue Formen der musikalischen Organisation zu unterlaufen. Insofern ist jede neue Musik auch subversiv gegenüber dem in der Geschichte musikalisch kodifizierten Sinn. Neuer Sinn haftet an der jeweils neuen Organisation eines klanglich-strukturellen Zusammenhangs, diese allein ist der Ort der Sinngenerierung und Sinnsubversion in der Musik. Gegenstand der ästhetischen Reflexion sind daher nicht die durch eine Konfiguration sinnhafter Elemente verhandelten, problematisierten und in die Schwebe gebrachten, aber als solche mehr oder weniger sinnfälligen Gehalte, es ist vielmehr das sich jeder definitiven Fixierung entziehende Zusammentreten von Klang, Struktur und Sinn *als solches*. In der Malerei gilt Analoges erst in ihren ungegenständlichen Formen, die aber bezeichnenderweise nicht das letzte Wort in der Malerei behalten haben.

8. Während sich in dem oben erwähnten Streit zwischen Formalisten und Hermeneutikern in der Musik-Interpretation die Prozessualität des musikalischen Kunstwerks bloß undurchschaut manifestiert, sind die besten musikalischen Interpretationen diejenigen, die etwas von dieser Prozessualität in ihrer eigenen Verfaßtheit zur Geltung bringen. Sie entsprechen dem Desiderat »konfigurativer Diskontinuität« eines Ineinander von technisch-kompositorischen und Klang-Analysen, von physiognomischen und hermeneutischen Interpretationen; ihr Unabgeschlossenes und ihre Fortsetzbarkeit ist ihnen einbeschrieben, selbst wenn sie jeweils eine bestimmte Perspektive zur Geltung bringen werden. Ich nehme als Beispiel Schnebels Essay »Schubert. Auf der Suche nach der befreiten Zeit«,[240] den ich zuerst ausführlich zitieren und dann kommentieren werde.

240 Dieter Schnebel, »Schubert: Auf der Suche nach der befreiten Zeit«, in: ders., *Denkbare Musik. Schriften 1952–1972*, a.a.O. S. 116ff.

»Musik, wo kompakter Klang immer wieder ins Flimmern gerät; die also zitternd in die Zeit hineinrinnt, ja sich darin verliert, so daß ihre Vibration auch ruhigeren Phasen sich mitteilt«, so beginnt Schnebels Text; es ist der Beginn einer kurzen, eher kursorischen und vor allem an klanglichen und klang-physiognomischen Charakteren orientierten Beschreibung des Streichquartetts G-Dur, immer schon auf der Schwelle zur Wiedergabe einer in jenen Charakteren erfahrbaren Bedeutsamkeit; an einer Stelle heißt es: »Die eben darum unbeschreibbare Musik, einer ihrer großen Augenblicke, fängt Zeit selbst ein. Das klingt, als ob sie ihr eigenes Wesen, Vergänglichkeit, hinter sich ließe.« (S. 116) Scheinbar unvermittelt dann eine Passage über den »Volkston« Schuberts: »Und wenn die Melodie in immer höhere Lagen oder in fremdartige Tonart gerückt wird, die Bässe zugleich in die Tiefe wandern, dann ist es, als ob (die Musik) sich entfernte und zugleich Perspektive gewänne. In der Tat kommt das aus entlegenem – und unterem – Bereich, nämlich vom Land, wo einfach und im Dialekt gesprochen wird, auch musikalisch, und wo noch etwas wie Heimat, Natur und unmittelbares Leben vorhanden. Solche Sphäre wird jedoch nicht präsentiert, sondern beschworen – weil es sie schon damals nicht mehr gab (wenn je überhaupt), insofern die Idylle ob ihres Gegensatzes zu so verwickelten Verhältnissen, wie sie zu Schuberts Zeit etwa in der Großstadt Wien herrschten, längst ihre Wahrheit verloren hatten. So wird der subtile Ländler des Streichquartetts zum klanglichen Symbol eines Unwiederbringlichen, ähnlich wie 70 Jahre später in Mahlers 3. Sinfonie letztmals ein Posthorn nun aus vergangener Zeit herübertönt. Indem bei Schubert, wie nachher bei Mahler, das Verlorene voll Heimweh zitiert wird, ist gerade an uneingelösten Versprechen von Vergangenheit festgehalten, an dem, was aus ihr hätte werden können. Der ins Zeitlose gerückte Ländler kündet von Frieden und Glück, klingt nicht nur nach Vergangenem und Abhandengekommenem, sondern auch nach einem Zukünftigen – und Möglichen. Die zeitliche Ferne dieser Musik verschränkt unerledigte Vergangenheit und noch nicht erfüllte Zukunft, bedeutet Utopie.« (S. 117)
Es folgt ein Absatz über unterschiedliche Formen der Zeitstrukturierung bei Schubert, zunächst am Beispiel es C-Dur-Qintetts: »Zu Anfang des C-Dur-Quintetts meint man einer langsamen Einleitung zu lauschen, bis nach einiger Zeit das allegro in Vierteln gehört wird, obgleich diese raschen Takte schon seit Beginn vorgeschrieben sind. Daß man sie nicht wahrnimmt, rührt daher: zunächst sind übergehaltene ganze Noten in den Takt gesetzt, und die gliedernden Momente der Einsätze kommen in langen Abständen, was den Eindruck eines langsam ablaufenden Vorgangs vermittelt. Erst wenn später Viertel und Achtel das tempo ordinario verdeutlichen, läßt sich wirklich ein allegro empfinden. In solcher Komposition ist der Fluß der Klänge gestaltet und ebenso sind die Zeitmarken der Einsätze. Derartige Anlage von Fluktuation wie von Impuls-

folgen – vergrößertes Abbild der Schwingungen der Klänge – strukturiert Zeit selbst, formt sie gewissermaßen unmittelbar.« (S. 117f.) Wenig später ein Vergleich der Zeitstrukturen zweier Lieder mit denen der späten B-Dur-Sonate: »In Zeitstrukturen, wie sie in den Liedern ›Der Doppelgänger‹ und ›Der Leiermann‹ gestaltet ist, fließt Zeit kontinuierlich dahin, wenngleich sie sich kaum von der Stelle bewegt. Anderswo (es geht jetzt um die B-Dur-Sonate, A.W.) artikuliert Schubert Zeit so, daß die Impulse, welche die abstrakte Leere des Zeitraums zersetzen und Zeitfluß erst hörbar machen, Kontinuität vermeiden; die Pulsation wird aufgehalten, gar unterbrochen.« (S. 119) Danach dann eine kurze Beschreibung des klanglich-strukturellen Verlaufs des Beginns des 1. Satzes der B-Dur-Sonate, weniger »technisch«-analytischer als »physiognomischer« Art, mit dem Resumé: »Das ist Protokoll eines dissoziierenden Lebens, welches sich mehr tastend als zugreifend verhält; dem es nicht leicht mehr gelingt, Form zu finden; und dessen Mut zaghaft oder solcher von Verzweiflung ... In dieser Musik tritt Zeit weder auf der Stelle, noch kreist sie um sich selbst. Das Innehalten und der störende Triller sind retardierende Momente. Sie bestimmen auch den weiteren Verlauf der Musik. In je anderer Weise erscheinen Passagen, wo der Triller farblich als dunkler Fleck, zeitlich zur Verwischung eingesetzt wird – Augenblicke der Desorganisation. Und ebenfalls immer wieder hält die musikalische Zeit ihren Gang an, um selbstvergessen zu verweilen. Die Fermaten und die bangen Pausen der gestoppten Zeit wirken nicht weniger störend als die Triller. Sie tönen selten beschaulich, eher, als ob das Herz stockte. Das letzte große Werk, das Schubert wenige Wochen vor seinem Tod vollendete, zeichnet in seinem Zeitverlauf das Bild von Ermüdung und Resignation.« (S. 119f.) Es folgt eine kurze musikalische Physiognomie des letzten Satzes. »Hier finden sich statt der Zonen, da Zeit innehält, öfter wiederholt Punkte, wo sie aufgehalten wird. Das beginnt sogleich mit einem Halt: einem forte-piano anzuschlagenden Ton, aus dem sich muntere Musik herauslöst. Ihr ist jedoch kaum vergönnt, sich auszuleben. Es ist, wie wenn die Fermate bedeutete, daß nun heitere Musik nicht – ja womöglich überhaupt nicht mehr ginge ... Der Satz ist Schuberts letzter und endgültig mißglückter Versuch in Munterkeit. Wenn am Ende die einst lustigen Melodien kläglich klingen, ist auch die Energie des aufraffenden Tons verzehrt: er tönt so zaghaft wie die Musik, die er aufhält, und jene, die ihm entgeht ... Schubert fand in solcher Allegorie, ja genauer: Analogie des Endes bereits musikalische Symbole, wie sie 80 Jahre später Mahler in den Hammerschlägen der Sechsten und in den Forte-Schlägen auf die gedämpfte Trommel in der zehnten verwendete, um Destruktion des Lebens und dessen Zusammenbruch darzustellen.« (S. 120)

Danach wieder eine kurze »strukturell-physiognomische« Beschreibung des musikalischen Verlaufs von Andante und Scherzo aus dem Es-Dur-

Klaviertrio. Der »Überspanntheit« der Zeit im Andante stellt Schnebel die »Entspanntheit« der Zeit im Scherzo gegenüber. »Diese Musik fließt trotz der artifiziellen Machart frei und locker dahin; als ob ihre Zeit keiner eingreifenden Gestaltung bedurft hätte. In manchen Passagen Schubertscher Werke – Schumann nannte sie die ›himmlischen Längen‹ – treibt Zeit gänzlich naturhaft dahin, was ihre Vergänglichkeit fast vergessen macht. Sie wirkt so sehr als Entfaltung ihrer selbst, daß kompositorisches Wollen im vegetativen Wesen selbst aufgegangen zu sein scheint. Der Komponist gibt den Klang frei, überläßt ihn, allenfalls sporadisch und behutsam lenkend, seinen Triebkräften, und die also losgelassene Zeit beginnt zu verströmen. Der einleitende Abschnitt der späten Violinsonate ist Musik solcher Art. Das beginnt mit gestaltlos flimmernden Klängen, welche allmählich Konturen gewinnen. Beinah unmerklich erwächst dem eine Melodie, die sich auszusingen anschickt, als ob sie wahrhaft unendlich wäre – Versprechen befreiten Gesangs und Versuch losgelassener Zeit.« (S. 121)

Der folgende Abschnitt bringt weitere Beispiele und allgemeinere Überlegungen Schnebels zur Zeitstrukturierung bei Schubert. Nach einem Hinweis auf den Kontrast der Zeitstrukturen in den As-Dur-Variationen für Klavier vierhändig heißt es: »In solchen Formen ist Zeit sozusagen direkt gestaltet. Was eigentlich geschieht, ereignet sich im Zeitablauf – und im Klang, da die musikalische Zeit gerade klanglich strukturiert wird. So liegen die eigentlichen Innovationen Schuberts denn auch in der Zeit- und Klangkomposition. Dermaßen aufgerissene Verläufe, wie sie sich im langsamen Satz des G-Dur-Quartetts finden, reichen an den Expressionismus heran. Und wenn Schubert größere Zeiträume zeitlich und klanglich flächenhaft strukturiert, tendiert das zum Impressionismus. Eine Musik wie die des Seitensatzes im Finale des Es-Dur-Trios, wo der Klang durch Tremoli, Repetitionen, Arpeggien und sonstiges aufgelöst wird, wirkt wie antizipierter Debussy.« (S. 123) Aufschlußreich sodann Schnebels Hinweis auf die Möglichkeit »montageähnlicher Techniken«, die sich aus Schuberts Verfahren der »Zeitstrukturierung durch Klang« ergeben, derart, »daß in die vordisponierten Felder auch vorhandene Modelle eingesetzt werden können. In der Tat arbeitet Schubert oft mit sozusagen Vorgefertigtem. Im Divertissement à la hongroise für Klavier vierhändig sind es Stücke aus der Zigeunermusik, die verarbeitet werden. Im Es-Dur-Trio ist die Melodie eines schwedischen Volkslieds als exotisches Element eingearbeitet, das nachher durch Erinnerung nochmals in die Ferne gerückt wird. Öfters aber spielt Schubert mit Modellen aus der Volksmusik. Wie später bei Mahler wird der Bereich des Unteren, von Kunstmusik Ausgeschiedenen in diese hineingeholt. Einerseits um etwa in den Ländlern die gleichwohl verlorene Atmosphäre des Vertrauten und Heimeligen zu gewinnen, andererseits um den schönen Schein der Kunstmusik durch die grellen Charaktere des Undomestizierten zu zersetzen – so, wenn im Finale des Streichquintetts derb aufgespielt wird. Auch wirkt bei Schubert der Volkston nostalgisch oder provokant – Protest gegens feine Wesen der affirmativen Musik.« (S. 123f.)

In den Schubertschen Formen der Zeitstrukturierung der Musik sieht Schnebel einen Vorgriff auf die musikalische Moderne. Und hier ist es insbesondere der Kontrast zu Beethoven, der ihn interessiert. »Die direkte Zeitgestaltung unterscheidet Schuberts Musik grundlegend etwa von der des Zeitgenossen Beethoven. In dessen Kompositionen erscheint Zeit vermittelt – als Geschichte musikalischer Gestalten. Wenn zunächst schroff Themen exponiert werden, diese sich dann in der Durchführung durch Auseinandersetzung verändern, um schließlich in der Reprise neu zu erscheinen, ist solcher dialektische Prozeß das eigentliche musikalische Geschehen. Bei Schubert spielt es sich im Zeitverlauf ab. Mag die Musik Beethovens wegen der subtilen motivisch-thematischen Arbeit entwickelter erscheinen, so ist hier doch gleichsam oberhalb vom Material im Bereich der Ideen komponiert. Der Klassiker Beethoven erweist sich als idealistischer Komponist, während der Romantiker Schubert kraft seiner Gestaltung von Impulsen der Zeit in den musikalischen Stoff selbst eingreift – also ungleich materialistischer arbeitet.« (S. 124)

An dieser Stelle greift Schnebels Interpretation auf den geschichtlichen Kontext aus; den Kontrast zwischen Beethoven und Schubert erklärt er durch »den Generationsunterschied der beiden großen Komponisten«. Das folgende zitiere ich wieder ausführlich: »Die Adosleszenz Beethovens fiel in die Zeit von 1789, als die große Revolution gewaltige Hoffnungen weckte. Der Anbruch der bürgerlichen Ära ermöglichte es ihm wie Schiller, die neuen Ideale in die Kunst aufzunehmen. Ihre Verkündigung aber ließ die Massen einstimmen, so daß der Idealismus Allgemeinheit erreichte, und selbst Utopisches wie das ›Seid umschlungen, Millionen‹ scheint der Wirklichkeit nicht allzu fern. Als Schubert heranwuchs, begann bereits die Restauration. Die nachnapoleonische Ära vernichtete manche Hoffnung. Vor allem aber ward deutlich spürbar, was die bürgerliche Gesellschaft dem scheinbar befreiten Individuum antat: daß sie es isolierte ... Bei Beethoven geht es mehr ums Allgemeine, rückt Sozietät stärker in den Blick ... Und wo die Musik wortlos Inhalte visiert, wie etwa in der Dritten oder Fünften Symphonie, wird auch der außergewöhnlich einzelne, von dem sie handeln, aufs gesellschaftliche Ganze bezogen: Subjekt der Eroica ist der Befreier, in der Fünften das Individuum, welches blindem Verhängnis trotzt, um so in der eigenen Emanzipation die umfassendere der Allgemeinheit herbeizuführen. Die Missa und die Neunte handeln utopisch von versöhnter Menschheit.« (S. 125)

Eine solche, Emanzipation und gesellschaftliche Versöhnung chiffrierende Organisation des musikalischen Materials, die allerdings schon beim späten Beethoven zurücktritt, ist Schubert fremd; Schnebel erläutert das noch einmal an musikalischen und textlichen Details von Liedern Schuberts, der musikalischen Chiffrierung von Momenten der Vereinzelung, der Fremdheit, der Resignation, der Hoffnungslosigkeit und des Todes, ähnlich dem, was Adorno über das Wanderer-Motiv bei Schubert sagte, all dies im Kontrast zu den utopischen Momenten eines erinnerten und beschworenen Glücks: »Schubert, der in der freigesetzten Zeit seiner Musik vom Glück zu singen weiß wie kaum ein anderer, redet als Zeitgenosse Georg Büchners ebenso davon, daß alles verloren sei«, um doch zugeich »auf dem Recht des Glücks gegen Versagung« zu bestehen. »Daher ist seine Utopie, daß Zeit frei werde, statt ständig beengt zum temps perdu zu geraten. Schuberts Musik drückt das aus, wenn er zuweilen Zeit losläßt, damit sie ungehindert dahinströme. Indem er zugleich desillusionierend die reprimierende Zeit darstellt, somit sagt, es sei noch lang nicht so weit, stimuliert er jene aktive – und verzweifelte Hoffnung, welche einzig das Utopische zu realisieren vermag.« (S. 128) Dem folgt ein Postscriptum zur *musikalischen* Interpretation Schuberts, das noch einmal deutlich macht, wie die beiden Interpretationsdiskurse, von denen ich oben gesprochen habe – derjenige der sprachlichen Interpretationen und derjenige, dessen Gegenstand die musikalische Interpretation ist –, aufeinander verweisen.

Schnebels Text zeigt etwas von jenem parataktischen Zusammenspiel von klanglichen, strukturellen, physiognomischen und hermeneutischen Beschreibungen, Analysen und Interpretationen, das ich oben als Desiderat von musikalischen Interpretationen formuliert habe. Gewiß, Schnebels »Zuammenlesen« von strukturellen Eigentümlichkeiten der Schubertschen Musik ist primär hermeneutischer Art, es fehlen die diese hermeneutische Logik explizit durchkreuzenden Stimmen, die das Sinnabweisende in genau den strukturellen und klanglichen Details zur Geltung bringen würden, an denen Schnebels Deutung von Schuberts Zeitstrukturen ansetzt. Solche Stimmen sind aber sehr wohl implizit in den (hier nur sehr verkürzt wiedergegebenen) klangstrukturell-physiognomischen Beschreibungen – das »Flimmern« des Klangs, die montageähnlichen Techniken[241], überhaupt die *Beschreibung* der Zeitstrukturen – enthalten. Insofern meldet sich die Prozessualität der Werke hier vor allem

241 Techniken, denen selbst schon das Ineinander von »Zündung« des Sinns und der Unterbrechung des Sinns einbeschrieben ist. Adorno hat das Prinzip der Montage für alle neuere Kunst reklamiert (an einer

indirekt, und zwar in den »Lücken« des Textes (dazu s. unten). Daß dies gerade in den besten musikalischen Interpretationen zumeist der Fall ist, erklärt sich im übrigen – wie schon früher gesagt – daraus, daß im Fall der Musik – anders als im Fall der Literatur – nicht das sinn*abweisende* Eigengewicht von Materialität und Struktur, sondern die Frage, wie diese zugleich sinn*generierend* wirksam sein können, kontrovers ist. Ich erinnere an Schnebels eigene Einwände gegen Adornos Thesen von der »Sprachähnlichkeit« der Musik, die ich anfangs zitiert habe.

Man könnte gegen Schnebels Text einwenden, daß es sich ja gar nicht um die Interpretation eines einzelnen Werks handelt, sondern – um noch einmal den Titel von Adornos Mahler-Monographie zu zitieren – um eine »musikalische Physiognomik« Schuberts. Ich lasse diesen Einwand vorerst dahingestellt sein, um zunächst die textuelle Verfaßtheit von Schnebels Essay zu kommentieren. Zunächst fällt der Verzicht auf ausführliche strukturelle Analysen einzelner Werke im »professionellen« Sinn auf. In gewissem Sinn sind sie – bzw. ist die »Fortsetzbarkeit« der strukturellen Hinweise in ausführlichen Analysen – vorausgesetzt; dem Komponisten Schnebel geht es von vornherein darum zu zeigen, daß die vorausgesetzten Formen der Wiener Klassik bei Schubert einen neuen Gehalt gewinnen, es geht ihm um das Besondere, was mit diesen Formen bei Schubert geschieht; gerade in der Abweichung von etablierten formalen Normen, in den Brüchen und den scheinbaren Inkohärenzen von Schuberts Anverwandlung dieser Formen liegt für Schnebel das Innovative und liegen die neuen Gehalte von Schuberts Musik. Insofern geht es ihm auch um eine angemessene Perspektive für die Durchführung genauerer struktureller Analysen. Das Schwergewicht liegt auf dem Thema der klanglichen Zeitstrukturierung, die für Schnebel hier der Ansatzpunkt für eine »hermeneutische« Deutung ist. Seine Überlegungen setzen immer wieder neu an und bewegen sich frei zwischen strukturellen und klanglichen Details der Werke und ihrem engeren und weiteren musi-

Stelle der *Ästhetischen Theorie*, wo er die moderne Kunst einen »Prozeß gegen das Kunstwerk als Sinnzusammenhang« charakterisiert. (*Ästhetische Theorie*, a.a.O. S. 233).

kalischen und geschichtlichen Kontext. Keine systematische Herleitung von etwas, sondern eine »parataktische« Umkreisung des Problems der Zeitstrukturierung bei Schubert. Insofern entspricht Schnebels Verfahren dem des Essays, wie sie Adorno, Max Bense zitierend, postuliert hat: »Essayistisch schreibt, wer experimentierend verfaßt, wer also seinen Gegenstand hin und her wälzt, befragt, betastet, prüft, durchreflektiert, wer von verschiedenen Seiten auf ihn losgeht und in seinem Geistesblick sammelt, was er sieht, und verwortet, was der Gegenstand unter den im Schreiben geschaffenen Bedingungen sehen läßt.«[242] Und: »Als Konfiguration ... kristallisieren sich die Elemente durch ihre Bewegung. Jene ist ein Kraftfeld, so wie unterm Blick des Essays jedes geistige Gebilde in ein Kraftfeld sich verwandeln muß.«[243] Wenn Adorno dem Essay eine »Affinität zur offenen geistigen Erfahrung« attestiert[244], so ist damit auch gemeint, daß der Essay nicht den Normen wissenschaftlicher Objektivität gehorcht; seine Objektivität ist anderer Art: vermittelt durch eine Erfahrung der Sache, die den Einsatz des Subjekts verlangt. Dies gilt um so mehr für musikalische Interpretationen und Analysen; diese setzen nicht nur die musikalische Erfahrung voraus, die sich in ihnen versprachlicht, in ihnen exponiert sich auch das Subjekt dieser Erfahrung, um diese Erfahrung als eine im Werk selbst begründete Erfahrung zu artikulieren. In Schnebels Text wird der Einsatz des Subjekts greifbar in Formulierungen wie »An solcher Musik *wird hörbar* ...«, ein Moment »*erscheint* ... als exterritorial; *wirkt*, als ob es sich jenseits der Zeit befände«, ein »pianissimo läßt die Klänge *wie von weither* tönen«, die »Fermaten und die bangen Pausen der gestoppten Zeit *wirken* nicht weniger störend als die Triller«, ein Ton »*klingt so zaghaft* wie die Musik, die er aufhält«, ein Ländler »*klingt* nicht nur nach Vergangenem und Abhandengekommenem, sondern auch nach einem Zukünftigen« (Kursivierungen von mir), Formulierungen, die an den Partituren ausweisbare strukturelle Details im Licht einer

242 Theodor W. Adorno, »Der Essay als Form«, *Gesammelte Schriften* Bd. 11, Frankfurt am Main 1974, S. 25.

243 A.a.O. S. 21 f.

244 A.a.O. S. 21.

bestimmten Art ihrer musikalischen Erfahrung beschreiben, so, wie die weiter ausgreifenden hermeneutischen und geschichtlichen Deutungen immer wieder auch auf solche Details zurückkommen. Im Zusammenspiel von strukturellen, physiognomischen, klanglichen und hermeneutischen Beschreibungen und Deutungen spiegelt sich zugleich das Zusammenspiel von mimetischen und konstruktiven Momenten des kompositorischen Verfahrens wie das Zusammenspiel von mimetischen und reflexiven Momenten der musikalischen Erfahrung. Schnebels Text entwirft eine bestimmte Perspektive auf Schuberts Musik, ohne aber den Schein einer erschöpfenden Beschreibung ihres »Unbeschreiblichen«[245] zu erzeugen. Insofern trifft auch Christoph Menkes Charakterisierung von angemessenen Kunstinterpretationen auf ihn zu: »Die konfigurative Form der Aussagenverknüpfung korrigiert darin den Schein, der sich an ihre einzelnen Aussagen heftet: daß sie das ästhetisch Erfahrene im Medium der Aussage zur Darstellung bringen könnte. Und zwar korrigiert sie ihn, indem sie gegen den identifizierenden Schein der einzelnen Aussagen (oder Aussagegruppen) die ästhetische Erfahrung in ihrer begrifflichen Uneinholbarkeit zum Ausdruck bringt.«[246] Der begrifflichen Uneinholbarkeit der ästhetischen Erfahrung trägt die strukturelle »Offenheit« von Schnebels Text Rechnung: Auch wenn dieser eine *bestimmte* Perspektive auf Schuberts Musik nahelegt – wie es für Interpretationen von Musik generell ebenso wie für musikalische Interpretationen (Aufführungen) gilt –, so ist diesem Text in seiner konfigurativen Diskontinuität, das heißt in seinem Zusammenspiel von strukturellen, klanglichen, hermeneutischen und geschichtlichen Deutungsansätzen, nicht nur die Uneinholbarkeit der ästhetischen Erfahrung durch einzelne Interpretationen, sondern damit zugleich die Möglichkeit anderer, auch konkurrierender Interpretationen und Analysen einbeschrieben. Freilich muß jede Interpretation und Analyse – wie auch jede musikalische Interpretation (Aufführung) – einen Anspruch auf Angemessenheit erheben, sie läßt nicht den Raum

---

245 »Die eben darum unbeschreibliche Musik ... fängt Zeit selbst ein«, so Schnebel zum Scherzo des G-Dur-Streichquartetts, a. a. O. S. 116.
246 Christoph Menke, *Die Souveränität der Kunst*, a. a. O. S. 134.

offen für *beliebige* andere Interpretationen und Analysen; insofern stellt sie sich wie auch Text-Interpretationen einem möglichen Wahrheitsstreit: ihre »Offenheit« ist nicht Beliebigkeit, sondern ihre konstitutionelle Unabgeschlossenheit, ihr Nicht-erschöpfendes dem Kunstwerk gegenüber, dessen Gestalt eine erschöpfende, eine es definitiv »resumierende« Interpretation nicht zuläßt. Gerade deshalb provozieren bedeutende musikalische Kunstwerke immer wieder neue Deutungen und Analysen (wie auch immer wieder neue musikalische Realisierungen); gerade in der »konfigurativen Diskontinuität« von Interpretationen wie derjenigen Schnebels, gleichsam in den Lücken des Textes meldet sich das musikalische Kunstwerk als ein unendliches Reflexionsmedium. »Die Diskontinuität zwischen den Aussagen der interpretativen Rede öffnet einen Hohlraum, durch den die unaussagbare ästhetische Erfahrung sich *in* ihr einnistet.«[247] Wie schon gesagt, könnte man gegen Schnebels Interpretation einwenden, daß sie strukturelle Züge von Schuberts Musik (einseitig) in eine *hermeneutische* Perspektive rückt; das Moment der Sinn*projektion* von hermeneutischen Deutungen von Musik, auf das ich oben hingewiesen habe, wird in dieser Interpretation nicht eigens reflektiert, es sei denn durch den Hinweis auf das »Unbeschreibliche« von Schuberts Musik. Manifest wird es erst in ihrem prekären Verhältnis zur musikalischen Erfahrung, deren Verstehensvollzüge keiner hermeneutischen Logik gehorchen, sondern in der Konfrontation mit den konkreten klanglichen Konfigurationen immer wieder aufs neue in das rätselhafte Zusammenspiel von Klang, Struktur und Sinn verwickelt werden. *Hört* man nach der erhellenden Interpretation Schnebels ein Stück von Schubert, so beginnt das Spiel der Zusammenhangbildungen aufs neue und wird nicht nur die Uneinholbarkeit der musikalischen Erfahrung durch einzelne Interpretationen, sondern auch das hermeneutisch nicht Fassbare der klanglichen Konfigurationen *zugleich* mit der Erfahrung ihrer Bedeutsamkeit aufs Neue manifest. Dies scheint zwar im Widerspruch zu stehen zu dem Gewicht, das ich Interpretationen wie derjenigen Schnebels beigelegt habe, aber der Widerspruch ist

247 A.a.O. S. 135.

in Wirklichkeit keiner: Was sich zeigt ist, vielmehr, daß sich die musikalische Erfahrung zwar durch einzelne Interpretationen erhellen und sich in ihnen »einnisten« kann, daß sie aber zugleich in ihren Verstehensvollzügen immer wieder neu mit dem »Zögern« der Werke zwischen Klang(struktur) und Sinn konfrontiert wird.

Etwas anderes noch springt bei Schnebels Text in die Augen: Schnebel bringt nicht nur gesellschaftlich-geschichtliche Gehalte ans Licht, die sich in Schuberts Formen der Zeitstrukturierung niedergeschlagen haben, er interpretiert diese Formen der Zeitstrukturierung auch aus der Perspektive eines zeitgenössischen Komponisten und derjenigen der zeitgenössischen Musik. Erst aus dieser Perspektive wird an Schuberts Musik etwas wahrnehmbar, was früheren Interpreten verborgen bleiben mußte. Die zeitgenössische Kunst wirft ein neues Licht auch auf die vergangenen Werke; gerade an den bedeutenden werden mit jeder neuen geschichtlichen Situation neue Gehalte sichtbar, sie selbst entfalten ihr Potential erst im Lauf ihrer Geschichte. Die Explikation der Kunstwerke, von der Adorno sprach, ist selbst ein geschichtlicher Prozeß; das Kunstwerk als ein unendliches Reflexionsmedium »realisiert« sich erst in diesem geschichtlichen Prozeß seiner Explikation.

An dieser Stelle komme ich auf den Einwand zurück, daß es sich bei Schnebels Text ja gar nicht um die Interpretation eines einzelnen Kunstwerks handelt. Dieser Einwand zählt deshalb nicht, weil sich – wie oben schon angedeutet – zwischen der Interpretation einzelner Werke und derjenigen einer Werkgruppe überhaupt keine scharfe Grenzlinie ziehen läßt. Jedes Werk steht in einem Kontext anderer Werke und die Kontextuierung der Werke nicht nur in ihrem außerästhetischen, sondern auch in ihrem ästhetischen Kontext ist Teil ihrer Interpretation. Als in sich geschlossene, gleichsam fensterlose Monade ist jedes Kunstwerk zugleich unendlich »durchlässig« für den geschichtlichen und ästhetischen Kontext, zu dem es gehört. Auch die Interpretation eines einzelnen Werks muß deshalb ausgreifen auf den ästhetischen – literarischen, theatralischen, musikalischen – Kontext, aus dem sich seine Problemstellungen, seine Materialien und sein spezifischer Anspruch herleitet, ebenso wie sie auf den außerästhetischen und geschichtlichen Kontext rekurrieren muß, der sich in ihm niedergeschlagen hat, auf den es reagiert oder auf den es ein neues Licht wirft. Deshalb ist das Verhältnis zwischen der Interpretation einzelner Werke, derjenigen einer Werkgruppe oder auch derjenigen von Charakteristika eines Œuvre eines der Reziprozität. Schnebel ist interessiert an der Zeitstrukturierung der Schubertschen Musik; diese läßt sich nur an einzelnen Werken ablesen, aber zugleich ist es der Kontext der Werke, der den Blick auf die Eigentümlichkeiten dieser Zeitstrukturierung und ihrer über die materielle Klangkonfiguration der einzelnen Werke hinausweisenden Gehalte erst möglich macht. Diese über die Einzelwerke hinausgehende Interpretation wirft ein neues Licht auch auf die Einzelwerke: Sie liefert einen neuen Schlüssel für deren Interpretation, das heißt, sie öffnet neue Wege auch zur ausführlicheren Interpretation und Analyse einzelner Werke.

9. Schnebels Überlegungen zu den auf die musikalische Moderne vorausweisenden Formen der Zeitstrukturierung bei Schubert lassen vermuten, daß auch die Musik nach dem Ende ihrer tonalen »Sprachähnlichkeit« (Adorno) Interpretationen zuläßt, in denen strukturelle, klanganalytische und hermeneutische Deutungsansätze – so wie in dem gerade diskutierten Paradigma seiner Schubert-Interpretation – zusammenspielen. Prima facie scheinen dem die Tendenzen zur »Entsprachlichung« der Musik in den verschiedenen Formen einer posttonalen Musik bei Schönberg, Varèse, Xenakis, in der seriellen und postseriellen Musik und vielleicht am entschiedensten bei Cage zu widersprechen, auf die Schnebel selbst hingewiesen hatte; diese Tendenzen zur Entsprachlichung der Musik gehen auf der einen Seite einher mit einer Ausweitung des musikalischen Materials auf bisher musikfremde Geräusche, auf elektronisch erzeugte Klänge oder durch den Übergang von der temperierten Zwölftonskala zur Mikrotonalität, auf der anderen Seite mit neuen Formen der klanglichen Organisation des musikalischen Materials, die dessen vorgefundene semantische und affektive Besetztheit zu unterlaufen suchen. Es resultieren Klangstrukturen oder »Strukturklänge« (Lachenmann), die für »hermeneuti-

sche« Deutungsansätze deshalb kaum noch einen Ansatzpunkt zu bieten scheinen, weil in ihnen die Materialität des Klangs und seiner strukturellen Organisation zu Figuren eines neu entdeckten, gleichsam autonomen Klanguniversums zusammenschießen, das – so könnte man meinen – »Bedeutungen« und Weltbezüge von sich abgeworfen hat. Natürlich gilt dies nicht generell für die musikalische Moderne oder Postmoderne: Es wird ja immer noch Musik für Opern oder andere Formen des Musiktheaters komponiert; die Intermedialität der Musik und daher ihre Welthaltigkeit lebt in solchen Musikformen fort. Dasselbe gilt für viele Werke »absoluter« Musik, die ganz neue Erfahrungsschichten und vielfach unterschiedliche Weltbezüge in sich aufgenommen haben, beginnend mit Charles Ives, Edgar Varèse und Arnold Schönberg und später bei vielen anderen Komponisten wie – um nur einige zu nennen – Olivier Messiaen, Bernd Alois Zimmermann, György Kurtág, Luigi Nono, Klaus Huber, Heinz Holliger, Gösta Neuwirth, George Crumb oder Dieter Schnebel. Letzterer hat sein Werk *Ekstasis* als einen »musikphilosophischen Traktat über das Thema Ekstase« bezeichnet, dessen verschiedene Kapitel »verschiedene Aspekte, auch verschiedene Arten von Ekstase« beleuchten[248]; die Intermedialität der Musik weitet sich hier aus zur Interkulturalität: Es geht nicht zuletzt um kulturell verschiedene Formen kollektiver Ekstase, »angefangen mit dem Urbild Babylon« und »endend mit der Vision des himmlischen Jerusalem.« Erhard Großkopf hat sein Ballett *Lichtknall – eine apokalyptische Odyssee* als Ausdruck … mich bedrängender Visionen eines möglichen Endes unseres Planeten« beschrieben, eine Musik, in der Assoziationen der Katastrophe, der Erstarrung und der Erinnerung an das Leben musikalisch artikuliert werden. Oder Gérard Griseys *Quatre chants pour franchir le seuil* (*Vier Gesänge, um die Schwelle zu überschreiten* – die Schwelle zwischen Leben und Tod), musikalische Meditationen über den Tod (und die Apokalypse) mit Texten aus verschiedenen Zeiten und Kulturen und, wie Peter Niklas Wilson bemerkt, mit »subkutane(n) Beziehungen zu traditionellen abendländischen Topoi des musikalischen Umgangs mit dem

248 *Neue Zeitschrift für Musik* 1, Januar/Februar 2005, S. 41.

Thema Tod.«[249] Von der Musik Isabel Mundrys hat ein Rezensent gesagt, sie spiegle »die Erfahrung einer komplexen Welt, die unter dem Blick nur einer Perspektive nicht mehr begriffen werden kann.«[250] Was derselbe Rezensent über die Zeitstrukturierung in der Musik Mundrys sagt, läßt sich als Bestätigung von Schnebels These verstehen, wonach die Zeitstrukturierung bei Schubert auf Formen der Zeitstrukturierung in der zeitgenössischen Musik vorausweist. In ihnen spiegelt sich, was Adorno den »Verlust metaphysischen Sinns« genannt hat, eine spezifisch moderne Welterfahrung, die sich strukturell in den nichtlinearen und nichtteleologischen Formen der Zeitorganisation in der modernen Musik spiegelt. Der gerade zitierte Beitrag zur Musik Isabel Mundrys ist im übrigen wieder ein Beispiel einer Interpretation, bei der strukturelle, klanganalytische und hermeneutische Analysen und Deutungsansätze ineinanderspielen. Ganz sicher ist also der modernen, auch der avancierten zeitgenössischen Musik ihre Intermedialität und Welthaltigkeit und damit der Ansatz für hermeneutische Deutungen nicht toto coelo abhanden gekommen. Jedoch geht es mir hier um jene Formen von Musik, wie sie in Schlüsselmomenten der musikalischen Moderne am radikalsten mit der Sinnimprägnierung der traditionellen Musik gebrochen haben und daher auch der Idee eines autonomen Klanguniversums zu entsprechen scheinen, das für hermeneutische Deutungen keine Einlaßstelle mehr bietet. Wenn aber, was ich mit Valéry als »Zögern« des Kunstwerks an der Schwelle von Klang und Sinn bezeichnet habe, für diese Musik nicht mehr gilt und die Bedeutsamkeit dieser Musik gleichwohl nicht in Frage steht, dann wäre hiermit zugleich die Idee des musikalischen Kunstwerks in Frage gestellt, für die ich bisher plädiert habe.

Ich werde zwei paradigmatische Fälle diskutieren, die Musik von John Cage und die Musik von Helmut Lachenmann. Man könnte auch von zwei unterschiedlichen »Modellen« einer posttonalen Musik sprechen, die beide auf eine »Brechung« der

---

249 Im Programmheft zur CD (Kairos), Klangforum Wien, Catherine Dubosc (Sopran), Sylvain Cambreling), S. 8.

250 Hanno Ehrler, »›Ferne Nähe‹. Zu einigen Werken Isabel Mundrys«, in: *MusikTexte* 101, Mai 2004, S. 76.

semantischen und affektiven Besetztheit des musikalischen Materials und eine neue Wahrnehmung der physischen Materialität von Klängen (und Geräuschen) abzielen. Cage hat am radikalsten mit der Idee einer sinnimprägnierten Musik gebrochen; kaum zu bezweifeln ist aber, daß seine Musik einen »Schlüsselmoment« der musikalischen Moderne darstellt. Lachenmann hat im Gegensatz zu Cage dezidiert an die serielle Revolution der Nachkriegsära, auch mit ihren Tendenzen zur »Entsprachlichung« der Musik angeknüpft, allerdings ohne den parametrischen Dogmatismus, wie er bei den frühen Serialisten gelegentlich zu finden ist. Wie Cage geht es auch Lachenmann wesentlich um die physische Materialität des Klanges in der Musik; anders als Cage aber, der durch seine Verfahren jeden kompositorisch erzeugten musikalischen *Zusammenhang* der Klänge zugunsten der irreduziblen Individualität der einzelnen Klänge zu destruieren versuchte, hat Lachenmann immer an einer kompositorisch zu leistenden strukturellen Organisation der Musik, also an einem genuin musikalischen Zusammenhang als einer notwendigen Bedingung für ein neues Hörbarmachen des Klanges festgehalten. Beide, Cage wie Lachenmann, sind Exponenten einer avancierten künstlerischen Moderne, auch wenn Cages Konzeption von Musik, anders als diejenige Lachenmanns, eine radikale Negation alles dessen bedeutet hat, was die europäische Kunstmusik seit der Renaissance ausgemacht hat. In beider Musik könnte man aber prima facie eine Provokation für die Idee einer Musik sehen, die als Konfiguration von Klängen zugleich auf etwas außerhalb ihrer selbst verweist, also für die Idee einer »Welthaltigkeit« oder eines »Weltbezugs« von Musik. Um dieser – scheinbaren – Provokation gerecht werden zu können, ist es notwendig, einige begriffliche Klärungen vorauszuschicken.

10. Die Beispiele hermeneutischer Deutungen von Musik, die ich bisher zitiert habe, waren Versuche zu zeigen, wie außermusikalische Gehalte und Erfahrungen gesellschaftlich-geschichtlicher und existenzieller Art in die Musik eingegangen, in ihr ihren Niederschlag und Ausdruck gefunden haben; nicht im Sinn einer bloß psychologischen oder soziologischen Erklärung von einem Standpunkt außerhalb der musikalischen Erfahrung,

sondern als Versuche, etwas an der musikalisch erfahrenen Bedeutsamkeit von Werken explizit zu machen, und zwar im Zuge dessen, was Adorno eine *Explikation* der Werke nannte. Nun kann man aber von einem Weltbezug der Kunstwerke, wie ich oben (Abschn. II,7) betont habe, in einem doppelten Sinn sprechen: Daß sich geschichtliche und existenzielle Gehalte in den Kunstwerken niederschlagen oder in ihnen sich reflektieren, ist das eine; das andere ist die Art und Weise, in der sie in die Erfahrung ihrer Rezipienten eingreifen, Wahrnehmungen und Erfahrungen verändern, »Denken und Fühlen in Bewegung setzen«, wie Lachenmann es ausgedrückt hat. Natürlich gehören beide Aspekte des Weltbezugs zueinander; diesen Zusammenhang hat Ivan Nagel, den ich hier noch einmal zitiere, im Zusammenhang eines Essays über Klaus Michael Grübers Inszenierungen klassischer Dramen hervorgehoben: »Ist die Aufgabe der Kunst nicht, Lücken zu erzeugen, Löcher zu reißen in die Routinen des Denkens und Lebens, in jene komplette Welt der Erklärungen und Gemeinplätze, die wir uns kreieren, um die wahre Welt zu verfälschen, erträglich und benutzbar zu machen?«[251] Das war gesagt vor allem im Hinblick auf eine Form des Theaters, für die außer Frage steht, daß geschichtliche oder existenzielle Gehalte in ihr verhandelt werden. Es ist aber so allgemein formuliert, daß deutlich wird, welcher der beiden Aspekte des Weltbezugs der Kunst der ästhetisch Entscheidende ist: Es ist der Eingriff in die Erfahrung der Rezipienten. Welcher Art dieser Eingriff ist, daran *zeigt* sich u. U. erst, welches die »Verhandlung« geschichtlicher oder existenzieller Gehalte *im* Kunstwerk selbst sind. Schon in der impressionistischen Malerei liegt der Schwerpunkt eher auf einer Veränderung der optischen Wahrnehmung, so wie bei Cage und Lachenmann – wenngleich mit ganz unterschiedlichen Absichten – auf einer Veränderung der akustischen Wahrnehmung –, beide Male polemisch bezogen auf eine durch den gesellschaftlichen Kontext erzeugte Depravierung der Wahrnehmung und in diesem Sinn verstehbar als eine »Verhandlung« gesellschaftlicher Gehalte. Die Veränderung des Hörens, um die es beiden

251 Ivan Nagel, »Das Unmögliche ist das Richtige«, in: ders., *Drama und Theater. Von Shakespeare bis Jelinek*, München o.J., S. 179.

geht, zielt somit in beiden Fällen über die akustische Sphäre hinaus auf das Welt- und Selbstverständnis der Hörer: Im Fall von Cage wird dies deutlich an seinen Zen-buddistischen und anarchistischen Motiven, während Lachenmann explizit von Musik als einer »existenziellen Erfahrung« spricht. In beiden Fällen stellt sich jedoch die Frage, ob es für eine »hermeneutische« Deutung überhaupt einen Anknüpfungspunkt in irgendwelchen in den musikalischen Konfigurationen selbst verhandelten geschichtlichen oder existenziellen Gehalten gibt; denkbar wäre ja – und im Fall von Cage wird es sich zumindest teilweise so darstellen –, daß eine hermeneutische Deutung nicht notwendigerweise eine sinnhafte Dimension der Werke, sondern eher den Sinn und das »Wie« ihres Eingriffs in die – nicht nur musikalische – Erfahrung betreffen wird. Der Weltbezug solcher Werke wäre dann dasjenige, worin sie auf die Welt hin ausgreifen, indem sie – polemisch – in die Erfahrung ihrer Hörer eingreifen. Wenn ich an dem Wort »hermeneutisch« auch in diesem Fall festhalte, so deshalb, weil die Frage »Was ist das?«, die den Anstoß bildet für einen Fortgang der unmittelbaren ästhetischen Erfahrung zu einer »Explikation« der Werke, sich auch in diesen Fällen nicht mit den Mitteln einer rein strukturellen und klanglichen Analyse allein beantworten läßt, also mit dem, was im technischen Sinn (scheinbar) objektiv da ist. »Hermeneutisch« wäre die Deutung solcher Musik als die Deutung des existenziellen Sinns des von ihr »praktizierten« Sinn*entzugs* und eines damit verbundenen konzeptuellen Moments, das heißt einer in den kompositorischen Prozeß einwandernden Reflexion auf den *Begriff* der Musik.

Eine weitere begriffliche Vorklärung ist an dieser Stelle notwendig. Carl Dahlhaus hat auf die Notwendigkeit hingewiesen, zwischen »Form« und »Struktur« zu unterscheiden, zwischen zwei Begriffen also, die ich bisher mehr oder weniger gleichbedeutend verwendet habe. Was meine bisherigen Überlegungen zur Musik der kadenzharmonischen Periode betrifft, dürfte diese Nichtunterscheidung kaum zu Mißverständnissen führen; anders ist es aber mit Bezug auf die posttonale Musik. »Struktur«, so Dahlhaus, (ist) ein eher technischer Begriff, der an die Entststehung eines Werkes, an das Verfahren der Herstellung denken läßt, während Form eine ästhetische Kategorie ist, die sich auf das Resultat, das hörbare Gebilde bezieht. Eine Struktur braucht nicht wahrnehmbar, die Methode vom Ergebnis nicht ablesbar zu sein. Die Vorstellung einer unhörbaren musikalischen Form aber wäre in sich widerspruchsvoll. Struktur ist der dem Komponisten, Form der dem Hörer zugewandte Aspekt des Werkes.«[252] Auch wenn es, wie Dahlhaus selbst sagt, »gewaltsam« wäre, Form und Struktur scharf zu trennen«[253], so ist seine Unterscheidung doch in einem heuristischen Sinne wichtig: Sie zielt darauf, das »formal« Hörbare von dem Nichthörbaren zu trennen. Adornos Begriff des »strukturellen Hörens« zielte vor allem auf jene *hörbaren* »strukturellen« Züge der tonalen Musik, wie sie sich nicht nur durch deren Formschemata wie das der Sonatenform, sondern auch durch deren individuelle Ausgestaltungen in einzelnen Kompositionen, etwa die motivisch-thematische Entwicklung in Beethovens Klaviersonaten, exemplifizieren lassen. Spätestens seit der Zwölftonmusik, besonders deutlich dann in den vom Serialismus inspirierten Kompositionsverfahren treten aber, insbesondere durch die »Vordisposition« des musikalischen Materials, neue Strukturierungsverfahren in den Vordergrund, die zwar die Gestalt und den Verlauf von Werken bestimmen, die aber in der Regel hörend nicht nachvollziehbar sind. Dies gilt ja schon für die kompositorische Verwendung von Zwölftonreihen, die in ihrer komplexen Verflechtung zwar in der Partitur, aber nicht für ein nachvollziehendes Hören identifizierbar sind; Cage hat einmal gesagt: »Was man hören kann, ist nicht die Reihe; aber die Reihe liegt dem zugrunde, was man hören kann.«[254]

Ähnliches gilt aber auch schon für Werke, in denen sich die Entwicklung der Reihentechnik erst ankündigt, wie etwa für das Kammerkonzert für Geige, Klavier und dreizehn Bläser von Alban Berg. Dessen erster Satz *Thema scherzoso con Variazioni* läßt

252 Carl Dahlhaus, »Form«, in: ders., *Schönberg und andere. Gesammelte Aufsätze zur Neuen Musik*, Mainz 1978, S. 354.

253 A.a.O. S. 353.

254 *Für die Vögel. John Cage im Gespräch mit Daniel Charles*, Berlin 1984, S. 31.

sich formal als eine Kombination von Variationen- und Sonatenform verstehen. Danach bilden das Thema und die I. Variation die Exposition, die Variationen II–IV die Durchführung und die V. Variation die Reprise. Jedoch ist die Abfolge der Variationen bereits von den dann für die Reihentechnik zentralen Modifikationen einer Grundgestalt bestimmt: Umkehrung, Krebs und Krebsumkehrung, denen hier das als Exposition fungierende »Thema« in den Variationen II–IV unterworfen wird. Zwar geht der Sinn von »Variation« hier nicht in diesen Modifikationen auf, sie bilden aber so etwas wie einen strukturellen Hintergrund, auf dem der Variationencharakter der einzelnen Sätze sich entfaltet. Diese Hintergrundstruktur der einzelnen Variationen, etwa daß die IV. Variation die Krebsumkehrung des Themas ist, dürfte sich aber hörend kaum nachvollziehen lassen. Das Gleiche gilt für den strukturellen Zusammenhang der beiden Teile des *Adagios*, das von der Mitte aus im Krebsgang, weitgehend wörtlich, obwohl rhythmisch und in der Stimmverteilung variierend, zurückläuft. Im dritten Satz des Konzerts, *Rondo ritmico con Introduzione*, erreicht die strukturelle Komplexität des Werkes schließlich ihren Höhepunkt: Der Satz besteht aus einer weitgehend wörtlichen, obgleich in der rhythmischen und klanglichen Ausgestaltung stark variierenden Überlagerung des ersten und zweiten Satzes. Es ist faszinierend, diese strukturellen Zusammenhänge anhand der Partitur zu rekonstruieren, aber unmöglich, sie *hörend* – außer vielleicht in Andeutungen – nachzuvollziehen. Ähnliches gilt für all jene Formen moderner und zeitgenössischer Musik, denen eine strukturelle Vordisposition zugrunde liegt, die für die »Steuerung« des Kompositionsprozesses wirksam wird, ohne daß sie im klingenden Resultat unmittelbar hörbar ist. Gewiß gibt es graduelle Abstufungen der Hörbarkeit; auch Bachs kontrapunktische Künste sind nicht für jedermann hörbar, und schon die religiös motivierten Zahlenspekulationen, die in Josquin Desprez' Kompositionen eingegangen sind, lassen sich hörend nicht nachvollziehen. Gleichwohl hat sich erst in bedeutenden Werken des 20. Jahrhunderts die Kluft zwischen strukturellem Hintergrund und hörbarer Form so weit aufgetan, daß für eine angemessene Interpretation von Musik die Unterscheidung zwischen »Struktur« und »Form«

im Sinn von Dahlhaus eine sinnvolle Voraussetzung geworden ist. Schönberg hat einmal gesagt, für den Hörer sei nur das klingende Resultat wichtig und nicht, wie eine Musik gemacht sei. Genau dies gilt in gewissen Grenzen für die hier diskutierten Werke der Moderne, aber nicht in gleichem Maße für die Musik von Beethoven oder Brahms, also für jene Werke der Tradition, auf die Adornos Begriff des »strukturellen Hörens« gemünzt war.

Um zu verstehen, weshalb serielle, zufallsgenerierte und andere Verfahren der »Vorstrukturierung« von Musik im 20. Jahrhundert so wichtig geworden sind, ist es m. E. wichtig, das Augenmerk auf die heuristische Rolle solcher Verfahren zu lenken: Sie sind Mittel einer Erzeugung von Formen des musikalischen Zusammenhangs jenseits der tonalen »Sprache«, Mittel der *Vermeidung* eines »Rückfalls« in abgenutzte tonale Sprachgewohnheiten und Reflexe und Mittel der Exploration neuer Klangwelten. Lachenmann hat einmal gesagt, von einem bestimmten Punkt an könne er sich in einem gewissen Sinn von dem strukturellen »Netz«, von dem sein Komponieren ausgeht, lösen und in der neugefundenen »Sprache« gleichsam ohne Netz fortfahren. Jedoch das Netz war wichtig, um neue Möglichkeiten des musikalischen Zusammenhangs zu finden und zu explorieren.[255] Wenn Lachenmann heute ein strukturelles Hören postuliert, so kann damit kaum ein Hören gemeint sein, das die strukturelle Vordisposition von Werken hörend erfaßt, sondern nur ein Hören, das strukturelle Zusammenhänge im klingenden Resultat miterfaßt. Ich komme darauf zurück.

255 Ähnlich auch Brian Ferneyhough: »The high density of pre-compositional preparation for a piece does not set out to define *a priori* each and every event: it is meant to provide a life-support system, a dispositive of constraints and delimitations with which it is meaningful to make decisions affecting other parts of the totality. The almost ritual activity of bringing events together in predetermined frames sometimes gives rise to insights on an altogether different level. In an important sense, processes don't exist in order to generate music, they're there to predispose one to approach the act of composition in a work-specific fashion … Invention always follows from limitation; constraints are aids to thinking, to processually molding sensations as subsets of the universal.« (Brian Ferneyhough, *Collected Writings*, a.a.O. S. 383.)

V. John Cage und die Befreiung des Klangs: Fluchtlinien einer musikalischen Moderne jenseits des europäischen Konstruktivismus

1. John Cage hat am entschiedensten den Musikbegriff der europäischen Tradition in Frage gestellt. Zwar ist das Phänomen »Cage« zu komplex, um es hier im einzelnen darzustellen, auch werde ich nur sporadisch auf die unterschiedlichen Phasen seines Komponierens eingehen[256]; ich möchte zunächst vielmehr

---

256 Eine Rekonstruktion der verschiedenen Phasen des Cageschen Komponierens, wie etwa James Pritchett sie vorgelegt hat (James Pritchett, *The Music of John Cage*, Cambridge University Press 1993) wäre notwendig, um den ganz unterschiedlichen Arten von Musik gerecht zu werden, die Cage in diesen verschiedenen Phasen komponiert hat, und auch, um zu zeigen, wie sich erst allmählich, von einer Phase zur nächsten jene Konzeptionen herausgebildet haben, die ich hier in einem »idealtypischen« Bild zusammenfasse. So entsprechen, um zwei bedeutsame Beispiele von Musik für präpariertes Klavier zu nennen, weder die *Sonatas and Interludes* noch das etwas spätere *Concerto for Prepared Piano and Orchestra* (1951) den Konzeptionen, die ich hier für den späteren Cage geltend mache. Im *Concerto* hat Cage durchaus noch an einer expressiven, »romantischen« Dimension der Musik festgehalten, wie er selbst betont: »I made it (the concerto) into a drama between the piano, which remains romantic, expressive, and the orchestra, which itself follows the principles of oriental philosophy. And the third movement signifies the coming together of things which were opposed to one another in the first movement.« (Zitiert nach Pritchett, a.a.O. S. 62.) In diesem dritten Satz hat Cage bereits eine erste Version des Zufallsverfahrens mit Hilfe des *I Ching* benutzt, verbunden mit einer »Dekontextualisierung« des Klangs und einer Konzeption der Durchdringung von Klang und Stille: »Listening to this music one takes as a springboard the first sound that comes along; the first something springs us into nothing and out of that nothing arises the next something; etc. like an alternating current. Not one sound fears the silence that extinguishes it. And no silence exists that is not pregnant with sound.« (Zitiert nach Pritchett, a.a.O. S. 71.) Jedoch höre ich dies Konzert, anders als manche spätere Stücke, auch

eine Annäherung an einen »idealtypischen« Cage mit Hilfe einer Reihe von Stichworten versuchen: (a) die Vereinzelung bzw. »Dekontextualisierung« des Klangs, die Veränderung des Hörens und die Rolle von Zufallsoperationen, (b) die Unbestimmtheit der »Interpretation«, Musik als Prozeß vs. Musik als Objekt, d. h. die Destruktion des Werkbegriffs, (c) die szenische Ausweitung des Musikbegriffs, (d) die Öffnung der Musik zur »Nichtmusik«, das heißt zu den Klängen und Geräuschen der Umwelt und (e) die »vormusikalischen« (Zen-, anarchistischen, transzendentalistischen) Impulse »in« der und »hinter« der Musik sowie die wichtigen Anregungen durch die bildende Kunst (Duchamp, Rauschenberg u. a.).[257]

(a) »Dekontextualisierung« des Klangs in der Musik von Cage bedeutet seine Herauslösung aus allen intentionalen, konstruktiven und sinnhaften Zusammenhängen, wie sie für die tradi-

---

heute noch als ein – nicht zuletzt durch die neuen Klangwirkungen – umwerfend neues, *komponiertes* Stück in der *Nähe* der seriellen Musik, eben als ein »Werk« im Sinn der Tradition. Auch die *Sonatas and Interludes* für präpariertes Klavier haben noch einen »expressiven« Charakter, allerdings inspiriert nicht durch europäische, sondern durch die indische Musik. »Ich beschloß, mich am musikalischen Ausdruck der ›permanten emotionalen Charaktere‹ der indischen Traditionen zu versuchen: Das Heroische, das Erotische, das Wunderbare, Heiterkeit, Trauer, Furcht, Wut, Ekel und ihre gemeinsame Tendenz hin zur Ruhe.« (Zitiert nach dem Programmheft zu Margaret Leng Tans Wiedergabe der *Sonatas and Interludes,* mode records, New York 2006.) Auch hier handelt es sich noch um »komponierte« Musik in einem Sinn, den Cage später verwarf. Daß aber bei einem Stück wie den *Sonatas and Interludes* ihr »Gehalt« auch durch den Komponisten selbst nicht fixierbar ist (wie es meiner These vom Spiel der Interpretationen entspricht), wird deutlich an alternativen Deutungen; Larson Powell etwa hat von dem »produktiven Schock« gesprochen, den das Stück ausgelöst habe, »schillernd zwischen Exotik, Kindlichem (Angst, Ernst, Spaß und Spiel) und Protoelektronik.« (»Zufall und Subjekt. Erwägungen zu Cage«, in: Claus-Steffen Mahnkopf (Hg.), *Mythos Cage,* Hofheim 1999, S. 218.)

257 Auf letztere werde ich, obwohl der Einfluß des künstlerischen Umfeldes von enormer Bedeutung ist für Cages Werk, nur gelegentlich in Anmerkungen eingehen. Ausführliche Darstellungen dieses künstlerischen Umfeldes und von Cages »Ort« in diesem Umfeld, insbesondere

tionelle Musik charakteristisch sind; es bedeutet, Klänge (*alle* Klänge) in ihrer Individualität »sein lassen«. In der traditionellen Musik ist nicht der einzelne Klang, sondern sind die Relationen zwischen den Klängen das Entscheidende, die Musik ist die Organisation eines Klang*zusammenhangs* durch den Komponisten. Dagegen opponiert Cage; in einer Formulierung von Günter Seubold: »Die Komponistenherrschaft setzt die Töne in Beziehung, zwingt ihnen diese Relationen auf und gibt den Tönen damit vorgeblich einen ›Sinn‹ – aber dieser Komponist mit seiner ›Sinn‹-gebung verhindert damit gerade, daß man den Klang *als* Klang – in seinem materialen Erscheinen – zur Kenntnis nimmt, er verhindert, daß wir uns ganz auf den Klang einlassen, nur auf ihn! Wir suchen den ›Sinn‹ in oder hinter der Musik … statt auf den Klang zu hören.«[258] Jede »hierarchische« Ordnung der Klänge wird von Cage in Frage gestellt, es gibt nicht »gute« und »schlechte« Klänge; dem entspricht, daß Cage das Klanguniversum unendlich erweitert hat durch die Erfindung neuer Spielarten der traditionellen Instrumente, die »Präparierung« des Klaviers, neue Verwendungen des Schlagzeugs und die »Musikalisierung« von Geräuschen aller Art. Cages Emphase auf der Individualität des je einzelnen Klangs entspricht seine Polemik sowohl gegen das Klänge intentional organisierende (kompositorische) als auch gegen das Klänge – gleichsam nach dem »Diktat« einer Komposition – sinnhaft »synthetisierende« (rezeptive) Subjekt. Dieses solle »attentive and empty[259]

---

auch was die Beziehungen zwischen Cage und der *concept art* betrifft, finden sich in dem Sammelband *Conceptualisms in Musik, Kunst und Film* (Hg. Christoph Metzger, Saarbrücken 2003), der zu einer Ausstellung in der Berliner Akademie der Künste 2003 erschienen ist; s. insbesondere die Aufsätze von Christoph Metzger, Helga de la Motte-Haber und Dieter Daniels.

258 Günter Seubold, »Verdinglichter Zufall, Verräumlichung, Weiße Stille«, in: Claus-Steffen Mahnkopf (Hg.), *Mythos Cage*, a.a.O. S. 166. Ich vernachlässige hier den eher polemischen Zusammenhang, in dem dieses Zitat steht.

259 Richard Kostelanetz (Hg.), *Conversing with Cage*, New York 1979, S. 235, zitiert nach Marjorie Perloff und Charles Junkerman (Hgg.), *John Cage. Composed in America*, Chicago/London 1994, S. 52.

sein, das heißt offen für das Zufällige und Individuelle der je einzelnen (vorüberziehenden) Klänge, was für Cage das Gegenteil von »Verstehen« oder »Synthetisieren« ist. »We are so accustomed to hearing musical sounds as filled with meaning of one sort or another – emotional, intellectual, aesthetic – that most of us do not exactly know what to do with empty sound. Cage says, let it be: ›(People) should listen. Why should they imagine that sounds are not interesting in themselves? I'm always amazed when people say. ›Do you mean it's just sounds?‹ ›How they can imagine it's anything but sounds is what's so mysterious.‹«[260] Die unterschiedlichen, von Cage verwendeten Zufallsoperationen bei der – jetzt wörtlich zu nehmenden – Komposition seiner Werke stehen in direktem Zusammenhang mit seiner Intention, die Töne – Töne sein zu lassen, ohne ihnen eine Ordnung, einen Zusammenhang aufzuprägen. Die Aufmerksamkeit der Hörer soll nicht auf einen vorgeprägten Zusammenhang gerichtet sein, sondern auf das Hören selbst, oder, wie Cage es ausdrückt, es geht ihm darum, »not focussing attention but letting attention focus itself.«[261]

Gelegentlich ist bemerkt worden, daß sich der Höreindruck streng seriell komponierter Werke kaum von dem einer durch Zufallsoperationen generierten Musik unterscheiden lasse; dazu Heinz-Klaus Metzger: »Man möchte sagen, es laufe aufs Gleiche hinaus, ob der Komponist vom Zufall oder von der Reihe sich diktieren läßt, was er an dieser oder jener Stelle niederschreibt. Nur daß das Subjekt (soll heißen: Cage, A.W.) den von keiner Intention schon besetzten Zufall sich endlich zu eigen macht, während die von ihm (d.h. dem seriellen Komponisten, A.W.) selber hervorgebrachte und objektivierte Organisation, als entfremdet sich ihm gegenüberstellende, ein Böses annimmt

260 Charles Junkerman, »›nEw/foRms of living together‹: The Model of the Musicircus«, in: *John Cage. Composed in America*, a.a.O. S. 54. Für das Cage-Zitat s. Richard Kostelanetz (Hg.), *Conversing with Cage*, a.a.O. S. 234.

261 John Cage, Jasper Johns, »Stories and Ideas«, in: John Cage, *A Year from Monday*, Middletown 1967, S. 78. Zitiert nach Marion Saxer, »Sternen-›Cartograph‹«, in: *Positionen, Beiträge zur Neuen Musik* 46, Februar 2001, S. 14.

und wider seine eigene Intention sich kehrt.«[262] Allerdings hat Cage selbst dieser Deutung widersprochen: Seine große Klavierkomposition *Music of Changes*, die er mit Hilfe von Zufallsoperationen nach dem *I Ging* komponiert hatte und die im übrigen noch traditionell notiert ist, hat er später als ein »Frankenstein monster« bezeichnet[263], und zwar weil sie, wie die *masterpieces* der europäischen Tradition, den Ausführenden keine Freiheit lasse und daher, so wäre fortzufahren, als ein in sich geschlossenes »Werk« für Aufführende und Hörer von seriellen Kompositionen kaum unterscheidbar sein dürfte.[264] Daß es im übrigen eine Affinität zwischen einem rigiden parametrischen Serialismus, etwa dem von Boulez' *Structures Ia*, und den Zufallsverfahren Cages gibt, wird indirekt auch durch den Briefwechsel zwischen Cage und Boulez[265] in den frühen fünfziger Jahren belegt, einer Phase wechselseitiger Inspiration der beiden Komponisten, wobei insbesondere auch Cages Erweiterung des musikalischen Klangmaterials über das der traditionellen Instrumente und die temperierte Zwölftonskala hinaus, etwa in seinen Kom-

262 Heinz-Klaus Metzger, »John Cage oder die freigelassene Musik«, in: *John Cage. Musik-Konzepte Sonderband,* April 1978, S. 13.

263 John Cage, »Composition as Process: Indeterminacy«, in: Christopher Cox und Daniel Warner (Hgg.), *Audio Culture. Readings in Modern Culture.* New York / London 2004, S. 177.

264 »Though chance operations brought about the determinations of the composition, these operations are not available in its performance. The function of the performer in the case of the *Music of Changes* is that of a contractor who, following an architect's blueprint, constructs a building ... his work is specifically laid out before him. He is therefore not able to perform from his own centre but must identify himself insofar as possible with the center of the work as written. The *Music of Changes* is an object more inhuman than human ... This situation is of course characteristic of Western music, the masterpieces of which are its most frightening examples ...« (A.a.O. S. 179.) Später in dem gerade zitierten Vortrag folgt dann die Charakterisierung der in ihrer Realisierung *unbestimmten* Kompositionen als »experimentell« mit der oft zitierten Formulierung »An experimental action is one the outcome of which is not foreseen.« (A.a.O. S. 184.)

265 Vgl. Jean-Jacques Nattiez (Hg.), *The Boulez-Cage Correspondence.* Cambridge University Press 1993.

positionen für Schlagzeug und für präpariertes Klavier, für Boulez eine Rolle spielte. Entscheidend ist dann, wie sich danach die Wege beider Komponisten trennten. Dabei geht es um Cages Verwendung von Zufallsverfahren, die Boulez entschieden ablehnt.[266] In diesem Zusammenhang ist wichtig, daß Boulez erkennt, daß der »totale Serialismus«, den er in den *Structures Ia* für Klavier praktiziert hatte, einem Zufallsverfahren praktisch gleichkam.[267] Für Boulez bedeutet das die Notwendigkeit einer Aneignung der seriellen Verfahren durch ein kompositorisch verantwortliches Subjekt: Er überschreitet den »totalen Serialismus« in Richtung auf einen kompositorisch angeeigneten Serialismus – man könnte auch sagen: in Richtung auf einen »dialektischen Strukturalismus« (s. unten Abschn. VI). Demgegenüber ist Cages Kritik an seiner mit Hilfe von Zufallsverfahren generierten *Music of Changes* ganz anders motiviert: Seine Kritik gilt nicht den Zufallsverfahren als solchen, sondern der notationellen Fixierung einer Partitur, die den Musikern keine Freiheiten läßt. Daher der Übergang zur »Unbestimmtheit« seiner späteren Werke [s. unten (b)]. Im übrigen hat Cage durch seine Zufallsverfahren trotz ihrer entschiedenen Ablehnung durch Boulez durchaus auf die serielle Musik eingewirkt, nämlich durch die Integration aleatorischer Momente in die komponierte Musik – worin allerdings Cage nun seinerseits bloß eine Neutralisierung seiner Ideen sah. Die bloß selektive Anverwandlung seiner Verfahren, so Cage mit Bezug auf Stockhausen, bedeute »keinen Wandel in der bisherigen geistigen Einstellung, und deshalb findet auch nichts grundlegend Neues

266 Boulez schreibt in einem Brief an Cage vom Juli 1954: »Obviously we disagree ... I do not admit – and I believe I never will admit – chance as a component of a completed work. I am widening the possibilities of *strict* or *free* music (constrained or not). But for chance, the thought of it is unbearable.« (A.a.O. S. 150.)

267 »As Boulez often recognized later, the automatism of total serialism is certain to engender an anarchy, which was described by Boulez as ›statistical‹, and might more technically be described as ›entropic‹, ›one which connects with chance procedures by the back door‹.« (Jean-Jacques Nattiez, a.a.O. S. 16.)

statt.«[268] In der Tat ist die Stoßrichtung jeweils eine andere: Während eine nicht bloß »kalkülhaft« verfahrende serielle Musik aleatorischen Momenten zugleich mit (»subjektiven«) Eingriffen des Komponisten Raum gab, wollte Cage gerade das »Subjektive« solcher Eingriffe aus der Musik eliminieren um der Befreiung der Klänge willen.[269]

(b) Die von Cage verwendeten Zufallsoperationen führten ursprünglich, wie schon gesagt, zu einem schriftlich fixierten, traditionellen Notenbild[270]; später jedoch – und zwar unter dem

---

268 Richard Kostelanetz (Hg.), *John Cage im Gespräch*, a.a.O. S. 25. Vgl. auch Cages Kritik an Stockhausens *Klavierstück XI* im eben zitierten Vortrag über »Indeterminacy«: »The indeterminate aspects of the composition of the *Klavierstück XI* do not remove the work in its performance from the body of Europen musical conventions. And yet the purpose of indeterminacy would seem to bring about an unforeseen situation. In the case of *Klavierstück XI*, the use of indeterminacy is in this sense unnecessary since it is ineffective. This work might as well have been written in all of its aspects determinately. It would lose, in this case, its single unconventional aspect: that of being printed on an unusually large sheet of paper ...« (A.a.O. S. 178.)

269 Hierbei spielten bereits, laut Bernard Jacobson, noch vor Cages Auseinandersetzung mit der buddhistischen Philosophie, asiatische Einflüsse eine Rolle. In den späten 1940ern hatte Cage eine persönliche und kreative Krise. »Help came in the form of Gita Sarabhai who, officially studying Western music with him, reciprocated by teaching him about Indian Music. ›One day‹, Cage relates, ›I asked her what her teacher in India thought was the purpose of music. She replied that he said the function of music was ›to sober and quiet the mind, thus rendering it susceptible to divine influences.‹ I was tremendously struck by this. And something really extraordinary happened. Lou Harrison ... came across a statement by the seventeenth century English composer Thomas Mace expressing the same idea in almost exactly the same words. I decided then and there that this *was* the proper purpose of music. In time ›I also came to see that all art before the Renaissance, both Oriental and Western, had shared this same basis, that Oriental art had continued to do so right along, and that the Renaissance idea of selfexpressive art was therefore heretical.‹« (S. LP-notes zum *Conerto for prepared Piano and Orchestra*, Nonesuch Records o.J., aufgenommen 1968.)

270 So noch im *Concerto for prepared Piano and Orchestra* (1951) und in der *Music of Changes* (1951).

Einfluß von Werken der jüngeren Komponisten im Umkreis von Cage[271] – wanderte der Zufall zunehmend auch als »Unbestimmtheit« auf die Seite der Wiedergabe oder Aufführung seiner Werke ein – von Werken, die keine »Werke« im traditionellen Sinn mehr sein wollen. »Als ich mich«, so Cage, »in Amerika daranmachte, die Orchesterstimmen meines neuen Klavierkonzerts[272] zu schreiben, ... besuchte ich jeden einzelnen Musiker, um herauszufinden, was er auf seinem Instrument spielen konnte, und entdeckte mit ihm zusammen andere Möglichkeiten; dann unterwarf ich alle diese Möglichkeiten Zufallsoperationen, um schließlich zu Stimmen zu kommen, die in Bezug auf die Aufführung unbestimmt waren.«[273] Die einzelnen Stimmen jedoch, so Gunnar Hindrichs, »stehen beziehungslos da, ohne einen noch beibehaltenen logischen Zusammenhang, insofern sind sie eigentlich sämtlich solistische. Und nicht nur das: auch die Aufzeichnung der Stimmen selbst schreibt den Interpreten weder die Reihenfolge noch die genaue Art dessen vor, was aufzuführen ist. Jede Stimme, und ganz besonders der Klavierpart, besteht nicht aus Determinationen, sondern aus Anstößen zu selbständigen musikalischen Aktionen der Spieler.«[274] Von einer »Partitur« im traditionellen Sinn kann hier in einem doppelten Sinn – nämlich dem einer Notierung bestimmter Klänge und dem einer bestimmten Koordinierung von Stimmen – nicht mehr die Rede sein. Allgemeiner gesprochen geht es Cage um die Ersetzung der traditionellen musikalischen Resultatschrift (die Partitur soll das klingende Resultat bestim-

---

271 Morton Feldman, Earle Brown und Christian Wolff, die zusammen mit Cage und David Tudor zur New Yprk School gerechnet werden und auf die Cage sich auch in seiner *Lecture on Indeterminacy* von 1958 bezieht. Vgl. James Pritchett, *The Music of John Cage*, Cambridge 1993, S. 105ff.

272 Es handelt sich um das *Concert for Piano and Orchestra* von 1958.

273 Zitiert nach Dieter Schnebel, »›Wie ich das schaffe?‹ Die Verwirklichung von Cages Werk«, in: Heinz-Klaus Metzger und Rainer Riehn (Hgg.), *Musik-Konzepte. Sonderband John Cage I*, S. 51.

274 Gunnar Hindrichs, »Bedeutete John Cage einen Sprung in der Neuen Musik?«, in: *Archiv für Musikwissenschaft*, Jahrgang LV, Heft 1 (1998), S. 4.

men) durch Notationsweisen bzw. eine – zunehmend auch graphisch notierte – »Aktionschrift«, die den Spielern mit unterschiedlichen Freiheitsgraden verbundene Aktionen vorschreibt, unter denen die Hervorbringung bestimmter Klänge nur eine Möglichkeit darstellt. Den Spielern werden also mehr oder weniger große Freiheiten in der Umsetzung der »Partitur« zugestanden, mit dem Ergebnis, daß keine Aufführung eines Werkes der anderen gleicht. Dabei geht es Cage nicht zuletzt um eine Freisetzung der Musiker, eine Freisetzung, die allerdings das Gegenteil von *improvisatorischer* Freiheit bedeutet – Freiheit der Improvisation war für Cage gleichbedeutend mit einem freien Ausleben der musikalischen Neigungen und Abneigungen der Musiker. Demgegenüber bedeutete Freisetzung der Musiker für ihn vor allem, »sie von ihren Neigungen und Abneigungen zu befreien«[275]; eine Freisetzung, die von den Musikern zugleich eine äußerste Disziplin verlangt. Von daher gesehen ist die Entscheidungsfreiheit, die Cage den Musikern zugesteht, nicht subjektive Willkür, sondern die Hereinnahme eines Zufallsmoments auch in die Aufführung der Werke; diese versteht Cage nicht als »Objekte«, sondern als *Prozesse.* »Wenn der Interpret eines Werkes ... nicht nur im Geist der Komposition spielt, sondern sich auch von seinen eigenen Neigungen befreit, spielen die Resultate keine Rolle, weil wir schließlich nicht an Ergebnissen interessiert sind. Resultate sind wie der Tod. Uns interessieren vielmehr die Dinge, die sich in einem Prozeß befinden, ihre Veränderungen und nicht ihr statisches Sein. Wenn jedoch jemand ein Stück in diesem Sinne interpretiert, wird unter ›frei‹ meist verstanden, daß man mit dem Stück machen kann, was man will. Ich sage zum Beispiel: ›Trage es diszipliniert vor‹, sage also gerade nicht: ›Mach, was Du willst.‹«[276] Die Schwierigkeiten und Aporien, die sich aus diesen Anforderungen Cages für die Aufführungen seiner Stücke ergeben, hat Dieter Schnebel am Beispiel von Aufführungen des Klavierkonzerts und der *Song Books* beschrieben. Cage war sich ihrer durchaus bewußt: »Ich muß einen Weg finden, die Leute freizusetzen, ohne daß sie albern

---

275 Richard Kostelanetz, *John Cage im Gespräch,* a.a.O. S. 92.
276 A.a.O. S. 91.

werden. Solchermaßen, daß ihre Freiheit sie adelt. Wie ich das schaffe? – das ist hier die Frage.«[277]

(c) In der Verwendung einer graphischen bzw. einer Aktionsschrift anstelle der traditionellen musikalischen Notation beim späteren Cage ist bereits angelegt, was ich oben als die szenische Ausweitung des Musikbegriffs bei Cage bezeichnet habe. Denn hierdurch lassen sich die Prinzipien der musikalischen Organisation auf Aktionen aller Art ausweiten, wie schon bei dem am Black Mountain College realisierten ersten Happening. Nicht nur wandert ein szenisches Moment in die Musik ein – schon aus Anlaß der Uraufführung des *Music Walk* für eine beliebige Anzahl von Pianisten 1958 in Düsseldorf prägte Heinz-Klaus Metzger den Begriff des »instrumentalen Theaters«[278] – auch theatrale Aktionen können Zufallsoperationen unterworfen werden und die Unbestimmtheit der Interpretation auch für die Ausführung dieser Aktionen geltend gemacht werden. Gerade die szenische Ausweitung des Musikbegriffs bildet jedoch zugleich eine Einlaßstelle von sinnhaften Momenten (z.B. bügelnde Frauen auf der Bühne mit zufällig an- und abgestellten Radios) und eine an diesen sinnhaften Momenten sich entzündende Subversion von Sinn wie etwa im absurden Theater. Hier äußert sich, bei geglückten Aufführungen, der Sinnentzug als ein sinnsubversives Spiel mit sinnhaften Momenten der Realität, ein künstlerischer Angriff auf den »Terror des Sinns« in einem ganz anderen Sinn als bei der bloßen Dekontextualierung des Klangs; ein sinnsubversives Spiel mit sinnhaften Elementen, dem sich vielleicht die stärksten Wirkungen von Stücken Cages verdanken. Hat schon die Aufführung mancher Stücke Cages den Charakter eines instrumentalen Theaters, so ist den *Europeras I–V* das Material solchen instrumentalen Theaters traditionellen Opern entnommen. Dadurch verwandelt sich das instrumentale Thea-

---

277 »›Wie ich das schaffe?‹ Die Verwirklichung von Cages Werk«, a.a.O.

278 Heinz-Klaus Metzger, »Anything goes? Anmerkungen zur Wahrheit des modernen Musiktheaters«, in: *Lettre International*, Heft 21, II. Vj. 1993, S. 90.

ter in eine Form des Musiktheaters, eines Musiktheaters, das als Spiel mit den Elementen des traditionellen Opernrepertoirs die Aura der traditionellen Oper durch ihre Verfremdung distanziert und zugleich »ein letztes Mal« vergegenwärtigt: »an opera to finish all operas«.[279]

(d) Cages Devise, die Töne – Töne sein zu lassen, seine Erweiterung des musikalischen Klanguniversums durch Einbeziehung von Geräuschen aller Art, seine Emphase auf der Materialität und Individualität des Einzelklangs, seine Absage an jeden kompositorisch erzeugten musikalischen »Sinn« und seine Idee einer »experimentellen« Musik – das heißt von kompositorischen Verfahren, »deren Ausgang nicht vorhersehbar ist«[280] – führt ihn schließlich zu einer Absage an die Idee in sich abgeschlossener musikalischer Gebilde, das heißt von musikalischen Gebilden, bei deren Aufführung jede Art von zufällig gleichzeitigen Umweltgeräuschen (Husten, Türenklappen, Straßengeräusche) nur als *Störung* verstanden wird. Diese Absage, die Cage sogar als das Kennzeichen genuin *moderner* Musik verstanden hat[281], bezeichnet den radikalsten Aspekt seiner Abwendung von der traditionellen Idee einer komponierten Konzertmusik. Dahinter steht die Auffassung, daß es »vom musikalischen Standpunkt her ... einen Aspekt (gibt), der das Alltagsleben weitaus faszinierender und außergewöhnlicher erscheinen läßt als zum Beispiel ein

---

279 Ich beziehe mich hier auf die Hannoveraner Aufführung. Die aus ihrem Zusammenhang gerissenen und mit Hilfe von Zufallsoperationen durcheinander gewirbelten Bruchstücke aus alten Opern – Gesangsnummern, Orchesterstimmen, pathetische Bühnensituationen – wurden in der genannten Inszenierung mit einem die traditionelle Opernimagerie dementierenden Bühnenbild und slapstickartigen Elementen aufgemischt, eine »Opernverhackstückung«, wie Gerhard Koch es formuliert hat, durch welche gleichwohl etwas vom Auratischen der alten Opernform gerettet, weil in ein verfremdendes Licht getaucht wurde.

280 Richard Kostelanetz, *John Cage im Gespräch*, a.a.O. S. 162.

281 »Wenn die Musik Umweltgeräusche zulassen kann, ohne davon beeinträchtigt zu werden, so handelt es sich um moderne Musik. Wenn, wie bei einer Komposition von Beethoven, ein schreiendes Baby oder ein hustender Zuhörer die Musik störend beeinflussen, dann wissen wir, daß es keine moderne Musik ist.« (Ebd.)

Konzert; die Klangvielfalt im Verhältnis zu ihrer Umgebung, einschließlich des Raumes.«[282] Die Einübung eines neuen Hörens, auf die es Cage ankommt, zielt ja in der Tat immer schon über den begrenzen Raum musikalischer Gebilde hinaus auf das gesamte akustische Feld außerhalb der Musik; dessen Einbeziehung *in* die Musik, die Öffnung der Musik zur Nichtmusik ist daher in seinen zufallsorientierten kompositorischen Grundentscheidungen bereits angelegt. Ihren extremsten Ausdruck findet diese Intention der Öffnung der Musik zur Nichtmusik in dem Stück 4′33″, einem Stück für einen Pianisten, der, vor einem Klavier sitzend, zwar die tradionelle Situation eines Klavierkonzerts suggeriert, aber keinen Ton von sich gibt, abgesehen vom Aufklappen und Zuklappen des Klavierdeckels zu Beginn und am Ende des Stücks. Die zufälligen Umweltgeräusche treten *an die Stelle* dessen, was das Publikum an Klängen vom Pianisten erwartet.[283] Allerdings dürfte die Wirkung dieses Stückes kaum darin bestehen, daß es das Publikum die Umweltgeräusche als »weitaus faszinierender und außergewöhnlicher« erfahren läßt »als zum Beispiel ein Konzert.« Um die Wirkung des Stücks und die notwendigerweise von ihm ausgehende Irritation zu verstehen, werden wir vielmehr über Cages explizite Intentionen hinausgehen müssen. Ich komme darauf zurück.

(e) Im Zusammenhang zwischen der Verwendung von Zufallsoperationen, der »Unbestimmtheit« der Interpretation und der Öffnung der Musik zur Nichtmusik zeigt sich bereits etwas von den *in* der Musik wirksamen, aber über das rein Musikalische hinausweisenden Impulsen des Werks von Cage. Diese Impulse verdanken sich einer komplexen Konstellation von Einflüssen und Anregungen, auf die Cage selbst sich berufen hat: asiatische

---

282 A.a.O. S. 163.

283 Ein Gegenstück in der bildenden Kunst sind Robert Rauschenbergs kurz vorher entstandene »White Paintings«, auf die Cage ausdrücklich verweist. »Sie zeigen nichts anderes als das Licht und den Schatten ihrer Umgebung und belegen damit, ›Eine Leinwand ist niemals leer‹.« (Dieter Daniels, »Der Dualismus von Konzept und Technik in Musik und Kunst von Duchamp und Cage bis zur Konzeptkunst«, in: Christoph Metzger (Hg.), *Conceptualisms in Musik. Kunst und Film,* a.a.O. S. 32.

Philosophie, insbesondere der Zen-Buddhismus, die Verbindung von »transzendentalistischen« und anarchistischen Motiven insbesondere bei Thoreau und die zeitgenösssische bildende Kunst (Duchamp, Rauschenberg u. a.), Buckminster Fuller und in der Musik Henry Cowell, Satie u. a. Mich interessiert hier nur das eigentümliche Zusammentreffen von Zen-buddhistischen, transzendentalistischen und anarchistischen Motiven. Der Sinn von Musik, so Cages unter Berufung auf ein traditionelles indisches Musikverständnis, sei es, »den Geist zu reinigen (›to sober and quiet the mind‹) und ihn so für die göttlichen Einflüsse empfänglich zu machen.«[284] Damit ist, wie Sabine Sanio es formuliert, eine »Abkehr von der inneren Realität der eigenen Wünsche, Gewohnheiten und Intentionen zugunsten einer selbstvergessenen Aufmerksamkeit für das Geschehen und die vielfältigen sinnlich erfahrbaren Phänomene in der äußeren empirischen Realität«[285] gemeint. In Cages eigenen Worten: »Wir haben vom östlichen Denken gelernt, daß jene göttlichen Einflüsse nichts anderes sind als die Umwelt, in der wir uns befinden. Die durch unsere Sinne in uns herein- und durch unsere Träume in uns heraufkommen. Unsere Aufgabe ist es, mit dem Leben, das wir leben, ins Fließen zu kommen, und dazu kann Kunst uns verhelfen.«[286] Hier wird zugleich *ein* Zusammenhang zwischen Kunst und Leben deutlich, auf den es Cage ankommt: Es ist eine neue Form nicht nur des Hörens, sondern der sinnlichen Wahrnehmung überhaupt; eine von Zwecksetzungen, Intentionen, Begriffen und Erwartungen befreite Wahrnehmung des je sinnlich Besonderen, des »Nichtidentischen«, wie man mit Adorno sagen könnte – die Kunst also als Medium der Einübung einer solchen »unabsichtlichen« und *interesselosen* Wahrnehmung. Ein solches Kunstverständnis schließt auch die Öffnung der Musik

---

284 John Cage, *Silence. Lectures and Writings.* Middletown, Conn. 1961, S. 158; deutsch zitiert nach Ruth Young, »Cage und Thoreau«, in: Stefan Schädler und Walter Zimmermann, *John Cage. Anarchic Harmony,* Mainz u.a. o.J. (Frankfurt Feste 1992), S. 136. Deutsch (mit abweichender Übersetzung): Silence, Frankfurt am Main 1995, S. 89. Vgl. Anm. 269.

285 Sabine Sanio, *Alternativen zur Werkästhetik. John Cage und Helmut Heißenbüttel,* Saarbrücken 1998, S. 148.

286 Zitiert nach Sanio, ebd.

zur Nichtmusik ein, wobei Cage sich hier auf den von Emerson inspirierten Transzendentalismus Thoreaus beruft, der bereits eine Öffnung für die »Musik« der Umwelt forderte und der im »musikalischen Spiel der Telegraphenleitungen, den Geräuschen der Eisenbahn oder den Echoeffekten von Kirchenglokken« das Paradigma einer »unpremeditated music«[287] sah, einer »reine(n) Form von Musik«.[288] Überhaupt ist wohl der Einfluß Thoreaus kaum zu überschätzen, wie eine Bemerkung von Cage zeigt, wonach »er in Thoreaus Œuvre sämtliche seiner eigenen Ideen vorgedacht findet.«[289] Der »Anarchismus« der Töne und Klänge und *deren* »Reinigung« von intentionalen, semantischen und affektiven Vorbesetzungen zielt somit auf eine Form des Hörens, deren Modell das selbstvergessene Lauschen auf den Klang der Welt ist und das zugleich das Ohr für diese Musik der Welt öffnen soll. Dazu gehört auch die Emphase auf dem Moment der Stille als dem anderen »Material« der Musik. »Das Material von Musik ist Klang und Stille. Komponieren ist die Integration von beidem,«[290] so Cage. Dabei hat Cage nicht geleugnet, daß Hörer seiner Stücke »unwillkürlich« auch Beziehungen zwischen den Klängen herstellen mögen und daß hierbei auch Emotionen oder auch semantische Gehalte (wie der Sternenhimmel in *Atlas Eclipticalis*) ins Spiel kommen mögen; ganz im Gegenteil: Cage will den Hörern ihren eigenen Beitrag zur Musik bewußt machen, den Beitrag ihrer *structuring faculty*; daher gilt es Musik zu schreiben, die diese *structuring faculty* stimuliert.[291] »Most people think that when they hear a piece of

287 Frank Mehring, »Transcendental Symphonies«, in: *Positionen. Beiträge zur Neuen Musik* 46, Februar 2001, S. 8. Mehring beruft sich auf Thoreaus *Walden*, Boston und New York 2006, S. 366.

288 Ebd.

289 A.a.O. S. 9. Die betreffende Bemerkung findet sich in John Cage, »Preface to Lecture on the Weather«, in: *Empty Words: Writings '73–78*, Hannover 1981, S. 3.

290 John Cage, *Silence*, a.a.O. S. 62; deutsch zitiert nach Ruth Young, »Cage und Thoreau«, a.a.O. S. 136.

291 »... if the listener does not have anything done *to* him, since the composer has not arranged things so that everything is done *for* him, the responsibility for how he hears or sees is placed firmly on the functioning

music, they're not doing anything but that something is being done to them. Now this is not true, and we must arrange our own art, we must arrange everything, I believe, so that people realize they themselves are doing it, and not that something is being done to them.«[292] Zur Befreiung der Klänge und der Musiker tritt die Befreiung der Hörer hinzu, man könnte auch sagen: eine Individualisierung des Hörens.

Im »Anarchismus« der Klänge, der Freisetzung der Musiker und der Individualisierung des Hörens sieht Cage zugleich das Bild eines anderen Anarchismus, eines freien Zuammenlebens der Menschen; dies ist der *andere* Zusammenhang zwischen Kunst und Leben, auf den es Cage ankommt. »People should be allowed to differ, just as sounds should be permitted to sound as they are.«[293] Daher die Emphase auf der Freisetzung der *Musiker* und *Hörer*, für Cage so etwas wie der Vorschein einer Befreiung der Menschen von allen gesellschaftlichen Reglementierungen – »the best form of government is none at all«, wie Cage zu sagen pflegte.[294] Eine direkte Linie führt bei Cage von der Befreiung der Töne und Klänge zur Freisetzung der Musiker

---

of his own perception. The listener should be possessed ideally of an open, free-flowing mind, capable of assimilating in its own way a type of music that does not present a set of finalized, calculated, pre-focussed, projected musical relationships and meanings. The listener may supply his own meanings if that is what he wants; or he may leave himself open to taking in any eventuality, bearing in mind George Brecht's proviso that any ›act of imagination or perception is in itself an arrangement, so there is no avoiding anyone making arrangements.‹ … everyone has, according to Cage, the opportunity of ›structuring the experience differently from everyone else's in the audience. So less we structure the occasion and the more it is like unstructured dayly life, the greater will be the stimulus to the structuring faculty of each person in the audience. If we have done nothing then he will have everything to do.‹« (Michael Nyman, »Towards (a Definition of) Experimental Music«, in: Christoph Cox und Daniel Warner (Hgg.), *Audio Culture. Reading in Modern Music*, New York/London 2004, S. 219.) Das letzte Zitat im Zitat ist von Cage.

292 Zitiert nach Nyman, a.a.O. S. 218f.

293 Daniel Herwitz, »John Cage's Approach to the Global«, in: *John Cage, Composed in America*, a.a.O. S. 192.

294 A.a.O. S. 191.

und Hörer und der Idee eines politischen Anarchismus. »We need society in which every man may live in a manner freely determined by himself ... The best – and only – way to let somebody be what he is, and to think of him, thus to think of the other, is to let him think of himself in his own terms ... Impose nothing. Live and let live. Permit each person, as well as each sound, to be the center of creation.«[295]

Adorno hat vom Kunstwerk als dem »Schein des Scheinlosen« gesprochen, wobei er mit letzterem ebenfalls eine befreite Gesellschaft meinte. Aber der Abstand zwischen ihm und Cage ist immens. Adorno hielt an einem emphatischen Begriff des musikalischen Kunstwerks im Sinn der europäischen Tradition fest; für ihn war die authentische Neue Musik jedoch ein Fremdkörper in der durch die Kulturindustrie geprägten modernen Gesellschaft, eine Art von Flaschenpost mit einer Botschaft, die die Erinnerung an die Möglichkeit einer besseren, einer befreiten Gesellschaft wachhalten sollte. Cage teilt die emphatische Idee einer befreiten Gesellschaft mit Adorno, aber er versucht deren – bloß antizipierte – anarchische Züge in die Musik hineinzutragen, durch die Destruktion des traditionellen Musikbegriffs die Anarchie im Feld der Musik – schon jetzt – zu praktizieren und damit jene andere, gesellschaftliche, wie in einem Vorgriff, vorwegzunehmen. Heinz-Klaus Metzger hat Cage deshalb gewissermaßen als den besseren Adorno interpretiert.[296] Dagegen spricht gewiß einiges: Cages buddhistisch inspirierte Emphase auf dem »Sein-Lassen« und »Geschehen-Lassen«, dem Sein- und Geschehen-Lassen der Klänge und dem Sein-Lassen des anderen – Inbegriff seiner Version des Anarchismus – läßt keinen Raum für die für Adorno zentrale Idee einer von Repression befreiten *kommunikativen* Beziehung *zwischen* den Menschen; mehr noch: Im Grunde stellt sie sich blind gegenüber den kommunikationszerstörenden Phänomenen gesellschaftlicher Repression. »In Cages politischen wie künstlerischen Vorstellungen ist der einzelne für sich – ganz im Stirnerschen Sinn: ›Ich habe mein

---

295 »›nEw/foRms of livingtogether‹: The Model of the Musicircus«, a.a.O. S. 58.

296 »John Cage oder die freigelassene Musik«, a.a.O.

Sach auf mich gestellt«, heißt es bei Schnebel.[297] »People should be allowed to differ« bedeutet daher nicht dasselbe wie Adornos Charakterisierung einer befreiten Gesellschaft durch die jedem Individuum gewährte Möglichkeit, »ohne Angst verschieden zu sein«, es bedeutet eher Freiheit als das Sein-Lassen des jeweils anderen ohne das korrelative Band einer repressionsfreien und kommunikativen Gemeinsamkeit. Ein solchermaßen anarchistisch verstandener Begriff von Freiheit, wenn man ihn – wie Cage das tut – auch als Inbegriff einer befreiten Gesellschaft versteht, ist aporetisch insofern, als der Versuch seiner Verwirklichung in das Gegenteil seiner selbst, Repression, umschlagen müßte: ohne eine demokratische Vermittlung der Einzelwillen zu einem gemeinsamen Willen, das heißt, ohne demokratische Institutionen, die bloße Abschaffung der »Regierung« (»the best government is no government at all«), könnten sich am Ende nur die stärksten Einzelwillen durchsetzen: der Umschlag von Befreiung in Repression.

Die Frage ist natürlich, ob diese Aporie des gesellschaftlichen Anarchismus in Cages Idee einer Freisetzung der Musiker ein innermusikalisches Korrelat hat. Die Antwort auf diese Frage ist durchaus kontrovers. Ich zitiere zunächst Heinz-Klaus Metzger: »Cage hat die Musiker in Freiheit gesetzt, läßt sie in seinem Werk tun und lassen, was sie wollen, schenkt ihnen – ohne daß ihm dies bei Aufführungen stets gedankt worden wäre – die Würde von autonomen musikalischen Subjekten: selbständig zu agieren und den Sinn ihrer Aufgabe zu erkennen, so wie in einer emanzipierten Gesellschaft einmal jeder sein Werk ohne Zwang wird vollbringen dürfen, einzig unterm Zifferblatt der Uhr, zum Zeichen dessen, daß es dabei noch Morgen und Abend werde.«[298] Ganz anders Dieter Schnebel aufgrund eigener Erfahrungen mit Aufführungen von Cages Stücken. Die Parenthese in dem Text von Metzger – »ohne daß ihm dies (d.h. die von Cage den Musikern gewährte Freiheit, A.W.) übrigens bei Aufführungen stets gedankt worden wäre« – weist ja auf mißglückte Aufführungen

297 »›Wie ich das schaffe?‹ Die Verwirklichung von Cages Werk«, a.a.O. S. 53.

298 »John Cage oder die freigelassene Musik!«, a.a.O. S. 11.

hin; anders als Metzger sieht Schnebel in solchem Mißglücken jedoch ein Problem von Cages *Konzeption*: »Ebenso wie die Einzelaktionen haben die strengen Prinzipien, welche Cages Musik durchwalten, etwas Unmenschliches: sie verlangen Unterwerfung. Die herkömmliche Musik konzipierte musikalische Prozesse, in denen die Interpreten die Möglichkeit der Identifikation hatten: sich in die komponierten emotionalen Vorgänge hineinzubegeben, oder sich von ihnen ergreifen zu lassen – ein Stück Eigenes auszuleben. Bei Cage aber sind es abstrakt in irgendwelchen Parametern bestimmte Ereignisse und Aktionen, ohne inneren Zusammenhang und von wertneutraler Art, die lediglich durch ein Prinzip verbunden werden, welches streng und quasi technologisch durchzuführen ist – und Emotionen können sich bestenfalls ergeben. Voraussetzung und Wirkung solcher Realisation aber ist wiederum die Vereinzelung.«[299] Schnebel spricht von einem »Gewalttätigen ..., das Cages Konzeption mit jeder anarchistischen eignet: sie will zum Sich-selbst-Sein zwingen, in es hineinstoßen. So aber kann die gewünschte Selbstfindung nur verfehlt werden, da sie als wirklich nur aus einem selbst kommen kann. Tatsächlich gibt es auf Cages Frage nach dem Wege, die Menschen freizusetzen, so daß es sie ›adelt‹, bei ihm selbst keine klare Antwort – kann es unter den gegenwärtigen Lebensbedingungen wohl überhaupt kaum geben.«[300] Schnebels Kritik ist um so bemerkenswerter, als kaum ein anderer Komponist entschiedener als Schnebel sich von Cages Konzeptionen hat anregen lassen. Schnebel leugnet keineswegs die befreienden Impulse, die von Cage ausgegangen sind, gerade auch was die Idee einer »Freisetzung« der Klänge wie der ausführenden Musiker betrifft – Impulse, die ja nicht zufällig heute in unterschiedlichen Formen einer »experimentellen« Musik fortwirken. Schnebel gibt im übrigen eine enthusiastische Beschreibung einer Einstudierung der *Song Books* durch die Münchner Arbeitgemeinschaft für Neue Musik im Jahr 1974, die ein Beispiel gibt für die produktiven Impulse von Cage, wenn diese in einem »kommunikativen« Kontext wirksam wer-

299 »Wie ich das schaffe?«, a.a.O. S. 54.
300 A.a.O. S. 55.

den[301] – ein gelungenes Beipiel für das, was »Befreiung der Musiker« in einem über Cages eigenes Verständnis hinausgehenden Sinn bedeuten kann. Und was die Befreiung des Hörens betrifft (von der in Schnebels Beschreibung nicht die Rede ist), so geben Cages buddhistische bzw. transzendentalistische Intentionen allenfalls einen Fingerzeig: Man muß Cage, was seine Selbstkommentare betrifft, nicht alles glauben, um doch an sei-

---

301 »Jeder von uns suchte sich Soli aus, die ihm gefielen, zur jeweiligen Person paßten. Bei der Realisation hielten wir uns streng an Cages Regeln, kritisierten uns gegenseitig, wenn das Vorgeschriebene nicht adäquat verwirklicht schien ... Wir übten jeder einzeln für sich oder vor dem Forum der Gruppe, bis jeder seiner Sache sicher war und ruhig, ja in sich selbst ruhend, die stimmlichen und theatralischen Aktionen – und die Zonen der Stille dazwischen zu erfüllen und zu erfühlen vermochte, denn schließlich spielt jeder solo, ganz auf sich gestellt. Dann probierten wir zusammen, legten vorweg die Zeichen der Einsätze fest, veränderten sie von Aufführung zu Aufführung. Die ganze Einstudierung aber ging mit jener Strenge, mit jenem Bei-der-Sache-sein vor sich, das Cage wünscht. Er sagte einmal über seinen Lehrer Schönberg: ›Er war der Disziplin ergeben und er hatte die Gabe, anderen diese Ergebenheit zu vermitteln. Mein Verständnis von Disziplin geht dahin, daß sie uns von der Tyrannei der in uns heraufkommenden Neigungen und Abneigungen freimacht.‹ Und die geschah in der Tat: wir vermochten uns von eingewurzelten Konventionen zu lösen, die uns dazu verführten, das eine zu vermeiden und das andere zu bevorzugen; beispielsweise verloren wir die Angst vor langen Pausen, überhaupt vor Inaktivität, und fanden den Mut, ungewöhnliche Klänge und Aktionen selbstverständlich zu realisieren. Wurden wir solchermaßen von unseren Neigungen und Abneigungen frei, so gewannen wir in anderer Weise einen Zugang zu unseren wirklichen Neigungen und Abneigungen. Nach und nach taten wir, was Cage vorschrieb, mit Lust – oder wir vermochten darin aggressive Gefühle ohne Scheu auszuleben. Und wir wurden offen fürs Unverhoffte, für jenes Cagesche ›die Dinge geschehen lassen‹. Sowohl bei den Proben als auch bei den Aufführungen ereigneten sich zwischen den selbständig handelnden Individuen plötzlich Entsprechungen, unverhoffte Begegnungen, geglücktes Zusammen-Sein: die Töne getrennt Handelnder bildeten für Augenblicke eine Melodie, Klänge vereinigten sich in der gleichen Sekunde, während einer stürzte, stand ein anderer auf; und als einer zu tanzen anfing, erhob sich ein schönes Mädchen im Publikum und tanzte mit – ›solchermaßen, daß ihre Freiheit sie adelt‹ ...« (A.a.O. S. 52f.)

ner Musik die Erfahrung eines neuen, »dezentrierten« Hörens zu machen, das von einem Augenblick zum anderen dem nichtvorhersehbaren Ineinander von Klang und Stille folgt, das gleichwohl, aufgrund des kompositorischen Designs, gerade bei geglückten Aufführungen seiner »unbestimmten« Stücke einen musikalischen Zusammenhang neuer Art erzeugt. Das gilt auch für das oben genannte Klavierkonzert von 1957/58.[302] Um aber beim Beispiel der *Song Books* zu bleiben: Es gibt eine wunderbare Aufnahme der *Song Books* durch die Stuttgarter Schola Cantorum unter der Leitung von Clytus Gottwald[303], bei der sich die theatralen Elemente des Stückes zumindest ahnen lassen und bei der die »Dekontextualisierung« der Klänge sich mit dem Eindruck eines neuen musikalisch(-theatralischen) Zusammenhangs verbindet. Es scheint jedoch, daß das ganze Potential von Cages Innovationen erst ganz zur Geltung kommt, wenn die Interpreten nicht in jeder Hinsicht buchstäblich »dem Orakel Cage als gehorsames Sprachrohr ... dienen«[304] und damit zugleich eine gewisse Distanz zu Cages philosophischen Selbstdeutungen nehmen; auch Schnebel geht es ja darum, Cages Intentionen und Impulse aus der aporetischen Verknüpfung von Anarchismus und Repression, von Befreiung und Vereinzelung herauszulösen. Für Schnebel betrifft das die Vereinzelung der Musiker ebenso wie die der Töne, und das heißt zugleich die buddhistischen Elemente in der Selbstdeutung von Cage: »Die Cagesche

302 Ich beziehe mich auf eine Realisation durch David Tudor und das Ensemble Moderne (CD-Aufnahme, *mode* 57).

303 LP Wergo 1976 (Stuttgarter Konzertmitschnitt von 1975).

304 Ich vermute, daß die Aufführung nicht wesentlich abweicht von derjenigen bei den Donaueschinger Musiktagen 1974. Über die Einstudierung sagt Gottwald: »Die Ausarbeitung der Gesangspartien wurde im wesentlichen von mir vorgenommen. Dabei stand der Versuch im Vordergrund, jedes Solo als Stimmporträt des Sängers auszuarbeiten, dem das Solo zugedacht war. Cages Intentionen hätte es sicherlich mehr entsprochen, die Soli auszuarbeiten und dann die Interpreten auszuwürfeln. Doch war mir wichtiger, bei der Ausarbeitung die Absichten Cages nicht zu verlängern, sondern ihnen zwiderzuhandeln. Dies schien mir dem Denken Cages näher als alle beflissenen Versuche, dem Orakel Cage als gehorsames Sprachrohr zu dienen.« (Clytus Gottwald, zitiert nach der CD-Beilage zu einer Aufnahme von 1972, Cadenza 800 894.)

Weise, Aktionen zu verordnen und Prinzipien dafür aufzustellen und alledem noch eine zu glaubende Lehre mitzugeben, dürfte kaum die wahre sein.«[305] Dies bedeutet für Schnebel zugleich ein anderes Verhältnis zur musikalischen Tradition: Anders als Cage wollen Komponisten wie Schnebel diese Tradition nicht negieren, sondern *von innen heraus*, und doch ebenfalls im Sinn einer »Freisetzung« der Musiker, erneuern.[306] Jedoch zeigt sich in solcher Anverwandlung Cagescher Impulse durch Komponisten wie Schnebel auch das »Wahrheitsmoment« von Cages Anarchismus gegenüber dem versöhnungsphilosophischen Elitismus von Adorno: Cage geht es um die Freisetzung, die Autonomie der Musiker und um eine Veränderung der Gesellschaft *hier und jetzt* und nicht um einen ins Unendliche verschobenen Fluchtpunkt der Geschichte wie bei Adorno: Das Fehlen begrifflicher Vermittlungen in Cages Denken ist *auch* ein Ausdruck dessen, daß für ihn die Geschichte und daher die Gegenwart eine offene ist, offen auch für die Phantasie und den Mut von Künstlern, in eingeschliffene Formen der Wahrnehmung und des Denkens einzugreifen um einer *gegenwärtigen* Erfahrung von Freiheit willen.

2. An dieser Stelle geht es mir vor allem um den eigentümlichen Status von Cages Werk im Verhältnis zur europäischen Tradition der komponierten Musik. Wenn ich eben Metzgers und Schnebels Kommentare zu ihren Erfahrungen mit Cage einander gegenübergestellt habe, so zeigt sich in dieser Gegenüberstellung das Produktive und Befreiende von Cages *Eingriff* in die Musikgeschichte ebenso wie das Aporetische seines musikalischen Anarchismus. Larson Powell hat für diese Ambiguität eine prägnante Formulierung gefunden: »Kritik am geschlossenen Werk gehört zum Zentrum der Moderne. Cage ist – mit Mussorgsky, mit dem Douanier Rosseau – einer der großen abseitigen, originären Primitivisten der Kunstgeschichte. Gerade seine Aporien – die vielfach durch einen typisch amerikanischen Mangel

305 A.a.O.

306 Vgl. auch Schnebels Hinweis auf die »kommunikative« Anverwandlung Cagescher Intentionen durch Christian Wolff, in: »Über experimentelle Musik und ihre Vermittlung«, *Melos/NZ* 6/1976, S. 463.

an begrifflicher (oder dialektischer) Vermittlung nach-hegelscher Art bedingt wurden – sind es, die ihn zum Sprengstoff gemacht haben ... Wenn man zugeben muß, daß ... der Mythos Cage, wenn man will – jetzt kaum länger fruchtbar sein kann, so muß man ihm doch seinen Platz innerhalb einer nicht-teleologischen, eben diskontinuierlichen Musikgeschichte geben. Die Ismen haben (Adorno zufolge) auch ihre Wahrheit, abgesehen von allen ›gelungenen‹ Werken. Damit hätte man, statt eines verschwommenen Mythos Cage, einen historisch sehr spezifischen *Eingriff* Cage, der doch ins Herz einiger zentraler Probleme der musikalischen Moderne getroffen hat. Es ist dieser Eingriff, zusammen mit seinem unauslöschlichen Novum – Moment im prägnantesten Sinne –, der vielleicht sein eigentliches Werk sein wird.«[307]

Worin aber besteht dieser »*Eingriff* Cage, der ins Herz einiger zentraler Probleme der musikalischen Moderne getroffen hat«? Man könnte zunächst eine ungeheure Erweiterung des musikfähigen Materials nennen, die neuen Spieltechniken im Zusammenhang mit einem neuen Einsatz der Sing- und Sprechstimmen, neue Formen eines instrumentalen Theaters, die nicht nur zu einer bedeutsamen Erweiterung des Musikbegriffs geführt haben, sondern die, wie ich glaube, eine kaum zu überschätzende Wirkung auf die Entwicklung neuer Fomen des Musiktheaters jenseits der traditionellen Opernform gehabt haben; ferner die Infragestellung des »geschlossenen« Werks, wobei ja auch die Verwendung von Zufallsverfahren in das Selbstverständnis der seriellen Komponisten eingegriffen und sie zu aleatorischen Experimenten motiviert hat, wie z.B. Stockhausen und Boulez; schließlich die Infragestellung des traditionellen Verhältnisses von Komponisten, ausführenden Musikern und Publikum, durch die gleichsam die Musiker ebenso wie das Publikum bereits in der Konzeption der Musik zu ihren Mitproduzenten gemacht werden und daher auch eine weitreichende Wirkung auf die »experimentelle« Musik nachfolgender, auch europäischer Komponisten wie etwa Dieter Schnebel und Mauricio Kagel

307 »Zufall und Subjekt. Erwägungen zu Cage«, in: Claus-Steffen Mahnkopf (Hg.), *Mythos Cage*, a.a.O. S. 218f.

gehabt haben. Cages musikalischer Anarchismus und seine experimentelle Erfindungskraft sind auch jenseits der aporetischen Konzeptionen, mit denen sie bei Cage verbunden sind, in der Geschichte der zeitgenössischen Musik auf vielfache Weise produktiv wirksam geworden. Nicht zuletzt kann man den späteren Cage, etwa seit den siebziger Jahren, in einem gewissen Sinn auch als Protagonisten einer musikalischen Postmoderne ansehen, wenn man diese versteht als Abkehr von einer einlinigen Idee des musikalischen Materialfortschritts, also als Konzeption einer *pluralistischen* Moderne, in der die unterschiedlichsten musikalischen Stile, Techniken und Konzeptionen miteinander wetteifern. Darauf hat James Pritchett hingewiesen: »In 1974, when Cage writes about the future of music, he seems to go out of his way to mention as many completely contradictory styles as possible. The essay is an optimistic description of the possibility of open-mindedness; in it, Cage says approving things about composers as disparate as Elliott Carter, Philip Glas, Frederic Rzewski, Charles Dodge, Nam June Paik, and Pierre Boulez. Cage defines music as being ›work‹, and sees a myriad of composers working to develop new technologies and other new musical resources; to change the relationship of composers, performers, and audiences; to change society at large; to change people's minds and spirits.«[308] In seinem Tagebuch notiert Cage, es sei sein Ziel, »to do many things no one will know what you're going to do next«[309], eine Äußerung, durch die Cage sich als einer jener modernen Komponisten erweist, die sich, wie Helmut Lachenmann, genötigt sehen, mit jedem neuen Werk den Begriff der Musik neu zu erfinden.

Dies sei vorausgeschickt, bevor ich jetzt auf die Frage nach dem eigentümlichen Status der Cageschen Werke im Verhältnis zur europäischen Tradition der komponierten Musik zurückkomme. Kann man überhaupt von »Werken« sprechen bei einer Musik, die dezidiert mit dem europäischen Begriff des musikalischen Kunstwerks bricht? Bei der ungeheuren Verschiedenartigkeit der von Cage komponierten Musik ist eine allgemeine

308 *The Music of John Cage*, a.a.O. S. 173.
309 Ebd.

Antwort sicherlich nicht möglich. Was die von Cage als »prozessual« (d.h. unbestimmt in ihrer Realisierung) konzipierten Stücke betrifft, sind es eigentlich die *geglückten* Aufführungen wie die von mir erwähnten der *Song Books*, auch etwa von *Atlas Eclipticalis* (mit Hilfe von Sternkarten) oder der *Winter Music*, an die diese Frage zu richten ist. Zu bejahen ist sie jedenfalls dort, wo in der Aura und Physiognomie der Musik, wie in den genannten Stücken, auf schwer greifbare Weise Weltbezüge (u.U. schon in den Titeln) ins Spiel kommen und, wie Marion Saxer es formuliert hat, das Hören zu einem »Oszillieren« zwischen reiner Klangwahrnehmung und der Wahrnehmung eines musikalisch chiffrierten Sinns wird. »Dabei bleibt eine Kluft zwischen Klang und Bedeutung bestehen bzw. wird diese Kluft erst spürbar gemacht.«[310] Insbesondere aber dort, wo Cages Konzeptionen sich zum instrumentalen oder zum Musiktheater hin öffnen, bringen geglückte Aufführungen ein sinnsubversives Spiel mit sinnhaften Elementen in Gang, ein anarchisches Spiel mit dem »Terror« des Sinns und der Ordnung – kein Vorschein realer Anarchie, wie Cage wohl meinte, aber doch ein Aufblitzen von Freiheitsmöglichkeiten und eine *ästhetische* Verwandlung der Welt ins Spiel, das gleichwohl die »structuring faculty« der Rezipienten, auf die ja auch Cage abzielte, auf befreiende Weise neu stimuliert. Wenn ich hier die »geglückten« Aufführungen von den ihnen zugrundeliegenden schriftlich fixierten Konzeptionen Cages deutlicher unterscheide als im Fall der traditionellen Musik, so deshalb, weil hier der Abstand zwischen notierter Konzeption und Realisierung so groß ist, daß man von einer *angemessenen* Realisierung nicht mehr im *gleichen* Sinne wie bei der großen europäischen Musik sprechen kann.

Es scheint jedoch, daß sich nicht alles von Cage gegen seinen Willen zum »Werk« in dem von mir vertretenen Sinn umdeuten läßt. Gerade das konzeptuelle Moment, das seinen frühen, noch in einem traditionellen Sinn notationell fixierten Stücken zugrunde liegt, scheint in eine andere Richtung zu deuten. Aus der

---

310 Marion Saxer, »Sternen-›Cartograph‹. Zur Rolle der Semantik in John Cages *Etudes Australes*«, in: *Positionen. Beiträge zur Neuen Musik* 46, Februar 2001, S. 15.

Dekontextualisierung der Klänge und der Negation ihrer Sinnimprägnierung folgt ja zunächst, daß die Idee einer »hermeneutischen« Interpretation von Musik, wie ich sie am Beispiel von Schnebels Schubert-Deutung exemplifiziert habe, bei der Musik von Cage gleichsam ins Leere läuft; das nicht zuletzt ist ja die Pointe von Cages Neukonzeption des Musikbegriffs. Allerdings heißt das nicht, daß Cages Musik jeder Hermeneutik entronnen wäre. Deren Gegenstand wäre jedoch nicht mehr eine in den kompositorischen Sachverhalten verschlüsselte Sinndimension der einzelnen Werke, sondern der Sinn des von ihnen praktizierten *Sinnentzugs*. »Paradoxalerweise ist dieser äußerlich so un-akademische Künstler zum Auslöser einer ungeheuren akademischen Diskurswucherung geworden«, so Powell.[311] Der Streit der Interpretationen hat sich von der Ebene der einzelnen Klangkonfigurationen auf die »Metaebene« der musikalischen Konzeption(en) verlagert, so wie schon Cages Selbstkommentare, so weit sie nicht Kommentare zu seinen kompositorischen Prozeduren und zur Aufführungspraxis seiner Werke sind, konzeptueller und philosophischer Art sind. Auch hieran zeigt sich das eminent Moderne des Phänomens Cage, wie ja die Reflexion auf den *Begriff* der Kunst ein Kennzeichen der künstlerischen Produktion in der Moderne geworden ist. Der Negation des Sinns in der Kunst der Moderne, für die Cage nur ein Beispiel ist, wohnt insofern noch ein Sinn ein, als sich immer die Frage nach dem jeweiligen Sinn dieser Negation stellt – zumindest solange Kunstwerke noch als existenziell bedeutsam erfahren werden. Das »ob« und »wie« solcher Bedeutsamkeit von Cages Musik ist das zentrale Thema jener von Cage ausgelösten »Diskurs-Wucherung«, von der Powell sprach. Die Frage »Was ist das?«, die sich bei der unmittelbaren musikalischen Erfahrung der Musik von Cage ebenso stellt wie im Fall der traditionellen Musik, führt hier zu einer konzeptuellen, ästhetisch-philosophischen Reflexion, deren Gegenstand nicht ein Zusammenspiel von klanglichen, strukturellen und sinnhaften Dimensionen der Einzelwerke als solcher ist, sondern die den Sinn des von ihnen »praktizierten« Sinnentzugs und daher den Sinn ihres Eingriffs in die Erfahrung

311 Larson Powell, »Zufall und Subjekt«, a.a.O. S. 218.

von Musikern und Hörern reflexiv zu erhellen versucht. Was jedoch den Sinn dieses Sinnentzugs betrifft, so läßt er durchaus unterschiedliche Deutungen zu. Ich werde zunächst eine (scheinbar) Cage-nahe und dann eine über Cages Selbstdeutungen hinausgehende Deutung versuchen.

3. Cage selbst sieht, wie schon angedeutet, den »Weltbezug« seiner Musik in der anarchistischen Absage an intentionale Organisation, die Hierarchie nicht nur der Klänge, sondern auch der Menschen, im buddhistischen Sein-Lassen von Klängen und Menschen, kurz: in der polemischen Infragestellung von musikalischen und gesellschaftlichen Organisationsformen, so wie sie sich in der modernen Geschichte herausgebildet haben. Jedoch ist dieser Weltbezug nicht ein als Sinndimension der Werke artikulierter *Gehalt*, sondern nur als der Sinn ihres Sinn*entzugs* faßbar. Was die Befreiung des Klangs durch seine Dekontextualisierung und »Entsemantisierung« betrifft, so ließe sich Cages Musik als eine Extremform jener modernen Kunstformen verstehen, die auf dem Weg des Sinnentzugs Erfahrung verändern bzw. neue Erfahrungen provozieren wollen. Allerdings könnten vorschnelle Parallelisierungen hier leicht in die Iree führen: Die Befreiung des Klangs von sinnhaften und expressiven Besetzungen in der Musik von Cage spielt nicht die gleiche Rolle wie die Befreiung der Farbe von der Gegenständlichkeit in der »abstrakten« Malerei. Was »Sinnentzug« bedeutet, ist in beiden Fällen ganz verschieden: In der Musik betrifft es die expressive und semantische Besetztheit eines akustischen Materials, in der Malerei dagegen den Sinnaspekt einer *gegenständlichen* Darstellung (also etwas, was in der Musik von vornherein keine Rolle spielt). Daher handelt es sich in der ungegenständlichen Malerei eher um eine »Umpolung« des Sinns, weg von der Gegenständlichkeit, das heißt – vergleichbar in einem gewissen Sinn der traditionellen Musik – die Aufladung eines sinnfremden physischen Materials mit einem ungegenständlichen Sinn durch seine strukturelle Organisation wie besonders deutlich bei den Malern aus der Gruppe der sogenannten »abstrakten Expressionisten.«

Nicht die ungegenständliche Malerei läßt sich also vergleichen mit einer Musik des Sinnentzugs, wie sie Cage intendierte;

vergleichbar – insbesondere unter Geischtspunkten der »Werkhaftigkeit« – sind eher jene gegenläufigen Formen insbesondere in der bildenden Kunst, in denen die physische Materialität der Kunstobjekte zu etwas gegenüber der ideellen Konzeption Sekundärem wird:[312] Sie zielen nicht auf die Befreiung der sinnlichen Wahrnehmung, sondern auf die Stimulierung des Vorstellungsvermögens und der Reflexion ab – und zwar ebenfalls im Sinn einer Subversion von Praktiken und Institutionen einer etablierten Kunstwelt. Schon bei Duchamp wird die Intention leitend, »sich des ›Physischen‹, des bloßen Netzhautaspekts zu entledigen, um ›Vorstellungen neu zu schaffen‹ und auf diesem Wege die Malerei zu rehabilitieren (daher die Bedeutsamkeit der Bildtitel).«[313] Und Sol le Witt propagiert eine konzeptuelle Kunst, von der er sagt, sie sei »made to engage the mind of the viewer rather than his eye.«[314] Weder auf die eine noch die andere dieser beiden gegenläufigen Kunstformen scheint der Begriff des Kunstwerks noch zu passen, den ich bisher vorausgesetzt habe, weil das prozessierende Verhältnis zwischen Ding und Zeichen in ihnen tendenziell, sei es zugunsten der dinglichen Materialität, sei es zugunsten eines konzeptuellen – wie auch immer vieldeutigen – »Zeichens« stillgestellt wird. Gleichwohl handelt es sich um Gebilde, die in die Erfahrung und den Weltbezug ihrer Rezipienten *ästhetisch* eingreifen wollen. Auch dies ist an die Konkretion des je einzelnen Gebildes oder der je einzelnen Konfiguration von Klängen gebunden, insofern entsprechen diese Gebilde ihrem Anspruch nach doch auch wieder jenem Desi-

---

312 So hat es auch Cage gesehen, wenn er seine »intentionslose« Kunst mit derjenigen von Duchamp vergleicht: »Was in der Kunst nötig war, als Duchamp auftrat, war eine nicht-physische Weise des Sehens, und was in der Musik nötig war, als ich auftrat, war eine physische Weise des Hörens.« (Zitiert nach Dieter Daniels, »Der Dualismus von Konzept und Technik in Musik und Kunst von Duchamp und Cage bis zur Konzeptkunst, in: *Conceptualisms,* a.a.O. S. 33.

313 Pierre Bourdieu, *Die Regeln der Kunst,* Frankfurt am Main 1999, S. 391.

314 Zitiert nach Alexander Alberro, »reconsidering conceptual art, 1966–1977«, in: Alexander Alberro und Blake Stimson (Hgg.), *conceptual art: a critical anthology,* Cambridge / Mass. / London 2000, S. xx.

derat, das ich oben als das Entscheidende für den Weltbezug der Kunst genannt habe. Fraglich ist aber, ob Werke dieser Art sich noch als ein »unendliches Reflexionsmedium« begreifen lassen: Weder der Sinn ihres Sinnentzugs noch, im gegenteiligen Fall, die sinngeladene (das heißt: Reflexionen stimulierende) Konzeption – so scheint es – ist ein in der Materialität der Werke selbst »zirkulierender« Sinn; vielmehr, so scheint es, handelt es sich in beiden Fällen um ein konzeptuelles Moment im Prozeß einer künstlerischen Produktion, dessen Sinn es ist, bestimmte Erfahrungen oder Reflexionen anzustoßen. Die Frage nach einem im Werk selbst verschlüsselten Sinn wird gegenstandslos, sie geht über in die Frage nach dem Erfahrungssinn solcher Werke, sei es nach dem ästhetischen oder auch existenziellen Sinn ihres Sinnentzugs, sei es nach dem reflexiven Potential einer konzeptuellen Idee. Und es ist die Antwort auf diese Frage, die über ihren Rang entscheidet. Es sind, so scheint es, Grenzphänomene der Kunst, nicht eigentlich Kunst*werke* mehr, aber als Kunst gewordene Reflexion auf den problematisch gewordenen Sinn von Kunst doch genuine Interventionen im Raum der Kunst, und zwar gerade dort, wo die etablierte Kunst zum bloßen Schmieröl der gesellschaftlichen Reproduktion bzw. auch zum bloßen Konsum-, Erbauungs- oder Prestigeobjekt geworden ist.

4. »So scheint es« habe ich mehrfach gesagt. Jedoch: Ist eine solche »Zweiteilung« der Kunst in »Werke« und »Nichtwerke« wirklich plausibel? Das würde ja heißen, daß es ebenso, wie es gelungene und mißlungene Werke gibt, auch gelungene und mißlungene Nichtwerke geben müßte. Was wäre aber das Kriterium der Gelungenheit solcher »Nichtwerke« Cages, von denen ich gesagt habe, daß bei ihnen von einem in den klanglichen Konfigurationen zirkulierenden, hermeneutisch faßbaren Sinn nicht mehr die Rede sein kann? Ihr Sinn sei der ihres Sinnentzugs, habe ich behauptet. Und den Sinn dieses Sinnentzugs habe ich mit Cage konzeptionell gedeutet, im Sinn seiner Intention einer Dekontextualisierung der Einzelklänge und eines neuen Hörens, also eines spezifischen Eingriffs in die Wahrnehmung der Hörer. Dabei habe ich mich bisher, was die Bedeutung dieses Eingriffs betrifft, auf Cages Selbstdeutung berufen,

die aber natürlich nicht als letzter Maßstab fungieren sollte. Im übrigen wäre an dieser Stelle auf Aspekte von Cages Zufallsverfahren hinzuweisen, die Cage selbst gelegentlich betont hat. Auf einen davon habe ich bereits hingewiesen: Cage wollte die »structuring faculty« der Hörer aktivieren, was in gewisser Weise der Intention entgegensteht, die Klänge in ihrer Vereinzelung Klänge sein zu lassen; das ließe sich aber auch so verstehen, daß er hiermit einem passiven Nachvollzug opponiert, einem von einem vorgegebenen expressiven und Sinnzusammenhang der Musik Sich-tragen-Lassen. Das ist zwar etwas ganz anderes, als ich oben als die Prozessualität der ästhetischen Erfahrung beschrieben habe, aber es trifft sicherlich Formen des Musikhörens traditioneller Werke, die gerade unter Bedingungen der Kulturindustrie weit verbereitet sind. Demgegenüber bedeutet die Aktivierung der *structuring faculty* die Aktivierung eines »synthetisierenden« Hörens, dem aber keine gebahnten Wege vorgegeben sind. Damit gewinnt jedoch ein anderer Aspekt der Cageschen Zufallsverfahren ein neues Gewicht, nämlich ihre heuristische Funktion in der Eröffnung neuer Möglichkeiten der »Zusammensetzung« von Klängen jenseits der durch die tonale Tradition eingeschliffenen Reflexe und Gewohnheiten (d.h. eben auch des Komponisten) – man könnte auch sagen: neuer Möglichkeiten eines musikalischen Zusammenhangs. Auf die Affinität zwischen Cages Zufallsverfahren und dem frühen Serialismus, auch auf dessen heuristische Funktion hatte ich bereits hingewiesen. Jedoch sind Cages Verfahren dem »totalen« (parametrischen) Serialismus insofern überlegen, als Cage das Klangmaterial und dessen präkompositorische Disposition weit über das der traditionellen Instrumente und die temperierte Zwöftonskala hinaus erweiterte. Wenn Cages – im übrigen ganz unterschiedliche – Verfahren experimentell sind in dem prägnanten Sinn, daß ihre klanglichen Resultate nicht vorhersehbar sind, so verlangt auch seine Musik ein gleichsam experimentelles Hören, ein Experiment des Hörens ohne vorgebahnte Wege, dessen Gelingen sich aber letztlich – wie bei aller Musik – daran bemißt, ob eine Musik als bedeutsam erfahren wird oder nicht, ein ästhetisches Reflexionsspiel in Gang setzen kann oder nicht.

An dieser Stelle nun wäre die Frage nach dem von Cages Musik praktizierten Sinnentzug noch einmal neu zu stellen. Der Schlüssel für eine genauere Antwort liegt, wie ich meine, in der von Cage propagierten Öffnung der Musik zur Nichtmusik, sofern man diese nicht vorschnell als Infragestellung der kategorialen Unterscheidung zwischen dem ästhetischen Status von Musik und dem von Natur- und Umweltgeräuschen deutet – wie manche Äußerungen von Cage es nahezulegen scheinen – so etwa, wenn er sagt, daß es »vom musikalischen Standpunkt her ... einen Aspekt (gibt), der das Alltagsleben weitaus faszinierender und außergewöhnlicher erscheinen läßt als zum Beispiel ein Konzert«. Diese Äußerung scheint ja den Gedanken nahezulegen, die Funktion seiner Musik erschöpfe sich in einer Hinlenkung der Hörer zum richtigen Hören auf den »Klang« der Welt. Damit würde man aber letztlich den Status von Cages Musik mißverstehen. In gewisser Weise ist es umgekehrt: Die Musik von Cage provoziert ein Hören, das in mancher Hinsicht ist *wie* ein selbstvergessenes »Lauschen« auf die Klänge und Geräusche der Umwelt, nicht zuletzt dadurch, daß sie diese Klänge und Geräusche musikfähig macht, aber gerade darin bleibt sie Musik als das *Andere* der zufälligen Umweltklänge und -geräusche.[315] Die Öffnung der Musik zur Nichtmusik konstituiert einen Weltbezug eigener Art, einen eigentümlichen *Bezug* der Musik zu dem, was sie nicht selbst ist. Gerade indem sie Musik mit einem je spezifischen kompositorischen Design bleibt, verhält sie sich *reflexiv* zu der Welt vormusikalischer Klänge und Geräusche und zu einer hörenden Versenkung in sie. Sie ist nicht bloß eine Form der Einübung in das Hören einer nichtmusikalischen Welt von Klängen und Geräuschen, vielmehr macht sie dies Hören zum Konstituens einer Musik als Kunst, die als Kunst sich in ein neues Verhältnis setzt zu jener Welt. So bleibt sie das Andere der natürlichen Klänge und Geräusche, eine künstliche Veranstaltung,

315 Cage war sich natürlich dessen bewußt und hat gelegentlich von einem »Paradoxon« gesprochen: »Was ist die Absicht des Verfassens von Musik? ... Muß die Antwort nicht die Form eines Paradoxons annehmen: eine absichtliche Absichtslosigkeit ...?« (John Cage, *Silence*, a.a.O. S. 12, zitiert nach Dieter Daniels, a.a.O. S. 38.

die eine spezifische Erfahrung von Welt ästhetisch verwandelnd in sich aufhebt und hierdurch zugleich eine neue Art der ästhetischen Erfahrung möglich macht. Deren Versenkung in ein Ineinander von Klang und Stille ist nicht dasselbe wie das selbstvergessene Lauschen auf die Klänge und Geräusche der Welt, denn an die Stelle der natürlichen Welt tritt die künstliche Welt eines kompositorisch erzeugten Zusammenhangs von Klängen und Geräuschen; an die Stelle des unmittelbaren Weltbezugs »natürlicher« Klänge und Geräusche tritt der ästhetisch verfremdete Bezug eines musikalischen Zusammenhangs – nicht auf jene Klänge und Geräusche, sondern – auf eine kontemplativ-akustische Erfahrung von Welt, durch welche diese Erfahrung in eine neue Art kunstästhetischer Erfahrung *transformiert* wird. So bedeutet die Öffnung der Musik zur Nichtmusik das Gegenteil einer Nivellierung des Unterschieds zwischen Kunst und Nichtkunst, zwischen Musik und Nichtmusik; nicht die Nivellierung dieses Unterschieds, sondern eine neue Art des Bezugs der Musik als Kunst auf die Nichtmusik – auf das, was sie nicht selber ist – ist die Pointe von Cages Öffnung der Musik zur Nichtmusik. Dies, allgemein gesprochen, ist der Sinn ihres Sinnentzugs.

Sofern aber die zufallsgenerierte Musik *als* Musik – von Musikern an einem bestimmten Ort zu einer bestimmten Zeit *aufgeführte* Musik – und nicht als eine Reihe zufälliger Umweltgeräusche – rezipiert wird, tritt sie zugleich in eine Beziehung zur Traditon *komponierter* Konzertmusik; sie partizipiert an dieser Tradition im gleichen Maße, wie sie diese polemisch negiert. Diese Negation wird sinnfällig für einen Hörer in dem, was er *als* Zufälligkeit, als Nichtzusammenhang *mithört*, also an der neuen Art des Hörens, zu dem ihn diese Musik nötigt. Da aber der Musik zugleich ein kompositorisches, oft hochkomplexes (Zufalls-)Design mit einer bestimmten Auswahl an Ausgangsmaterialien zugrunde liegt, bildet sie zugleich einen musikalischen Zusammenhang neuer Art, mit einer jeweils besonderen Physiognomie und Klanggestalt, ein »Gemachtes«, das Gegenteil des bloß Zufälligen. So bleibt also der Sinnhorizont der traditionellen, komponierten (Konzert-)Musik präsent, *indem* er zugleich in Frage gestellt wird. Die Musik stellt ihn aus – als Konzertsituation und als musikalischen Zusammenhang – und dementiert ihn zugleich, indem sie ein Hören verlangt, das sich dem Zufälligen öffnet und sich hierdurch als Hören neu erfährt. Der Sinnhorizont der traditionellen Musik und damit der Begriff der Musik wird durch diese Spannung in die Schwebe gebracht, als frag-würdig erfahren, ohne daß jener Sinnhorizont doch außer Kraft gesetzt würde, er »zirkuliert« gleichsam als negierter noch in den klanglichen Konfigurationen, die ihn in Frage stellen. Diese Negation aber bleibt vieldeutig, ihrem Sinn nach auf ein offenes Feld von Möglichkeiten bezogen, da sie ja keineswegs (wie Cage das vielleicht einmal dachte) das Ende der komponierten Musik im Sinn der europäischen Tradition bedeutet. Hier liegt, wie mir scheint, *ein* Einsatz der ästhetischen Reflexion, die in der Erfahrung dieser Musik als einer *ästhetischen* Erfahrung beschlossen ist.

Obwohl diese ästhetische Reflexion an die Erfahrung jeweils bestimmter, einzelner Stücke gebunden ist, ist sie doch zugleich allgemeiner Art, gebunden an einen *Typus* von Musik, eben die hier in Frage stehenden, bestimmt notierten zufallsgenerierten Stücke, einen Typus von Musik, den Cage ja alsbald zugunsten indeterminierter Stücke hinter sich gelassen hat. Das spricht aber dafür, sie in einem bestimmten Sinn als »datiert«, nicht nur als einem bestimmten musikgeschichtlichen Kontext zugehörig, sondern von ihm in gewissem Sinn auch abhängig zu verstehen. Dieser Kontext ist derjenige der gleichzeitigen seriellen Musik. In diesem Kontext erscheint nämlich der von Cages zufallsgenerierter Musik negierte Sinnhorizont der traditionellen europäischen Musik mit ihren spezifischen kompositorischen und institutionellen Selbstverständlichkeiten in der spezifischen Beleuchtung durch den seriellen Strukturalismus. Die ungeheure Wirkung, die Cage in diesem Kontext, auch in Darmstadt, hatte, erklärt sich daraus, daß seine Musik das Moment des Zufalls und der Unvorhersehbarkeit, das vielleicht in aller Musik, insbesondere aber in den von der frühen seriellen Musik inspirierten strukturalistischen Verfahren eine Rolle spielt, in ihren eigenen Verfahren gleichsam ausstellte und hiermit zu einem Gegenstand ästhetischer Reflexion wurde, die unmittelbar auch kompositorisch wirksam wurde. Es handelte sich ja um eine Musik, die der seriellen Musik in ihren strukturellen Verfahren gleichsam auf Augenhöhe gegenübertrat und sie zugleich spielend überbot. Hierin liegt der *andere* Einsatz der von dieser Musik ausgelösten ästhetischen Reflexion: Sie kreist um die Rolle von Zufall und Unvorhersehbarkeit im kompositorischen Prozeß allgemein und *öffnet* damit auch den Sinnhorizont der *komponierten* Musik, als kompositorische Reflexion wiederum bezogen auf ein unbestimmtes Feld von Möglichkeiten, dem Zufall und der Unvorhersehbarkeit im kompositorischen Prozeß auch bewußt Raum zu geben, wie es schon bei Stockhausen und Boulez und dann vor allem in den verschiedenen Formen einer experimentellen Musik der Fall ist.

5. Oben habe ich die hier in Frage stehenden zufallsgenerierten Stücke von Cage versuchsweise als »Nichtwerke« bezeichnet; und das sollte heißen: Weil bei ihnen von einem in der Materialität der klanglichen Konfigurationen »zirkulierenden« Sinn nicht die Rede sein kann, sind sie kein Gegenstand einer – potenziell unendlichen – ästhetischen Reflexion in dem zuvor erläuterten Sinn. Diese Schlußfolgerung erscheint mittlerweile als voreilig, nachdem ich zu zeigen versucht habe, daß gerade der Sinn ihres Sinnentzugs zum Gegenstand der ästhetischen Reflexion wird, mit der eigentümlichen Besonderheit, daß es der Sinnhorizont der traditionellen Musik ist, die – als negierter – gleichsam in ihnen zirkuliert. Jedoch sind nicht, wie ich ebenfalls argumentiert habe, die besonderen Klangkonfigurationen des jeweils einzelnen Stücks Gegenstand dieser ästhetischen Reflexion, sondern das einzelne Stück als »Repräsentant« eines *Typus* von Stücken, eben der auf unterschiedliche Weisen zufallsgenerierten Stücke. Genau das war ja auch der Grund dafür, diese einzelnen Stücke als Nichtwerke zu charakterisieren, die dann zu jener gleichsam allgemeinen »Diskurswucherung« *jenseits* der Erfahrung einzelner Stücke Anlaß geben würden, von der Powell sprach. Demgegenüber habe ich zu zeigen versucht, daß diese Diskurswucherung sehr wohl in der Erfahrung der einzelnen Stücke begründet ist, und zwar als ästhetische Reflexion im Sinn einer »Explikation« dieser Erfahrung. Das spricht aber dafür, nicht die einzelnen Stücke »Werke« zu nennen, sondern die Konzeption dieser Stücke *als* in einzelnen Stücken realisiert.

Jedes dieser Stücke kann der Gegenstand einer ästhetischen Reflexion sein, denn nur an den einzelnen Stücken kann diese Reflexion sich entzünden, aber das »worauf« dieser Reflexion ist etwas, das all diesen Stücken als Konzeption zugrunde liegt. Das meine ich, wenn ich die Konzeption Cages *als* in einzelnen Stükken realisierte als dasjenige bezeichne, was hier »Werk« genannt werden kann.

Wenn ich demgegenüber von einer »Datierung« jener Konzeption gesprochen habe, so wollte ich darauf hinweisen, daß diese Konzeption einen »Zeitkern« hat nicht nur in dem Sinn, daß sie einer bestimmten musikgeschichtlichen Konstellation zugehört, die allein ihre wirkungsgeschichtliche »Sprengkraft« erklärt, sondern daß sie einen Zeitkern auch in dem Sinn hat, daß sie als solche nicht »fortsetzbar«, gleichsam in beliebigen Variationen auch von anderen wiederholbar ist. Sie »fortzusetzen« kann nur heißen, sie – wie es bei Cage selbst der Fall ist – in der Richtung auf »unbestimmte« Stücke fortzusetzen oder aber, wie es bei den Nachfolgern der Fall ist, jenen unbestimmten Möglichkeitsspielraum auszuschöpfen, der in ihr sich ankündigt.

Ein Stück von Cage, das andere Cage-Interpreten zum Schlüssel ihrer Cage-Interpretation gemacht haben, habe ich bisher nur am Rande erwähnt. Es ist das Stück 4′33″, ein Klavierstück ohne Klavierklänge, mit dem Cage, wie man sagen könnte, die Öffnung der Musik zur Nichtmusik ins Extrem getrieben hat. Christian Grüny hat es ins Zentrum einer ingeniösen Cage-Interpretation gestellt, die der Öffnung der Musik zur Nichtmusik ebenfalls einen anderen Sinn gibt, als manche Äußerungen von Cage es nahelegen. Grüny knüpft jedoch an Cages eigenen Kommentar zu diesem Stück an: »Was könnte wohl mehr mit Theater zu tun haben als das stille Stück – jemand betritt die Bühne und tut überhaupt nichts.«[316] Das Stück 4′33″ »inszeniert« eine Konzertsituation, bei der es aber nicht zum Konzert kommt, und bringt dadurch das Moment der Inszenierung, das zum gewöhnlichen Konzert hinzugehört, zum Bewußtsein. »Die spezifischen Inszenierungsstrategien der Konzertsituation verschwinden für den gewöhnlichen Besucher in der Normalität; um sie wahrzu-

316 Richard Kostelanetz, *John Cage im Gespräch*, a.a.O. S. 95.

nehmen, bedürfte es des verfremdenden Blicks des Ethnologen oder, alltäglicher, desjenigen eines Zuhörers mit anderer kultureller Sozialisation. Daß die Musiker das, was sie tun, auf eine spezifische Weise tun, die nicht durch die reine Notwendigkeit des Instrumentenspiels abgedeckt ist, wird in der Regel eben nicht ausgestellt, also nicht als Inszenierung ausgewiesen. Im Falle des stillen Stücks wird diese Inszenierung in Reinkultur vorgeführt und tritt dadurch unübersehbar hervor.«[317] Jedoch ist dieses Hervortreten des Theatralischen an einer Konzertsituation dadurch, daß das Konzert verweigert wird, nur die eine Seite. Erst mit der Öffnung des Stücks zur Nichtmusik gewinnt es jene irritierende und die Reflexion stimulierende Wirkung, in der Grüny das radikal Moderne des Stücks sieht:

»Das stille Stück bleibt weder als reine Geste stehen, noch läßt es sich schlicht als ästhetische Erscheinung wahrnehmen, sondern es zwingt auch ein heutiges Publikum noch dazu, sich auf der Schwelle zwischen idenfizierendem Hören (Husten als Husten), der emotionalen Reaktion darauf (Husten als Störung) und dem akousmatischen Hören (Husten als Klangobjekt) aufzuhalten, ohne es zu einer Vereindeutigung zu bringen. So wird erfahrbar, daß Musik eine Frage des Hörens, das Hören eine Frage der Haltung und die Haltung eine Frage des Rahmens ist, und daß sich diese Variablen nicht vollständig kontrollieren lassen. Das Feld des Musikalischen schließt sich hier nicht zur Musik, sondern bleibt offen für Übergänge bzw. wird als vor allem aus Übergängen bestehend erfahren: auf der Ebene des Hörens zwischen Musik und Nicht-Musik, auf der Erfahrungsebene zwischen Hören und Bewertung, auf der kulturellen Ebene zwischen Hören, Reflexion und Diskurs. Besonders irritierend und dadurch besonders eindringlich kann es sein, daß das Reden über die Musik nicht mehr kategorial von ihr selbst getrennt werden kann, da die Gespräche unter Umständen während der Aufführung beginnen werden und sich so selbst der Frage ausgesetzt sehen, ob sie Teil der Performance sind ... Das Publikum von 4′33″ ... findet sich auf der Schwelle von drinnen und draußen und ist so darauf verwiesen, etwas zu tun und sich selbst dabei zu beobachten.«[318]

317 Christian Grüny, »Arbeit im Feld des Musikalischen. Cage und Lachenmann als zwei Typen musikalischer Kulturreflexion«, in: Dirk Baecker, Matthias Kettner und Dirk Rustemeyer (Hgg.), *Über Kultur. Theorie und Praxis der Kulturreflexion*, Bielefeld 2008. S. 232.

318 A.a.O. S. 231 f.

Ich habe Grünys Interpretation ingeniös genannt, weil sie zeigt, wie durch die irritierende und Reflexionen stimulierende Wirkung des Cageschen Stückes der Sinnhorizont der traditionellen Konzertmusik mit ihren klaren Grenzen zwischen »drinnen« und »draußen« destabilisiert und als frag-würdig erfahrbar werden kann. Oder sollte man vielleicht sagen: erfahrbar werden *konnte*? Die Erfahrung, um die es hier geht, ist ja nicht beliebig wiederholbar. Sobald das Moment der Überraschung und Irritation wegfällt, also »die urprüngliche Irritation ... nur noch rekonstruierbar« ist, wie Grüny selbst sagt[319], wird, wie mir scheint, auch die Reflexion »stumpf«, sie verliert ihren Stachel und das produktive, weitertreibende Moment. Weitergetrieben und produktiv gemacht werden kann diese Reflexion m.E. nur im Medium der Musik selbst, das heißt in all jenen Formen von Musik, in denen, nicht zuletzt inspiriert durch Cage, die Musik sich zum instrumentalen Theater öffnet bzw. der Sinnhorizont der traditionellen Konzertmusik in anderer Weise überschritten, in Frage gestellt oder transformiert wird, als dies in dem Stück von Cage der Fall ist. Produktiv und ingeniös ist Grünys Interpretation darin, daß sie sich unabhängig macht von dem oben genannten Motiv seiner Öffnung der Musik zur Nichtmusik (der Auffassung, daß »das Alltagsleben [als] weitaus faszinierender und außergewöhnlicher [erscheint] als zum Beispiel ein Konzert«). Aber ich glaube nicht, daß man dieses Motiv einfach ignorieren kann, denn nur im Licht dieses Motivs kann man das Stück überhaupt als ein Stück moderner *Musik* charakterisieren; als solches wäre es aber ein *dead end* der modernen Musik. Radikal *modern* ist es dagegen, nicht in seiner Infragestellung der Idee von Musik als einer Kunstform, sondern in seiner Ausstellung des theatralen Moments von Musik und in seiner Befragung der traditionellen Grenzziehungen zwischen den Künsten sowie zwischen Kunst und Nichtkunst. Als Grenzfall von Musik *als* Nichtmusik erscheint es mir demgegenüber als singulär und »datiert«, Gegenstand einer in gewissem Sinn unwiederholbaren Erfahrung, persistierend nur als »Denkobjekt« und hierin doch wieder ein »Werk« eigentümlicher, das heißt konzeptueller Art, wobei das

319 A.a.O. S. 232.

für Cage überhaupt charakteristische Moment des Konzeptuellen hier gleichsam auf die Spitze einer Ununterscheidbarkeit zwischen »Konzept« und »Objekt« getrieben ist.[320] Genau aus diesem Grund habe ich das Stück nicht ins Zentrum meiner Überlegungen gestellt: Mich interessiert hier Cage als der Musiker und Komponist von Klangobjekten bzw. -prozessen, der er immer – zumindest auch – geblieben ist. Jedoch ist das Stück noch in einem anderen Sinn bedeutsam: Es zeigt Cage auf der Schwelle zu einer Kunst, zu der eine zeitübergreifende Dauer nicht mehr gehört, sondern die an den Augenblick ihres Erscheinens gebunden ist: Kunstwerke, die, wie Adorno es einmal formuliert hat, »durch ihren Zeitkern sich selbst verbrennen« (vgl. Anm. 117). Das gilt, wie ich meine, auch für manche seiner Performances und frühen experimentellen Stücke.[321] Habe ich bisher schon den »Zeitkern« der Kunstwerke hervorgehoben, so fallen hier Zeitkern und Dauer auseinander, und es fällt ein neues Licht auf die Vergänglichkeit auch der »dauerhaften«

---

320 Die Möglichkeit, das Stück in einer veränderten Version für großes Orchester zu inszenieren, wie es 2004 im Londoner Barbican Center geschah (s. Grüny S. 233.), ändert m.E. hieran nichts.

321 Vor kurzem habe ich in Amsterdam eine Aufführung der *Imaginary Landscape No. 1* gehört, bei der ich anfangs wieder fasziniert war durch die ungewöhnliche Kombination von Klängen (u.a. zwei Plattenspieler, die mit variablen Geschwindigkeiten und Rhythmen einen pfeifenden Ton erzeugen, Klaviersaiten, die mit einem weichen Gong-Schläger gestrichen werden usw.), die mich aber im Lauf der Zeit eher gelangweilt hat. Natürlich kann ich nicht ausschließen, daß es an mir oder an der Aufführung lag, aber ich denke, es ist kein Zufall, daß ein Stück wie Stockhausens *Kontakte*, das ich vor einiger Zeit in Berlin gehört habe, genau den gegenteiligen Eindruck auf mich gemacht hat: Bei diesem Stück, das in seiner Klangwelt – der Interaktion von elektronischen Klängen mit Schlagzeug und Klavier – ebenfalls fasizinierend ist, hatte ich den überwältigenden Eindruck, das »Original« unzähliger späterer Stücke mit einer Kombination aus elektronischen und Instrumentalklängen zu hören, beinah so, wie bei Bildern das Original gegenüber Vervielfältigungen sich behauptet. Das ist natürlich eigentlich Unsinn – es gibt ja auch nach Stockhausen bedeutende Musik dieser Art; aber vielleicht läßt sich auf diese Weise doch der unterschiedliche Status von Stücken wie dem erwähnten von Cage und dem von Stockhausen plausibel machen, den ich versucht habe, mir klarzumachen.

Kunstwerke. Insofern hat Cage auch hier, durch ein Spiel mit den Grenzen der Kunst, die Idee der Kunst, den Begriff des Kunstwerks folgenreich erweitert.

6. Cages Angriff auf den traditionellen Begriff des musikalischen Kunstwerks bedeutet zugleich eine Negation des musikalischen Modernismus im Sinn der europäischen Tradition. Hierin sind ihm andere amerikanische Komponisten gefolgt, etwa Morton Feldmann, Earle Brown und Christian Wolff – die ihrerseits Cage beeinflußt haben –, und auch die sogenannten Minimalisten, deren musikalische Konzeptionen sich allerdings grundlegend von derjenigen Cages unterscheiden. Was das Gemeinsame dieser u.a. von Cage inspirierten Musikformen betrifft, so wäre an erster Stelle die Idee einer »liberation of sound« zu nennen[322], die freilich bei den verschiedenen Komponisten jeweils unterschiedliche kompositorische Konsequenzen hatte. Auch charakteristische Züge der *minimal music* lassen sich auf Cage zurückführen, so die Ablehnung der expressiven, narrativen, »teleologischen« und dramatischen Züge der traditionellen europäischen Musik, die Idee der Musik als eines reinen Klang*prozesses* ohne repräsentationale Bedeutung, das heißt ohne einen Bezug auf etwas außerhalb ihrer selbst[323], und die Idee eines

322 Eine »Befreiung des Klangs« postulierten schon Edgar Varèse und Henry Cowell, und zwar bei beiden schon verbunden mit der Einbeziehung des »Geräuschs« (»noise«) in das musikalische Material. Vgl. auch die Texte von Varèse (»The Liberation of Sound«), Cowell (»The Joys of Noise«) und Feldman (»Sound, Noise, Varèse, Boulez«) in: Christoph Cox und Daniel Warner, *Audio Culture.Readings in Modern Music*, New York 2004.

323 Diese Charakterisierung der *minimal music* ist allerdings zumindest im frühen Minimalismus kontrovers. Tony Conrad, der zeitweise mit La Monte Young im *Theatre of Eternal Music* zusammenarbeitete und sich später von dessen Neopythagoräischem Mystizismus distanzierte, betont einen sprachähnlich-performativen Realitätsbezug der Musik: »Music has everything to do with boundaried realities. The anthem, the dance, the ceremony, or even a recorded piece each ›tunes its hearer in‹ as a part of a group. Sometimes it's a small group; other times it's a nation or an age group. Music is about identity in a mysterious way that parallels language, even uses language, but which seems also to redraw language

nichtstrukturellen Hörens.[324] »The listener will therefore need a different approach to listening, without the traditional concepts of recollection and anticipation. Music must be listened to as a pure sound-event, an act without any dramatic structure.«[325] Auch hierin zeigt sich die ungeheure Wirkung von Cage als die eines Katalysators von kompositorischen Neuansätzen, denen der Bruch mit dem europäischen Begriff des musikalischen Kunstwerks gemeinsam ist.

Morton Feldman, der Cage bewunderte und – trotz ganz unterschiedlicher kompositorischer Konsequenzen – stark von ihm beeinflußt war, spielt in diesem Zusammenhang eine besondere Rolle. Seine Kritik am »Autoritarismus« und am Konstruktions-»Terror« der europäischen Avantgarde[326] verbindet ihn mit Cage, aber diese Kritik ist bei Feldman viel tiefer als bei Cage in einer expliziten Auseinandersetzung mit der europäischen Kunst, nicht zuletzt der modernen Malerei und ihrer Fortsetzung im abstrakten Expressionismus – und weniger in den für Cage wichtigen spirituellen Einflüssen – verwurzelt, so daß man bei Feldman von einer spezifisch amerikanischen Anknüpfung an – und Fortsetzung von – Entwicklungen der künstlerischen Moderne sprechen kann. »Die Angst vor der Kunst« – so der Titel eines seiner Essays – ist für Feldman die Angst der bloßen Nachahmer, der von »Handwerk« und »Kontrolle« besessenen Künstler vor der künstlerischen Kreativität und Originalität[327]; hierin liegt aber eher eine Hommage an den Avantgardismus der künstlerischen Moderne (Varèse, Cezanne, Mondrian, Rothko), als eine Negation der europäischen Idee von Kunst. Feldman hat in seinen Essays im übrigen ein eindrucksvolles Bild von dem Kontext einer die Einzelkünste übergreifenden künstlerischen

---

boundaries, to establish ist own ›language‹ groups and dialects.« (Tony Conrad, *Early Minimalism*, CD-Box-Set, Atlanta GA, 1997, Liner Notes S. 38.)

324 Vgl. Wim Mertens, *Basic Concepts of Minimal Music«*, in: *Audio Culture*, a.a.O. S. 307 ff.

325 A.a.O. S. 309.

326 Vgl. Morton Feldman, »Die Angst vor der Kunst«, in: Walter Zimmermann (Hg.), *Morton Feldman Essays*, Kerpen 1985, S. 86.

327 Vgl. a.a.O. S. 87.

Avantgarde im New York der Nachkriegszeit gezeichnet, zu dem Cage gehörte und in dem er eine wichtige Rolle spielte; es ist das Bild eines ungeheuer produktiven Aufbruchs, bei dem Musiker, bildende Künstler und Literaten einander gegenseitig inspirierten; Feldmans Essay »Give My Regards to Eighth Street«[328] ist darüber hinaus eine Hommage nicht zuletzt auch an die ebenso gewinnende wie inspirierende Person von Cage.

Wie schon gesagt, liegt auch dem musikalischen Minimalismus in seinen verschiedenen Versionen etwa bei Tony Conrad, La Monte Young, Terry Riley, Steve Reich und Philip Glass eine Negation des konstruktivistischen Modernismus der europäischen Musik zugrunde. Bei den ganz unterschiedlichen Komponisten, die man dieser Richtung zurechnen kann, verbindet sich der Einfluß von Cage und der künstlerischen Avantgarde-Szene New Yorks, insbesondere der *minimal art*, mit den asiatischen Einflüssen der amerikanischen Westküstenkultur und dem Studium der indischen, balinesischen und afrikanischen Musik, wobei auch die Praxis von Jazz- und Rockensembles eine wichtige Rolle gespielt hat.[329] Von einer Negation der europäischen Kunstmusik kann bei diesen Komponisten insofern die Rede sein, als sie

---

328 Morton Feldman, »Give My Regards to Eighth Street«, in: B.H. Friedman (Hg.), *Give My Regards to Eighth Street. Collected Writings of Morton Feldman*, Cambridge 2000.

329 Susan McClary vertritt die These, daß die genannten Einflüsse und damit auch die repetitiven Züge der *minimal music* und ihre nichtteleologischen Formen der Zeitorganisation letztlich nur wirksam werden konnten auf dem Hintergrund der fundamentalen Bedeutung der afro-amerikanischen Musik für die amerikanische Kultur. »Given its ubiquity, black pop music would seem to be the element most clearly responsible for converting our collective sense of time from tortured heroic narratives to cycles of kinetic pleasure. As Prince sings, ›There's joy in repetition!‹ One can even perceive a strong influence of African-based patterning in both the experimental music and rock of the 1960s – the time when the influence of Asian practices is most explicit. The blues and its descendants had predisposed both rockers and minimalist composers to experience time in this way, even if their attraction to Buddhism or Hindu mysticism led them to propose a somewhat different lineage.« (Susan McClary, »Rap, Minimalism, and Structures of Time in Late Twentieth-Century Culture«, in: *Audio Culture*, a.a.O. S. 295.)

– wie Cage – die Idee eines »synthetisierenden« Hörens komplexer musikalischer Strukturen verwerfen[330] und statt dessen das Hören an die unmittelbare Faßlichkeit repetitiver musikalischer *patterns*[331] oder, wie bei La Monte Youngs *dream music*, an das »hic et nunc des klingenden Augenblicks« binden wollen, »der jedoch in einem kontinuierlichen, auf lange Dauer angelegten Klangstrom als Musik ohne Zeitbegrenzung erfahren wird.«[332] Ich erwähne den musikalischen Minimalismus hier, weil sein Kunst-»Status« in mancher Hinsicht vergleichbar ist der Musik von Cage, obwohl die Ambivalenzen wie auch die unterschiedlichen kompositorischen Ansätze ganz andere sind. Überzeugend hat Diedrich Diederichsen sowohl diese Ambivalenzen als auch die Differenzierungen innerhalb des minimalistischen

---

330 Es ist wohl kein Zufall, daß die Idee »strukturellen Hörens« in der amerikanischen Musikologie auch mit Bezug auf die Musik der europäischen Tradition in die Kritik geriet. Jedenfalls gibt es eine auffallende Korrespondenz zwischen Rosengard Subotniks Kritk des musikalischen »Strukturdenkens«, die ich oben diskutiert habe, und dem musikalischen Minimalismus. Subotniks Rehabilitierung des musikalischen »Vordergrunds« zulasten des strukturellen »Hintergrunds« findet, obwohl bei Subotnik bloß gegen ein theoretisches Paradigma und nicht gegen die europäische Moderne gerichtet, ihr *praktisches* Korrelat in den Grundentscheidungen des musikalischen Minimalismus.

331 Interessant ist, daß Steve Reichs Kritik am Strukturalismus der seriellen Musik sich ebenso gegen Cage richtet. »The process of using the I Ching or imperfections in a sheet of paper to determine musical parameters can't be heard when listening to music composed that way. The compositional processes and the sounding music have no audible connection- Similarly in serial music, the series itself is seldom audible. (This is a basic difference between serial – basically European – music and serial – basically American – art, where the perceived series is usually the focal point of the work.« (Steve Reich, »Music as a Gradual Process«, in: *Audio Culture*, a.a.O. S. 305.) Zugleich betont auch Reich die »Indivudalisierung« des Hörprozesses: »Even when all the cards are on the table (will heißen; keine »hidden struktural devices«, A.W.), there are still enough mysteries to satisfy all. These mysteries are the impersonal, unintended, psychoacoustic by products of the intended process.« (Ebd.)

332 Hermann Danuser, *Die Musik des zwanzigsten Jahrhunderts*, Laaber 1984, S. 393.

Feldes dargestellt.[333] Die Ambivalenzen betreffen gesellschaftskritische Impulse auf der einen, regressive bzw. pseudoreligiöse Tendenzen auf der anderen Seite. Diederichsen spricht vom »Doppelcharakter des minimalistischen Projekts«: »Mich interessiert der Minimalismus zunächst in der Musik als ein Bruch mit dem Modernismus, der zunächst gute und nicht notwendig antimoderne Gründe für seinen Bruch hat. Es wird sich dann aber zeigen, daß der Bruch, den die Musik im Verhältnis zur europäischen avantgardistischen Moderne, zur seriellen und postseriellen Musik vollzog, nicht unbedingt mit dem amerikanischen Modernismus brach, wie ihn eine an den visuellen Künsten orientierte Ästhetik beschrieb. Was gegen Adorno ging, muß nicht in gleicher Weise gegen Greenberg gegangen sein ... Schließlich will ich versuchen, beide, den musikalischen wie den bildkünstlerischen Minimalismus in ein ästhetisch-gesellschaftliches Projekt einzutragen, das von Anfang an revolutionäre und reaktionäre Züge trug.«[334] Die Unterscheidung »revolutionär – reaktionär« bzw. »politisch – antipolitisch« scheint auf den ersten Blick ästhetikfremde Kriterien für eine Differenzierung des minimalistischen Feldes einzuführen; wenn man sich jedoch anschaut, wie Diederichsen sie verwendet, so wird deutlich, daß damit unterschiedliche Weisen des *ästhetischen* Eingriffs von Musik in die Erfahrung von Hörern gemeint sind, die kritischer oder regressiver Art sein können: Eine ähnliche Unterscheidung habe ich auch in meinen bisherigen Überlegungen zum Weltbezug der Kunstwerke vorausgesetzt.

Diederichsens Studie ist bemerkenswert darin, daß sie in ihrer Materialkenntnis und ihrer Rekonstruktion der ästhetischen

---

333 Diedrich Diederichsen, »The Primary: Political and Anti-Political Continuities between Minimal Music and Minimal Art«, in: *A Minimal Future? Art as Object 1958–1968*, Cambridge / Mass., London und Los Angeles 2004. Es handelt sich um die (leicht modifizierte) Übersetzung eines ursprünglich auf Deutsch geschriebenen Textes. Soweit die Übersetzung vom Original nicht abweicht, werde ich den deutschen Text zitieren und dazu die Belegstellen der englischen Publikation angeben.

334 »I am interested in Minimalism ... // ... an aesthetic and social project, that exhibited revolutionary as well as reactinonary features from the beginning.« (A.a.O. S. 115.)

und gesellschaftlichen Kontexte ein außerordentlich differenziertes Bild des minimalistischen Feldes entwirft, eine an Adornos Verfahren erinnernde Physiognomik eines musikalisch-bildkünstlerischen Arbeits- und Traditionszusammenhangs, der sich aber gerade durch die *Abkehr* von den Prinzipien einer künstlerischen Moderne charakterisieren läßt, für die Adorno stand. Diederichsen zeigt insbesondere, daß diese Abkehr nicht notwendigerweise auch als ästhetisch regressiv, als Abkehr vom ästhetischen Modernismus überhaupt verstanden werden muß; daß vielmehr Adorno-ähnliche Unterscheidungen wie (ästhetisch) »progressiv« und »regressiv« ins minimalistische Feld selbst eingetragen werden können. »Einige der Impulse des frühen Minimalismus und in der Rock-Musik stammen eindeutig aus dem gleichen konfrontativen Weltbild: In den traditionellen wie elaborierten Formen und ihrer Syntax stecke eine Lüge, die eine andere, eigentliche Welt bedecke. Diese gilt es zu durchbrechen, durch die Reduktion der Formen oder die Steigerung der rein materialen und sonischen Eigenschaften der Musik, durch deren Verdichtung oder Verlängerung – immer bis hin zur Formlosigkeit.«[335] Tony Conrad hat die »opposition to the North Atlantic cultural tradiiton of composition«, wie sie das Selbstverständnis der frühen Minimalisten bei den Mitwirkenden am »Theatre of Eternal Music« bestimmte, im Rückblick so erläutert:

»The first was the dismantling of the whole edifice of ›high‹ culture ... At the time I was also part of the ›Underground Movie› scene, which (as I saw it) reconstructed the movies as a documentary form – a merging of life-aims with movie production. Other counter-cultural components of the Dream Music picture were our anti-bourgeois lifestyles, our sense of drugs and the joy which Cale and I took in common pop music. Down this pathway there were other fellow travelers, like Andy Warhol and Lou Reed; it led straight to the Velvet Underground, and the melting of art music into rock and roll ... The second solution was to dispense with the score and thereby with the authoritarian trappings of composition,

335 »It is clear that some of the impulses of early Minimalism and rock music ... // ... by making them denser or lengthening them to the point of formlessnes.« (Diederichsen, a.a.O. S. 118.)

but to retain cultural production in music as an activity... The third route out of the modernist crisis was to move away from composing to listening, again working ›on‹ the sound from ›inside‹... There was a baseline which stabilized the group – our (then) shared conviction that the collaborative composer/performer was the way to proceed (historically), and that the mechanism which could make this congruence fruitful would be attention to, and preoccupation with, the sustained sound itself.«[336]

Der Einfluß von Cage, auf den auch Conrad sich beruft, ist unübersehbar, auch wenn die Minimalisten ganz neue Wege beschritten. Im übrigen deutet das Zitat an, worauf auch Diederichsen hinweist, daß es nämlich »einen gemeinsamen Ursprung von Minimalismus und bestimmten Formen psychedelischer Kultur und Rock im gesellschaftlichen Unbewußten der 60er gibt.«[337] Es ist dieser Zusammenhang, dem Diederichsen in seinen Verzweigungen nachgeht; insbesondere seiner Verzweigung in einen agressiv gegenkulturellen, gesellschaftskritischen Zweig einerseits[338], einen eher mystisch-

336 Tony Conrad, »LYssophobia: On Four Violins«, in: *Audio Culture*, a.a.O. S. 316.

337 »... because Minimalism and certain forms of psychedelic culture have common origins in the social consciousness of the 1960s.« (Diederichsen, a.a.O. S. 119.)

338 Hierzu zählt er Tony Conrad, Terry Riley und Steve Reich, dessen »evolution from Anton von Webern-influenced serialist to Minimalist focussed particularly on American mass culture and jazz.« (A.a.O. S. 122.) In diesen Kontext gehören auch Diederichsens Bemerkungen zur Frühzeit des Minimalismus: »In der Frühzeit ... gab es entlang von Verbindungsfiguren wie Henry Flynt, der als Theoretiker, kommunistischer Aktivist, Künstler und Komponist viele Funktionen auf sich vereinbarte, Yoko Ono, die nicht nur ihre Loft als Spielstätte zur Verfügung stellte und ebenfalls musikalische und künstlerische Projekte verschiedener Natur verfolgte, Tony Conrad, der neben seinen eigenen musikalischen Projekten z.B. mit Jack Smith zusammenarbeitete und Filmmusik für dessen ›Flaming Creatures‹ und ›Normal Love‹ zusammenstellte, die Mathematik der Stimmung in der Musik ebenso erforschte wie mit ›minimalistischen‹ Kinoformen experimentierte, eine vielfach verbundene Downtown-Kunst-Situation, die bei aller Verschiedenheit der Praktiken einte, sowohl den europäischen Modernismus, der sich am kristallinsten in der Ästhetik Adornos und der seriellen und postseriellen Musik nie-

meditativen und darin tendenziell regressiven Zweig andererseits.[339]

Diederichsens Studie macht einerseits die Komplexität des minimalistischen Feldes deutlich – was vorschnelle Verallgemeinerungen verbietet –, und sie macht andererseits auch Gemeinsamkeiten der minimalistischen Musik kenntlich – man könnte von einer Freisetzung von Klangprozessen zulasten der musikalischen Konstruktion sprechen, abzielend auf eine Distanzierung, Dekontextualisierung bzw. Durchbrechung der Alltagserfahrung –, welche die Komponisten in ihrer Opposition gegen

---

derschlug, als auch den amerikanischen in der Prägung Greenbergs abzulehnen, als dessen künstlerische Praxis sich die New York School und der Abstract Expressionism erwiesen hatten.« (A.a.O. S. 121: »In the early days, however, there were mediating personalities ... // ... which found its adequate artistic praxis in the New York School and Abstract Expressionism.«)

339 Eine ähnliche Doppeldeutigkeit attestiert Diederichsen auch der psychedelischen Kultur der 60er Jahre, »verbunden mit einem Erlebnis der gewaltsamen Dekontextualisierung einer Alltagserfahrung« (»the violent decontextualization of an everyday experience«, a.a.O. S. 124), dessen eine Deutung darauf hinauslief, »daß die Objekte und Routinen der Warenwelt komplett sinnlose und lächerliche, wesentlich leeres Verhalten und deren Ergebnisse seien, eben weil sie zwischen Gebrauchswert und Tauschwert oszillierend in eine große Leere fallen.« (»... that the objects and routines of commodity culture are utterly senseless and ridiculous ... they fall into an enormous void«. Ebd.) »Oder man nahm diese Erfahrung zum Anlaß, um die ganze materielle (nicht nur die kommerzielle oder kommodifizierte) Welt für nichtig zu erklären und das Erlebnis der fundamentalen Dekontextualisierung in eine eskapistische religiöse Erfahrung einzutragen, die man nun wahlweise aus Indien, China, Japan oder – wie etwa La Monte Young – aus der muslimischen Welt (der Sufi-Tradition) importierte oder Ureinwohnern und anderen romantischen Subjekten einschrieb. Zwischen diesen beiden Möglichkeiten herrschte aber zu Beginn noch ein Austausch und gerade diese Nichtgetrenntheit der beiden klassischen künstlerischen Positionen erklärt sicher die besondere Kraft der frühen Minimal-Bewegung in Musik, Fluxus-Art und Minimal Art: ›Almost nowhere in the literature or lore of music could one find the intensity, focus and trembling internalized violence expressed directly or indirectly: we could only sense the feelings ›coming on‹ and band together in tempestuous proximity. The conceptualist / minimalist artists I encountered smouldered with aggres-

den ästhetischen Modernismus der europäischen Musik und gegen den traditionellen Begriff des Kunstwerks verbindet. Gerade im Zusammenhang mit der Inspiration durch außereuropäische musikalische Traditionen, die afroamerikanische und die Rockmusik bedeutet die *minimal music* eine Polemik gegen eine etablierte Normativität der Kunst-Welt in der Form einer Kunst, die, wie Diederichsen meint, in ihren Ursprüngen zwischen »einer Kritik der Ware, der Konsumkultur und der mit ihnen verbundenen Normen und Normalitätsregimes« auf der einen Seite und einem »religiösen Mystizismus« bzw. einem »essentialistischen Ursprungsglauben« auf der anderen Seite oszilliert.[340]

---

siveness, were hysterically arrogant – or were elusively funny. There was little that was acedemic or ›pleasant‹, or idyllically contemplative in the various worlks of Walter De Maria, Henry Flynt, Carolee Schneeman, George Maciunas, Nam June Paik, Andy Warhol, Jack Smith, Robert Ashley, Paul Sharits or The Velvet Underground. This was transgressive, violent, possessed, extreme, far-out and / or funny works, by purpose and in effect‹ ... Der politisch begründbare Zorn von Flynt und Conrad, der ebenso böse wie utopisch freundliche Humor Jack Smiths, vorgetragen und eingebettet in die massiven gewalttätigen und religiös autorisierten Drones des Theatres (des ›Theatres of Eternal Music‹, A.W.), der Rileys, Jennings und anderer – das muß eine veritable Versöhnung der Gegensätze gewesen sein! Wenn selbst Warhol noch in diese Bewegung eintragbar war, muß ihre künstlerische Macht unbegrenzt gewesen sein.« (»Alternatively, one could take this occasion ... // ... ts artistic power must have known no limits.« Ebd., zum Zitat im Zitat von Tony Conrad s. *Early Minimalism.* CD-Box-Set, Atlanta GA, 1997, Liner Notes S. 43 f.)

340 »It is easy to make the connection between the first part of this program and a critique of the commodity and consumer culture, with its norms and regimes of normalcy. In the second part, however, a religious mysticism and a belief in origins come to the fore ...«, (a.a.O. S. 128). Ein Beispiel ist das Verhältnis zwischen La Monte Young und Tony Conrad, die ursprünglich eng zusammenarbeiteten und deren Wege dann auseinandergingen. Die Affinität zwischen beiden und das Divergierende ihrer Kozeptionen wurden sinnfällig in einem – die Musik der siebziger Jahre erinnernden – Konzert von Tony Conrad im Dezember 2007 im Berliner *tesla*: Zwei elektrisch verstärkte Streichergruppen in zwei verschiedenen Ecken des Raums produzierten, zunächst unisono, langausgehaltene Töne mit einem nur durch das immer wieder irreguläre Neuansetzen des Bogens erzeugten internen »Rhythmus«, durchkreuzt durch unregelmäßige Anschläge eines Monochords und visualisiert

Die Abkehr vom konstruktivistischen Modernismus in der Schönberg-Tradition bedeutet im übrigen zugleich eine Polemik gegen den »Elitismus« dieser Tradition und gegen die überkommenen Kunstinstitutionen; ein Indiz für den Antielitismus des musikalischen Minimalismus ist seine Berührung mit der Jazz- und Rockmusik und die Betonung der unmittelbaren »Faßlichkeit« von Klangprozessen bei Terry Riley, Philip Glass oder Steve Reich. Steve Reich, ursprünglich von Webern beeinflußt, begründete seine Entwicklung zum Minimalisten ausdrücklich »mit der Notwendigkeit, Gegenwartskultur, amerikanische Massenkultur und Jazz zur Kenntnis zu nehmen.«[341] »I believe that music does

---

durch mehrere auf zwei Wände projizierte und gegeneinander bewegte Streifenmuster. Mit zunehmender Lautstärke wurden zugleich zunehmend Ober- und Differenztöne erzeugt, so daß im Laufe der Zeit ein ganzes Repertoir von Mehrklängen – vom reinen Dreiklang bis zu harten Dissonanzen – erzeugt wurde, visualisiert durch zunehmende Farbigkeit und Beweglichkeit der Streifenmuster. Nur zu Beginn stellte sich die Assoziation einer meditativ-mystischen Klanginszenierung a la La Monte Young ein, dann trat der Aspekt einer kollektiv-experimentellen Klangforschung ganz in den Vordergrund, das heißt jene Züge, in denen Conrad selbst einmal die Pointe seiner »opposition to the North-Atlantic tradition of composition« gesehen hatte. Dabei wurde das »Zeitbewußtsein« der Hörer, das heißt die anfängliche »Ungeduld« von Hörern angesichts der Tatsache, daß anscheinend »nichts geschieht«, sukzessive nicht im Sinn einer medidativen Entspannung transformiert, sondern in Richtung auf eine konzentrierte Aufmerksamkeit auch auf minimale Klangveränderungen und auf das, was in einem die gewöhnliche Zeiterfahrung sprengenden musikalischen Szenario auch an überraschenden Klangeffekten geschah, also eine Konzentration auf das erst durch die »Dehnung« der Zeit wahrnehmbare Innenleben der Klänge.

341 A.a.O. S. 122, vgl. auch Anm. 329. Claire Polin hat die Musik von Steve Reich als »Popmusik für Intellektuelle« bezeichnet. »Like Glass, he (d.h. Reich, A.W.) represents a cross-over phenomenon of replacing traditional audiences of serious and new music with masses who attend pop concerts, a convergence of elite and mass appeal. His, consequently, becomes a type of pop music for intellectuals. But Reich does not extrapolate himself from history, and openly acknowledges the influences of Perotin, Strawinsky, Baroque musics'rhythmic propulsion, as well as jazz, rock, polyrhythms derived from African drumming, Indonesian gamelans, and lately, Hebrew cantillations of the Bible. In his rather thorough analyses of his own music, he writes of his interest in musik

not exist in a vacuum ... I rely ... on the popular, naive reaction ... My work and that of Glass and Riley comes as a breath of fresh air to the new music world.«[342] Dies ist die andere Seite des Minimalismus, ihre Öffnung gegenüber den ästhetischen Potentialen der Massenkultur, den avancierten Formen von Jazz und Pop, und hierin eine ganz anders als bei Cage begründete Absage an den Konstruktivismus der modernen europäischen Musik. Jedoch handelt es sich bei den späteren Minimalisten wieder um »Werke« in dem von Cage abgelehnten Sinn: »My musical structures«, so etwa Reich, »are rigorously organised in advance, with little or no improvisation by the performer.«[343]

Auch im späteren musikalischen Minimalismus liegt das Gewicht ganz auf Klangprozessen, die nicht so sehr auf ein reflexives und zusammenhangbildendes Hören angelegt sind als vielmehr auf einen unmittelbaren Nachvollzug mit allenfalls meditativen oder ekstatischen Wirkungen: Gleichwohl kann man im Prinzip hier doch wieder von einem in den Klangprozessen selbst sich niederschlagenden Weltbezug der Musik sprechen. Während im frühen Minimalismus der Aspekt einer experimentellen Klangforschung mit einem konzeptuellen Moment verbunden ist, mit dem Ziel eines Eingriffs sowohl in die Wahrnehmung der Hörer als auch in die Institution Kunst – mit den oben beschriebenen Ambivalenzen –, bedeutet der Einfluß außereuropäischer, afroamerikanischer und popmusikalischer Traditionen auf die *minimal music* nicht zuletzt auch den Einlaß korrespondierender Weltbezüge in diese Musik, in gewissem Sinn ein Versuch, »verlorene« oder popmusikalische Formen der Musik- und Welterfahrung mit den Mitteln einer experimentellen Musik in die moderne Kunst einzuholen – während diese Musik in ihren repetitiven Zügen zugleich repetitive Muster von indu-

›which works exclusively with gradual changes in time ... I am interested in a perceptible process. I want to hear the processes happening throughout the sounding music‹ ...« (Claire Polin, »Why Minimalism Now?«, in: Christopher Noris, *Music and the Politics of Culture*, London 1989, S. 236f.)

342 Steve Reich, zitiert nach Polin, a.a.O. S, 238.

343 Zitiert nach Polin, a.a.O. S. 237.

striellen Prozessen und auch repetitive Verhaltensmuster, deren Charaktere gelegentlich zweideutig zwischen den Extremen einer spielerischen Entgrenzung des Subjekts und einem subjektfremden Wiederholungszwang oszillieren, in sich einläßt und zur Darstellung bringt. Insofern könnte man auch von minimalistischen *Werken* im Sinn eines prozessierenden Verhältnisses von Klang und Sinn sprechen, um so mehr, als die genannten Einflüsse auch zu neuen Formen einer »intermedialen« musikalischen Artikulation geführt haben, wie zum Beispiel in den Opern von Glass und Reich. Gleichwohl scheint klar, daß das ästhetische *Urteil* sich im Fall des musikalischen Minimalismus nicht an Kriterien orientieren kann, wie sie für Werke des musikalischen Modernismus etwa im Sinne Adornos angemessen wären; das bedeutet aber zugleich, daß pauschale *negative* Urteile, wie sie gelegentlich aus der Perspektive eines an Adorno bzw. an der Schönbergschule orientierten Modernismus gefällt werden, der Vieldeutigkeit des minimalistischen Feldes nicht gerecht werden. Ebenso pauschal würde ich dagegenhalten, daß die minimalistische Musik in jedem Fall den Raum musikalischer Artikulationmöglichkeiten, und zwar *auch* im Hinblick auf die Möglichkeit neuer (nicht nur musikalischer) Kunst*werke* – z.B. des Musiktheaters –, in dem hier vertretenen starken, normativen Sinn ästhetisch erweitert hat – wie es in einem anderen Sinn auch für die Popmusik, die, wie gesagt, in mancher Hinsicht mit dem Minimalismus korrespondiert, der Fall ist.[344] Keine Frage ist im übrigen, daß der musikalische Minimalismus – wie die Musik von Cage – Spuren in der europäischen Musik (z.B. bei Ligeti, in ganz anderer Weise bei Bernhard Lang) hinterlassen hat; jedoch wurde er hier – durch die Adaptation bestimmter konstruktiver bzw. repetitiver Verfahren – in einen eher »traditionellen« Werk-Kontext verpflanzt, zu dem er gleichsam neue musikalische Artikulationsmöglichkeiten beisteuerte, die zumin-

344 Vgl. hierzu Albrecht Wellmer, »Über Negativität und Autonomie der Kunst. Die Aktualität von Adornos Ästhetik und blinde Flecken seiner Musikphilosophie«, in: Axel Honneth (Hg.), *Dialektik der Freiheit. Frankfurter Adorno-Konferenz 2003*, Frankfurt am Main 2005, S. 256ff.

dest im Fall von Lang etwas von der potentiell subversiven Kraft minimalistischer Verfahren bewahrt haben.

Cage in manchen seiner Stücke und die frühe *minimal music*, ebenso wie Fluxus, *minimal art* oder Konzeptkunst haben den *Begriff* der Kunst über seine traditionellen Grenzen hinaus erweitert; polemisch bezogen auf ein traditionelles Verständnis des Kunstwerks und dessen institutionelle Rahmenbedingungen[345], haben sie den Raum der Kunst neu ausgemessen. Dies entspricht einem strukturellen Zug der modernen Kunst, die immer wieder die Normativität einer vorhandenen Kunst-Welt überschreitet und hierin den Begriff der Kunst *ästhetisch* erweitert. Dies bedeutet sicherlich eine Herausforderung für den normativen Begriff des Kunstwerks, wie ich ihn im Vorangehenden verteidigt habe. Aber statt bei dieser Kunst, sofern sie bedeutsam ist, von Nichtwerken zu sprechen, wie ich es oben versuchsweise suggeriert habe, scheint es mir angemessener zu sein, von Werken zu sprechen, die ihren Zeitkern, ihren polemischen Bezug auf den Kontext einer vorhandenen Kunstwelt mit ihren Institutionen und Erwartungen entschlossen und u.U. ohne eine Intention auf Dauer hervorkehren und damit zugleich das Moment der Vergänglichkeit, das zu aller Kunst gehört, sich selbst einschreiben – im Extremfall sogar explizit, wie im Fall von Dick Raaijmakers, den man den holländischen Cage genannt hat, der von seinen bedeutenden Werken – insbesondere Installationen und Performances – gesagt hat, sie seien im Kern unwiederholbar, weil an den Kontext ihrer Entstehung gebunden.[346] Nicht, daß hierdurch eine Norm für gegenwärtige Kunst gesetzt wäre, vielmehr wird durch Werke dieser Art – das will ich sagen – nicht nur

345 Helga de la Motte-Haber erwähnt eine Aktion von Jack Smith und Henry Flynt, die 1963 vor dem Museum of Modern Art mit zwei umgehängten Schildern: »Demolish Art Museums, Demolish Serious Culture« demonstrierten. (Helga de la Motte-Haber, »Konzeptkunst«, in: Christoph Metzger (Hg.), *Conceptualisms in Musik, Kunst und Film*, a.a.O. S. 23.)

346 Zu Raaijmakers, dem 2007 eine eindrucksvolle Dokumentation im Berliner *tesla* gewidmet war, vgl. die umfassende Darstellung in: Arjen Mulder und Joke Brouwer (Hgg.), *Dick Raaijmakers. Monografie*, Rotterdam 2007.

der Raum dessen, was als Kunstwerk zu zählen ist, über sein traditionelles Verständnis hinaus erweitert, vielmehr wird durch sie ein Moment dessen, was zu aller Kunst gehört – eine Spannung zwischen Zeitkern und Dauer –, in ein überscharfes Licht gerückt. Gerade das Spiel mit den Grenzen der Kunst kann solche Werke ästhetisch bedeutsam machen und sie zu ihrer Welt hin öffnen.

VI. Helmut Lachenmann: Die Befreiung des Klangs in der konstruktivistischen Tradition der europäischen Moderne

1. Was die Musik Helmut Lachenmanns mit der Musik von Cage und auch mit dem musikalischen Minimalismus verbindet, ist die Emphase, mit der Lachenmann auf ein Neu-hörbar-Machen der physischen Materialität von Klangprozessen abzielt. Aber Ausgangspunkt, Zielsetzung und kompositorische Verfahren könnten unterschiedlicher kaum sein. Lachenmann ist ein dezidiert »europäischer« Komponist, der nicht nur an die serielle Revolution in der Nachfolge Schönbergs und der Darmstädter »Schule« anknüpft, sondern der auch an einer emphatischen Idee des musikalischen Kunstwerks im Sinn der europäischen Tradition festhält – ohne daß ausgemacht wäre, ob seine Werke noch im Sinn der von mir im Vorangehenden explizierten Idee des musikalischen Kunstwerks verstehbar sind.

Wie bei Cage stellt sich auch bei Lachenmann die Frage, wieweit seine Ästhetik und seine Selbstkommentare für das Verständnis und die Deutung seiner Musik relevant sind.[347] In diesem Zusammenhang hat Reinhold Brinkmann[348] an das hermeneutische Prinzip erinnert, daß für eine angemessene Interpretation musikalischer (und anderer) Werke der Selbstkommentar des Autors keine Verbindlichkeit beanspruchen darf.

347 Als exemplarisch für eine eng an Lachenmanns Ästhetik orientierte Interpretation seiner Musik sei hier das Buch von Rainer Nonnenmann, *Angebot durch Verweigerung. Die Ästhetik instrumentalkonkreten Klangkomponierens in Helmut Lachenmanns Orchesterwerken* (Mainz 2000) genannt. Exemplarisch für die Gegenposition ist der Essay von Reinhold Brinkmann, »Der Autor als Exeget. Fragen an Werk und Ästhetik Helmut Lachenmanns«, in: Jörn Peter Hiekel und Siegfried Mauser (Hgg.), *Nachgedachte Musik. Studien zum Werk Helmut Lachenmanns*, Saarbrücken 2005, S. 116ff.

348 A.a.O. S. 116ff.

Auch wenn dem voll zuzustimmen ist, ist doch auch für Lachenmanns Musik ein »konzeptuelles« Moment, das heißt eine im Komponieren wirksam werdende Reflexion auf einen möglichen Sinn von (authentischer) Musik heute, von so großem Gewicht, daß es nicht einfach übergangen werden kann.

Was Lachenmann nicht zuletzt auch mit Cage verbindet, ist ein Impuls der ästhetischen *Negation*, der sich gegen die normsetzende Kraft einer vorhandenen Kunst-Welt richtet. Aber der Sinn der Negation ist bei Lachenmann ein ganz anderer: Die Negation betrifft nicht die konstruktiven Züge der Musik in der europäischen Tradition und die Idee des musikalischen *Zusammenhangs*, sondern die ästhetischen »Vorprogrammierungen«, die sich im musikalischen Material sedimentiert haben, mit dem der Komponist arbeitet. Damit schließt er an *einen* Aspekt von Adornos Materialbegriff an; daß nämlich das Material »sedimentierter Geist« sei, das heißt »ein gesellschaftlich, durchs Bewußtsein von Menschen hindurch Präformiertes«.[349] Vom Komponisten fordert Lachenmann, diese Präformierung oder »Besetztheit« des Materials zu brechen, weil nur auf diese Weise neue musikalische Strukturen geschaffen und das Hören freigesetzt werden könne. Während aber Adorno noch von »Bewegungsgesetzen« des Materials sprach – und dafür vielfach gescholten worden ist –, spricht Lachenmann gewissermaßen nur noch von der »Trägheit« des Materials als dem Inbegriff der im musikalischen Material jeweils schon sedimentierten Zusammenhangbildungen, »Bedeutungen«, Assoziationen, affektiven Gehalte und Hörgewohnheiten, die den kritisch zu überschreitenden *Ausgangspunkt* der Komposition bilden müssen, wenn anders diese nicht eine Wiederholung des Immergleichen sein soll. Als Komponist gehe es ihm darum, so Lachenmann, »die alte Musizieremphase« zu »unterlaufen« und »die vorweg ans Material gebundene, kollektiv strahlende falsche Magie« zu brechen.[350]

349 Theodor W. Adorno, *Philosophie der Neuen Musik. Gesammelte Schriften* Bd. 12, Frankfurt am Main 1975, S. 39.

350 Helmut Lachenmann im Gespräch mit Heinz-Klaus Metzger, in: Helmut Lachenmann, *Musik als existentielle Erfahrung*, Wiesbaden 1996, S. 197 (im folgenden zitiert als ME).

Das Ziel aber ist, neue, noch »unbesetzte« Klänge und Klangverbindungen zu erforschen, die Trümmer des alten Materials neu zu besetzen, kurz: neue musikalische Kontinente zu entdecken, neue expressive und semantische Potentiale der Musik freizusetzen und das musikalische Hören von den durch Gewohnheit und Kulturindustrie erzeugten Blockierungen zu befreien. »Mich interessiert beim Komponieren nicht einfach das Trümmerfeld der zerstörten, sondern das jetzt mögliche Kraftfeld der freigesetzten und zu schaffenden Klangbeziehungen.«[351]

»Befreiung zu neuem Hören«, »Brechung einer kollektiv strahlenden falschen Magie« – das sind Formeln, mit welchen Lachenmann noch einmal an die großen Negationsimpulse der Kunst im 20. Jahrhundert und insbesondere an die Impulse – wenn auch nicht an die spezifischen Verfahren und die dogmatischen Erstarrungen – der frühen seriellen Musik und ihre Negation des Dispositivs der tonalen Musik anknüpft. Diesen Negationsimpulsen ist gemeinsam ein ästhetischer Impuls, der zugleich eine *gesellschaftliche* Dimension hat; es ist der Widerstand gegenüber Tendenzen zur gesellschaftlichen, das heißt heute: der kulturindustriellen Vereinnahmung, Verharmlosung und Nivellierung der Kunst, das heißt gegenüber der Tendenz, die Kunst in eine alles nivellierende Konsumkultur zu integrieren. Der Negationsimpuls, von dem ich oben gesprochen habe, zielt anders als bei Cage gerade auf eine *Rettung* des Kunstschönen[352] und hat genau *darin* auch eine gesellschaftskritische Bedeutung.

Wenn Lachenmann von ästhetischer Negation spricht, dann spielt er immer auch auf die große Negationsbewegung der Musik im 20. Jahrhundert an, das heißt auf die mehr oder weniger radikalen Versuche, das Dispositiv der »Tonalität« zu überschreiten. Negation der Tonalität, das bedeutet zunächst einmal eine Abkehr von den musiksprachlichen, grammatischen und formbildenden Ressourcen der kadenzharmonischen Musik, auf die Spitze getrieben und in gewissem Sinne auch dogmatisiert in der seriellen Musik der fünfziger Jahre. Aber diese Negation bedeu-

---

351 A.a.O. S. 193.

352 S. etwa »Zum Problem des musikalisch Schönen heute«, in: ME S. 104ff.

tet tendenziell auch eine Infragestellung von etablierten Formen der Musikproduktion und -rezeption und nicht zuletzt auch die Verteidigung eines emphatischen Kunstbegriffs angesichts seiner Erosion unter Bedingungen der Massenkultur. Insofern verhält sich Lachenmanns Musik antithetisch sowohl zur Musik von Cage als auch zu der des musikalischen Minimalismus. Die Negation der Tonalität ist in Lachenmanns Verständnis im übrigen nicht ein einmaliges Ereignis (sie hat ja die Musikindustrie, die elektronischen Massenmedien und das etablierte Konzertwesen noch kaum erreicht, ganz abgesehen davon, daß die Tonalität, wie Lachenmann meint, vorläufig noch als *Hintergrund* allen posttonalen Komponierens wirksam ist); vielmehr bedeutet die Negation der Tonalität einen außerordentlich komplexen Prozeß, eine langdauernde Transformation des musikalischen Materials, von Kompositions-, Reproduktions- und Rezeptionsweisen, kurz: dessen, was Lachenmann auch als »ästhetischen Apparat« bezeichnet.

2. Lachenmann hat verschiedentlich die sein eigenes Komponieren leitende Idee mit Hilfe von vier Stichworten charakterisiert: Tonalität, Körperlichkeit (Klang), Struktur und Aura[353]. Gelegentlich spricht er auch vom »tonalen«, »sinnlichen«, »strukturellen« und »existenziellen« Aspekt der Musik.[354] Die Tonalität ist für Lachenmann gewissermaßen der »Hintergrund« alles gegenwärtigen Komponierens, »Synonym für Tradition und den sie verkörpernden ästhetischen Apparat«[355] und damit zugleich ein unvermeidlicher Bezugspunkt für die traditions*überschreitenden* Formen des Komponierens und Index der affektiven und semantischen *Vorbesetzungen* des musikalischen Materials. »Als Basis unserer Musiktradition und ästhetischen Konvention dominiert (die Tonalität) im Alltag unseres Musiklebens. Damit ist der gesamte Komplex unserer Erfahrungen mit dem überlieferten ästhetischen Apparat, mit seinen Kategorien von Harmonik, Melodik und metrisch gebundener Rhythmik, der Kadenz

353 »Vier Grundbestimmungen des Musikhörens«, ME S. 61.
354 »Bedingungen des Materials«, ME S. 35.
355 »Zum Problem des Strukturalismus«, ME S. 88.

in ihren weitesten Ausformungen samt den daran gebundenen Satztechniken und Formprinzipien, aber auch die damit verbundene Instrumental-, Notations- und Musizierpraxis gemeint, und nicht nur das Material ist tonal vorgeformt, sondern in gleichem Maß unser eigenes Bewußtsein und Hörverhalten.«[356]

Die *Körperlichkeit des Klingenden* bezeichnet zunächst einfach das akustische Schallereignis, für das Lachenmann eine neuartige Typologie entwickelt hat[357]; zugleich steht der Begriff für eine für Lachenmann spezifische »Musikalisierung« der mechanisch-energetischen Aspekte der Klangerzeugung auch auf traditionellen Instrumenten, wodurch die aus dem traditionellen Reservoir musikalischer Klänge ausgeschlossenen geräuschhaften Aspekte der Klangerzeugung, gleichsam als die verdrängten Aspekte in der Hervorbringung des »schönen« Tons, ins musikalische Bewußtsein gehoben und musikalisch nobilitiert werden. Dem entspricht die Verselbständigung geräuschhafter Klänge in Lachenmanns früher *music concrète instrumentale,* für die er zahllose neue Spielweisen für die traditionellen Instrumente neben neuen Artikulationsformen für die menschliche Stimme erfunden hat. Dazu kommt der Einsatz bisher orchesterfremder Klang- und Geräuschquellen in den Orchesterwerken – etwa Donnerbleche, »›Knautschzonen‹ von zerknittertem, zuusammengepreßtem und trocken knisternd sich allmählich wieder öffnendem Packpapier« bis zum »nackten Lautsprecherrauschen«[358] in *Schwankungen am Rand.* Mit dieser Klangrealistik, einem »Herumdrehen des philharmonischen Teppichs«, wie Martin Kaltenecker[359] sagt, hängt auch der oft beobachtete »haptische« Charakter der Musik auch noch des späteren Lachenmann zusammen[360]: »Alle Töne und Geräusche von La-

356 »Vier Grundbestimmungen des Musikhörens«, ME S. 55.

357 »Klangtypen der Neuen Musik«, ME S. 1 ff.

358 Lachenmann im Beiheft zu *Schwankungen am Rand* (ECM Records 2002).

359 Martin Kaltenecker, »Lachenmann und Gustav Mahler«, in: Jörn Peter Hiekel und Siegfried Mauser (Hgg.), *Nachgedachte Musik. Studien zum Werk von Helmut Lachenmann,* Saarbrücken 2005, S. 55.

360 Vgl. insbesondere Reinhart Meyer-Kalkus, »Klangmotorik und verkörpertes Hören in der Musik Helmut Lachenmanns«, in: Hans-

chenmanns Kompositionen verweisen auf die Materialität der Klangkörper zurück wie auch auf ihre Produzenten und deren Anstrengung, sie hervorzubringen.«[361]

Jedoch wendet sich Lachenmann entschieden gegen Cages Idee einer Isolierung und Dekontextualisierung des Einzelklangs. »Klang ... als bewußt freigelegte physiologische Erfahrung ist eine Strukturerfahrung, egal in wie engen oder weiten Dimensionen.«[362] Daher die fundamentale Bedeutung des *strukturellen* Aspekts der Musik und des Musikhörens. Was diesen Aspekt der Musik betrifft, so knüpft Lachenmann, wie schon gesagt, an die Verfahren der frühen seriellen Musik an, um sie jedoch zugleich kritisch umzudeuten. Jene Verfahren bezogen sich auf die meßbaren Eigenschaften eines bloß scheinbar von allen traditionellen Konnotationen und Besetzungen befreiten akustischen Materials. In dieser Vorstellung eines gleichsam jungfräulichen akustischen Materials sieht Lachenmann eine Illusion; in seiner Vorordnung des akustischen Materials geht er daher nicht von meßbaren parametrischen Eigenschaften dieses Materials aus, sondern von »Familien« akustischer Ereignisse, »die bei aller Verschiedenheit dennoch alle zusammen einem Charakter, einer sie verbindenden Klangidee verpflichtet sind«[363], wobei die »Mitgliedschaft« in einer solchen Klangfamilie nicht dem einzelnen akustischen Ereignis, sondern erst den vom Komponisten ausgewählten »Verwandtschaftsbeziehungen« abzulesen ist.

Lachenmann spielt hier bereits auf die »Besetztheit« des akustischen Materials an, dasjenige also, was er dann unter dem Begriff der »Aura« thematisieren wird: »Wo Aura und Tradition – beide Begriffe überschneiden sich natürlich – die Erlebniseigenschaften des Klingenden mitbestimmem, wird das vom Komponisten zu Organisierende nicht mehr einfach meß- und

---

Klaus Jungheinrich (Hg.) *Der Atem des Wanderers. Der Komponist Helmut Lachenmann,* Schott Music 2006, S. 91 ff.

361 A.a.O. S. 101.

362 »Über das Komponieren«, ME S. 75.

363 »Hören ist wehrlos – ohne Hören. Über Möglichkeiten und Schwierigkeiten«, ME S. 124.

regulierbar, es wird sperrig und komplex in nicht mehr absehbarem Maß. So war in meinem kompositorischen Denken der längst fällige Schritt ... die erweiterte Reflexion dessen, was in jener Strukturidee einer ›Polyphonie von Anordnungen‹ ›Anordnung‹ hieß. Ich nannte diese Anordnungen von Anfang an ›Familien‹, denn während das klassische Strukturmodell von eindeutig meßbaren akustischen Eigenschaften und deren quantifizierten Abstufungen ausging, den Skalen nämlich, was denn auch klare Dispositionsprogramme und – sehr wichtig später für die Computermusik – klar formalisierte Arbeitsprozesse beim Komponieren voraussetzte, zeigte sich mir immer wieder, sowohl in der Analyse fremder Werke als auch beim eigenen Entwerfen von Strukturprinzipien, daß die meßbaren Parameter beziehungsweise die darauf bezogenen, quantitativ orientierten Abstufungen allenfalls die primitivsten Varianten dessen darstellten, was sich hier, unter Mitwirkung von übergreifenden Strukturen, an musikalischen Sinn-Einheiten, an Erlebnisqualitäten und damit verbundenen Klangkonstellationen anbot.«[364] Diese Umdeutung der seriellen Idee einer kompositorischen Vorordnung des musikalischen Materials erschöpft allerdings noch nicht Lachenmanns Idee eines *dialektischen* Strukturalismus[365] im Gegensatz zu einem »algorithmischen« Strukturalismus. Mit dem Begriff des dialektischen Strukturalismus distanziert sich Lachenmann gleichzeitig von zwei gegenläufigen Tendenzen in der Entwicklung der Neuen Musik nach dem radikalen Neuanfang des frühen Serialismus.[366] Auf der einen Seite richtet er sich gegen jene Komponisten, »die – nach dem Motto: Zurück zur Musik! – vorgeben, sich ›endlich wieder‹ dem Menschen zuzuwenden und seinen Gefühlen und Hoffnungen dadurch Ausdruck zu geben, daß sie sich aus den Regalen des beliebten Supermarkts ›Tradition‹ bedienen und auf jenen Affektvorrat zurückzugreifen, der in einer traditionsfixierten Gesellschaft

364 »Zum Problem des Strukturalismus«, ME S. 88.

365 S. z.B. a.a.O. S. 83.

366 Die Überlegungen Lachenmanns »Zum Problem des Strukturalismus«, auf den ich mich hier beziehe, entstammen einem Vortrag von 1989, ME S. 83ff.

funktioniert und im kommerziellen Musikbetrieb längst massenhaft ausgeschlachtet worden ist.«[367] Andererseits »grenzt sich mein Terminus auch von jenen Strukturmanieristen ab, die – in epigonaler Anlehnung an die seriellen Verfahren jener Pioniere einer erhofften Stunde Null nach 1945 – auch heute noch von der Fiktion eines geschichtlich und gesellschaftlich unberührten beziehungsweise unbelasteten Materialdenkens und einem entsprechend voraussetzungslosen Erfahrungsraum des Hörens meinen ausgehen zu können und mit ungebrochenem technologischem Optimismus ein Komponieren im regelorientierten Spiel der rein akustisch bestimmten Parameter anzusiedeln und so Komplexität im keimfreien Raum zu stiften hoffen, wo es niemanden stört ...«[368]

»Dialektisch« ist Lachenmanns Strukturalismus, weil er in der doppelten Negation dieser beiden Tendenzen zugleich deren Wahrheitsmoment aufzuheben sucht: Was die erstere betrifft, so ist es das Insistieren auf der expressiven und affektiven Bedeutsamkeit der Musik (s. dazu unten das Stichwort »Aura«), was die letztere betrifft, ist es das entschiedene Anknüpfen an das strukturelle Erbe der seriellen Musik, für Lachenmann ein unhintergehbarer Ausgangspunkt aller möglichen zeitgemäßen Musik. Aber nicht nur geht Lachenmann dabei nicht mehr von den meßbaren Eigenschaften des akustischen Materials aus (s. oben), vielmehr betont er auch den »heuristischen« Charakter struktureller Vorordnungen des musikalischen Materials, der ein *Ausgangspunkt* des Komponierens ist und nicht dessen Essenz: »Komponieren ... heißt: in die selbst gestifteten Ordnungen und Mechanismen intuitiv eingreifen, wissend, daß solche bewußt gesetzten Gesetze Hilfskonstruktionen sind, Vehikel, mit denen wir unseren Visionen näherkommen, Treibsätze, die wir irgendwann abstoßen müssen.«[369] Ersichtlich handelt es sich dabei letztlich um eine variierende Neuformulierung dessen, was Adorno mit dem Ineinander von Mimesis und Konstruktion in der künstlerischen Produktion meinte und womit er sich ebenfalls bereits ge-

367 A.a.O. S. 83.
368 Ebd.
369 »Über das Komponieren«, ME S. 81.

gen einen bloß technisch-algorithmisch verstandenen Serialismus wandte.

Wenn Lachenmann von einem dialektischen Strukturalismus spricht, meint er zugleich eine diesem Strukturalismus entsprechende Hörerfahrung. Schon die »bewußt freigelegte physiologische Erfahrung« hatte er eine »Strukturerfahrung« genannt; an der betreffenden Stelle fährt er fort: »Und die dialektische Erweiterung einer solchen Strukturerfahrung läßt das ursprünglich rein körperlich bestimmte Klangerlebnis quasi stufenlos zum komplex zusammengesetzten Strukturgebilde als Form-Erlebnis eskalieren.«[370] Die Idee scheint die eines »strukturellen« Hörens zu sein, das durch ein konzentriertes »Abtasten« eines Klangprozesses die durch die strukturelle Vorordnung des musikalischen Materials gestifteten vielfachen Zusammenhänge »intuitiv« wahrnimmt und dadurch zu einem »Formerlebnis« wird. Man versteht diesen Gedanken wohl nur richtig, wenn man ihn als einen auch auf die bedeutende Musik der Tradition bezogenen versteht – auch wenn dort die strukturellen Mittel der Zusammenhangbildung andere waren –, so wie Lachenmann immer wieder formbildende Kategorien der traditionellen Musik umdeutend auch auf die eigene Musik bezogen hat. Jedoch habe ich Zweifel, ob die Idee eines »strukturellen« Hörens in dem genannten Sinn angemessen ist. Ich habe oben von der »heuristischen« Funktion einer strukturellen Vorordnung des musikalischen Materials gesprochen, durch sie wird die Musik, wie Lachenmann sagt, zu einer »Polyphonie von Anordnungen«. Aber ich *höre* sie nicht als eine Polyphonie von Anordnungen, ich höre vielmehr eine neue Art eines »polyphonen« musikalischen Zusammenhangs; was ich höre oder wahrnehme, ist ein – durch die strukturellen Vorordnungen vermitteltes – horizontal und vertikal (polyphon), klanglich und zeitlich strukturiertes Wahrnehmungsfeld. Zum Beispiel das wunderbare Orchesterstück *NUN*, dessen Titel durch den japanischen Philosophen Nishida inspiriert ist und dessen Satz »Das Ich ist kein Ding, sondern ein Ort« von den Vokalisten zitiert wird. Über das Stück sagt Lachenmann: »*NUN* ist der Versuch, eine Art Präsenz zu beschwö-

370 A.a.O. S. 75.

ren. Also keine Musik, die weiter geht, kein diskursiver Text, sondern Musik als Situation.«[371] Gewiß, »strukturell« könnte man das Hören dieser Musik im Sinne einer Wahrnehmung von »vielerlei Beziehungen und Ähnlichkeiten« nennen, »hauptsächlich zwischen durchbrochenen, perforierten Klängen – tiefe, im ›Strohbaß‹ gesungene Töne ..., das omnipräsente gerollte ›r‹ der Vokalisten, tiefste Töne der Posaune, die nur brüchig hervorzubringen sind, ... Flatterzungen, Wirbel, Tremolos, gepreßte Töne in den Streichern, Frullatos, Glissandi auf den Saiten des Klaviers oder auch Schwebungen ...«[372], aber dies ist doch eher die Wahrnehmung eines »Vokabulars«, nicht schon die Wahrnehmung dessen, was sich in diesem Vokabular zuträgt. Was ich außerdem wahrnehme, sind die unterschiedlichen »Zeitgestalten« dieser Musik, insbesondere die Stauchungen und Dehnungen der Zeit, von abrupten Einwürfen bis zu auskomponierten Fermaten. Wollte man die Musik beschreiben, so könnte man etwa so beginnen (ich zitiere wieder):

»Diese äußerst artikulierte Klanglandschaft bietet sich zu Beginn wie eine immense Tonmalerei aus rauschenden, blasenden, knatternden, japsenden Klängen dar, wobei vielerlei Beziehungen und Ähnlichkeiten vernehmbar werden ... Zum großen Teil wird das Vokabular von ›... *Zwei Gefühle* ...‹ verwendet, wo bereits eine Wanderung durch eine Vulkanlandschaft dargestellt wird, das Warten vor einer Grotte, einer schwarzen Höhle, die zugleich Beklemmung und Neugierde auslöst. Zu dieser Szenerie des Wartens, des Spähens, des Ausgesetztseins kommt vielleicht ein poetologischer Aspekt hinzu, die Frage ›Wie kann es weitergehen?‹ ... Der von den acht Vokalisten gesungene und gesprochene Text besteht ... zum Großteil aus kurzen Fragen (›Wohin jetzt?‹ ... ›Wo bist du?‹ ..., aus abgebrochenen Worten (›No-‹, ›Ma-‹) oder Ausrufen (›da!‹ ...) wie aus verwehten Antworten, und es tauchen auch rufende Gesten, manchmal ausbrechende und wieder gestoppte Entladungen auf ... Im Gegensatz zu den wartenden Gesten stehen solche der Ruhe, der Versenkung, quasi des Zelebrierens, die aus zahlreichen ›Unisono-Quellen‹ gespeist werden, wie Lachenmann es ausdrückt – etwa die Quinte f-b ... oder der ›Abgesang‹ über dem Es am Ende (das vielleicht auf die Tonart Es-Dur anspielt, die Richard Strauss in seiner *Alpensinfonie*

---

371 Im Beiheft zur CD (KAIROS 2001), S. 7.

372 Martin Kaltenecker, »Was nun? Die Musik von Helmut Lachenmann als Beispiel«, in: *Der Atem des Wanderers*, a.a.O. S. 120.

für das ›Idyll‹ wählte), auch eine Imitation des Shos (das in seiner Oper in der Szene ›Sie waren bei Gott‹ eingesetzt wird) …«[373]

Dies ist eine mögliche (Teil-)Beschreibung, die allerdings schon deutlich macht, daß eine Beschreibung dessen, was in dieser Musik sich zuträgt – wenn sie der Erfahrung eines Hörers kommensurabel sein soll –, neben dem Verweis auf »vielerlei Beziehungen und Ähnlichkeiten« immer schon etwas von dem miterfassen muß, was Lachenmann mit dem Aspekt der »Aura« meint (s. unten), also dasjenige, worin die Musik über sich selbst hinausverweist auf existenzielle Gehalte, die einer Musik einbeschrieben sind.

Hier dagegen eine Beschreibung, die sich weitgehend auf die klanglichen Vorgänge beschränkt: Sie beginnt mit einem Verweis darauf, daß Lachenmann selbst das Stück als »Parergon« zu seiner Oper *Das Mädchen mit den Schwefelhölzern* bezeichnet hat. Entsprechend diesem genealogischen Hintergrund von *NUN*, so dies zweite Beispiel einer Beschreibung,

»bilden auch die beiden Soloinstrumente eine Übertragung der beiden Sopransoli aus der Oper auf instrumentale Bedingungen. Momente des Virtuosen, einschließlich einer regelrechten ›Cadenza‹ im Schlußteil, verbinden sich mit der Projektion des Klanges von Flöte und Po-

---

373 Ebd. Kaltenecker versucht im übrigen, die Inspiration Lachenmanns durch den japanischen Philosophen Nishida in den Konturen dieser Musik deutlich zu machen »Es sollen … letztlich sowohl das Ich als zugreifende, vergleichende, determinierende Instanz als auch die Dinge als dessen Gegenüber ›genichtet‹ werden – eine Idee, die auch Cage übernimmt. Nishidas Schüler Keiji Nishitani sagt seinerseits in *Was ist Religion?:*« ›Das Feld des nihilum ist das Feld einer unendlichen Zerstreuung‹, das Ich wird ›impersonal‹ und zu einem Feld der Leere als Wahrheit … In *NUN* bezieht sich Lachenmann sowohl auf den Gedanken des *basho* (das Ich ist ein Ort) als auf den des Nichtens: Im letzten Takt wird, auf die Sänger hoquetus-artig verteilt, das Wort ›Musik‹ so aufgetrennt, das man die Silbe ›Mu-‹ als gleichbedeutend mit dem japanischen Wort für Nichts, Leere (eben mu) verstehen kann. Hier schwingt bei Lachenmann auch der poetologische Gedanke mit, daß Musik immer auf der Suche nach sich selbst und so nach ihrem Begriff sei …« (A.a.O. S. 121).

saune in die Resonanzräume der beiden Klaviere im Orchester, um mit dieser Klangerweiterung wiederum ein eigenes, neues ›Instrument‹ zu schaffen. Die acht Männerstimmen dagegen bilden keinen vokalsolistischen Korpus, sondern den Ersatz für die ›ausgesparten‹ Posaunen – als singende Instrumentalisten, die sich pfeifend, schreiend, deklamatorisch oder an japanischen Reibegongs betätigen ... Die einzelnen Klanglandschaften in *NUN* – das ›perforierte Geratter der Streicher im ersten Abschnitt, die völlig konträre Welt des Mittelteils mit den Schwingungen von chinesischen Becken, gekratzten Tamtams, Röhrenglocken und Klängen aus dem Inneren der Klaviere bis hin zu den nervig pulsierenden, hektischen Tonwiederholungen des Schlußteils – dehnen sich dabei im Sinne von auskomponierten Fermaten, die Lachenmann, je nach Bedürfnis, von der einfachen Generalpause bis zu wimmernden, hochkomplexen Konstellationen unterschiedlicher Gestalten aufpumpt.«[374]

Diese Beschreibung verzichtet sowohl auf den Versuch, jene »auratischen« Aspekte der Musik wiederzugeben, die Kalteneкker in seiner Beschreibung anspricht, als auch auf jeden Hinweis auf die »vielerlei Beziehungen und Ähnlichkeiten« zwischen den Klangereignissen, mithin auf alle Hinweise auf »strukturell« Hörbares – entsprechend bleibt sie, auch wenn sie auf zusätzliche klangliche Aspekte hinweist, entschiedener als diejenige Kalteneckers hinter der Beschreibung einer realen Hörerfahrung zurück.

Es sollte bereits deutlich geworden sein, daß die gegen eine »algorithmische« Musik zielende Pointe von Lachenmanns Idee eines dialektischen Strukturalismus erst ganz deutlich wird im Lichte dessen, was Lachenmann »Aura« nennt, »einen Materialaspekt, ... der beim physiologischen Wahrnehmungsvorgang immer wieder freiwillig oder unfreiwillig Reize durch Assoziation, durch Erinnerung, durch Anklänge an Bekanntes und so außermusikalische Bedeutungszusammenhänge ins Spiel bringt, die unsere ganze Existenz, sozusagen den ›ganzen Menschen‹ betreffen.«[375] »Aura« im Sinne von Lachenmann steht für die »Besetztheit« des Materials; Lachenmann beschreibt sie auch »als

374 Michael Struck-Schloen in der Programmbeilage zur CD (KAIROS 2001).

375 »Über das Komponieren«, ME S. 75.

Trägerin von vertrauten Erfahrungen aus der existentiellen, Wirklichkeit: des Alltags, der verschiedenen Gesellschaftsschichder religiösen Sphäre, der Kultur(en), der Technik, der Geschichte, der Landschaften, Klassen, vielleicht auch des Unterbewußtseins aus archaischen Schichten unserer Psyche, der Traumwelt usw.«[376] »Aura« ist bei Lachenmann in manchen Kontexten ein zunächst negativ besetzter Begriff insofern, als er die »Besetztheit« des musikalischen Materials meint, die vom Komponisten zu brechen sei. Der Aspekt der »Aura«, so fährt Lachenmann an der gerade zitierten Stelle jedoch fort, »scheint mir die entscheidende Ergänzung und das wichtigste Korrektiv zum Autonomie-Anspruch des Strukturdenkens zu sein.«[377] Hier zeigt sich, daß der Begriff der Aura, ebenso wie der einer »Besetztheit« des akustischen Materials, einen doppelt gerichteten Zeitpfeil in sich enthält: Als geschichtlich entstandene Aura ist sie vom Komponisten zu brechen, in Frage zu stellen, umzufunktionieren usw., während zugleich, vermöge einer Neubesetzung des Materials, dem Musikwerk eine neue, gleichsam entrümpelte und authentischere Aura zuwachsen soll. Lachenmann hat dies an Beispielen wie der unterschiedlichen Bedeutung der Kuhglocken bei Mahler und bei Stockhausen[378] oder der Zerstörung/Verwandlung von Formeln der Feierlichkeit bei Beethoven[379] verdeutlicht. Diese Neubesetzung des akustischen Materials hängt nicht primär am akustischen Einzelereignis, sondern vor allem am strukturellen Zusammenhang der akustischen Ereignisse: »Hören«, so Lachenmann, »nimmt – bewußt oder unbewußt – anhand des Klingenden zugleich Zusammenhänge wahr: die Zusammenhänge, denen sie entstammen und jene, in denen sie jetzt stehen und von denen jeder klingende Moment neu beleuchtet wird.«[380]

Erst hier wird ganz deutlich, was »strukturelles« Hören eigentlich meint: Es meint nicht einfach das Erfassen eines vorgegebe-

376 »Vier Grundbestimmungen des Musikhörens«, ME S. 61.

377 Ebd.

378 Ebd.

379 »Fragen – Antworten, Gespräch mit Heinz-Klaus Metzger«, ME S. 195.

380 »Hören ist wehrlos – ohne Hören«, ME S. 118.

nen strukturellen Zusammenhangs von Klängen, sondern hierin zugleich das Gewahrwerden aufgebrochener Strukturen in den neuen, die Erfahrung einer »Umstrukturierung« und Befreiung der Wahrnehmung, einer Erfahrung, die Lachenmann »existenziell« nennt, weil sich in ihr, als einer *reflexiven* Erfahrung, der Wahrnehmende selbst in seinen Möglichkeiten und seiner Veränderbarkeit neu erfährt. »Beim Hörer soll ein Selbstverständigungsprozeß in Gang gesetzt werden, bei dem das wahrnehmende Subjekt zugleich das Objekt der Wahrnehmung und der Erkennende zugleich das zu Erkennende ist. Die Wahrnehmung soll so zu einer umfassenden ›existenziellen‹ Erfahrung werden, die sowohl die konkret materialen, physiologischen und habituellen Aspekte als auch die persönlich wie gesellschaftlich normierten Grenzen, ästhetischen Bedingungen und Voraussetzungen der Musik und des Musikhörens betrifft.«[381]

3. An dieser Stelle wird der Gegensatz zu Cage und auch zur *minimal music* besonders deutlich. Zwar ist die Freilegung der unmittelbaren Körperlichkeit des Klingenden – wie bei Cage – auch für Lachenmann gebunden an eine strukturelle Organisation des akustischen Materials, die dessen expressive, gestische und semantische Besetzung aufbricht; aber Ziel ist nicht die Dekontextualisierung des Klangs, sondern seine *Neu*-Kontextuierung. Die Neuorganisierung des musikalischen Materials versteht Lachenmann nicht zuletzt als Weg zu einer expressiven Neubesetzung des Materials, sie zielt ab auf eine Musik, die auf neue Weise »beredt« und bedeutsam ist. Das heißt natürlich auch, daß die »Brechung des Vertrauten« ein – freilich notwendiges – Durchgangsstadium ist, eine notwendige Bedingung für die Erfindung einer neuen Klangwelt: Auch das Neue wird ja wieder vertraut, und in dem so gewonnenen Neuland wird das Gelungene, wie in aller Kunst, immer wieder das Unwahrscheinliche, Seltene und Überraschende sein.

In erster Annäherung könnte man sagen, daß Lachenmanns

381 Rainer Nonnenmann, *Angebot durch Verweigerung. Die Ästhetik instrumentalkonkreten Klangkomponierens in Helmut Lachenmanns Orchesterwerken*, a.a.O. S. 180.

Begriff der Aura für dasjenige steht, worin die Musik auf etwas verweist, was sie nicht selbst ist und was ich die »Welthaltigkeit« oder den »Weltbezug« der Musik genannt habe, und zwar bezogen nicht zuletzt auf die »Gesamterfahrung« eines Musikwerks. Im Zusammenhang von Lachenmanns Interpretation eines Orchesterstücks von Webern, die ich oben zitiert habe, hat er »Gewalt, Tod und Liebe« als bei Webern »musikalisch klar kodifizierte Realitäten« benannt, »die uns umgeben und bestimmen.«[382] Auch in Lachenmanns *Musik mit Bildern*[383] sind sie als »musikalisch kodifizierte Realitäten« gegenwärtig. Im übrigen ist das oben zitierte Beispiel einer Beschreibung des Orchesterstücks *NUN*, gerade in ihrem fragmentarischen Charakter, ein Hinweis auf die spezifische Welthaltigkeit *dieser* Musik, und es läßt vermuten, daß seine Musik generell gerade *in* ihrer Welthaltigkeit jener vieldeutigen Prozessualität entspricht, die ich für das musikalische Kunstwerk reklamiert habe. Lachenmann selbst beschreibt die seinen Werken angemessene Hörerfahrung als einen *vielschichtigen, vieldeutigen Abtastprozeß* und beschreibt damit die Prozessualität seiner Werke unter dem Gesichtspunkt ihrer unmittelbaren Hörerfahrung. Und von einer Welthaltigkeit seiner Musik spricht er explizit, wenn er sagt: »Musik hat Sinn doch nur, insofern sie über die eigene Struktur hinausweist auf Strukturen, Zusammenhänge, das heißt: auf Möglichkeiten um uns und in uns selbst.«[384]

Gleichwohl ist der Weltbezug von Lachenmanns Instrumentalmusik anderer Art als etwa bei Schubert, nicht *primär Ausdruck* oder *Artikulation* eines Welt- und Selbstverhältnisses als vielmehr – wie bei Cage – ein *Eingriff* in dieses. Lachenmanns Musik ist expressiv nicht im Sinn der »affektiven Gebärde«[385] der Musik bis zum Ende des 19. Jahrhunderts, das expressive Moment wächst ihr vielmehr zu aus einer konstruktiven Neukontextuierung des musikalischen Materials, die den mit dem Ende der

382 »Musik als existentielle Erfahrung. Gespräch mit Ulrich Mosch«, ME S. 215.

383 So der Untertitel seiner Oper *Das Mädchen mit den Schwefelhölzern.*

384 »Vier Grundbestimmungen des Musikhörens, ME S. 62.

385 Vgl. »Affekt und Aspekt«, ME S. 71.

tonalen Musik einhergehenden Sprach*verlust* als ihren Ausgangspunkt akzeptiert, einen Ausgangspunkt, der zugleich eine neue geschichtliche Konstellation im Verhätnis von Individuum, (Neuer) Musik und Gesellschaft markiert. »Entscheidend ist die Voraussetzung, daß der komponierte Affekt ein ungebrochenes Subjekt setzt beziehungsweise voraussetzt. Und doch hat spätestens in der Musik Mahlers das Subjekt von seiner Ungebrochenheit Abschied genommen. War die Geschichte des affektorientierten Komponierens bis ins 19. Jahrhundert hinein die Geschichte des sich emanzipierenden subjektiven Individuums, so hat sie sich in der Folge verwandelt in die Geschichte des sich in seiner Unfreiheit erkennenden Subjekts. Das expressiv handelnde Ich stößt auf seine Vergesellschaftheit, das Subjekt entdeckt sich als Objekt, als Gegebenheit, als Struktur, um mit Wozzeck zu sprechen: als ›Abgrund‹, in dem ganz andere Mächte wirken als die, woran der bürgerliche Idealismus glauben machen wollte.«[386] Und: »Das Ich, in Erkenntnis seiner Sprachlosigkeit, in der Auseinandersetzung mit seinen bürgerlichen Bindungen und seiner Unfähigkeit, diese abzuschütteln – das Ich, tastend nach seinem Es, nach seinem Über-Ich, nach seiner Struktur … das Ich, sich mitteilend nicht affektiv durch die emotional sprechende Gebärde, sondern durchs suchende Handeln, über den Aspekt, der sich niederschlägt im umformenden Umgang mit dem ästhetischen Apparat und dem darin vermittelten Materialbegriff …«[387] Nicht die »affektive Gebärde«, durch die ein Komponist sich ausspricht, sondern expressive *Effekte* durch die strukturelle Umpolung eines expressiv vernutzten Materials kann, so Lachenmann, der Musik – wenn sie glückt – neue expressive Potentiale zuführen – ohne daß diese, wie Lachenmann betont, vom Komponisten zu kontrollieren wären.[388]

---

386 A.a.O. S. 66.

387 A.a.O. S. 68.

388 Lachenmann vertritt hier eine extreme Position; daß die »affektive Gebärde« ebenso wie die gestischen Momente der Musik auch jenseits des »bürgerlichen Idealismus« einen legitimen Platz in der Neuen Musik haben können, haben u.a. Komponisten wie György Kurtág und Klaus Huber gezeigt. Lachenmanns Position muß verstanden werden im Kontext seiner Abwehr von regressiven, an tonale Artikula-

Wenn Lachenmann von einem »Verweis« der Musik auf außermusikalische Strukturen und Zusammenhänge spricht, dann ist das in einem eher »transformativen« als »darstellenden« Sinn zu verstehen, im Sinn einer möglichen *Veränderung* von Selbst- und Weltbezügen auf dem Weg eines gewohnte Strukturen und Zusammenhänge verfremdenden oder »brechenden« Eingriffs in die Wahrnehmung der Hörer; eines Eingriffs, der, wie er dann sagen kann, Denken und Fühlen in Bewegung setzen soll. »Indem der Wahrnehmende seine Beziehung zum bislang Vertrauten radikal erneuert, ändert er sich selbst, nimmt er seine Vorgeprägtheit und seine Fähigkeit diese zu erkennen und zu durchbrechen wahr, wird er sich selbst nochmals fremd, wird er sich selbst zum Abenteuer, voll neuer Möglichkeiten und Überraschungen ... In der Praxis bedeutet solches Hören Konzentration des Geistes, also Arbeit. Arbeit aber als Erfahrung des Eindringens in die Wirklichkeit, als fortschreitende Selbsterfahrung, ist eine Glückserfahrung.«[389] Genau in diesem Sinn spricht Lachenmann auch von Musik als einer *existenziellen* Erfahrung.[390]

Das »Abenteuer« aber, von dem Lachenmann spricht, ist auch das Abenteuer des Komponisten, der ins Offene will und sich ge-

---

tionsmuster anknüpfenden kompositorischen Tendenzen in der postseriellen Musik.

389 »Hören ist wehrlos – ohne Hören«, ME S. 118.

390 Gegen den »negativistischen« Aspekt von Lachenmanns Musik ist gelegentlich eingewendet worden, daß auch diese Musik, wenn erst einmal der durch die Brechung des Vertrauten ausgelöste »Schock« aufgehört hat zu wirken, zu etwas »Vertrautem« werden müsse wie die vergangene große Musik – so daß also das Moment der »Brechung« des Vertrauten, soweit diese Musik gelungen sei, nur in der Phase ihrer verstörenden Neuheit überhaupt von Bedeutung sei und die Musik dann einfach »schön« sei wie andere Musik. Das ist insofern richtig, als neue musikalische Artikulationsformen, wenn sie einmal vertraut geworden sind, indem sie unsere Wahrnehmungsstrukturen *verändert* haben, so weit in unseren »habitus« (Bourdieu) eingewandert sind, daß sie gleichsam Teil unseres Selbst- und Weltverhältnisses geworden sind. Aber genau das ist ja der Sinn des »Eingriffs« in die Wahrnehmungsstrukturen der Hörer, nämlich die Eröffnung neuer Möglichkeiten des Verhältnisses von musikalischer Erfahrung, Ich und Welt. Insofern geht der Einwand ins Leere,

rade deshalb nicht einfach auf die von ihm bewußt generierten strukturellen Zusammenhänge verlassen kann. Sie sind ein Mittel zum Aufbrechen alter Strukturen und Zusammenhänge, aber keine Garantie für das Gelingen eines *neuen*, eines bedeutsamen, welthaltigen musikalischen Zusammenhangs. Vielmehr ist es gerade die *Öffnung* des strukturellen Zusammenhangs auf etwas in ihm nicht Aufgehendes hin[391] – die Einblendung von Radiosendern in *Kontrakadenz,* die Einblendung einer Tonbandaufnahme »spielender lachender Kinder, von fern her, mit ein paar Rufen dazwischen, halb verdeckt vom weißen Rauschen der zweiten Tonbandspur« in *Fassade*[392], der verfremdende Bezug auf »etablierte« Musik oder traditionelle musikalische Formen – das Klarinettenkonzert von Mozart in *Accanto,* das Deutschlandlied in der *Tanzsuite mit Deutschlandlied* oder der imaginäre Tango und Anspielungen auf den Flamenco in *Salut für Caudwell*[393] –, allgemeiner gesprochen aber schon die »dialektische« Öffnung des Strukturbegriffs bei Lachenmann, wodurch die Musik zur Welt hin sich öffnet und das Potenzial einer – vorhandene Strukturen *verfremdenden* und *brechenden* – Aktivierung des Bewußtseins von »Strukturen, Wirklichkeiten und Möglichkeiten um uns und in uns selbst« gewinnt. »Das Sich-Öffnen stellt das Werk (mehr oder weniger unmittelbar und anschaulich) in einen anderen Raum, in dem es etwas anderes gibt als Kunst und in dem diese selbst umstritten ist«[394], so Kaltenecker. Und gerade hierin sieht auch

---

391 Ich folge hier Martin Kalteneckers eindrucksvollem Essay »Lachenmann und Gustav Mahler«, in: Jörn Peter Hiekel und Siegfried Mauser (Hgg.), *Nachgedachte Musik. Studien zum Werk von Helmut Lachenmann,* a. a. O.

392 A. a. O. S. 59f.

393 Christopher Caudwell, 1937 im spanischen Bürgerkrieg gegen Franco gefallen; ein Text von Caudwell über Kunst und Freiheit wird von den beiden Gitarristen vorgetragen. Hier bedeutet natürlich schon der Einsatz von zwei Gitarren in verfremdeter Spielweise eine Anspielung, dazu kommt die Anspielung auf Flamenco und Tango: »Die Essenz von Flamenco und Tango, Verschollenes als Gegenwärtiges, Aktuelles – genauso wie ein neu gefundener Klang von zwei Gitarren.« (Lachenmann im Programmheft zu Konzerten mit seinen Werken im August 2002 in Salzburg, S. 83.)

394 »Lachenmann und Gustav Mahler«, a. a. O. S. 60.

Kaltenecker den »Werk«-Charakter von Lachenmanns Musik begründet. Diesem »sich öffnenden, sich selbst befragenden und unterbrechenden« Charakter der Werke entspricht, daß sie »einen Raum für Diskurse und Auslegungen« öffnen, für einen »Streit der Bedeutungen und Interpretationen.«[395]

4. Ich habe oben auf eine Gemeinsamkeit zwischen Cage und Lachenmann hingewiesen: Beiden geht es um eine Befreiung des Hörens und, so wäre zu ergänzen, eine Befreiung des Klangs. Auch für Cage bedeutete die Befreiung des Hörens eine »existenzielle« Erfahrung, nämlich die Erfahrung einer von jeder »Reglementierung« durch kompositorisch vorgegebene musikalische Zusammenhänge befreiten Wahrnehmung individueller Klänge in ihrer irreduziblen Besonderheit. Nimmt man die Selbstdeutungen der beiden Komponisten zum Maßstab – ich spreche hier nicht von dem Produktiven des Cageschen *Eingriffs* –, so könnte man bei Cage von einer *abstrakten* Negation aller durch die bisherige Musik vorgeprägten »Besetztheiten« des musikalischen Materials sprechen, so wie auch sein Anar-

---

395 Ebd. Kaltenecker hebt das Emphatische dieses Werkbegriffs hervor, wonach vieles in der Musik kein Werk – in diesem emphatischen Sinn – ist. Jedoch kritisiert er Adorno für seine Tendenz, die Nichtwerke als minderwertig, schlechte Musik oder auch kulturindustriellen Müll pauschal abzuwerten. »Dieser Zug (d.h. daß musikalische Kunstwerke einen Raum für einen Steit der Interpretationen eröffnen, A.W.) unterscheidet sie von Werken der Kultur, die uns *genauso notwendig* sind und nicht im Sinne von Adornos Aburteilung der Kulturindustrie aufgefaßt werden sollten, sondern als eine andere und hierarchisch nicht unter jener stehende Praxis. Die meisten Stücke von z.B. Antonín Dvorak, Richard Strauss oder Maurice Ravel, von György Ligeti, Luciano Berio oder Wolfgang Rihm haben aber nichts oder wenig mit jenem Drang nach diskursiver Vervollständigung und philosophischer Verschwisterung gemein. Dieser bezeichnet, so scheint mir, eine tiefe Gemeinsamkeit der Werke Mahlers und Lachenmanns.« (A.a.O. S. 60f.) Eine starke These, was die genannten Komponisten betrifft; ich stimme ihr nur insofern zu, als auch der von mir vertretene Werkbegriff »normativ« ist und daher vieles, vielleicht das meiste ausschließt, was als Musik komponiert worden ist. Jedoch würde ich nicht so pauschal urteilen wie Kaltenecker.

chismus überhaupt eine abstrakte Negation aller gesellschaftlichen Reglementierungen und Ordnungsvorstellungen bedeutete. Demgegenüber bedeutet die Befreiung des Hörens für Lachenmann eine *konkrete* Negation sowohl der affektiven und semantischen Besetztheit des musikalischen Materials als auch der mit ihr verbundenen Wahrnehmungskategorien, affektiven und kognitiven Klischees, wie sie sich in dem von ihm so genannten »ästhetischen Apparat« sedimentiert haben. Lachenmann will – musikalisch und gesellschaftlich – nicht das »ganz andere« wie Cage, sondern in einer musikalisch wie gesellschaftlich konkreten Situation Blockierungen der Wahrnehmung, des Fühlens und Denkens auflösen und hierin nicht zuletzt ein Bewußtsein der *Veränderbarkeit* von Ich und Gesellschaft bewirken. Lachenmanns Reflexionen auf den Begriff einer heute möglichen authentischen Musik stehen in ihrer Radikalität gleichwohl denjenigen Cages insofern nahe, als sie ihn zu einer beständigen Selbstüberschreitung nötigen; bei beiden, Cage und Lachenmann, ist diese für alle Künste, vor allem in der Moderne, charakteristische Nötigung zu einem integralen Moment ihrer kompositorischen Selbstreflexion geworden. Insofern ist auch Lachenmanns Idee eines dialektischen Strukturalismus nur im negativen Sinn des nicht mehr musikalisch Möglichen und Stimmigen ein in sich geschlossenes Konzept, in Wirklichkeit öffnet sie den kompositorischen Prozeß ins Offene und Ungewisse, als gälte es – und so hat Lachenmann selbst es formuliert –, mit jeder neuen Komposition den Begriff der Musik neu zu erfinden; das ist die produktive Unruhe, die Lachenmanns Komponieren antreibt.

5. Der Weltbezug von Lachenmanns Musik in seiner Spannung zu einer dichten musikalischen Konstruktion wird nirgendwo so deutlich wie in seiner Oper *Das Mädchen mit den Schwefelhölzern*, eher ein »Oratorium« mit einer Reihe musikalischer Tableaus, da der Text nicht von Protagonisten gesungen, sondern verfremdend auf die Singstimmen verteilt ist und auf diese Weise ganz in die orchestrale Faktur integriert ist. Lachenmann hat das Werk eine »Musik mit Bildern« genannt, wobei das »mit Bildern« jedoch vieldeutig ist. Es verweist zunächst darauf, daß

die Musik hier einer »szenischen« Realisierung bedarf, einer visuellen Vergegenwärtigung des Andersen-Märchens. Das ist aber auch die Crux einer jeden Inszenierung. Denn mit »Bildern« ist nicht eine szenische Realisierung des narrativen Zusammenhangs des Märchens gemeint, sondern eher so etwas wie eine Visualisierung unterschiedlicher Situationen, Aspekte oder »Tableaus«, während der narrative Zusammenhang ganz in die Musik eingewandert ist. »Es erklingt eine letztlich geschlossene musikalische Ebene, die nicht nur auf eine außermusikalische Geschichte verweist, sondern diese konkret akustisch realisiert.«[396] Man könnte beinahe an die Bilder denken, die in Märchenbüchern besonders signifikante Situationen illustrieren und dabei in glücklichen Fällen, wie bei den Zeichnungen Ubbelohdes in alten Ausgaben der Grimmschen Märchen, einen eigenen Imaginationsraum schaffen und so den Text imaginativ aufladen. Natürlich hinkt der Vergleich: Die Musik erzählt nicht wirklich etwas, sie ist vielmehr selbst eine Abfolge von akustischen »Tableaus«, und die imaginative Aufladung dieser Tableaus mit Bildern tritt gewissermaßen an die Stelle der Erzählung, deren Text nur gelegentlich verständlich *gesprochen* und ansonsten akustisch »zerhackt« und verfremdet – bibbernd, geräuschhaft-konsonantisch – auf die Sing- und Sprechstimmen verteilt wird; gerade deshalb darf eine »Visualisierung« des musikalischen Geschehens nicht eine bloß illustrierende Verdopplung der Bilder sein, die aus den musikalischen Tableaus selbst aufsteigen. Denn das ist die andere Bedeutung der »Musik mit Bildern«: Die Musik selbst hat in weiten Teilen etwas Bildhaftes durch ihre Klangrealistik, die das spezifisch Tonmalerische dieser Musik ausmacht: Die klirrende Kälte, das Anreißen der Streichhölzer, ein imitierter Automotor, das Klappern von Holzpantoffeln, die Erscheinung des warmen Ofens oder die Vulkane, die brodelnde Lava im Leonardo-Teil – all dies wird klangrealistisch so zur Erscheinung gebracht, daß das Hören eine haptisch-taktile und eine visuelle Dimension gewinnt. Das taktile Moment im Hören

---

396 Hans Thomalla im Gespräch mit Helmut Lachenmann und Klaus Zehelein im Programmheft zur Stuttgarter Inszenierung der Oper, S. 30.

hat etwa Martin Zenck beschrieben: »Weil die roten Füße des Mädchens ungeschützt der Kälte ausgesetzt sind, macht der Komponist diesen Kälteschmerz in der Wahrnehmung des Hörers fühlbar. Wie die Parallelstellen der klirrenden Kälte und des vor-Kälte-Bibberns ist auch hier die klangliche Umsetzung der vor schneidender Kälte schmerzenden Füße ein Zustand, dem sich die Musik wie die Hörer aussetzen. Auch wenn sich die Musik über den Klang dem Hören vermittelt, gibt es sowohl eine direkte sensitive Berührung mit der Haut durch die fröstelnden, isolierten Konsonanten als auch eine synästhetische Übertragung vom Hör- auf den Tastsinn ...«[397] Aber mit den taktilen Aspekten der Musik sind zugleich ihre visuellen Aspekte verbunden; Lachenmann spricht von den »sichtbaren, greifbaren und fühlbaren Elemente(n)« des Märchens: »das Mädchen, die Hölzchen, die Pantoffeln, die Kälte, die Fenster, die Hauswand« als dem, was ihn als Komponist inspiriert hat. »Die Klänge haben vor allem im geräuschhaften Bereich eine glatte oder auch raue Oberfläche, ein feines oder borstiges Texturgewebe, das sich auf die Haut überträgt: Sie fühlt und hört mit, sie wird von den Klängen über den Transmitter der Luft berührt, zärtlich, sanft, rau und hart, erschütternd und irritierend bis zur Gänsehaut.«[398] Auch die Vokalstimmen, auch wo sie Teile des Textes – kaum verständlich – zitieren, sind in die Klangrealistik der Musik integriert; die Körperlichkeit der Stimmen, warm oder schneidend, bibbernd, schnalzend, ausfahrend, ist Teil der musikalischen Textur. »Während das Hören traditioneller Musik rekonstruktiv mit Blick auf den Sprachsinn der Musik bezeichnet werden kann, ist das Hören der Musik Lachenmanns konstruktiv mit Blick auf den Wahrnehmungssinn. In dieser Weise unterscheidet sich das Musiktheater des *Mädchens mit den Schwefelhölzern* als ein Theater der Wahrnehmung vom Theater der Texte.«[399]

Die Klangrealistik der Musik ist jedoch nur ihre eine Seite;

---

397 Martin Zenck, »Am Abgrund. Heinz Holligers ›Schneewittchen‹ und Helmut Lachenmanns ›Mädchen mit den Schwefelhölzern‹«, in: *Neue Zeitschrift für Musik*, Nr. 1, Januar/Februar 2006, S. 47.

398 A.a.O. S. 46.

399 A.a.O. S. 48.

zugleich behauptet die Musik ihren autonom-*musikalischen* Zusammenhang gegenüber dieser situationsspezischen Klangrealistik: »Das ›Ritsch‹ des Hölzchen-Anzündens z.B., magisches Schlüsselsignal, hat im musikalischen Gesamtverlauf sein ganz eigenes formales und morphologisches Schicksal, mal erkenne ich es als zentrales gestisches Signal aus dem Erzählzusammenhang des Märchens, Wisch mit der Bogenstange über gedämpfte Saiten, oder Glissando über die Röhren der Xylorimba, oder die tiefen Klaviersaiten etc., mal ist es ein klangtechnisches Partikel, einer musikimmanenten Logik gehorchend.«[400] Hans Thomalla spricht von einem musikalischen Kraftfeld, das »sich der strukturellen Komplexität (verdankt), dem dichten Beziehungsnetz, in dem diese Klänge miteinander verknüpft sind.«[401]

Der durch den Andersen-Text vorgegebene und weithin in die Musik selbst eingewanderte Imaginationsraum öffnet sich an mehreren Stellen der Oper durch Unterbrechungen, verbunden mit Texteingriffen Lachenmanns, durch die das scheinbar harmlose Märchen, gleichsam durch einen Blick von außen, mit politischen und existenziellen Konnotationen aufgeladen wird, die es zugleich verfremden und variieren. Ein eingeschobener Text von Gudrun Ensslin über den Kriminellen, den Wahnsinnigen, den Selbstmörder und die »Rebellion der zertrümmerten Subjekte gegen ihre Zertrümmerung« (aus einem im Stammheimer Gefängnis geschriebenen Brief) unterbricht die Märchenerzählung an der Stelle, an der mit dem Streichholz zugleich der von dem Mädchen imaginierte warme Ofen erloschen ist und das Mädchen sich vor der kalten Hauswand wiederfindet. Eine Variation des Märchenmotivs, die deren latentes Thema, gesellschaftliche Gewalt, in ein überscharfes Licht rückt. Der Erfrierungstod des Mädchens wird zur Allegorie dessen, was Gesellschaft den Subjekten antun kann. Nicht ist, wie Martin Zenck meint[402], Ensslin, die ein Kaufhaus in Brand setzt, hier als »Double« des

400 Helmut Lachenmann im Programmheft zur Stuttgarter Aufführung, a.a.O. S. 32.

401 Ankündigung der CD-Ersteinspielung der Oper (Kairos, Frühjahr 2002).

402 Vgl. Martin Zenck, a.a.O. S. 44f.

kleinen Mädchens mit den Schwefelhölzern inszeniert; nicht Ensslin, sondern ihr Text ist die neue Figur, die hier ins Spiel kommt (auch wenn die Erinnerung an die Person Ensslins und ihren frühen Idealismus sicherlich die Textwahl Lachenmanns motiviert hat: Beide wuchsen gemeinsam auf, als »Hausgenossen im Tuttlinger Dekanat«[403] und mit einer ähnlichen religiösen Prägung); »doubliert« oder vielmehr »multipliziert« wird vielmehr das Motiv des Zerbrechens und »Verreckens« (Ensslin) an der Gesellschaft – und hiermit das bloß Private, Mitleiderregende einer traurigen Geschichte durchlöchert, dem Märchen gleichsam ein doppelter Boden eingezogen. Wie in einem Palimpsest erscheint der Text von Ensslin als geheime Schrift unter dem Märchentext: »Lachenmann behandelt ihn nicht wie eine wütende Proklamation ... hier ist es der Chor, der ihn in einer Art Hoquetus buchstabiert, aber durchgehend geflüstert, an eine geheime, halb erstickte Nachricht denken lassend, an ein drohendes Samisdat. Die begleitenden Instrumente buchstabieren mit, indem sie den Rhythmus der Worte übernehmen, und so kann man ein wunderbares Beispiel von ›konsonantischer‹ Orchestrierung verfolgen, die das Geflüster der Stimmen mit tonlosen Akzenten des Blechs reimen lässt ... All dies wird in jene Winde eingebettet, die die gesamte Oper durchziehen, Ensslins Brief endet mit dem geheimnisvollen Satz ›Schreibt auf unsere Haut‹, den Lachenmann wie ein *graffito* behandelt, das quasi unter unseren Augen entsteht.«[404]

Während der Einschub des Ensslin-Textes das Motiv der gesellschaftlichen Gewalt variiert, variiert die zweite, größere Unterbrechung des Märchentextes durch einen Text von Leonardo (»... zwei Gefühle ...«) das Motiv der Naturgewalt, auch hier wieder in Gestalt einer motivischen Transformation und Verfremdung des Tableaus des kleinen Mädchens mit den brennenden Hölzchen vor der kalten Hauswand: Furcht und Verlangen sind die zwei Gefühle des in der Wildnis der Vulkanlandschaft herum-

403 Helmut Lachenmann, »Klänge sind Naturereignisse«, im Programmheft der Stuttgarter Aufführung, a.a.O. S. 21.

404 Martin Kaltenecker, »Musik mit Bildern«, Programmheft zur Stuttgarter Aufführung der Oper, a.a.O. S. 40.

irrenden Wanderers vor dem Einstieg einer großen Höhle in Leonardos Text: »Furcht vor der drohenden Dunkelheit der Höhle, Verlangen aber, mit eigenen Augen zu sehen, was darin an Wunderbarem sein möchte.« Dieser Teil bringt im übrigen ein neues Instrumentarium und damit zugleich neue »tonmalerische« und haptische Aspekte der Musik ins Spiel: »Mit dieser neuen Instrumentalmaschine produziert der Komponist eine ganze Welt von tellurischen Bebungen, von Winden, die in der Grotte wüten, von Stößen und Vibrationen, wie sie im ersten Teil … vorherrschen.«[405] Der Text wird von einem oder zwei Sprechern gesprochen, aber stark verfremdet wie auch sonst in der Oper – »auseinandergezogene Silben, sich überlagernde, ineinander verhakte Sätze, so als wäre der Text selber etwas verrutscht und der Rand der Wörter verwischt worden.«[406] Jedoch hat Lachenmann hier auf der Notwendigkeit einer – eher mühsamen – Entzifferung des Textes durch die Hörer bestanden; gerade in der *Arbeit* der Entzifferung sieht er ein wesentliches Moment eines konzentrierten Hörens. »Lachenmann hat zur Erklärung das Bild der Blindenschrift verwendet: man soll den Eindruck erhalten, dass die Hände von Blinden langsam über einen Text fahren, dessen Bedeutung sich mit einem leichten Verzug zusammensetzt, und der einen haptischen Raum voraussetzt.«[407] Die Arbeit des Verstehens wird hier zu einem »performativen« Korrelat des Textes auf seiten der Hörer, die auf diese Weise in die Bewegung des Textes verwickelt werden: »Doch ich irre umher, getrieben von meiner brennenden Begierde, das große Durcheinander der verschiedenen und seltsamen Formen wahrzunehmen, die die sinnreiche Natur hevorgebracht hat.«[408]

Das Feuermotiv – das brennende Schwefelhölzchen und der von dem frierenden Mädchen imaginierte warme Ofen – taucht im Leonardo-Teil verwandelt auf im »Schwefelfeuer« der Vulkane und den glühenden Höhlen des Montibello und, noch ein-

---

405 A.a.O. S. 41.

406 Ebd.

407 A.a.O. S. 42.

408 Wiedergabe des Operntextes im Programmheft zur Stuttgarter Aufführung, a.a.O. S. 12.

mal verwandelt, in der »brennenden Begierde« des Wanderers und seinem Verlangen nach Entdeckung des »Wunderbaren« im Innern der Höhle[409], dem im Haupttext des Märchens dann das Wunderbare der Himmelfahrt des kleinen Mädchens mit seiner Großmutter folgt – »und die Streichhölzer leuchteten mit solchem Glanz, dass es heller war als lichten Tag« – der letzte Traum des kleinen Mädchens, das am nächsten, dem Neujahrsmorgen tot, erfroren im Winkel des Hauses sitzt. Die scheinbar willkürlichen Variationen des Motivs des brennenden Zündholzes und der zugehörigen musikalischen Tableaus erzeugen einen perspektivisch vielfach gebrochenen Blick auf die Märchenszene und ihre Hauptfigur; das alles spielt sich in der Musik ab, da die Texte – mit Ausnahme der gelegentlich gesprochenen Passagen – durch ihre verfremdende Artikulation nur mühsam (im Fall des Leonardo Textes) und oft auch gar nicht hörend entzifferbar sind, sondern mehr oder weniger, auf unterschiedliche Stimmen verteilt, geräuschhaft und lautend verfremdet, in die Musik integriert sind. »Ausdruck wird diesem doppelten und gebrochenen Blick auf die Szene durch die Musik gegeben[410], einer Musik, die keine Zuordnung von Vokalstimmen an bestimmte Personen kennt und daher auch keinen dramatischen Zusammenhang im Sinn der traditionellen Oper; die »Stimmen« sind hier vielmehr die auf eine Vielfalt von Vokalstimmen verteilten Texte, der narrative des Märchens und die sie »kommentierenden« und unterbrechenden Texte Ensslins und Leonardos, die ihrerseits zum Teil der Musik geworden, in ihr aufgehoben und durch sie verfremdet worden sind.

Insofern scheint Lachenmanns Oper einem Oratorium näherzustehen als der traditionellen Oper. Jedoch hinkt der Vergleich: Gerade *weil* der narrative Zusammenhang vor allem klangrealistisch in die musikalischen Tableaus eingegangen ist und die Musik zugleich als ein autonomer musikalischer Zusam-

---

409 Durch die naheliegenden sexuellen Konnotationen dieser Konstellation von Furcht und Verlangen angesichts der dunklen Höhle, auch auf dem Hintergrund der »brennenden Begierde« nach Erkenntnis, wird eine weitere Assoziationsspur eröffnet, der eigens nachzugehen wäre.

410 Martin Zenck, a.a.O. S. 46.

menhang organisiert ist und weil im Zusammenhang damit die Texte weitgehend musikalisch verfremdet und hörend oft kaum entzifferbar sind, bedarf die Musik einer szenischen Visualisierung, um sie in ihrem »doppelten und gebrochenen Blick« auf eine *Szene* hörbar zu machen. In diesem Punkt unterscheidet sich Lachenmanns Oper nicht von denjenigen Wagners oder Mozarts. Das ist jedenfalls meine Erfahrung mit den beiden Aufführungen, die ich erlebt habe. In der Salzburger (bzw. japanischen) Version der Oper gab es zwar eine gewisse Visualisierung von klangrealistischen Aspekten der Musik – etwa ein (eher lächerliches) Video mit auf dem Wasser schwimmenden Eisschollen als Visualisierung von »Kälte« –, aber gerade weil es sich hier um eine primitive (»verdoppelnde«) Visualierung von Klangqualitäten handelte, die man ohnehin hören konnte, trugen sie nichts bei zum Verständnis des latent szenischen Charakters der Musik: Die Musik wurde so tendenziell zur »absoluten« Musik, ihr szenischer Charakter ging weitgehend verloren und damit zugleich eine wesentliche Dimension ihrer *Hörbarkeit*. Anders die Stuttgarter Inszenierung von Peter Mussbach, die mit stark reduzierten visuellen Tableaus (das Mädchen an der Hauswand) – wie durch einen Schleier sichtbar – und einer Art »Fensterwand« mit sich öffnenden und wieder schließenden »Fenstern« arbeitete, deren Öffnung jeweils visuelle Assoziationen zum Gang der Musik boten. Obwohl mich auch diese Inszenierung nicht ganz überzeugt hat, war doch der Eindruck der Musik ungleich »realer« als bei der Salzburger Aufführung, weil die in der Musik verkapselte Szene durch ihre Visualisierung zugleich anders *hörbar* wurde. (Die Hamburger Inszenierung durch Achim Freyer habe ich leider nicht gesehen.) In jedem Fall stellt sich für mich immer noch die Frage nach einer wirklich überzeugenden Inszenierung der Oper, einer Inszenierung also, die weder auf eine bloß illustrierende noch eine szenisch irrelevante Visualisierung hinauslaufen würde, einer Inszenierung, die den im Zusammenhang von Musik und Text dieser Oper verkapselten Imaginationsraum mit ihrem »doppelten und gebrochenen Blick auf die Szene« auch visuell erschließen würde.

6. Auch wenn Lachenmann den »Begriff« der Musik und den der Oper in mancher Hinsicht radikal erweitert hat, bleibt er nicht nur, wie ich zu zeigen versucht habe, ein Komponist von *Werken* in dem von mir hier vertretenen Sinn, er bleibt dies auch im Sinn der von Cage verworfenen europäischen Tradition einer kompositorisch »determinierten« Musik. Das heißt, Lachenmann ist ein bedeutender Vertreter jener zeitgenössischen Komponisten, deren Emphase auf der physischen Materalität des Klanges sie mit Cage verbindet und die gleichwohl am Paradigma komponierter Musik im Sinn der europäischen Tradition und an der traditionellen Idee des musikalischen Kunstwerks festhalten. Lachenmanns Idee eines dialektischen Strukturalismus, seine Kritik der »affektiven Gebärde« in der Neuen Musik und seine Idee eines Eingriffs in die Wahrnehmung der Hörer stehen im übrigen den Reflexionen des späten Adorno in seinem programmatischen Vortrag »Vers une musique informelle« in mancher Hinsicht nahe. Ich habe oben das Potential eines *Eingriffs* in die Wahrnehmung, das Welt- und Selbstverständnis der Rezipienten als ein Merkmal aller bedeutenden Kunst hervorgehoben; in Lachenmanns Komponieren ist dies Motiv des Eingriffs – wie übrigens auch bei Cage – *explizit* wirksam geworden. Ich glaube, daß Adorno in dem oben erwähnten Vortrag etwas Ähnliches intendiert hat, wenn er sagt: »Der Sinn des Kunstwerks ist ein erst Herzustellendes, nicht ein Abzubildendes; er ist, was er ist, einzig, indem er wird. Das ist das Moment von Aktion an informeller Musik.«[411] Auch Lachenmanns Kritik an der affektiven Gebärde in der Neuen Musik könnte sich auf Adorno berufen. »Die nach-Schönbergische Entwicklung«, so Adorno, »hat die vertraute Gleichsetzung des subjektiven Moments mit dem expressiven gesprengt[412]... Soweit Kritik am Subjekt in der Musik nicht den reaktionären Kult sogenannter Bindungen betreibt, opponiert sie dem Schein. Der Augenblick, in dem er offenbar wird, ist der der Krise des musikalischen Sinnes. Was in der traditionellen Musik als Sinn sich mitteilt, ist vielfach nicht ihr eigener

411 Theodor W. Adorno, »Vers une musique informelle«, in: *Gesammelte Schriften* Bd. 16, Frankfurt am Main 1978, S. 535.

412 A.a.O. S. 522.

sondern nur die Eingeschliffenheit des Idioms, allenfalls Spiegelung des sie tragenden Subjekts; beides trägt nicht mehr, darum stürzt der Sinn zusammen.«[413] Auch Adorno behauptet die Unhintergehbarkeit dessen, was durch die serielle Revolution in der Musik geschehen ist; und wie Lachenmann versucht er, im seriellen Strukturalismus das Potential einer nicht algorithmisch verdinglichten Musik zu benennen: »Musique informelle wäre eine, in der das Ohr dem Material lebendig anhört, was daraus geworden ist. Weil, was es wurde, den Rationalisierungsprozeß als dessen Resultat einschließt, ist dieser bewahrt; zugleich aber wäre er, durch die Unwillkürlichkeit des subjektiven Reagierens, seiner Gewalttätigkeit entäußert. War das Subjekt der Träger der Rationalisierung, so wird es in solcher Bewegung negiert und gerettet.«[414] Das ist aber nichts anderes als die Idee eines *dialektischen* Strukturalismus – sofern man diesen Begriff nicht vorschnell mit den *spezifischen* kompositorischen Verfahren Lachenmanns gleichsetzt, sondern ihn als Inbegriff eines kompositorischen Strukturalismus versteht, der in unterschiedlichen Ausprägungen auf alle bedeutenden Komponisten in der Traditionslinie eines kompositorisch angeeigneten seriellen Strukturalismus wie Stockhausen, Boulez, Nono oder Ferneyhough zutrifft und als dessen *interne*, allerdings auch durch »postmoderne« Motive inspirierte Überbietung sich auch noch die von Claus-Steffen Mahnkopf propagierte musikalische Dekonstruktion verstehen ließe, die er durch das Postulat einer »Kreuzung divergierender, ja konfliktuärer Strategien präkompositorischer Formplanung«[415] charakterisiert hat. Versteht man die vom späten Adorno vertretene Konzeption zeitgemäßen Komponierens, für die ich – retrospektiv gesehen – Lachenmanns Musik als ein

---

413 A.a.O. S. 535.

414 A.a.O. S. 538.

415 Claus-Steffen Mahnkopf, *Kritische Theorie der Musik*, Weilerswist 2006, S. 106. »Die Form stellt sich daher insofern nicht nur als mehrschichtig, sondern als Kombination aus mehreren eigensinnigen Formverläufen dar, als diese unabhängig voneinander entwickelt (zunächst, als steuerten sie nur jeweils ein Werk) und erst in einem zweiten Schritt aufeinander bezogen werden. Auf die dadurch entstehende, in sich wi-

Beispiel genommen habe, in diesem weiten Sinn, so legen meine bisherigen Überlegungen die Frage nach dem Ort jener beiden Paradigmen Neuer Musik, die ich mit den Namen Cage und Lachenmann assoziiert habe, im Feld der zeitgenössischen Musik nahe. Für beide, Cage wir Lachenmann, ist ein »konzeptuelles« Moment charakteristisch, eine insistierende kompositorische Reflexion auf den *Begriff* der Musik, durch die sie zugleich diesen Begriff erweitert haben; aber sie haben ihn in ganz unterschiedlicher Weise erweitert – Lachenmann auf dem Weg einer expliziten Anknüpfung an Grundimpulse des seriellen Strukturalismus und hierdurch zugleich an die europäische Tradition komponierter Musik, Cage auf dem Weg einer Rebellion nicht nur gegen den seriellen Strukturalismus, sondern darin zugleich gegen die europäische Tradition komponierter Musik (und gleichwohl als dezidiert *moderner* Komponist). Es sind diese unterschiedlichen Grundimpulse, weswegen ich ihre Musik unter Gesichtspunkten der »Werkhaftigkeit« und des Weltbezugs als zwei Paradigmen Neuer Musik einander gegenübergestellt habe. Aber die Gegenüberstellung gerade dieser beiden Komponisten und ihrer Strategien einer Überschreitung des Dispositivs der tonalen Musik bedeutet natürlich eine enorme Blickverengung, was das Feld der Neuen Musik seit der zweiten Hälfte des 20. Jahrhunderts betrifft – ganz abgesehen von der »Ungleichzeitigkeit« dieser beiden Komponisten. Durch eine Erweiterung des Blicks läßt sich vielleicht ein neues Licht auch auf den »Ort« dieser beiden Komponisten im Feld der zeitgenössischen Musik werfen.

---

dersprüchliche Form hat in einem weiteren Schritt die kompositorische Phantasie zu reagieren. Das Ergebnis ist von einer Art, die antizipatorisch nicht imaginiert werden kann; das kompositorische Subjekt sieht sich dabei einer künstlichen experimentellen Situation ausgesetzt, deren Eigenlogik unaufhörlich Sachzwänge objektiver Natur ausübt.« (Ebd.) Mahnkopf selbst versteht die musikalische Dekonstruktion als die unter Bedingungen einer zweiten, reflexiven Moderne angemessene Weiterführung von Adornos Idee einer *musique informelle.*

VII. Überschreitungsfiguren im Feld der Neuen Musik

1. Meine Beschreibung zweier Paradigmen Neuer Musik unter dem Gesichtspunkt möglicher »Werkhaftigkeit« bzw. eines möglichen Weltbezugs sind gleichsam Momentaufnahmen im Feld Neuer Musik, zwei Momentaufnahmen, durch die das komplexe Feld der zeitgenössischen Musik, sowohl was die Komponisten als auch was die Erweiterung des musikalischen Materials betrifft, bisher noch kaum in den Blick gekommen ist. So habe ich bisher weder etwas über die herausragende Bedeutung Karlheinz Stockhausens für die Entwicklung der Musik und ihrer intermedialen Potentiale und auch des Musik*begriffs* seit dem zweiten Weltkrieg gesagt, noch über die »materialen Errungenschaften der letzten Dezennien des 20. Jahrhunderts«, wie Claus-Steffen Mahnkopf sie hervorgehoben hat: »Mikrotonalität, komplexe Polyphonien, multiproportionale Rhythmik, ›hybride‹ Aufführungstechniken, der Einsatz der Live-Elektronik und computergesteuerte Klangmanipulationen …«[416] – wobei ich als Nichtmusiker diesen Stichworten eigentlich nichts hinzufügen kann. Wenn ich im folgenden einige »Überschreitungsfiguren« im Feld der Neuen Musik zu benennen versuche, so geschieht dies vor allem unter Gesichtspunkten der »Genealogie«, der Welthaltigkeit und des Bezugs zu den beiden von mir diskutierten Paradigmen Neuer Musik; auf einige der von Mahnkopf genannten Stichworte werde ich dabei zurückkommen.[417]

---

416 *Kritische Theorie der Musik*, a.a.O. S. 144.

417 Eine anspruchsvolle und umfassende Übersicht über Entwicklungen der modernen und zeitgenössischen Musik – etwas, was meine begrenzten Zielsetzungen weit übersteigt – findet sich in den unter dem – von Benjamin inspirierten – Titel *Passagen* publizierten zweibändigen »Kreuz- und Quergängen durch die Moderne« von Peter Rautmann und Nicolas Schalz (Regensburg 1998), ein eindrucksvolles Werk, das, thematisch geordnet, insbesondere auch Korrespondenzen zwischen Musik,

2. Weder der musikalische Minimalismus noch die unterschiedlichen Formen einer »postmodernen« Musik, die sich zum Teil in bewußtem Gegensatz zum seriellen Strukturalismus herausgebildet haben, lassen sich auf eines der von mir diskutierten Paradigmen Neuer Musik verrechnen. Über den musikalischen Minimalismus habe ich bereits gesprochen. Auch die musikalische Postmoderne[418] läßt sich charakterisieren durch eine Infragestellung und Überschreitung von ästhetischen Prinzipien der seriellen und postseriellen Musik. Ich habe an anderer Stelle die Ambivalenzen des Postmodernismus als eines Philosophie, Kunst, Architektur und Politik übergreifenden Diskursfeldes, insbesondere die Ambivalenzen der postmodernen Kritik am Rationalismus und am »Einheitsdenken« der Moderne – einer Kritik, die im übrigen schon beim »Modernisten« Adorno eine konstitutive Rolle spielt –, eingehend analysiert.[419] Ambivalent ist der Postmodernismus darin, daß er oszilliert zwischen einer produktiv-kritischen Selbstüberschreitung der Moderne und ihrer »identitären« Vernunft in Richtung auf eine reflexive, das Nichtidentische und Heterogene in sich einlassende zweite Moderne einerseits und einer regressiven oder reaktionären Kritik von Moderne und Aufklärung andererseits. Diese Ambivalenz findet sich auch im Feld des musikalischen Postmodernismus – einem im übrigen außerordentlich unscharfen und schillernden Begriff. Mich interessiert hier jedoch nicht der notorische Streit über die Frage, *was* genau in der Musik als »postmodern« zu gelten habe. Vielmehr interessiert mich der mögliche produktive Aspekt dieses »post« mit Bezug auf den musikalischen Modernismus in der Nachfolge des seriellen Konstruktivismus.

---

bildender Kunst und Literatur in den verschiedenen Phasen der modernen Kunst deutlich macht.

418 Zur musikalischen Postmoderne s. Claus-Steffen Mahnkopf, »Theorie der musikalischen Postmoderne«, in: *Musik & Ästhetik,* 12. Jg., Heft 46, April 2008, sowie Jörn-Peter Hiekel, Artikel »Postmoderne«, in: *Die Musik in Geschichte und Gegenwart.* 2., neu bearbeitete Auflage (Hg. Ludwig Finscher), Supplement (Hg. von der Schriftleitung), Kassel/Stuttgart 2008.

419 Albrecht Wellmer, *Zur Dialektik von Moderne und Postmoderne. Vernunftkritik nach Adorno.* Frankfurt am Main 1985.

Und da gilt es zweierlei zu unterscheiden: Auf der *einen* Seite steht das »post« im Begriff der musikalischen Postmoderne für eine Abkehr von einem noch für Adorno charakteristischen unilinearen Konzeption des musikalischen Fortschritts, wonach der Übergang von der spätromantischen Chromatik zur Zwölftonmusik und dann zur seriellen Musik bis hin zu einer informellen Anverwandlung der seriellen Verfahren *die* Bahn des musikalischen Forschritts, bedingt durch den jeweiligen Stand des musikalischen Materials, bezeichnet. Diese unilineare Idee eines musikalischen Fortschritts war allerdings immer schon kontrovers – gegen sie spricht schon die Bedeutung, die Komponisten wie Varèse, Mahler, Debussy, Bartok, Strawinsky, Messiaen oder Xenakis für die Entwicklung einer posttonalen Musik hatten, im Fall von Debussy und Messiaen auch schon für die Entwicklung einer Harmonik jenseits der kadenzharmonischen Tradition. Wie schon im Fall des Minimalismus, obwohl mit ganz anderen Konsequenzen, richtet sich die »postmoderne« Kritik am musikalischen Modernismus gegen den Avantgarde-Anspruch einer *bestimmten* konstruktivistischen Moderne in der Nachfolge der seriellen Musik. Postmodern, so verstanden, wäre demgegenüber das Bewußtsein einer unendlichen Vielfalt der musikalischen Materialien – einschließlich derjenigen außereuropäischer Traditionen – ebenso wie der verfügbaren Verfahrensweisen seit der zweiten Hälfte des 20. Jahrhunderts. Dies ist gewissermaßen der geschichtsphilosophische Aspekt des Postmodernen, der weder mit einer Abkehr von *der* Moderne noch mit der Zurücknahme eines emphatischen Kunstanspruchs, sondern vielmehr mit der Affirmation einer *pluralistischen* Moderne gleichbedeutend ist (und deren bloß *regressiver* Ausdruck die Devise des »anything goes« ist).

Auf der *anderen* Seite steht das »post« im Begriff des Postmodernen auch für eine Vielfalt, Heterogenität oder »Nichtidentität« im Innern der Kunstwerke selbst, sei es im Sinn eines »Pluralismus von Sprachen, Modellen, Verfahrensweisen … in ein und demselben Werk«[420], sei es durch ein Spiel mit Referenzen

420 Wolfgang Welsch, *Unsere postmoderne Moderne*, Weinheim 1988, S. 16f.

auf und Zitaten von vergangener Musik – gleichsam in Opposition zum radikalen Bruch mit der Geschichte in den Anfängen des seriellen Konstruktivismus –, oder sei es durch Züge »der Travestie, der Parodie, Ironie und des Exzesses« (Mahnkopf[421]), wobei die Unschärfe des Begriffs einer musikalischen Postmoderne es mit sich bringt, daß häufig auch Werke, die Impulse von Cage (Maurizo Kagel) oder des Minimalismus (György Ligeti) in sich aufgenommen haben, als »postmodern« bezeichnet werden. Ein Beispiel für ein gelungenes postmodernes Werk in dem hier angegebenen Sinn ist die *Sinfonia* für acht Stimmen und Orchester von Luciano Berio, insbesondere deren dritter Satz, in dem die für den gesamten Satz konstitutiven Referenzen auf frühere Musik zum Mittel einer die musikalische Vergangenheit in sich einlassenden, reflektierenden und zugleich radikal verwandelnden und, wie ich sagen würde, *modernen* musikalischen Konstruktion werden: Der Satz ist eine Art Umkomponierung, eine kompositorische »Verwandlung« des dritten Satzes aus Mahlers zweiter Sinfonie, verbunden mit Anspielungen auf Werke Bachs, Beethovens, Berlioz', Brahms', Strauss', Debussys und anderer und erweitert durch Gesangs- und Sprechstimmen, die die »fließende Bewegung« des Satzes und die sie unterbrechenden Eruptionen »überschreibt« mit einem Textstrom aus Beckett, Rufen aus den Pariser Straßenschlachten von 1968 und alltäglichen Textfragmenten.[422]

Exkurs: Mozart postmodern. Überzeugende Beispiele »postmoderner« Kunst in dem oben erläuterten Sinn gibt es vor allem in Formen einer intermedialen Verflechtung der Künste, im Musik- und Tanztheater. Ein besonders überzeugendes Beispiel ist das Tanz-, Performance- und Musiktheaterstück *Wolf* von Alain Platel & Company aus Gent, das 2004 im Berliner Haus der Festspiele zu sehen war, mit Musik vor allem (aber nicht nur) von Mozart, bearbeitet von Sylvain Cambreling und gespielt vom Klangforum Wien und wunderbar gesungen von vier Frauen (Sopran und Mezzosopran), die zugleich an der theatralischen Performance mitwirk-

421 »Theorie der musikalischen Postmoderne«, a.a.O. S. 30.
422 Vgl. a.a.O. S. 27f.

ten. Die Bühnenperformance war eine Mischung aus Musiktheater, Tanztheater, Klamauk, Blödeleien, Ballett, Varieté und Zirkus: Eine ganze Hundemeute spielte mit, ein Frau zeigte an einem von der Bühnendecke heruntergelassenen langen weißen wehenden Tuch artistische Kunststücke, eine Ballerina vollführte virtuosen Spitzentanz, andere vollführten unglaubliche Saltos, Überschläge – die dann in Tanz übergingen bzw. nur ein Teil davon waren, daneben immer wieder auch synchronisierte Tanzperformances des ganzen Ensembles. Der Eindruck war der einer ständigen »Dezentrierung«; die Performance spielte sich auf zwei Ebenen ab – unten der Bühnenraum, darüber eine zweite Ebene, wo links die Musiker spielten (hinter einem Gitter), davor ein Gang auf dem ständig irgendetwas in Bewegung war, am rechten Ende wieder ein zeitweilig vergitterter kleiner Raum, der sich, wenn das Gitter (wie ein Gitter vor verschlossenen Läden) sich öffnete, als etwas wie ein schäbiger kleiner Laden zeigte – und auf beiden Ebenen spielten sich in der Regel simultan verschiedene Dinge ab; unmöglich, alles zugleich zu erfassen, auch wenn zumeist die Aufmerksamkeit von einem Gravitationszentrum her gelenkt wurde, das jedoch zumeist in sich selbst heterogene Elemente enthielt: etwa eine Arie (aus dem Figaro oder Cosi fan tutte) und eine das Arienpathos konterkarierende oder gegen den Traditionsstrich interpretierende groteske oder wild-sexuelle Bühnenperformance. Der Bühnenraum von Bert Neumann (Volksbühne) weckte Assoziationen an Volksbühneninszenierungen, nicht zuletzt an Pollesch-Stücke. Gelegentlich gab es popmusikalische Intermezzi, grandios Celine Dion: *A new Day has come* zu einer der wenigen elegisch-langsamen Szenen, wie ein traurig-meditativer Abschied, wobei ein Tänzer nach dem anderen die Bühne nach hinten verließ. Die Musik von Mozart, vieles aus Opern, aber auch ein Satz aus einem Streichquintett, ein Stück aus der Gran Partita, aus der A-moll-Klaviersonate usw., bekam einen völlig neuen, kontrastierenden Kontext, wie wenn eine »Rückseite« von Mozarts Musik, d.h. der Person Mozarts (die groben Späße, die Hundeliebe, die sexuelle Direktheit) in der Spiritualität und Emotionalität des Erklingenden hörbar gemacht würde. Die Musik wurde durch diese verblüffende, quasi sakrilegische Neukontextuierung in ihrer unvergleichlichen Gewalt neu hörbar. Man könnte auch von einer radikalen Verkörperlichung der Musik sprechen, weg von der falschen Spiritualität des Wahren Guten Schönen. Mozartisch war das Stück auch in dem Sinn, in dem Adorno von der *Zauberflöte* gesagt hat, in ihr hätten zum letztenmal hohe und niedere Kunst zur Einheit gefunden (was ja auch heißt, daß bei ihr, wie das ja auch manche Postmodernisten erträumten, ein auf Klamauk eingestelltes und ein künstlerisch anspruchsvolles Publikum beide auf ihre Kosten kamen). Hier waren alle die oben genannten Elemente des Postmodernen: Travestie, Parodie, Ironie, Exzess und die Pluralität von Sprachen, Modellen und Verfahrensweisen zusammengetreten zu einem Kunstwerk neuer Art.

Alain Platel betont in einem taz-Interview (17.5.2004), wie wichtig ihm die *Verschiedenheit* der Tänzer ist (sie kamen aus sieben verschiedenen Ländern), eine Verschiedenheit, die physisch – in den Bewegungsabläufen und in der Gestik – sichtbar ist; und er weist auf die Komplementarität des Faktums und des Wunsches nach Differenz (Einzigartigkeit) einerseits und der »Sehnsucht nach Zugehörigkeit« andererseits hin. Beides wird in dem Stück in der Komplementarität von extrem anarchischen und extrem synchronisierten Gruppenszenen (mit verschiedenartigen Übergängen zwischen beiden) ausagiert, wobei die synchronisierten Gruppenszenen gewissermaßen das anarchische Element noch in sich aufheben, in ihrem Charakter von ihm inspiriert bleiben. Auch hier könnte man von einer »postmodernen« Emphase auf Heterogenität und Differenz sprechen, jedoch eher im Sinn von Adornos Moderne-kritischer Idee einer »gewaltlosen Einheit des Vielen«.

3. Ich habe im Vorangehenden verschiedentlich die frühe serielle Musik als »Kontrastfolie« für die Musik von Cage und Lachenmann benutzt, gleichsam als einen Ausgangspunkt, der von beiden, Cage und Lachenmann, in unterschiedlicher, genauer gesagt: in gegenläufiger Richtung überschritten worden ist. Darin liegt jedoch eine Stilisierung, bei der alternative Genealogien der Neuen Musik, von denen ich eben gesprochen habe, ganz unterbelichtet bleiben. Ich denke vor allem an die Erweiterung des musikalischen Materials über die temperierte Zwölftonskala hinaus nicht nur in der elektronischen Musik oder durch die elektroakustische und computergesteuerte Bearbeitung instrumentaler und »natürlicher« Klänge, sondern etwa durch die Einbeziehung des Geräuschs (»noise«) in die musikalische Konstruktion schon bei Edgar Varèse und Henry Cowell, bei Cage dann erweitert zur musikalischen »Nobilitierung« von Alltagsklängen aller Art; zu nennen wäre auch die *musique concrète* von Pierre Schaeffer, die Lachenmann dann zu seiner *musique concrète instrumentale* inspiriert hat, die den geräuschhaften »Untergrund« des »schönen« Instrumentaltons mit Hilfe neuer

Spieltechniken für die traditionellen Instrumente musikfähig machte. Dazu kommt die Emanzipation des Rhythmus von einem taktmetrischen Hintergrund als eine notwendige Bedingung für eine effektive Überschreitung des tonalen Dispositivs; kompositionsgeschichtlich erscheinen unter diesem Gesichtspunkt Schönberg und Strawinsky nicht als Antipoden wie bei Adorno, sondern als zwei Komponisten, die das tonale Dispositiv in zwei komplementären Hinsichten überschritten haben. »Eine Emanzipation der Dissonanz«, so Hermann Danuser, »hätte unter Bedingungen einer regulären Periodizität ebenso wenig erfolgreich sein können wie eine Emanzipation des Rhythmus unter Wahrung der funktionsharmonischen Tonalität.«[423] Schließlich verweist auch die mikrotonale Aufspaltung der diatonischen (Zwölfton-)Skala und in der Folge davon die Infragestellung der »Hierarchie« von zwölf klar definierten Tönen gegenüber allem, was dazwischen liegt, oder auch die »Destabilisierung« des Einzeltons wie in der Musik von Giacinto Scelsi[424] auf Ursprünge zeitgenössischer Musik, z.B. bei Ivan Wyschnegradsky und Alois Hába, die jenseits der Entwicklungslinie von Schönberg und Webern zum Serialismus liegen. Mit der Deprivilegierung des Zwölftonsytems verbunden ist auch die Entwicklung neuer instrumentaler Spieltechniken und das Auftauchen neuer Instrumental- und Vokalklänge, etwa flimmernde Tremolostrukturen und Glissandi als Elemente in sich bewegter Klangfelder, ganz neue Artikulationsweisen der Stimme, auch

---

423 Hermann Danuser, *Die Musik des 20. Jahrhunderts.* Neues Handbuch der Musikwissenschaft, hg. von Carl Dahlhaus, Bd. 7, Laaber 1984, S. 67f. Ganz ähnlich Pierre Boulez: »Tatsächlich ist zu Beginn des 20. Jahrhunderts ein seltsames Auseinanderklaffen zwischen der Evolution des Rhythmus und der Evolution des Klangmaterials zu beobachten: auf der einen Seite stehen Schönber, Berg und Webern als Ausgangspunkte einer neuen Morphologie und Syntax, aber gebunden an rhythmische Überlebtheiten ... auf der anderen Seite Strawinsky.« (Pierre Boulez, »Strawinsky bleibt«, in: ders., *Anhaltspunkte,* a.a.O. S. 235.)

424 »Ein Ton, der sich ausdehnt und sich wieder zusammenzieht«, so Jens Brachmann in seiner Charakterisierung der Destabilisierung des Einzeltons bei Scelsi (im Programmheft zu »Eine Nacht mit Giacinto Scelsi« am 19.1.2008 im Berliner Radialsystem).

die (Wieder-)Entdeckung archaischer, vortonaler oder außereuropäischer Artikulationsformen der Stimme und ihre »Aufhebung« in die zeitgenössische Kunstmusik.[425] Direkt *inspiriert* von außereuropäischer Musik – in diesem Fall von der subsaharischen afrikanischen Musik – ist die rhythmische Komplexität der Musik von György Ligeti, ein Beispiel für die Bedeutung außereuropäischer Musik für manche Formen zeitgenössischer Kunstmusik, auf die ich schon im Fall der *minimal music* hingewiesen habe.

Die gerade genannten Formen einer Überschreitung der tonalen Musik, die anderen Ursprungs sind als die Schönberg-Webern-Tradition in der seriellen Musik, sind in der einen oder anderen Weise auch in der Musik in der Tradition des Serialismus wirksam geworden, wie schon das Beispiel Boulez, aber mehr noch das Beispiel von Lachenmanns Musik zeigt. Daneben wären auch Entwicklungen innerhalb der postseriellen Musik zu nennen, die das Koordinatensystem der seriellen Musik gleichsam von innen her überschritten haben. Die serielle Revolution führte – zunächst in der Zwölftonkonzeption Schönbergs – zur »Gleichberechtigung der zwölf Töne der diatonischen (temperierten) Skala, die aber als solche intakt blieb.

425 Verbunden auch mit neuen Möglichkeiten einer »Aufhebung« außereuropäischer musikalischer Traditionen oder auch archaischer »Erinnerungen« in die zeitgenössische Kunstmusik. Aktuelle Beispiele wären ein Stück von Hilda Paredes, »Can Silim Tun«, in dem neue instrumentale Spieltechniken und stimmliche Artikulationsweisen eingesetzt werden, um Zaubersprüche und Beschwörungformeln der Mayas in zeitgenössischer Musik »aufzuheben«, oder ein Stück von Klaus Huber, *Lamentationes de Fine Vicesimi Saeculi* für Orchester in vier Gruppen mit einem Sufi-Sänger ad libitum (in der Aufführung, die ich gehört habe, gesungen von einem arabischen Scheich), Beispiel einer Öffnung zeitgenössischer Musik zur musikalischen Tradition der arabischen Kultur. Ganz anders die *Tri canti populari* für vier Singstimmen von Giacinto Scelsi, die (in dem oben genannten Scelsi-Konzert) den Eindruck erweckten, als ob die Anfänge der Musik (ein freies, unreglementiertes Zusammensingen ohne Harmonie und Kontrapunkt mit unglaublichen stimmlichen Artikulationen jenseits bestimmter »Töne«) sich mit dem »Ende« der Musik – d.h. mit der zeitgenössischen Kunstmusik – zusammenschlössen.

Hatte die »Emanzipation der Dissonanz« in der Phase der freien Atonalität noch einmal zu einer Steigerung der expressiven Potentiale der Musik geführt, so war mit dem Übergang zum Zwölftonverfahren die Tendenz zu einer *Neutralisierung* der harmonischen Dimension der Musik, dem Abbau von harmonischen Spannungsverhältnissen – eine Quelle expressiver Potentiale der tonalen Musik und zugleich »Gegenhalt« der traditionellen kontrapunktischen Verfahren – verbunden, von Alban Berg etwa noch kompensiert durch eine ingeniöse Verwendung der Zwölftonreihen, in der etwas von den harmonischen Spannungsverhältnissen der Tonalität überlebte. Jedoch überlebten tonale Reste auch noch in der rhythmischen und motivischen Organisation von Zwöftonstücken. Die serielle Musik war dann der – u. a. durch den späten Webern, aber auch, was die rhythmische Dimension betrifft, durch Strawinsky und Messiaen[426] angeregte – Versuch, diese tonalen Überreste, die in den Zwölftonkompositionen (entgegen den Tendenzen des zwölftönigen Verfahrens) überdauert hatten, loszuwerden, und zwar durch eine Serialisierung aller klanglichen Parameter. Erst die serielle Musik hat mit der Überschreitung der tonalen Tradition Ernst gemacht, nicht nur was die Neutralisierung der tonalen Harmonik, sondern auch was die gestischen und expressiven Aspekte der tonalen Musik betrifft. Diese doppelte Neutralisierung der harmonischen und der gestisch-expressiven Dimension der tonalen Musik durch die serielle Musik war der Grund, weswegen ein Komponist wie Hans-Werner Henze im Serialismus einen *Austritt* aus der Geschichte sah und eine Weigerung der Komponisten, sich mit den geschichtlichen Brüchen und den Katastrophen des 20. Jahrhunderts auseinanderzusetzen. Jedoch trifft Henzes Kritik – wie schon diejenige Adornos – allenfalls einen »algorithmischen« Serialismus, keineswegs aber die kompositorische Anverwandlung der seriellen Verfahren durch Komponisten wie Stockhausen, Boulez oder Nono; deren Bruch mit der tonalen Musik bedeutete vielmehr den Beginn einer Exploration von

426 S. die beiden einschlägigen Aufsätze von Pierre Boulez über Strawinsky (»Strawinsky bleibt«) und Messiaen (»Olivier Messiaen«) in: ders., *Anhaltspunkte*, a. a. O.

neuen intermedialen, auch gestisch-expressiven Potentialen der Musik jenseits des romantischen Subjekts und seiner »affektiven Gebärde«. Etwas anders verhält es sich mit dem Problem der Harmonik: Zwar traten in der seriellen und postseriellen Musik Spannungsverhältnisse anderer Art an die Stelle von denen der tonalen Harmonik, aber die Neutralisierung der tonalen Harmonik durch den Ansatz der seriellen Musik bedeutete tendenziell doch auch zunächst eine Neutralisierung harmonischer Spannungsverhältnisse überhaupt. Diese Tendenz ist jedoch nicht unwidersprochen geblieben. Was die Versuche einer »Rehabilitierung« harmonischer Spannungsverhältnisse in der postseriellen Musik betrifft, so wären hier insbesondere die unterschiedlichen Ansätze zu einer kompositorischen Arbeit mit Obertonspektren zu nennen, etwa bei Erhard Grosskopf, Georg Friedrich Haas oder den französischen »Spektralisten«, sowie Hans Zenders anspruchsvolle theoretische und kompositorische Arbeit an der Grundlegung einer posttonalen Harmonik. Die kompositorische Arbeit mit Obertonspektren bedeutet ja einen Rückgang auf die physikalischen Grundlagen der tonalen Harmonik *vor* ihrer »Zähmung« durch die temperierte Stimmung der Zwölftonskala und damit zugleich eine Arbeit mit »natürlichen« harmonischen Spannungsverhältnissen, jetzt aber jenseits derer der kadenzharmonischen Musik, daher »posttonal«.

Ich komme noch einmal auf Lachenmanns Kritik der »affektiven Gebärde« in der Neuen Musik zurück; Lachenmanns Musik in ihrer Fokussierung auf den Klang (das Geräusch) ist in der Tat eher »haptisch« als gestisch, auch wenn gestische Charaktere gelegentlich, etwa in dem oben erwähnten Stück *Nun*, durchaus eine Rolle spielen. In seiner Kritik der affektiven Gebärde dachte Lachenmann natürlich vor allem an die gestisch-expressiven Charaktere der tonalen Musik: Deren Subjekt ist es, das für ihn in der Moderne fragwürdig, zum »Abgrund« geworden ist. Aber auch als Dezentriertes, »Abgründiges« ist das Subjekt ja nicht verschwunden, weder in seiner Gestik noch in seiner Affektivität. In der neueren Musik sind denn auch gestische und expressive Potentiale der Musik in ganz neuer Weise ausgemessen worden, jenseits der »affektiven Gebärde« eines romantischen Subjekts, besonders sinnfällig im Spätwerk Luigi Nonos oder

– um zwei »postserielle« Beispiele zu nennen – in den *Messages of the Late R. V. Troussova* für Sopran und Ensemble mit Texten von Rimma Dalos von György Kurtág oder im *Scardanelli-Zyklus* für Chor, Flöte und Orchester von Heinz Holliger. Während man von den zuletzt genannten Werken sagen könnte, daß in ihnen das gebrochene Weltverhältnis dezentrierter Subjekte – wenngleich in ganz unterschiedlicher Weise – *zum Ausdruck kommt*, stehen die gestischen Charaktere in anderen Formen Neuer Musik eher im dem schon für die serielle Musik charakteristischen Kontext einer Exploration neuer Möglichkeiten musikalischen Zusammenhangs, jetzt aber mit der *Betonung* auch auf einer gestischen Körperlichkeit und verbunden mit dem Motiv des *Eingriffs* in die Wahrnehmung und den Körper der Hörer. Für den Komponisten Claus-Steffen Mahnkopf ist dies das Kennzeichen einer Neuen Musik *nach* der Postmoderne[427]; er beruft sich auf eine Äußerung von Frank Cox, wonach »ein Großteil der radikalsten neuen Musik die auffällige Eigenschaft aufweist, daß sie etwas darbietet, was in der Realität unmöglich scheint: Die Verbindung einer strikten Rationalität der Definition und Transformation mit der Irrationalität einer heftigen Körperlichkeit, nicht nur mit den ›Zeichen‹ der Körperlichkeit – mit isolierten, aktiven Gesten, lauten wiederholten Angriffen usw. –, sondern auch mit jener Art von vielschichtiger, ›virtueller Körperlichkeit‹, die vielleicht nur die Musik erschaffen kann. Solche Werke stellen nicht nur bloße rhythmische Konturen von Gesten dar, sondern auch dichte, komplex alterierte und sich entwikkelnde Geschwindigkeiten und Metren. Viele dieser Rhythmen eilen geschwinder voran und schwanken schneller, als es dem Körper je möglich wäre, viele haben einen stark gestischen Charakter, entsprechen aber keinen bekannten körperlichen oder sprachlichen Bewegungen. Während die ersten Nachkriegskomponisten die Strukturen und Skelette für neue und fremde Welten vorgaben, erschaffen nun die gegenwärtigen Komponisten das Fleisch, die Muskeln und das Nervensystem – nicht von traditionellen Körpern, sondern von völlig neuen Geschöpfen, die entsprechend den bislang unbekannten Grenzen einer ›virtuel-

427 Claus-Steffen Mahnkopf, *Kritische Theorie der Musik*, a. a. O. S. 145.

len Bewegung‹ voranschreiten.«[428] Ich verstehe diese Äußerung im Sinn von Adornos These, der Sinn des Kunstwerks bzw. des Moments von *Aktion* in informeller Musik sei ein »erst Herzustellendes« – das heißt die Eröffnung neuer Weisen des Wahrnehmens, Denkens und Fühlens, die bis in die gestischen, affektiven und motorischen Äußerungsformen der Körper hineinreichen. Auch hier also wieder das Motiv des *Eingriffs*, auf das ich schon bei Lachenmann hingewiesen hatte und das im übrigen schon Karlheinz Stockhausen in einem Radiovortrag von 1965 hervorgehoben hat: »*Neue* Musik«, so Stockhausen, ist eigentlich weniger die Folge, das klangliche Ergebnis eines Denkens und Fühlens des Komponisten (das ist sie zwar auch), sondern vielmehr eine Musik, die selbst denjenigen, die sie finden, die sie entstehen lassen, unheimlich, neu, unbekannt ist. Solche neue Musik (die man eher findet als erfindet, von der niemand vorher eine Ahnung hatte und die also auch nichts ausdrückt, was wir *vorher* gewußt und gefühlt haben), *erzeugt* erst, nachdem man sich sie anhört, neues Denken und Fühlen. Auf solchem durch neue Musik erzeugten Denken und Fühlen können sich dann wieder Erfahrungen aufbauen, *Lernprozesse*.«[429] Dieser Nachdruck auf dem musikalisch zu *Findenden* und der Erschließung neuer Möglichkeitsräume, bezogen jetzt auch auf die gestischen und expressiven Charaktere der Musik, ist somit ein Erbe der seriellen Musik, auf das sich auch Mahnkopf in seinem Programm einer musikalischen Dekonstruktion noch beruft; beim späten Nono entspricht ihm das Pathos eines »Aufbrechen(s) ins Ungesicherte«, mit Musil zu sprechen: ein Vorrang des Möglichkeitssinns vor dem Wirklichkeitssinn.[430] Also die Idee einer Kunst, in der neue Möglichkeiten sich ankündigen jenseits eines habitualisierten gestisch-affektiven und sensorischen Erfahrungsfeldes und deren Erfahrung, wie schon Lachenmann es intendierte, zu einer Erfahrung möglicher Freiheit werden könnte.

---

428 A.a.O. S. 145f.

429 Karlheinz Stockhausen, »Elektronische Musik und Automatik«, in: *Texte zur Musik 1963–1970*, Köln 1971, S. 234.

430 Vgl. Jürg Stenzl, *Prometeo – Tragedia dell'ascolto*, Programmheft zur CD (EMI Classics), S. 10.

Die Äußerung von Frank Cox, die ich gerade im Sinn der von mir geschmiedeten Allianz zwischen Adorno und Lachenmann gedeutet habe, ließe sich auch anders deuten: nämlich als Hinweis auf eine Art von möglicher, produktiver Interaktion zwischen der avancierten Neuen Musik und den interessanteren Formen der Popmusik – vom Jazz bis zum Hip-Hop. Denn auch von diesen ließe sich behaupten, daß in ihnen – trotz aller massenkulturellen Ausbeutung – etwas vom »Fleisch, den Muskeln und dem Nervensystem völlig neuer Geschöpfe« in den Gesellschaften unserer Zeit sich realisiert hat. Es ist interessant, daß die musikalischen Innovationen von Stockhausen von seiten der Popmusik mit größerem Enthusiasmus rezipiert worden sind als vom Publikum der Sinfoniekonzerte; sicherlich ein Indiz dafür, daß sich das gesellschaftliche Bewußtsein im Untergrund der sogenannten Hochkultur rascher verändert als bei deren auf das musikalisch Immergleiche abonnierten Konsumenten von Sinfoniekonzerten. Produktive Grenzüberschreitungen zwischen komponierter Konzertmusik und Popmusik gibt es in beiden Richtungen.[431] Lou Reeds *Metal Machine Music,* deren orchestrale Transkription durch das Ensemble *Zeitkratzer* (live zu hören vor einigen Jahren im Berliner Haus der Festspiele) kürzlich als CD herausgekommen ist, ist ein Beispiel experimenteller Klangforschung im Kontext der Popmusik; dem lassen sich Beispiele komponierter Musik zur Seite stellen (z. B. von Clemens Gadenstätter, Gene Coleman und Bernhard Lang), welche die in der Sphäre der Popmusik entwickelten, instrumentalen und vokalen Artikulationsformen assimiliert und verwandelt haben – so wie in früheren Zeiten »untere« Formen der Volks-, Tanz-, Unterhaltungs- oder Militärmusik als Ausdruckspotentiale in die komponierte Musik eingewandert sind, gleichsam als Kräftestrom von »unten« nach »oben«. Mahlers Musik nimmt bei Adorno auch deshalb eine singuläre Stellung ein, weil er die Elemente der »unteren« Musik bei Mahler nicht nur als Beschädigtes – das auch –, sondern zugleich als Korrektiv dessen versteht, »was die

431 Vgl. hierzu Albrecht Wellmer, »Über Negativität und Autonomie der Kunst. Die Aktualität von Adornos Ästhetik und blinde Flecken seiner Musikphilosophie«, a. a. O. S. 256ff.

Stimmigkeit der oberen einbüßte.« »Jakobinisch stürmt die untere Musik in die obere ein«[432], sagt Adorno mit unverhohlener Begeisterung über die Musik Mahlers. Aber auch bei anderen Komponisten des 20. Jahrhunderts tauchen Elemente der »unteren«, der Volksmusik kompositorisch anverwandelt in der »oberen«, der Konzertmusik auf, so bei Charles Ives, Bela Bartok oder – etwa durch die kompositorische »Nobilitierung« einer Zigeunerkapelle mit Cimbalon, Baß und Geige in den *Szenen aus einem Roman* – bei György Kurtág. Bei der kompositorischen Anverwandlung popmusikalischer Artikulationsformen handelt es sich um expressive Potentiale, die jedoch nicht einfach mit den expressiven Klischees eines abgenutzten tonalen Idioms gleichgesetzt werden können, weil sie – auch wo sie gewissermaßen mit den Trümmern des tonalen Idioms arbeiten – aus diesen Trümmern subversive Funken geschlagen haben. Das gilt ja schon für den Jazz und seine subversive Rolle im Emanzipationskampf der schwarzen Community in den USA. Wenn ich hier von wechselseitigen Grenzüberschreitungen zwischen neuer Musik und Popmusik spreche, so denke ich natürlich nicht an die billigen Formen des »Cross-over«, die heute bereits im bürgerlichen Konzertpublikum populär geworden sind; vielmehr denke ich an Formen der Neuen Musik, die mit dem »ästhetischen Apparat«, wie Lachenmann ihn nennt – seinen Produktions- und Reproduktionsformen, d.h. dem Dispositiv und den Normen des »bürgerlichen« Konzertbetriebs – noch in anderer Weise brechen, als dies schon von Lachenmann postuliert wurde.

4. Nur am Rande sei hier auf die (Wieder-)Entdeckung des Raumes in der Neuen Musik hingewiesen. Nicht von dem Raum, *in* dem alle Musik sich abspielt, ist hier die Rede, sondern von der Räumlichkeit der Musik selbst, das heißt von einem, wie Heinz-Klaus Metzger es formuliert hat[433], kompositorisch *hervorgebrach-*

432 Theodor W. Adorno, *Mahler. Eine musikalische Physiognomik*, a.a.O. S. 184.

433 In einer Sendung des DeutschlandRadios Berlin vom 13. 5. 2001 zur Einführung in die Wiedergabe des Konzertmitschnitts einer Aufführung der *Hörmusik* von Erhard Grosskopf vom 30. September 1971.

ten Raum. Diese (Wieder-)Entdeckung des Raums in der Musik, befördert durch die Mittel einer elektronischen Klangerzeugung und Klangverwandlung, ist verbunden mit einer Infragestellung des traditionellen Arrangements, bei dem die Musiker auf einem Podium, das heißt von einem zentralen Ort vor dem Publikum her agieren. Durch die Verteilung von Orchestergruppen im Raum, in der Regel in Verbindung mit den Mitteln der Live-Elektronik, wird, wie schon in Werken von Stockhausen und Nono oder, um ein zu Unrecht weniger bekanntes Beispiel zu nennen, in der bedeutenden *Hörmusik* für Violoncello solo, fünf Orchestergruppen und Live-Elektronik von Erhard Grosskopf[434], ein musikalischer Raum erzeugt, in dem die Klänge wandern und als dezentrierte überhaupt erst die »Räumlichkeit« der Musik, dieser Zeitkunst *par excellence*, erfahrbar machen.

Ich denke, es ist kein Zufall, daß die (Wieder-)Entdeckung des musikalischen Raumes korrespondiert mit einer a-teleologischen Tendenz in der musikalischen Moderne schon seit Debussy (und wirksam schon in der Nach-Beethovenschen Romantik), das heißt der zunehmenden Abkehr von einer finalistisch-gerichteten Zeitlichkeit der Musik, deren Paradigma das motivisch-thematische Verfahren des mittleren Beethoven war (vgl. Anm. 40), zugunsten einer eher »zuständlichen« Zeitform – Lachenmann spricht von musikalischen »Situationen«; schon so wandert ein Aspekt des Räumlichen, Tableauartigen in die Musik ein. Adorno sprach im Hinblick auf solche Tendenzen kritisch von der Gefahr einer »Pseudomorphose« der Musik »an die Malerei«[435], worin noch einmal seine – letztlich traditionalistische – Orientierung an den finalistischen, »intensiven« Zeitgestalten des mittleren Beethoven zum Ausdruck kommt; angemessener wäre es zu sagen, daß Zeit und Raum in der modernen Musik in neue Konstellationen treten, und zwar zu Lasten jenes finalistischen Zeittypus, dem mit dem Übergang zur musika-

434 Meines Wissens hat es nur eine einzige Aufführung dieses außerordentlichen Werkes gegeben, nämlich in dem in Anm. 431 genannten Konzert.

435 Speziell mit Bezug auf Strawinsky in »Vers une musique informelle«, a.a.O. S. 533.

lischen Moderne nicht nur die tonalen, sondern auch die ästhetischen und die subjekt- und geschichtsphilosophischen Grundlagen entzogen wurden. Im übrigen korrespondiert der Entdeckung des Raumes in der Musik die Entdeckung der Zeitlichkeit des Bildes, ohne daß doch die Musik ihre Zeitform und die Bilder ihre Räumlichkeit verlören: Zeit und Raum werden sichtbar als Konstituentien aller Kunst, als Zeit-Raum und Raum-Zeit.

Vollends in den Formen der Klanginstallation wird die Musik zu einer zeitlich sich entfaltenden Raumskulptur oder zum tönenden Raum, aber so, daß ein *vorgegebener* Raum die Konturen einer solchen Raumskulpur mitbestimmt – eine »Verfransung« der Künste, von Architektur und Musik, durch die in gelungenen Fällen[436] ein vorgegebener Raum musikalisch aufgeladen und verwandelt wird und zugleich, als ein mitwirkendes »Instrument«, der Raum-Zeit der Musik ganz neue Möglichkeiten eröffnet; eine Verfransung der Künste auch insofern, als Klanginstallationen, wie räumliche Gebilde, zu ihrer angemessenen Erfahrung eine Bewegung der Betrachter bzw. Hörer im Raum erfordert. Hier handelt es sich um eine Form experimenteller Klangforschung, eine Musik, die an einen bestimmten Ort gebunden ist, nicht unabhängig von diesem Ort wiederholbar wie sonst komponierte Musik, aber in der Regel auch nicht dauerhaft in der Zeit wie gebauter Raum oder Skulpturen.

5. Noch einmal Postmoderne, Cage und Lachenmann: Adornos Ästhetik und Musikphilosophie waren im Vorangehenden immer wieder Ausgangs- und Orientierungspunkt meiner Reflexionen, und kaum zu bezweifeln ist, daß seine Musikphilosophie ein nach wie vor unerreichtes Paradigma der philosophischen Reflexion auf die und in der Musik ist. Gleichwohl sind doch auch ihre Grenzen mittlerweile deutlich geworden. Adornos geschichtsphilosophische Deutung der authentischen Neuen

---

436 Ein gelungenes Beispiel ist die Klanginstallation *resonant cuts* von Michael Moser im Kleinen Wasserspeicher am Prenzlauer Berg in Berlin (25. 7. bis 14. 9. 2008), deren Klangmaterial zu Beginn als »Konzert-Installation« durch Instrumentalisten produziert wurde.

Musik als Vorschein und Statthalter einer versöhnten, einer freien Gesellschaft angesichts einer gesellschaftlichen Wirklichkeit, die zu einem Verblendungszusammenhang instrumenteller Rationalität geworden sei – diese Deutung lebt insgeheim noch von den utopischen Gegenentwürfen einer ganz anderen, einer »versöhnten« Gesellschaft in der Nachfolge romantischer und marxistischer Totalentwürfe gesellschaftlicher Emanzipation und daher von dem Versuch einer Verweltlichung der Metaphysik, für die bei Adorno auch die Chiffre der »Erlösung« steht. Was an der so genannten Postmoderne – einem komplexen Diskursfeld der Moderne-Kritik – über Adorno hinaus produktiv war, ist die Kritik solcher Erlösungsperspektiven, eine Kritik, die den kritischen Impuls der Kritischen Theorie in die Konzeption einer sich selbst affirmierenden Moderne, einer Moderne ohne die nostalgische Hoffnung auf eine Versöhnung aller Widersprüche, einzuschreiben versuchte. Ich spreche hier also nicht von der Postmoderne des »anything goes«, sondern von jener Postmoderne, die auf eine gleichsam selbstreflexiv gewordene, eine, wie man auch gesagt hat, *zweite* Moderne abzielte, eine Moderne, die die Trauer um die barbarischen Exzesse, die aus dem Innern einer pathologisch gewordenen Moderne hervorbrachen – nicht nur im Nationalsozialismus und Stalinismus – mit der Affirmation einer metaphysisch obdachlos gewordenen *besseren* Moderne verbindet, einer Moderne ohne Heilsversprechen und Erlösungsperspektiven, aber mit dem kritischen Potential einer reflexiven Selbsttranszendierung.

Das hat Konsequenzen auch für die Philosophie der Musik: Nicht länger können wir uns mit einer Perspektive abfinden, in der die Neue Musik zwangsläufig eine Art von Ghetto-Existenz fristet, weil sie gegenüber der Massenkultur und der »unteren«, der populären Musik, eine gesellschaftlich nicht mehr kommunizierbare Wahrheit vertritt, für die es aus gesellschaftlichen Gründen keine Chancen mehr gibt, ein verblendetes Massenpublikum zu erreichen – Musik als Flaschenpost für die, die vielleicht einmal nach uns kommen. Von der Musik wird heute daher auch von avancierten Komponisten gefordert, daß sie sich zur Welt hin öffnet und ohne Abstriche an ihrer Autonomie und ihrem geschichtlich erreichten kompositorischen Niveau an den

Erfahrungshorizont zeitgenössischer Hörer anknüpft – nicht um mit ihnen gewissermaßen zu fraternisieren, sondern um in ihre Erfahrungen und Wahrnehmungen kritisch einzugreifen. Wo Adorno übrigens von den kritischen Funktionen der Kunst und ihren möglichen praktischen Wirkungen nicht in einem versöhnungphilosophischen, sondern eher realistischen Sinn spricht, hat er es ähnlich gesehen; er spricht etwa von der »Teilhabe« der Kunst »an dem Geist, der zur Veränderung der Gesellschaft in unterirdischen Prozessen beiträgt und in Kunstwerken sich konzentriert«.[437] »Dem objektiven Bedürfnis nach einer Veränderung des Bewußtseins«, so heißt es weiter, »entsprechen die Kunstwerke durch den Affront der herrschenden Bedürfnisse, die Umbelichtung des Vertrauten, zu der sie von sich aus tendieren.«[438] Diese Formeln wären durch andere zu ergänzen, in denen Adorno auf das »Eindringen des zuvor Tabuierten« in die Kunst[439] oder auch auf die erfahrungsöffnenden und weltbildenden Züge der Kunst hinweist.[440]

Unter dem Gesichtspunkt eines »kritischen Eingriffs« habe ich auch die Musik von Cage und Lachenmann – als zwei polar entgegengesezte Paradigmen Neuer Musik – diskutiert. Zugleich verkörpern Cage und Lachenmann paradigmatisch zwei Extrempole einer Tendenz zur Selbstüberschreitung der Kunst in der Moderne. Beiden gemeinsam ist das Einwandern der Reflexion auf den Begriff der Kunst in die künstlerische Produktion selbst, wie es für die avancierte Kunst der Moderne charakteristisch ist, und bei beiden ist, wie gesagt, der Impuls zur Überschreitung der »Normativität« einer vorhandenen Kunstwelt verbunden mit dem Motiv eines »Eingriffs« in gesellschaftlich verfestigte Formen des Wahrnehmens, Denkens und Fühlens. Dies ist ein weiterer Grund, weshalb ich sie hier als prototypisch für zwei unterschiedliche Überschreitungsfiguren in der modernen Kunst nebeneinander- und gegeneinandergestellt habe. Prototypisch

---

437 *Ästhetische Theorie,* a.a.O. S. 359.

438 A.a.O. S. 361.

439 A.a.O. S. 144.

440 So etwa im Eichendorff-Essay: »Zum Gedächtnis Eichendorffs«, in: *Gesammelte Schriften* Bd. 11, Frankfurt am Main 1974, S. 84.

für zwei unterschiedliche Überschreitungsfiguren in der modernen Kunst sind sie in ihrem unterschiedlichen Verständnis des »Eingriffs« in die Wahrnehmung der Hörer, auf den sie abzielen, das heißt was den *kritischen* Impuls ihres Komponierens betrifft. Jacques Rancière hat auf eine Spannung zwischen zwei gegensätzlichen »Politiken« der modernen Kunst hingewiesen, »zwischen der Logik der Kunst, die Leben wird um den Preis, sich als Kunst abzuschaffen, und (der) Logik der Kunst, die Politik macht unter der ausdrücklichen Bedingung, überhaupt keine Politik zu machen.«[441] Das Wort »Politik« steht hier für den kritischen Impuls eines auch existenziell bedeutsamen Eingriffs in die Wahrnehmung der Rezipienten. Cage und Lachenmann verkörpern paradigmatisch die beiden Pole des eben genannten Spannungsverhältnisses. Cages Attacke auf die traditionelle Idee des Kunstwerks zielt ja auf eine Aufhebung des »Abstands« zwischen Kunst und Leben – die Kunst macht dem Leben vor, wie es sein soll. Demgegenüber hat Lachenmann gerade jenen Abstand und damit die *Autonomie* der Kunst immer betont: »Verkündigungs-, Lehr- und Erziehungsansprüche an die Kunst«, so Lachenmann (lange vor der Komposition seiner Oper), »machen mich allergisch … ich hasse den Messias und liebe den Don Quichotte … und ich glaube an das kleine Mädchen mit den Schwefelhölzchen.«[442] Jedoch ist die Alternative so eindeutig nicht: Die beiden Grundimpulse moderner Kunst haben in ihrem Zusammenwirken auch den Begriff der autonomen Kunst verändert. Der *Eingriff* Cages etwa hat ja weitreichende Wirkungen in der Konzertmusik und im Musiktheater gehabt; auch das Eindringen improvisatorischer und popmusikalischer Elemente in die komponierte Musik – beides von Cage entschieden abgelehnt – ist noch ein Ausdruck jener Spannung zwischen den von Rancière genannten zwei »Politiken« moderner Kunst.

Viel spricht daher dafür, daß der – im übrigen auch für

441 Jacques Rancière, *Das Unbehagen in der Ästhetik*, Wien 2007, S. 58.

442 Gespräch mit Heinz-Klaus Metzger, in: *Musik als existenzielle Erfahrung*, a.a.O. S. 201.

Lachenmann wichtige[443] – »Eingriff« Cages (bzw. der »New York School«) in die Musikgeschichte auch heute noch eine produktive Bedeutung *jenseits* der Adornoschen Konzeption einer *musique informelle* hat, für die ich Lachenmanns Komponieren als ein Beispiel genommen habe. Gewiß, in diese Konzeption lassen sich auch aleatorische Momente der Musik, etwa bei Stockhausen oder Boulez, oder die unterschiedlichen Formen einer konstitutiven Einbeziehung des Raumes in die Musik ohne Mühe einschreiben, ohne daß dadurch der Bezugsrahmen einer vorweg schriflich fixierten, aufs Akustische »spezialisierten« und auf ein »synthetisierendes« Hören angelegten Konzertmusik mit klar unterschiedenen Rollen von Komponisten, ausführenden Musikern und Publikum, und das heißt zugleich: das traditionelle Dispositiv der Konzertmusik in Frage gestellt würde – ein Dispositiv, an dem sowohl Adorno als auch Lachenmann festhalten. Man muß die Sache nur so formulieren, um zu sehen, worin der »Eingriff Cage« das traditionelle Dispositiv der Konzertmusik nicht nur temporär in Frage gestellt, sondern nachhaltig erweitert hat, so wie ich es oben bereits angedeutet habe, und zwar durch Formen experimenteller Musik und des instrumentalen Theaters (das heißt, mit Adorno zu sprechen, einer »Verfransung« der Künste) – mit Ausstrahlungen auch in neue Formen des Musiktheaters, z. B. bei Kagel und Schnebel – und die Versuche einer Veränderung der traditionellen Beziehungen zwischen Komponisten, ausführenden Musikern und Publikum durch die Konzeption einer indeterminierten Musik. All diese Erweiterungen des traditionellen Dispositivs der Konzertmusik, die in der Praxis der Neuen Musik längst wirksam geworden sind, koexistieren heute mit Formen komponierter Musik, die entweder Adornos Konzeption einer informellen Musik bzw. den

---

443 »Dankbarkeit gegenüber einem großen provozierenden Geist und beispielgebenden Praktiker radikaler Befreitheit«, so beginnt ein kurzer Nachruf Lachenmanns auf Cage anläßlich seines Todes. »Darüber reden«, so heißt es weiter, müßte heißen: reden über die Vielfalt der Formen, in denen er uns ... so wunderbar gestört und so lehrreich verstört hat.« (»John Cage«, in: *Musik als existenzielle Erfahrrung*, a.a.O. S. 306.)

verschiedenen Versionen eines dialektischen (oder auch »dekonstruktiven«) Strukturalismus entsprechen oder die sich als dessen »postmoderne« Überschreitungsformen, gekennzeichnet durch Polystilistik, Doppelkodierung, Ironie oder durch eine Öffnung gegenüber außereuropäischen und popmusikalischen Musiktraditionen, verstehen lassen, Formen der Überschreitung des musikalischen Modernismus, die jedoch das traditionelle Dispositiv komponierter Konzert-Musik, wie ich es oben charakterisiert habe, mehr oder weniger intakt lassen. Das heißt natürlich auf der einen Seite, daß das traditionelle Dispositiv der Konzertmusik keineswegs, wie Cage ursprünglich glaubte, obsolet geworden ist; es heißt auf der anderen Seite, daß durch den »Eingriff Cage« – bei dem im übrigen seine Zufallsverfahren nur eine gleichsam geschichtlich datierbare Rolle spielen – dies Dispositiv zugleich einer beständigen Befragung unterworfen worden ist, die es in seinen Grenzen und Möglichkeiten nachhaltig erweitert und verändert hat. Auch Cages Idee einer »experimentellen« Musik – das heißt von kompositorischen Verfahren, deren Resultate nicht vorhersehbar sind – ist nicht nur bei Komponisten wie Alvin Lucier oder Cornelius Cardew, die man im engeren Sinn zur Tradition einer experimentellen Musik zählen kann – wirksam geblieben, sondern auch im Selbstverständnis von Komponisten in der Tradition des seriellen Strukturalismus. Es ist das Bewußtsein des Nichtvorhersehbaren, von dem etwa Stockhausen spricht, wenn er von den modernen Komponisten sagt, daß sie »das Neue nicht erschaffen, sondern es ermöglichen, geschehen lassen; die prospektiv arbeiten; für die das Experiment nicht etwas Vorläufiges, sondern eine permanente Bedingung ist.[444]

6. Einen wichtigen Aspekt der Neuen Musik habe ich bisher nur am Rande berührt: Er betrifft den »Polykulturalismus« der Neuen Musik[445]: zum einen die Impulse, die aus musikalischen

444 Karlheinz Stockhausen, »Elektronische Musik und Automatik«, *Texte zur Musik 1963–1970*, a.a.O. S. 234.

445 Vgl. hierzu Albrecht Wellmer, »Über Formen des Polykulturalismus in der Musik des 20. Jahrhunderts«, bisher nur in einer italienischen

Kulturen außerhalb der europäischen Tradition – aus der ostasiatischen, arabischen, afrikanischen Musik – schon seit Debussy und Messiaen, dann z.B. bei Ligeti, den Minimalisten, Klaus Huber und anderen Werke der Neuen Musik im nordatlantischen Raum inspiriert haben; zum anderen ästhetische und philosophische Impulse aus dem ostasiatischen Raum, die im musikalischen *Denken* nordatlantischer Komponisten ihre Spuren hinterlassen haben; das gilt ja schon für Cage, in neuerer Zeit aber auch für deutsche Komponisten wie Lachenmann (wie bei dem oben erwähnten Stück *Nun*) oder Isabel Mundry[446], und schließlich die Anverwandlung lokaler musikalischer Traditionen durch die Komponisten Neuer Musik in den Ländern der ehemals »Dritten« Welt, die ihrerseits die kompositorischen Errungenschaften der neueren europäischen Tradition assimiliert und ihnen neue »Sprach«-Potentiale zugeführt bzw. kulturelle Gehalte und Erinnerungen ihrer eigenen Tradition in ihnen »aufgehoben« haben.[447] Auch hier geht es um »Überschreitungsfiguren« im Feld der Neuen Musik, und zwar im Sinn

---

Fassung publiziert: »Forme del multiculturalismo nella ›Nuove Musica‹ del Novecento«, in: *au taut* No. 319/320 (gennaio-aprile 2004).

446 Ich denke insbesondere an ein sehr schönes Stück von Isabel Mundry: *Linien, Zeichnungen* für Streichquartett und Orchester, das im Abschlußkonzert des Ultraschall-Festivals 2007 in Berlin aufgeführt wurde, deren einzelne Teile auf eigentümliche Weise (bei mir) die Assoziation von japanischen Tuschzeichnungen ebenso wie die von Haikus hervorrief, aber vollständig verwandelt in eine neue Form (zeitgenössischer) musikalischer Grammatik.

447 Als Beispiel sei noch einmal die schon oben erwähnte Komposition von Hilda Parades genannt, die ich vor kurzem in einem Konzert des Arditti-Quartetts mit Vokalsolisten gehört habe, *Can Silim Tun* (laut Programmheft die Bezeichnung eines Steins, an dem die mittelamerikanische Urbevölkerung einst ihren Göttern opferte). Beschwörungsformeln und Zaubersprüche der Mayas fungieren als »Text«-Basis, wobei die Worte naturgemäß nicht zu verstehen sind. »Stattdessen« (ich zitiere im folgenden das Programmheft, das den Eindruck dieser Komposition überzeugend wiedergibt) »nimmt man ihren Eigenklang wahr, Melodie, Tempo, Rhythmus, Vokalstand und Konsonantenreichtum. Auf dieser artikulatorischen Ebene sind auch die Streicher in das Geschehen eingebunden. Streichgeräusche mit viel Bogen und wenig Ton klingen wie

eines neuen interkulturellen »Dialogs«, der die Grenzen des europäischen Musik-Dispositivs überschreitet und in dem endlich auch die Stimme der vormals von den Europäern kolonisierten Völker als eine *eigene* Stimme im Feld der Neuen Musik zur Geltung kommt. Auch hier, im Feld der Neuen Musik – wie überhaupt in der Kunst –, könnte man von einer »Globalisierung« sprechen, einer Globalisierung jedoch, bei der Kunstwerke ihren »Zeitkern« gerade auch aus ihrer Verortung in »regionalen« Traditionen, kulturellen Gehalten und Problemkonstellationen gewinnen; ihre Öffnung zur Welt, die »eine« geworden ist, ist möglich nur aus einer jeweils *besonderen* Perspektive, wodurch auch der *Sinn* des »Einen«, das die Welt geworden ist, aus jeweils partikularen Perspektiven aufs Neue zum *Problem* werden kann.[448] Anders gesagt: Eine authentische »Globalisierung« der Kunst wäre, wie Peter Sellars es formuliert hat[449], ein Gegenmodell zur realen ökonomischen Globalisierung der Gegenwart: Anstelle des Mottos »We are all the same, but not equal« wäre ihr Motto »We are all equal, but not the same.«

Atmen, Hauchen oder Konsonanten. Spielweisen mit Dämpfer, am oder auf dem Steg erinnern an Zischeln oder Flüstern. So entsteht aus der alten Kultsprache der Maya im Verbund mit erweiterten Spieltechniken eine neue hybride Kunstsprache von teils verbalem, teils gesanglichem Charakter.« Buchstäblich eine »Aufhebung« der kulturellen Erinnerung an kultische Praktiken der mexikanischen Mayas vor der Zeit der spanischen Conquista, eines kulturell Verdrängten und Abgespaltenen in eine moderne Kunstform, zugleich ein Beispiel jener anderen, gewaltlosen »Conquista«, die Adorno meinte, wenn er von der Kunst als Aufhebung der Magie sprach: Kunst als Magie ohne den »Trug realer Einwirkung«. (*Ästhetische Theorie*, a.a.O. S. 210.)

448 »Ich glaube, es ist genau diese perspektivische Interessiertheit mit Anspruch auf Allgemeinheit, die den Fixpunkt sehr unterschiedlicher Kunstpraktiken seit den 60er Jahren darstellt. (Ruth Sonderegger, »Die Ideologie der ästhetischen Erfahrung. Versuch einer Repolitisierung«, a.a.O. S. 96.)

449 In einer Diskussion in der Berliner Akademie der Künste über sein Projekt »New Crowned Hope« (eine Anspielung auf die Freimaurerloge, zu der Mozart und Haydn gehörten) mit Filmen von jungen Filmemachern aus sieben außereuropäischen Ländern aus Anlaß des 250. Geburtstags von Mozart.

VIII. Epilog

Ich habe im Vorangehenden zwar immer wieder von »intermedialen« Potentialen der Musik gesprochen, habe aber das Thema »Musik und Sprache« vor allem unter dem Gesichtspunkt des in sprachlichen Interpretationen artikulierbaren Weltbezugs der Instrumentalmusik thematisiert. Darin liegt jedoch eine beträchtliche Verkürzung des Themas. Ich erinnere an das, was ich anfangs (Abschn. I, 2) über die »Intermedialität« der Musik (und aller anderen Künste) und damit zugleich über die der Wortsprache gesagt habe. Meine These war, »daß jedes Verständnis von Sprache unzureichend wäre, das neben der Wortsprache nicht auch die Wurzeln der musikalischen, bildnerischen oder tänzerischen Ausdrucks- und Darstellungsformen in sich beschlösse. Die verschiedenen Medien hängen *in* der Sprache miteinander zusammen; auch wenn jedes seine eigenen, irreduziblen Gestaltungs- und Ausdrucksmöglichkeiten hat, gehört doch zu jedem einzelnen die latente Präsenz aller anderen, nicht zuletzt auch der Wortsprache, die ihrerseits durch eine latente Intermedialität zu kennzeichnen wäre. Die latente Intermedialität der Musik ist – als die andere Seite ihres Weltbezugs – der Grund dafür, daß auch die ›absolute‹ Musik immer schon in einem potentiellen Verhältnis wechselseitiger Korrespondenzen, Brechungen, Erhellungen und Ergänzungen zu den anderen Medien der Kunst steht.« Unter diesem Gesichtspunkt wäre aber die Frage nach dem Verhältnis von Musik und (Wort-)Sprache auszuweiten zu einer eigenen Thematisierung jener intermedialen Potentiale von Musik, die das Zusammentreten von Musik und Text, Musik und Szene, Musik und Tanz, Musik und Film betreffen. Gerade die musikalische Moderne hat diese intermedialen Potentiale der Musik, nicht nur in neuen Formen des Musiktheaters, in ganz neuer Weise zur Geltung gebracht. Lachenmanns Oper war nur *ein* Beispiel. Meine Überlegungen über Musik und Sprache brechen an einem

Punkt ab, an dem die intermediale Verflechtung des musikalischen mit den anderen Medien der Kunst zum Thema werden müßte.[450]

ENDE

450 Zum Musiktheater vgl. Albrecht Wellmer, »Werke und ihre Wirkungen. Kein Beitrag zur Rezeptionstheorie des Musiktheaters«, in: H. Danuser und H. Münkler (Hgg.), *Zukunftsbilder. Richard Wagners Revolution und ihre Folgen in Kunst und Politik*, Schliengen 2002.

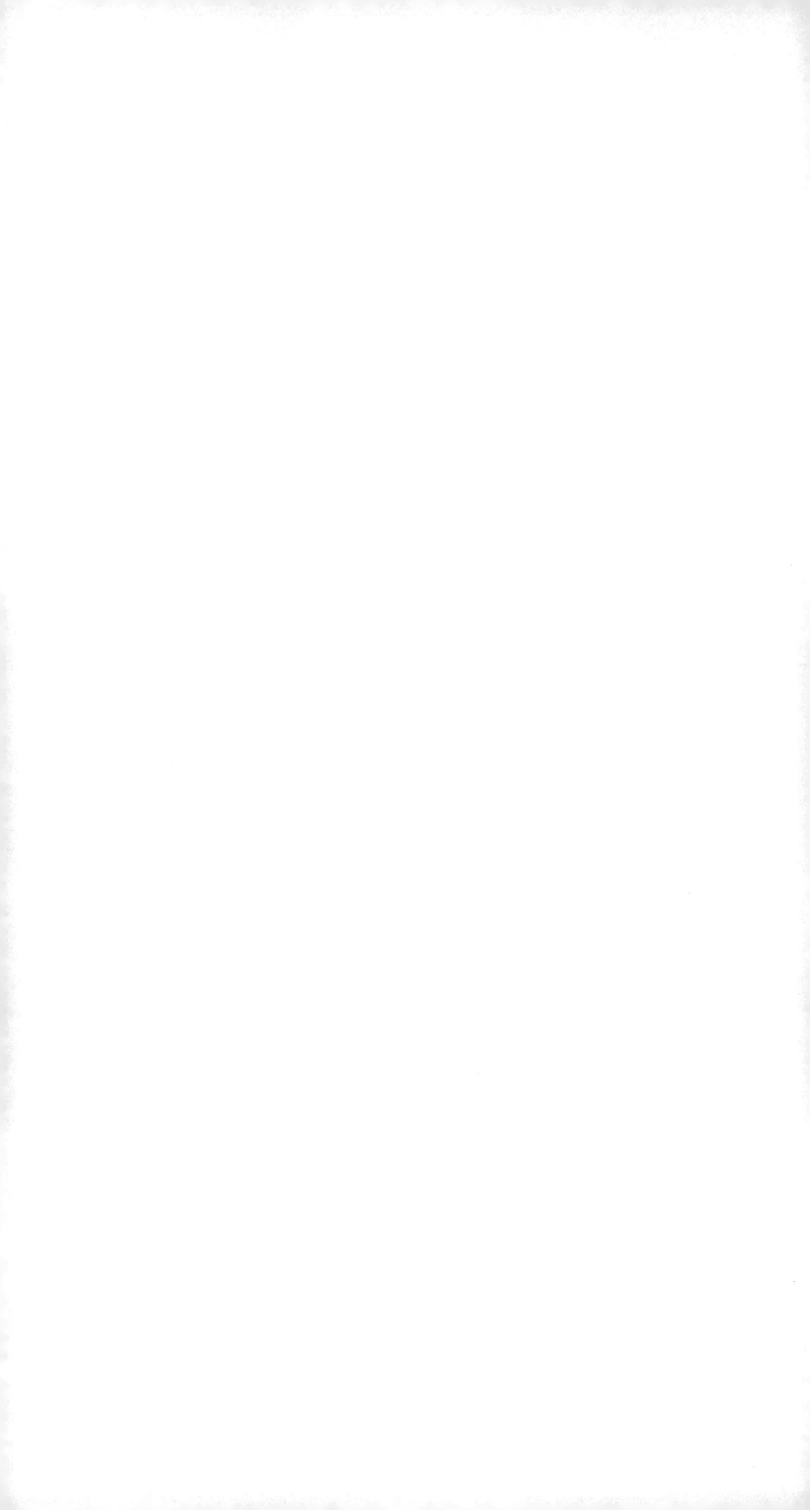

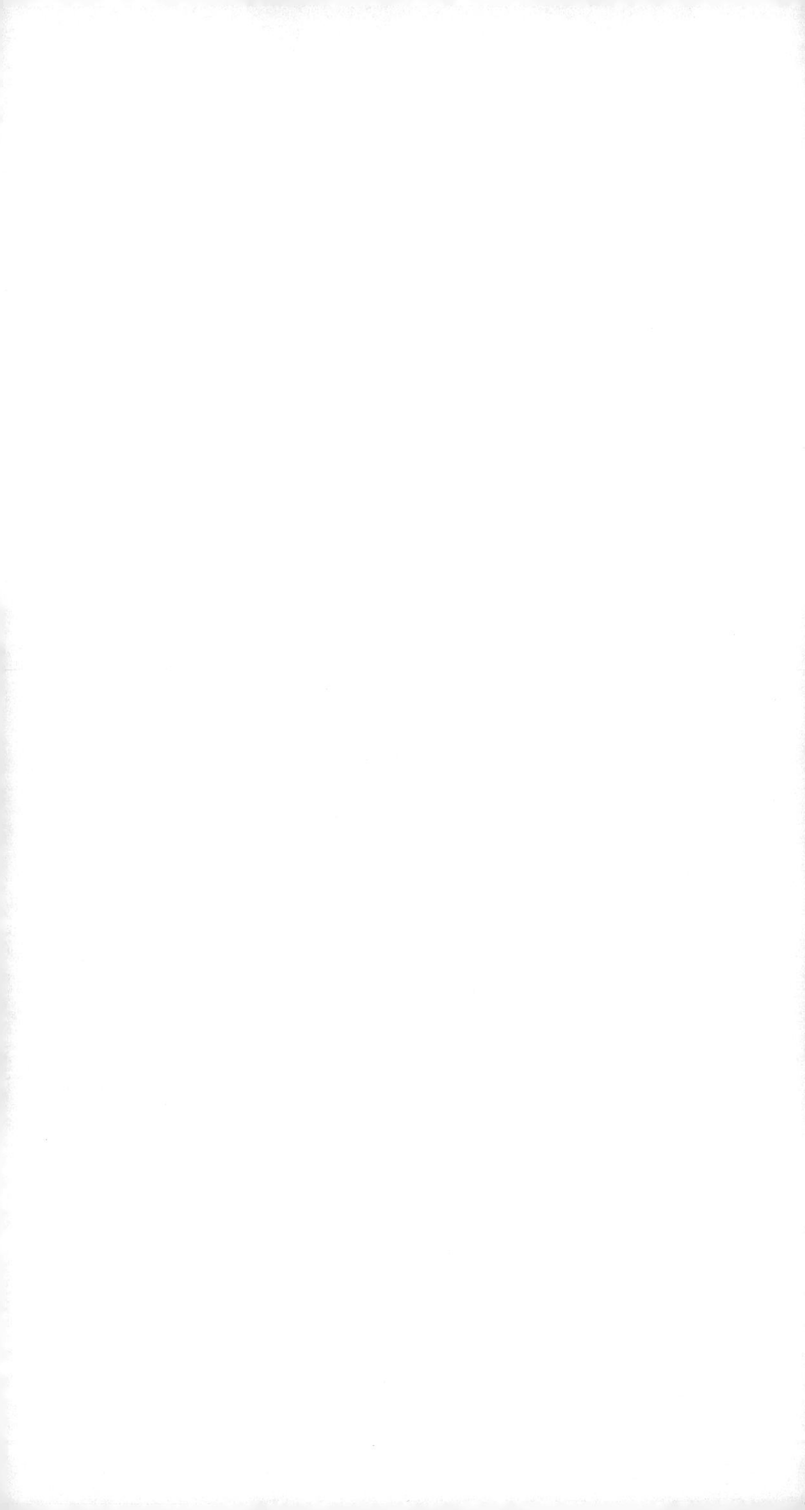

Bei Fragen zur Produktsicherheit wenden
Sie sich bitte an den Carl Hanser Verlag:
Vilshofener Straße 10, 81679 München
info@hanser.de